权威·前沿·原创

皮书系列为
“十二五”“十三五”国家重点图书出版规划项目

汽车蓝皮书

BLUE BOOK OF AUTOMOBILE

中国汽车品牌发展报告（2019）

REPORT ON THE DEVELOPMENT OF CHINESE AUTOMOBILE BRANDS (2019)

《中国汽车报》社有限公司
博世（中国）投资有限公司　／研创
中国汽车技术研究中心有限公司数据资源中心

社会科学文献出版社
SOCIAL SCIENCES ACADEMIC PRESS (CHINA)

图书在版编目(CIP)数据

中国汽车品牌发展报告. 2019 / 《中国汽车报》社有限公司，博世（中国）投资有限公司，中国汽车技术研究中心有限公司数据资源中心研创. -- 北京 : 社会科学文献出版社，2019.4

（汽车蓝皮书）

ISBN 978 -7 -5201 -4517 -6

Ⅰ. ①中… Ⅱ. ①中… ②博… ③中… Ⅲ. ①汽车工业 - 品牌战略 - 研究报告 - 中国 - 2019 Ⅳ. ①F426.471

中国版本图书馆 CIP 数据核字（2019）第 050316 号

汽车蓝皮书

中国汽车品牌发展报告（2019）

研　　创 / 《中国汽车报》社有限公司
博世（中国）投资有限公司
中国汽车技术研究中心有限公司数据资源中心

出 版 人 / 谢寿光

责任编辑 / 颜林柯

出　　版 / 社会科学文献出版社 · 经济与管理分社（010）59367226
地址：北京市北三环中路甲 29 号院华龙大厦　邮编：100029
网址：www.ssap.com.cn

发　　行 / 市场营销中心（010）59367081　59367083

印　　装 / 三河市东方印刷有限公司

规　　格 / 开　本：787mm × 1092mm　1/16
印　张：23.25　字　数：351 千字

版　　次 / 2019 年 4 月第 1 版　2019 年 4 月第 1 次印刷

书　　号 / ISBN 978 -7 -5201 -4517 -6

定　　价 / 148.00 元

本书如有印装质量问题，请与读者服务中心（010 -59367028）联系

《中国汽车品牌发展报告（2019）》
编　委　会

编著机构简介

《中国汽车报》社有限公司

《中国汽车报》成立于1984年，是以汽车全产业链高层管理者为主要读者的汽车产经类媒体，由人民日报社主管、主办。《中国汽车报》是我国汽车业内历史最长、极具影响力的专业产经类媒体，连续12次被评为“中国500最具价值品牌”，品牌价值高达96.36亿元；在2013年、2015年先后两次入选国家新闻出版广电总局“百强报刊”；在新闻媒体中率先通过ISO 9000质量管理体系认证。

《中国汽车报》社旗下拥有《中国汽车报》、《汽车族》杂志、《汽车与运动》杂志、《商用汽车新闻》杂志、《城市轨道交通》杂志、《房车时代》杂志、东方艾狄尔会展有限公司等一报、五刊和多家延伸类业务公司，同时拥有汽车智库和多种新媒体平台，涵盖网站、两微一端、小程序等由20余个终端构筑的全媒体矩阵。《中国汽车报》是汽车行业举足轻重的媒体，是汽车企业值得信赖的合作伙伴。

博世（中国）投资有限公司

博世集团是世界领先的技术及服务供应商，业务涵盖汽车与智能交通技术、工业技术、消费品、能源与建筑技术四大板块。2017年，博世在中国经营62家公司，销售额达到1134亿元人民币，在华员工近6万名，是博世除德国以外拥有员工人数最多的国家。中国也是博世全球第二大市场。

汽车与智能交通技术是博世最大的业务部门，主要技术与解决方案包括：应用于传统内燃机引擎的燃油喷射技术和动力总成外部设备、动力总成电气化的多重解决方案、车辆安全系统、驾驶员辅助系统和自动驾驶技术、用户友好型车载信息娱乐技术、车联网通信、维修车间概念以及汽车售后市场技术与服务。其中，对传统内燃机的优化完善、对动力总成的电气化，以及对自动和互联驾驶技术的持续创新，是推动博世整体在华汽车与智能交通技术业务高速增长的重要因素。作为中国汽车零部件行业领先的全系统供应商，博世为中国市场提供一体化的智能出行解决方案，积极协助中国汽车市场在电气化、自动化、互联化领域不断实现技术创新，大力协助中国在智能交通领域的长期可持续发展。

中国汽车技术研究中心有限公司数据资源中心

中国汽车技术研究中心有限公司数据资源中心作为中国汽车行业最重要的数据资源整合及服务机构，在工业和信息化部、商务部、财政部、国家税务总局的领导和支持下，积极推进信息化与工业化融合，以综合解决方案为主要手段，促进汽车行业的可持续发展，建立了基于大数据、大平台、大计算三大发展领域的多维度业务框架。为行业、企业提供一站式解决方案，助力企业、行业发展，致力于成为国家级汽车行业数据中心。

主要编撰者简介

何　伟　《人民日报》高级记者。长期从事新闻舆论和传媒集团经营管理工作。曾任《宁波日报》报业集团董事长、《宁波日报》社社长、浙江省社科联副主席、宁波市社科院院长。现任中国能源汽车传媒集团有限公司董事长，《中国汽车报》社社长，《证券时报》社社长、董事长。著有纪实性调查报告《宁波活力》和新闻通讯《冷暖五里亭》，主编“宁波发展蓝皮书”、“宁波区域文化丛书”和《破晓——中国汽车“品牌向上”实录(2017)》等。

陈玉东　美国密歇根大学博士。2007 年，任德国博世集团汽油机系统部高级副总裁，主管中国区的业务发展。2008 年 5 月至 2010 年 12 月，任博世（中国）投资有限公司执行副总裁，领导博世在中国的汽车销售业务。自 2011 年起担任博世中国总裁。

辛　宁　高级工程师，中国能源汽车传播集团董事、副总裁，《中国汽车报》社有限公司总经理，中国汽车工业协会副理事长，全国工商联汽车经销商商会副会长。曾主持出版“汽车电子商务蓝皮书”等。

郑继虎　中国汽车技术研究中心有限公司数据资源中心主任，C-ECAP 管理中心常务副主任，汽车与保险大数据产业联盟秘书长。

长期从事汽车行业大数据、节能与新能源、绿色发展、有害物质管控等领域的科研工作。通过翔实的数据分析以及建立科学的分析模型，取得了丰富的研究成果，其中部分成果对国家汽车产业政策的制定及调整起到了重要的支撑作用。同时，主持并参与完成多项国家级重要科研课题，在专业技术领域形成一定影响力。

徐大全 1985年毕业于清华大学热能工程系。此后，赴日本千叶大学留学，于1989年获得机械工程硕士学位，1992年获得生产科学和技术博士学位，2000年获得美国罗切斯特大学Simon商务学院工商管理硕士学位。

1992～1999年，先后在通用汽车公司日本东京和美国纽约技术中心任发动机管理系统高级工程师；2000年起在某大型国际汽车零部件集团美国纽约技术中心担任国产化项目经理；2005年归国后，先后在该公司中国区任工程部经理、质量部总监、总经理以及动力总成事业部中国区总裁。

2010年9月起担任博世（中国）投资有限公司执行副总裁，负责博世中国汽车业务。

桂俊松 中国社会科学院新闻系研究生，中国能源汽车传播集团董事、《中国汽车报》社总编辑，曾任《中国能源报》社副总编辑，熟悉汽车、能源等多个领域，主持出版《哥本哈根——一路走来》。

蒋　健 美国圣路易斯华盛顿大学EMBA，曾服务于某大型国际汽车零部件集团，先后担任诸多管理要职，并赴美国工作两年，在此期间负责集团下属事业部（年销售额达30亿美元）的全球市场和传播事务。自2013年6月起任博世（中国）投资有限公司副总裁，负责博世集团在中国区的品牌及企业传播工作。

胡轶坤 东北师范大学中文系研究生，《中国汽车报》社副总编，主要负责《中国汽车报》社新媒体建设和中国汽车品牌研究院管理。

张彦武 《中国汽车报》中国汽车品牌研究院执行院长。

朱向雷 高级工程师，中国汽车技术研究中心有限公司大数据技术领域首席专家，数据资源中心总工程师。

主要从事汽车及相关行业大数据建设与应用挖掘、政策研究、产品研究、市场及预测研究、品牌研究、消费者研究等工作。曾主持或参加工信部、环保部、国家税务总局、交通运输部等省部级课题及中汽中心课题30余项，发表学术论文50篇。

朱志宇 中央民族大学新闻学硕士，《中国汽车报》采访中心主任。从事汽车产经新闻报道12年，对汽车行业发展趋势有较深见解，尤其熟悉智能网联与新能源汽车领域。曾获得中国新闻奖三等奖。

孟 菲 中国汽车技术研究中心有限公司数据资源中心数据业务本部本部长。从事汽车行业研究10余年，主要负责汽车产业大数据的建设与应用，已建成涵盖汽车全产业链、全生命周期的大数据体系，并在此基础上致力于跨行业大数据融合，成功推动汽车与金融、保险、电商等行业大数据互联互通，长期为政府及企业提供支撑，在国内外知名期刊发表论文若干篇。

摘　要

“汽车蓝皮书·品牌”是关于中国汽车品牌发展的综合系列报告。《中国汽车品牌发展报告（2019）》是由《中国汽车报》社、中国汽车技术研究中心、博世（中国）公司研究组，组织中国汽车品牌研究院、中国汽车技术研究中心数据中心多位研究人员、行业资深媒体从业人员以及中国汽车品牌研究的相关人员，通过大数据监测共同撰写，准确、全面地论述中国汽车品牌发展现状及趋势的权威性报告。

全书分为总报告、市场篇、品牌篇、舆情篇、案例篇和附录6个部分。总报告梳理阐述了中国品牌汽车及零部件发展现状、取得的成绩及存在的不足，并对中国汽车品牌的未来做出展望。

市场篇分别从乘用车、商用车和零部件的总体格局、细分市场表现等方面分析了中国汽车品牌在市场上的地位与作用。同时，从市场、政策和技术路线三方面论述了中国汽车品牌何以在新能源领域脱颖而出，以及新兴技术和新兴企业对中国市场的影响。

品牌篇探讨了中国企业海外品牌与股权收购事宜，并分析了这些收购活动对中国汽车品牌本身的影响。同时，通过大数据分析，对中国品牌竞争力、中国品牌消费人群、中国品牌溢价能力等进行了系统的整理和判断。对近年来新兴的新造车企业，也进行了系统的梳理和研判，并对它们的前景表达了相应观点。

舆情篇从中国品牌汽车的品牌传播量、品牌关注度、品牌满意度等角度入手，总结归纳了中国品牌汽车在各细分市场上的品牌传播和口碑反馈，分析了其中品牌建设的得失。在车企高管方面，通过舆情大数据分析其对品牌建设的推动情况。另外，本篇还分析了中国品牌汽车在海外市场的舆情表现，其中不仅有乘用车，还包括商用车。

案例篇选取乘用车、商用车和零部件领域的三家典型企业，首先梳理了企业诞生以来的品牌发展历程，接着分析品牌发展模式和当前品牌竞争力，最后总结了企业品牌发展的优势与劣势以及面对的机遇与挑战。

本书发布了2017~2018年度中国汽车品牌发展的翔实数据，包括品牌传播量、品牌关注度、品牌忠诚度、品牌竞争力等，预测了中国汽车品牌今后的发展趋势，利用大数据提出了一套独具特色的中国汽车品牌评价体系，以及大量有利于中国汽车品牌发展的建议。本书可为汽车企业、汽车消费者、汽车从业人员以及各级汽车管理部门研究中国汽车品牌提供参考。

在本书中，由于各作者使用习惯不同，以及所引用的资料来源不同，某些相同的项目有可能数据并不完全一致。但只要资料来源合理，数据趋势相同，得出的总体结论就会趋同。

关键词： 汽车零部件　品牌建设　品牌竞争力　大数据

目录

Ⅰ 总报告

Ⅱ 市场篇

Ⅲ 品牌篇

Ⅵ　舆情篇

Ⅴ　案例篇

Ⅵ　附录

皮书数据库阅读**使用指南**

总报告

General Report

B.1 中国汽车及零部件品牌发展现状及展望

张彦武　韩忠楠　姚会法　刘宏龙*

摘　要： 本报告界定了中国乘用车品牌的概念，重点梳理了2017～2018年中国乘用车品牌的发展现状，突出了品牌建设的重要性和意义。在梳理中国乘用车品牌发展脉络的同时，对中国乘用车品牌在品牌建设方面存在的问题进行了深度解析，对未来中国乘用车品牌整体向上突破并成为世界级品牌的发力点进行了展望，并提出了建议。在商用车方面，2017～2018年，宏观经济的改善、对超载超限的治理、对黄标车的淘汰和自然置换高峰期的到来，促进了我国商用

* 张彦武，《中国汽车报》社中国汽车品牌研究院执行院长；韩忠楠、姚会法、刘宏龙，《中国汽车报》社。

车市场的发展，市场销量创造了阶段性纪录，销量增幅远远高于乘用车。而中国汽车零部件产业规模扩张速度明显快于整车市场，零部件产业链趋于完整，同时得到了国家的大力支持。本报告围绕产业规模、产业结构、企业盈利能力展开，分析了零部件企业当前面临的五大行业趋势，并提出了有针对性的发展建议。

关键词： 乘用车　商用车　零部件　品牌建设

一　中国乘用车品牌发展现状及展望

汽车产业是推动新一轮科技革命和产业变革的重要力量，是建设制造强国的重要支撑，是国民经济的重要支柱。当前，新一代信息通信、新能源、新材料等技术与汽车产业加快融合，产业生态深刻变革，竞争格局全面重塑，我国汽车产业进入转型升级、由大变强的战略机遇期。

近年来，在乘用车领域，中国汽车品牌依靠不断的努力，牢牢抓住了产业变革的机遇期，不断缩小与外资品牌之间的差距，在持续向上突围的同时，实现了量质齐飞的快速发展。与此同时，中国汽车品牌在发展过程中大而不强的问题依然突出，具体表现在关键核心技术掌握不足、产业链条存在短板、创新体系仍需完善、国际品牌建设滞缓等方面。

基于当前我国汽车产业发展形势所面临的重大变化，2017 年 4 月，工信部、国家发改委、科技部联合印发《汽车产业中长期发展规划》（以下简称《规划》）。这是继《中国制造 2025》绘制“汽车强国”蓝图后，一份为“汽车强国”奠定强大理论基础的纲领性文件。

《规划》指出，未来我国汽车业将实现关键技术取得重大突破、全产业链实现安全可控、中国品牌汽车全面发展、新型产业生态基本形成、国际发展能力明显提升、绿色发展水平大幅提高六大目标，力争经过 10 年持续努力，迈入世界汽车强国行列。

在中国品牌汽车全面发展方面，《规划》明确指出，中国品牌汽车产品品质明显提高，品牌认可度、产品美誉度及国际影响力显著提升，形成具有较强国际竞争力的企业和品牌，在全球产业分工和价值链中的地位明显提升，在新能源汽车领域形成全球创新引领能力。到2020年，打造若干世界知名汽车品牌；到2025年，若干中国品牌汽车企业产销量进入世界前10位。

《规划》提出，要统筹利用国际、国内两种资源，形成从技术到资本、营销、品牌等多元化、深层次的合作模式，使企业国际化经营能力显著提升。到2020年，中国品牌汽车逐步实现向发达国家出口；到2025年，中国品牌汽车在全球影响力得到进一步提升。

《规划》的提出，不仅对中国汽车品牌未来的发展提出了更高的要求，也为中国“制”造向中国“智”造升级提供了优质的土壤，这对于中国汽车品牌而言是难能可贵的发展契机。

同时，持续扩大开放，加强合作，坚定不移地奉行互利共赢的开放战略，也为中国汽车品牌的“走出去”与国际化竞争之路铺就了良好的基石。2018年4月，国家主席习近平出席博鳌亚洲论坛2018年年会开幕式，发表题为《开放共创繁荣　创新引领未来》的主旨演讲，强调中国将坚持改革开放不动摇，继续推出扩大开放新的重大举措。随后，6月28日，经党中央、国务院同意，国家发改委、商务部发布了《外商投资准入特别管理措施（负面清单）（2018年版）》，明确提出汽车行业取消专用车、新能源汽车外资股比限制，2022年取消乘用车外资股比限制以及合资企业不超过两家的限制。

2018年时值改革开放40周年，新一轮的开放政策为中国汽车品牌的创新注入了全新的动力，也意味着中国汽车品牌将面临更加激烈、更加充分的竞争。只有持续完善创新体系，增强自主发展动力，夯实产业链条体系，在先进技术领域进行重点突破，加强跨界融合，把品牌的质量建设和品牌建设本身作为发力重点，才能使中国汽车品牌实现健康、可持续的高质量发展。

（一）中国乘用车品牌发展现状及成就

2017 年 5 月 10 日，国务院决定将每年的 5 月 10 日设立为“中国品牌日”。“中国品牌日”的设立，标志着“发挥品牌引领作用”上升到了前所未有的高度，也体现了我国对于支持中国品牌整体向上，进而迈向国际舞台的决心。

加强中国品牌建设，不仅有利于推动我国由经济大国向经济强国的转变，有利于满足人们更高层次的物质文化需求，也更加有利于弘扬中华文化、提升中国形象。而发展品牌经济，自然离不开各个产业经济的转型与支持。其中，汽车产业便是重中之重。

那么何为中国乘用车品牌呢？在梳理中国乘用车品牌建设的重要意义之前，有必要厘清中国乘用车品牌的基本概念。

近年来，随着我国汽车工业的不断发展，学术界、企业界对于什么是中国乘用车品牌以及如何打造中国乘用车品牌有过不少争论和探讨，所谓中国乘用车品牌就是指中国国内企业拥有完全的产品修改权、完全的品牌运营权的品牌。具体而言，品牌的研发工作并不一定在本土完成，最为关键的是企业要拥有自主权利，同时能对品牌所产生的经济利益进行自主支配。

2000 年，伴随着轿车逐渐进入家庭，中国汽车市场开始进入蓬勃发展阶段。彼时，长安、吉利、长城、奇瑞等中国品牌渐成主流，比亚迪、华晨、荣威、传祺等中国品牌也相继崛起，中国乘用车品牌伴随着行业发展大势实现了持续增长。

数据显示，2018 年，我国汽车产销量分别为 2780. 9 万辆和 2808. 1 万辆，产销量比上年同期分别下降 4. 2% 和 2. 8% 。其中，乘用车产销量分别为 2352. 9 万辆和 2371 万辆，比上年同期分别下降 5. 2% 和 4. 1% ，占汽车产销量的比重分别为 84. 6% 和 84. 4% ，分别低于上年 0. 9 个和 1. 2 个百分点。在乘用车市场整体呈现微增长的态势下，中国品牌乘用车依旧保持了稳定的发展态势，全年共销售 998 万辆。自主品牌的稳健前行足以见得，在过去 10 年的高速增长过程中，中国乘用车品牌已形成了充分的定力，并具备了一定的抗风险能力。

目前，上汽、广汽、长安、吉利等中国乘用车品牌均已具备完善的正向研发体系，并在诸多核心技术领域取得了重大突破。2018 年 1 月，由上汽集团完全自主研发的“低能耗插电式混合动力乘用车关键技术及其产业化”项目荣获 2017 年度国家科学技术进步奖二等奖。这是该年度国家科学技术进步奖获奖项目中少数的汽车类项目，也是新能源乘用车技术首次获得重量级科技奖项。

此外，不少中国乘用车品牌还在海外建设了研发中心。其中，长安汽车在美国、英国、意大利、日本等国建立了全球研发体系，可实现 24 小时不间断的协同研发。坚持自主创新的正向研发体系，为中国乘用车品牌产品提供了坚实的保障。如今，在多年的积累下，中国乘用车品牌已成功摘掉了“低质低价”的帽子，不仅成功突破了 15 万元的天花板，还实现了由量变到质变的转变。

市场研究机构君迪（J. D. Power）发布的《2017 中国新车质量研究》（IQS）显示，从 2000 年君迪第一次开展中国新车质量研究至今，自主品牌与国际品牌的 PP100 差距已从 396 分缩小至 13 分，中国自主品牌与国际品牌新车质量的差距连续 7 年缩小。

中国乘用车品牌的迅速崛起，牢牢抓住了几大机遇。其一，是 SUV 市场的爆发。5 年来，SUV 市场高速增长，年均增长率接近 40%，远高于行业平均水平。在洞察到 SUV 市场的红利时，中国乘用车品牌的反应速度远高于合资以及外资品牌，通过一系列精准的 SUV 产品投放，中国乘用车品牌迅速在市场上形成了以小型、紧凑型、中型、中大型 SUV 为主的系列产品矩阵。哈弗 H6、传祺 GS4、长安 CS75、荣威 RX5、博越等中国品牌 SUV 迅速在市场上大展拳脚，成为乘用车市场中的“网红”和“流量”选手。中国乘用车品牌在把握 SUV 市场发展趋势的同时，还形成了鲜明的特色优势。应该说，中国乘用车品牌车企依靠自身对 SUV 车型的理解，已重新定义了 SUV 产品，打造出有别于欧美市场的专属于中国市场的 SUV 车型。显然，这种因时而发、因地制宜的做法，为中国乘用车品牌赢得了绝佳的发展机遇。

2017年，以吉利和长城为代表的中国乘用车品牌车企乘胜出击，分别推出了领克与WEY两大高端品牌，从而引领了中国乘用车品牌向上突围的潮流。而今，这些勇于“叫板”合资车企、不断探索自主创新与正向研发的中国乘用车品牌，已纷纷走向世界舞台。2012年，在《财富》发布的世界500强排行榜中，仅有4家中国车企，排名第一的上汽集团居榜单的第130位；而2017年，同样是《财富》发布的世界500强排行榜，已有6家中国车企荣登榜单，其中排名第一的上汽集团更是攀升至第41位。

其二，新能源汽车的发展为中国乘用车品牌提供了“换道超车”的机遇。2012年国务院出台《节能与新能源汽车产业发展规划（2012—2020年）》，提出了到2020年，纯电动汽车和插电式混合动力汽车生产能力达200万辆、累计产销量超500万辆的新能源汽车产业的具体产业化目标，并接连出台了一系列以车辆购置补贴政策为主的配套补贴优惠政策，对新能源汽车行业进行全方位扶持。2014年5月，习近平在上海汽车集团考察时强调：“发展新能源汽车是我国从汽车大国迈向汽车强国的必由之路，要加大研发力度，认真研究市场，用好用活政策，开发适应各种需求的产品，使之成为一个强劲的增长点。”

国家的鼓励政策，不仅提振了整个新能源汽车产业的发展信心，同时助力比亚迪、江淮、北汽新能源等自主车企的崛起。在此背景下，我国新能源汽车产业呈现井喷式的发展态势，无论是在产业化还是规模化方面，均实现了快速发展。

数据显示，2018年，我国新能源汽车产销量分别为127万辆和125.6万辆，比上年同期分别增长59.9%和61.7%。其中，纯电动汽车产销量分别为98.6万辆和98.4万辆，比上年同期分别增长47.9%和50.8%；插电式混合动力汽车产销量分别为28.3万辆和27.1万辆，比上年同期分别增长122%和118%；燃料电池汽车产销量均完成1527辆。其中，在乘用车方面，纯电动乘用车产销量分别为79.2万辆和78.8万辆，比上年同期分别增长65.5%和68.4%；插电式混合动力乘用车产销量分别为27.8万辆和26.5

万辆，比上年同期分别增长 143.3% 和 139.6%。

而在整车技术方面，我国电动乘用车技术水平显著提升，与跨国车企的差距不断缩小，部分产品的性能指标已与国外先进产品不相上下，同时插电式乘用车的技术水平也有一定提升，部分中国品牌乘用车企走出了具备中国特色的技术路线。

其三，智能网联的发展助力中国乘用车品牌迈上发展新台阶。当前，以智能化为重要特征的全球新一轮科技革命和产业变革正在孕育、兴起。因此，在顶层设计方面，我国成立了国家制造强国建设领导小组车联网产业发展专项委员会，制定了《车联网创新发展工作方案》《国家车联网产业标准体系建设指南（智能网联汽车）（2017 年）》《智能网联汽车技术发展路线图》《5G 推进工作行动方案》《汽车产业中长期发展规划》等指导性文件，明确了我国智能网联汽车的发展目标。在这个过程中，以荣威品牌为代表的中国乘用车品牌积极把握机遇，适时推出智能网联汽车产品，并加速了行业内外的跨界融合。

总体而言，历经多年的积累和探索，中国乘用车品牌已经逐渐摸索出一条属于自己的向上发展路径，并有望借助新能源汽车与智能网联等新兴的突破口，抢占发展先机，助力汽车强国建设。

（二）中国乘用车品牌建设面临的主要问题及成因

虽然在强势产品和品牌的带动下，不少中国品牌乘用车在我国汽车产业中的角色越发重要，口碑效应也日渐突出，但中国乘用车品牌在品牌建设方面仍然存在一定的短板和问题。而这些突出的问题，是中国乘用车品牌在发展过程中不容忽视的。

其一，缺乏核心技术。虽然从总体上说，历经多年的积累后，中国乘用车品牌在制造能力方面有了显著提升，但仍然存在研发效率低、研发能力弱、缺乏核心技术和自主知识产权等问题。汽车作为耐用消费品，技术含量是其最核心的竞争力。如果持续缺乏最核心的竞争力，则意味着中国乘用车品牌所推出的产品只能徘徊于中低端市场，以低利润的产品为主。之所以会形成这种短板，主要是因为在过去“以市场换技术”的过程中，中国乘用车品牌并没有充分将核心技术进行良好的吸收，同时也缺乏一定的自主创新意识。如今，中国乘用车品牌通过不断的探索，在行业内的地位和重要性已然不同往日，因此对核心技术的掌握成为重中之重，这直接关乎品牌的可持续竞争力。

其二，品牌战略意识薄弱。所谓品牌战略是指企业将品牌作为核心竞争力，以此获得差别利润与价值的经营战略。简单地说，品牌战略是市场竞争的产物，其核心价值是保障企业的长远发展。但在过去的发展历程中，中国乘用车品牌在这方面的意识不足。一方面，部分自主品牌仍在依靠“官降”等传统的促销手段徘徊于中低端市场；另一方面，品牌自身的定力不足，面对风云变幻的市场，缺乏对自身品牌一以贯之的塑造能力，从而导致企业在发展过程中，非常容易被模仿、被超越。同时，部分中国乘用车品牌缺乏对自身品牌的保护意识和管理经验。长久以来，中国乘用车品牌在消费者心目中所形成的低端形象，对于其向上突围也是十分不利的。

其三，品牌溢价能力与利润率仍有待提升。长期以来，低价是中国乘用车品牌的重要特征。在品牌溢价率方面，中国乘用车品牌比欧美品牌低10%~20%，比日本品牌低5%。不过，从2016年起，中国乘用车品牌在盈利能力方面迎来了突破式的提升。其中以吉利、长城为代表的中国乘用车品牌成功摆脱了“卖车赚吆喝”的局面，而大集团内的中国乘用车品牌，如上汽乘用车、广汽乘用车，其盈利能力也在逐步提升，甚至逐渐成为集团板块利润贡献的主力军。“利润奶牛”的渐成，让人们见证了中国乘用车品牌的成长。但在这背后，也暗藏着一定的问题。比如，在盈利能力方面，中国乘用车品牌阵营开始日渐出现两极分化的状态——强者恒强，弱者愈弱。一些老大难的品牌，仍然要依靠补贴、出售等方式来勉强度日。同时，中国乘用车品牌的盈利可持续性也有待增强。深究中国乘用车品牌的盈利增长点，不难发现其主要集中于SUV车型上。SUV车型不仅是中国乘用车品牌销量增长的主导力量，也是促进单车利润提升的关键因素。显然，随着2017年以及2018年SUV市场热度的渐退，中国乘用车品牌的盈利可持续性也面临风险。实际上，归根结底，中国乘用车品牌仍然需要依靠核心技术和自主创新所带来的产品竞争力来实现盈利提升的可持续性。

其四，缺乏危机意识。回溯到 2010 年，人们提到中国品牌乘用车，第一个想到的必定是奇瑞等品牌，但如今，大家更多想到的可能是吉利、长城、长安、比亚迪等。这充分说明，即便是在中国乘用车品牌内部的阵营，任何一家企业和品牌都应该保持高度的敏感性和危机意识。如若缺乏这种危机感，安于现状，那么品牌就很容易在激烈的竞争中失去自我。

中国乘用车品牌是中国品牌发展的重要载体，因此，中国乘用车品牌有必要充分认识品牌建设的重要意义，并通过一系列措施促进品牌的崛起。不过，任何一个品牌的培育都需要长久的实践积累，中国乘用车品牌的建设是一场持久战，要在有限的时间内迅速弥补以往的短板，最重要的仍然是掌握科学的方法。首先，科学定位。对于任何一家企业而言，一个好的品牌，对于企业长期的发展都具有不可替代的意义。因此，中国品牌乘用车必须增强品牌意识，提高品牌定位，实施品牌战略，尤其是要有符合自身发展规划的个性化的定位。目前，中国乘用车品牌仍然存在产品定位以及品牌定位模糊的特点。而欧美系、日系等品牌均具备强烈的品牌属性，比如人们提及欧系车会联想到其坚实的底盘，提到日本车，第一印象是其低油耗以及舒适性。这些就是品牌定位的作用。当前，对于中国乘用车品牌而言，首先应该找准自身的优势，寻求自身品牌的特点和差异性，让差异化和特色成为中国乘用车品牌的竞争优势。

其次，提升产品质量。所谓质量，比较通俗的定义是“一组固有特性持续满足需要的能力”。对于乘用车而言，主要的质量指标包括动力经济性、驾驶性、舒适性、安全性和可靠性等。对于不同档次的汽车产品而言，其目标群体对各种性能的需求程度是不同的。目前，中国乘用车品牌对品牌可靠性的提升重视不够，同时产品质量的提升也偏离了消费者的需求重点。这两点是中国品牌乘用车在提升核心能力的同时亟须注重的关键点，即在强调研发能力和产品质量的同时，也应该根据市场的变化以及消费者的实际需求进行调整。

由此衍生出更为重要的一点，即精准分析消费群体。诚然，企业对自身品牌进行合理的定位和提升技术标准，是改善品牌形象的重要措施。但企业始终不能忽视的是，这些均要围绕市场与消费者展开。因此，中国品牌乘用车应该结合自身的情况，认清市场现实，洞悉市场变化趋势，理性分析品牌所针对的消费群体，进行精准的营销与服务。只有这样，才能在激烈的竞争中博得一片属于自己的天地。

（三）中国乘用车品牌建设的展望和建议

无论是从世界汽车工业发展史还是从中国汽车工业发展现状来看，我国汽车工业的发展壮大均离不开中国乘用车品牌的发展，因此努力培育中国乘用车品牌是中国汽车工业发展壮大的必由之路。不过，打造世界级的中国乘用车品牌是个系统的工程，不仅需要政府为企业营造有利的发展环境，企业自身也需要形成适应市场精准与创新需求的运作机制。

当前，汽车产业发展形势正在面临重大变化。随着能源革命和新材料、新一代信息技术的不断突破，汽车产品加快向新能源、轻量化、智能和网联的方向发展，汽车正从交通工具转变为大型移动智能终端、储能单元和数字空间，乘员、车辆、货物、运营平台与基础设施等实现智能互联和数据共享。汽车生产方式向充分互联协作的智能制造体系演进，产业上下游关系更加紧密，生产资源实现全球高效配置，研发制造效率大幅提升，个性化定制生产模式将成为趋势。同时，新兴需求和商业模式加速涌现。互联网与汽车的深度融合，使得安全驾乘、便捷出行、移动办公、本地服务、娱乐休闲等需求充分释放，用户体验成为影响汽车消费的重要因素。互联网社交圈对消费的导向作用逐渐增强，消费需求的多元化特征日趋明显，老龄化和新生代用户比例持续提升，共享出行、个性化服务成为主要方向。

产业格局和生态体系的深刻调整，不仅为建设汽车强国提供了良好的基础，也为中国品牌乘用车的崛起提供了有利的条件。

首先，在新能源汽车与智能网联汽车方面，中国品牌乘用车有望抢占先机，迅速扩大产业规模。当前，我国新能源汽车技术水平大幅提升，产业链日趋完善。支撑汽车智能化、网联化发展的信息技术产业实力不断增强，互联网产业在全球占有一定优势，信息通信领域技术和标准的国际话语权大幅提高。这两大风口机遇，为中国乘用车品牌的崛起提供了天然的土壤和便利条件。

同时，制造强国战略实施和“一带一路”建设为产业发展提供了重要的支撑和发展机遇。智能制造的推广实施将有力推动产业转型升级，工业强基逐步夯实共性技术基础，“一带一路”建设将使海外发展通道更加畅通，沿线市场开发更为便捷，汽车产业协同其他优势产业共谋全球布局、国际发展的机制加快形成。综合来看，我国汽车产业转型正在迎来难得的历史机遇。

因此，中国品牌乘用车必须紧紧抓住当前难得的战略机遇，积极应对挑战，加强统筹规划，强化创新驱动，促进跨界融合，完善体制机制，推动结构调整和转型升级。具体而言，中国品牌乘用车的产品品质需明显提升，品牌认可度、产品美誉度及国际影响力也应随之增强。在《规划》中，为中国品牌汽车提出了六大重点任务：一是完善创新体系，增强自主发展动力；二是强化基础能力，贯通产业链条体系；三是突破重点领域，引领产业转型升级；四是加速跨界融合，构建新型产业生态；五是提升质量品牌，打造国际领军企业；六是深化开放合作，提高国际发展能力。

总之，中国品牌乘用车的不断发展壮大，在国民经济中的地位和作用持续增强，对推动经济增长、促进社会就业、改善民生福祉做出了突出贡献。近年来，中国乘用车品牌正在以前所未有的信心和魄力，走向更大的世界舞台，也成为集中展示中国装备制造业的闪亮名片。

二　我国商用车品牌发展现状及展望

（一）发展现状与成就

2017～2018 年宏观经济的改善、GB1589 的颁布、对超载超限的治理、对黄标车的淘汰和自然置换高峰期的到来，都促进了我国商用车市场的发展。商用车作为生产资料，与我国的经济息息相关，近年来，随着国民经济的迅速增长，我国商用车市场迎来了快速发展期，无论是在数量上还是在产品质量、技术水平上都得到了迅速提升。

在商用车自主品牌企业加大研发投入力度，坚持以创新、技术、品质为企业发展根本的背景下，一大批有竞争力的产品先后投放市场，深受用户欢迎。国产商用车的整车品质持续提升，缩小了与国际知名品牌产品的差距。

截至目前，中国品牌商用车销量前 15 名企业集团依次为：东风、长安、上汽、北汽、一汽、重汽、江淮、陕汽、长城、成都大运、华晨、唐骏欧铃、金龙集团、重庆力帆、郑州宇通。

在过去十几年中，中国品牌商用车特别是大中型客车和货车的市场占有率不断提高，目前已经占据了 90% 以上的市场份额。在雄踞国内市场的同时，我国商用车在出口方面也卓有成效，其中以中国重汽、东风商用车、一汽解放等为代表的重卡企业，以宇通客车、比亚迪客车、上汽大通为代表的客车企业在海外市场的表现可圈可点。

据了解，在 2019 年商务大会中，中国重汽宣布：2018 年，中国重汽出口重型汽车 3.63 万辆，占国内重卡出口总量的 50%，稳居行业第一，出口业务连续 14 年居行业第一。据介绍，中国重汽自 2004 年起实施国际化战略，目前已在俄罗斯、马来西亚、尼日利亚等国家建设 8 个海外组装厂，中国重汽产品已销往全球 100 多个国家和地区，并初步叩开了新西兰、爱尔兰、澳大利亚等发达国家的大门。经过 13 年历练，宇通客车继续保持良好的发展态势。2018 年，由于海外部分国家和地区政治、经济形势的变化以及中美贸易摩擦的影响，宇通客车为了避免出口市场坏账等风险，放弃了部分海外订单。虽然 2018 年宇通客车出口客车 7000 多辆，出口总量较 2017 年有所减少（2017 年，宇通累计出口客车 8712 辆，同比增长 22.34%，连续 7 年位居世界第一），但依然是全球单厂销售量最大的客车企业。宇通客车从 2005 年正式征战海外市场，截至目前，在海外市场已经形成欧美、中东、亚太、拉美、独联体、非洲六大区域的发展布局，覆盖 120 多个国家和地区。在“一带一路”沿线地区，宇通客车已出口 40 多个国家，并在缅甸、巴基斯坦、古巴及伊朗等国实现了客车散件当地组装和产能及技术合作。

除了在市场销售方面我国自主商用车品牌拥有较强的话语权，我国商用车在产品本身的舒适性、安全、环保方面，以及轻量化、智能化、网联化方面也取得了长足发展。在舒适性方面，我国国产商用车更加注重人性化设计，有些厂商生产的商用车，在室内静音、悬浮座椅等方面与国外进口品牌不相上下。这在由《中国汽车报》社主办的“年度商用车评选”上体现得非常明显，国内商用车产品在接受专家、物流用户以及相关专业学者等检阅时，不管外形设计还是室内布局，都得到了充分的肯定。在安全方面，国产商用车的主动、被动安全系统性能达到国家规定指标。在环保方面，中国品牌商用车在提升发动机动力的同时，各项节能减排水平也在不断提高。目前，在排放标准上中国品牌商用车已与发达国家看齐，被称为史上最严的排放法规“国六”标准也将很快实施。

（二）从“汽车大国”向“汽车强国”迈进

当然，在肯定我国商用车所取得成绩的同时，也不能忽视目前存在的问题。我国商用车在快速发展、跨越进步中，因为起步晚、基础弱，与一些世界汽车强国相比还是有一些差距，在制造技术、制造工艺方面还有很多值得改进的地方。

目前，我国商用车在关键零部件上与外资品牌供应商还有不少差距，尤其是像车桥、变速器等核心总成，中国品牌商用车依赖外资品牌产品的程度依然比较严重，核心及关键技术大多由外方控制，从而在一定程度上影响了中国商用车自主开发能力的提高。总之，原材料和工艺水平的制约、整体装备水平低、技术欠缺等一系列原因导致了我国商用车企业在核心零部件上的弱势。

纵观世界汽车发展史，欧美商用汽车历史悠久，技术成熟，代表世界商用汽车技术的先进水平和发展方向。而我国汽车虽然起步比较晚，但随着中国成为世界上第一汽车产销大国，中国汽车品牌强势崛起，汽车各领域的技术积累不断增多，中国汽车品牌有了做大做强的基础。在商用车领域，经过几十年的发展，国产商用车的表现让我们感到我国正逐步从“汽车大国”向“汽车强国”迈进。

（三）“新四化”是未来发展趋势

2017～2018 年，我国商用车行业的市场销量打破近几年的纪录，增幅远远高于乘用车。在智能化、共享化、网联化、轻量化“新四化”的趋势中，我国商用车在先进技术的应用和研发中更是首屈一指。

尤其是对智能卡车、自动驾驶等先进技术的研发，中国品牌商用车企业表现积极。中国重汽、一汽解放、东风商用车、福田汽车、宇通客车、金龙客车等企业纷纷布局在智能化、自动化领域的建设。

2018 年 4 月 12 日，中国重汽 L4 级无人驾驶电动卡车在天津港开启试运营，打响了我国智能重卡迈向 L4 级水平的第一枪；4 月 18 日，一款具备 L4 级智能水平的新车一汽解放 J7 成功下线；同样在 4 月 18 日这一天，福田重卡不甘示弱，在重庆市自动驾驶道路测试启动仪式上获得了商用车自动驾驶牌照。据悉，福田重卡自动驾驶技术将于 2018 年完成样车开发，预计 2019 年将根据不同的客户需求，逐步将福田汽车自动驾驶产品推向示范运行市场。随后在 2018 年 4 月 24 日，东风商用车有限公司则在武汉技术研发中心再次演绎了 L4 级智能重卡技术——两辆 L4 级别无人驾驶东风天龙重卡在东风商用车技术中心园区内平稳自如地行驶……

而在客车领域，早在 2015 年 8 月 29 日，宇通自动驾驶客车在河南郑开大道开放道路行驶 32.6 公里，并实现自主变道和超车，实现了全球首次无人工干预的成功运行；2017 年底，宇通自动驾驶客车首次实现了在宇通厂区内运行；2017 年 11 月至 2018 年 2 月，宇通自动驾驶客车在北京市开放道路上完成了百天路测。对于厦门金龙客车来说，无人驾驶客车阿波龙的量产代表无人驾驶正式进入真实世界。

事实上，近年来，我国商用车的自动驾驶技术不乏探索者，不仅是整车企业，越来越多的科技公司、网络公司也加入该领域，并投入了大量的研发力量，自动驾驶作为“颠覆性技术”正在悄然改变我国商用车的业界形态。

三　零部件

汽车零部件产业是支撑汽车工业持续稳步发展的前提和基础。随着经济的发展和全球市场一体化进程的推进，汽车零部件产业在汽车工业体系中的地位不断提高。中国汽车零部件产业链趋于完整，国内零部件产业体系不断健全、能力不断提升。

近10年，汽车零部件产业规模年均增幅为10%～15%，远高于汽车产业7%的增速。目前，国内各类零部件企业超过10万家。2017年，1.33万家规模以上汽车零部件制造企业主营业务收入3.88万亿元，比2016年增长10.23%，产业规模高速扩张且仍有巨大空间。

《规划》把夯实零部件配套体系、推进全产业链协同高效发展和实施关键零部件重点突破工程，纳入国家汽车产业发展战略，支持优势特色零部件企业做大做强，培育具有国际竞争力的零部件领军企业，支持优势企业开展政、产、学、研、用联合攻关，重点突破动力电池、车用传感器、车载芯片、电控系统、轻量化材料等工程化和产业化瓶颈，鼓励发展模块化供货等先进模式和高附加值、知识密集型高端零部件。《规划》的实施，将对中国汽车零部件行业从量变到质变提供推动力。

（一）零部件产业发展现状

相比我国汽车产业发展初期，现阶段国内基础生产制造体系和国内本地化配套供应能力基本健全。近年来，整车平台化和零部件产品集成系统化发展趋势不断清晰。据统计，当前满足OEM配套需求的零部件种类约为1500种（一、二级零部件供应体系），80%以上已经实现国内本土化生产。

同时，一批零部件企业通过不断努力，取得具备国际先进水平的研发成果，在国家及各级地方政府的科技专项扶持下，从低端奋力向高端突破，集中精力做好主营产品，并建立严格的企业内部生产制造、品质保障标准，打造零缺陷产品，逐步树立良好的行业品牌。

在产业结构方面，国内零部件产业低附加值产品，如车身内外饰、铸造件、钣金件等企业偏多，高附加值的主被动安全系统、电子电器控制系统等企业偏少。数据显示，国内中、小、微型企业占比超过90%，其产业规模占比不足20%。其中，自主企业散、乱、差、小现象，以及中低端产能重复建设导致的结构性过剩问题依然严重。

一方面，市场终端竞争不断加剧，推动整车企业缩短新产品的开发周期，整车企业基于平台化产品或某一系统的开发，加大与长期战略合作零部件企业的合作力度，这有利于进一步巩固整车与零部件企业的合作关系；另一方面，我国大部分整车与零部件企业之间仍处于并将长期处于买卖关系阶段，利益依存关系较为脆弱，严重欠缺协同合作的基础，市场价格战、同质化、低端无序竞争现象并未得到根本改善，未来仍有进步空间。

从盈利能力来看，大型零部件企业集团抗市场波动能力强，不少中小零部件企业的经营不如预期，规模虽持续扩张，但利润不增，甚至严重下降。

统计在内的135家上市汽车零部件公司2018半年报数据显示，上半年累计营收4023.9亿元，比2017年同期增长16.52%；归属上市股东的净利润累计274.76亿元，比2017年同期增长18.66%。其中，营收出现下滑的有30家，而利润同比减少和亏损的达到63家，接近一半。

在135家企业中，营收超过100亿元的有5家，分别是潍柴动力、华域汽车、均胜电子、郑煤机、福耀玻璃。它们对市场整体营收增长的拉动非常明显，若不计这5家企业，整个市场则是另一番景象。据统计，其他130家上市汽车零部件公司上半年营收累计1930.6亿元，同比增长仅为7.5%；净利润累计153.78亿元，同比增长仅为1.04%。

（二）迎接五大变化趋势

当前，随着中国汽车市场保有量增加和产品保值率提高，新车市场需求已经开始减弱，由此带来的就是汽车行业竞争的持续加剧。同时，汽车零部件市场的两极分化越发明显，中外合资、整零合作以及同行之间的兼并整合预示着汽车市场已经开始了新一轮变革。

其一，新车市场增速减缓将成为常态。从宏观经济层面来看，2018 年中国汽车市场不确定性因素正在增多，包括中美贸易摩擦加剧、全球主要经济体加速去杠杆等，这已经对中国汽车市场产生了不小的影响。2018 年中国汽车产销量同比分别减少 4.2% 和 2.8%。未来国内汽车市场产销量低增长将成为常态，零部件企业的配套量也会随之波动，提高企业利润不能再依靠市场规模的扩张，降本增效成为主基调。

其二，制造成本持续上涨，原材料价格波动大。2017 年，橡胶、钢材价格的上涨让汽车零部件企业接受了一波冲击，部分企业陷入经营低谷。2018 年以来，汽车零部件行业作为汽车行业的上游，既要满足下游整车企业不断提高零部件系统集成度、不断降低产品成本的要求，又承受着上游企业原材料价格上涨的压力，一些细分市场的竞争已经十分惨烈。如何应对原材料价格波动带来的影响成为汽车零部件企业研究的主要课题。

其三，产业政策升级速度加快。近几年，得益于国家政策的鼓励和支持，不少汽车零部件企业集中力量进军新能源、智能网联领域。当前，我国新能源汽车仍是投资热点，但市场发展将受到严格管控，国家政策的鼓励支持力度将会随技术升级而逐渐调整。在国际市场，各国家和地区新能源汽车及车联网政策不一。当前汽车零部件企业为了减少政策变化带来的业绩波动，应该加大对全球地区政策的研究力度，增强前瞻性判断力。

其四，国际化采购以及全球配套要求提升。整车企业全球化平台的研发和全球化采购，对国内零部件企业全球配套供货能力和国际经营能力提出新的要求，加之全球经济不确定性的增加及全球贸易环境可能出现的持续恶化，零部件企业必须加快拓展国际业务，并承担起可能面临的国际运营、汇率变动、贸易保护、技术壁垒、文化冲突等海外投资风险。中国汽车零部件企业要成长壮大，则必须参与全球同步开发、寻求全球项目定点、形成全球配套布局。

其五，人才流动加剧，留人难题凸显。在汽车产业，无论是管理人才还是研发人才，乃至企业多年培养的复合型、综合型高端人才，都在加速流动。行业内人才的加速流动有助于产业研发制造平均水平的提升，却不利于企业的长期积累。以汽车电子行业为例，汽车电子企业需要大量懂汽车、懂管理、懂电子的高端人才，内部培养核心人才需 3～5 年，一旦成熟又要面临猎头公司的不断挖人，如何留人已经成为一个难题。

（三）全面提升核心竞争力

面对未来零部件市场的趋势变化，汽车零部件企业需要高度重视建立面向市场化的核心竞争力，充分借助外部优势资源，提高自主研发和创新能力，找准符合自身长期发展利益的战略定位，提高平台化、系统化产品的配套能力，以及金融资本运作能力。

对于当前遇到经营危机、亟须提高盈利水平的企业来说，做好区域化资源整合是首要抓手。区域化资源整合是当前汽车零部件企业适应行业发展趋势、深入推进运营体制改革、提高管理效率和资产利用率的主要措施，具体来讲就是要对资源、财务、人力、技术等进行优化调整和高效配置，逐步建立区域化组织架构和管理职责。

同时，坚定走好以“四个加”为引领的发展路线。一是加速产品结构调整，密切落实新订单、新项目，避免全盘布局，要抓大放小；二是加快进军新能源产业，完善新能源产业布局，包括电动汽车在内的新能源汽车产品都应该是零部件企业积极开拓的领域，研发相关配套新产品，促进主业稳定增长；三是加深海外合作布局，深挖客户潜力，拓展海外高端市场，现在中国汽车零部件企业不能局限于国内市场，不能只为自主品牌配套，必须走向海外与国际大型汽车集团建立合作关系，才能稳住未来发展的根基；四是加大后市场布局，深入挖掘新服务，中国汽车市场保有量、保值率持续提高，相关企业要全力进军汽车售后市场，开拓效益新增长极。

市 场 篇

The Market

B.2
中国品牌乘用车2018年市场格局

林 扬*

摘 要： 本报告以中国品牌 SUV、轿车、MPV 在市场的表现，用数据分析的方法，阐述了中国品牌乘用车的市场格局。在新兴市场方面，特别关注中国品牌新能源汽车的发展，以及造车新势力的表现。在传统市场方面，对中国品牌 SUV 领域近期高端化发展情况进行比较深入的归纳、分析、总结。在 2017 ~ 2018 年，中国品牌乘用车形成了在 SUV 领域强势、在轿车领域弱势、在 MPV 领域占有率高但影响力弱的格局。同时，中国品牌乘用车在新能源汽车领域一枝独秀，而造车新势力虽然雷声很大，但落到市场上的雨点还很小。

* 林扬，《中国汽车报》社。

关键词： 中国品牌 SUV 新能源汽车

在微增长背景下，中国品牌乘用车的市场格局主要呈现为牢固掌控SUV市场、在新能源汽车领域保持强势。同时，造车新势力崛起明显，但要形成真正的市场影响力还要假以时日。

2018年中国市场乘用车销售2370.98万辆，同比下降4.08%，在2017年微增长的前提下进一步出现了销量下滑现象。在新形势下，各系车型此消彼长，更显出深层次的比拼。其中，2018年中国品牌乘用车销量合计为997.99万辆，同比下降7.99%，市场占有率达到42.09%，比2017年下降1.79个百分点。在细分市场方面：2018年中国品牌轿车销售239.87万辆，市场占有率20.81%，增长0.94个百分点；SUV销售580.04万辆，市场占有率58.03%，下降2.61个百分点；MPV销售132.82万辆，市场占有率76.57%，下降6.88个百分点（见图1）。

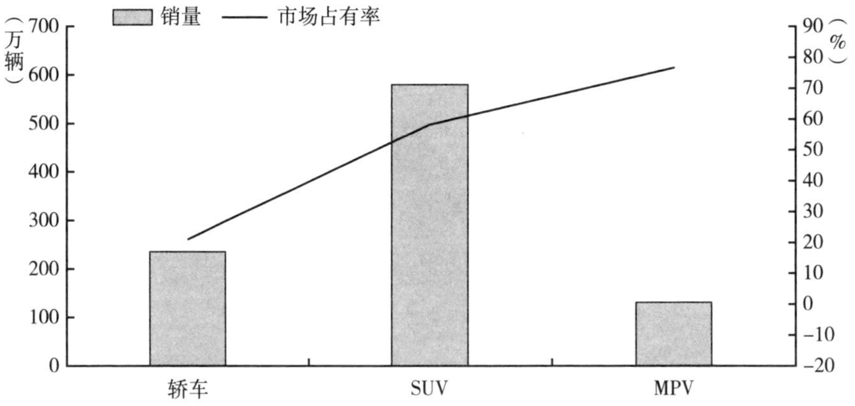

图1 2018年中国品牌乘用车细分市场销量和占有率

资料来源：中国汽车工业协会产销快讯。

在乘用车市场上，2018年中国品牌轿车变成增长的主力，销量同比增长1.88%，而同期中国品牌SUV和MPV销量全部下降，SUV下降6.71%，MPV

则同比下降23.14%。可以看出，深耕SUV市场的中国品牌车企在市场进一步扩展方面遇到了挑战，而MPV的持续快速回落，对中国品牌车企造成了相当不利的影响。不过可喜的是，轿车销量的增长是中国品牌在整车市场上的一抹亮色，有利于打破中国品牌车企过于依赖SUV产品的成见。轿车市场自2018年5月增速就超过了SUV，成为当时乘用车市场最大的亮点。轿车与SUV销量的此消彼长，给倚重SUV市场的中国品牌车企提了醒，今后在均衡发展方面应有更多考虑。

2018年，前10家中国品牌企业乘用车销量共计890.86万辆，占中国品牌总销量的89.27%，集中度进一步提升（见表1）。其中，上汽、长安、长城、东风集团、北汽集团、众泰汽车的销量同比下降，奇瑞、广汽略有增长，吉利和比亚迪增幅较大，众泰汽车继2017年挤掉江淮进入前10名后，2018年销量虽有较大幅度下降，但仍然维持在第10名的位置上。

表1　中国品牌乘用车排名前10企业2018年销量汇总

单位：万辆，%

排名	企业名称	2018年销量	旗下自主品牌
1	上汽集团	239.54	荣威、大通、五菱、宝骏
2	吉利控股	152.31	吉利、领克
3	中国长安	95.32	长安
4	长城汽车	91.50	长城、哈弗、WEY
5	东风集团	65.07	风行、风光、景逸、启辰、纳智捷
6	奇瑞汽车	61.15	奇瑞、观致
7	北汽集团	56.40	绅宝、威旺、北京、幻速、昌河
8	广汽集团	53.82	传祺
9	比亚迪	50.20	比亚迪、腾势
10	众泰汽车	25.54	众泰、江南、君马
10家企业销量合计		890.86	
中国品牌企业合计		997.99	
前10家企业销量占比		89.27	

资料来源：中国汽车工业协会产销快讯。

在车型方面，中国品牌乘用车在各个细分市场的销量前10名见表2。从表2可以看出，SUV车型大部分有响当当的名号，令消费者印象深刻。轿车里也有几款知名度高的车型，即使是名车也有可能销量不尽如人意。MPV里除了五菱宏光这款上汽通用五菱旗下的“神车”，其他车型的市场影响力明显降低。销量上，排在前7名的SUV全年销量都超过15万辆，对市场的震撼可想而知。相比之下，轿车有两款超越15万辆的销量，而MPV仅有五菱宏光一枝独秀。关于销量排在前10位的中国品牌乘用车在各自细分市场的比重，MPV以80.57%占先，随后是轿车的51.98%，最后才是SUV的38.75%。这点更说明SUV车型的百花齐放，排在后面的车型竞争力也不容小觑。

表2　2018年中国品牌乘用车销量排名前10

单位：万辆，%

排名	轿车		SUV		MPV	
	车型	销量	车型	销量	车型	销量
1	帝豪	24.69	哈弗H6	45.26	五菱宏光	47.65
2	宝骏310	15.17	宝骏510	36.14	宋MAX	14.11
3	帝豪GL	14.85	博越	25.57	宝骏730	11.15
4	远景	14.39	传祺GS4	24.66	宝骏360	10.61
5	长安逸动	12.57	荣威RX5	22.01	菱智	6.23
6	艾瑞泽5	10.45	长安CS55	16.51	欧诺	5.60
7	MG6	9.49	帝豪GS	15.76	传祺GM8	3.08
8	EC180	9.20	长安CS75	14.01	瑞风M3	3.07
9	荣威i6	7.39	长安CS35	13.14	风光330	3.06
10	启辰D60	6.49	远景X3	11.69	大通G10	2.45
销量合计	124.69		224.75		107.01	
所占比重	51.98		38.75		80.57	

资料来源：中国汽车工业协会产销快讯。

与2017年相比，2018年轿车排行发生了变化。MG6和启辰D60崭露头角，跻身前10行列，而比亚迪F3和荣威360则跌出前10名。吉利远景、艾瑞泽5排名下降明显，而帝豪GL和长安逸动则排名提升。与2017年相比，宝骏310和艾瑞泽5销量下降较快，帝豪降幅略低，远景微降，其他排名前10车型均呈现较快增长。在SUV方面，长安CS55、帝豪GS、远景X3

进入前10名，宝骏560、风光580和哈弗H2则跌出排行榜。前4名的位置基本没变，显示其优势地位在短期还难以撼动，只是博越和传祺GS4调换了位置。长安CS55已经取代了CS75的地位，成为长安SUV的主打车型，CS75的销量已经变得跟CS35不相上下。排名前10车型里长安和吉利各占据3款，整体实力不容小觑。其中吉利博越的排名相对靠前，且整体上升势头明显。五菱宏光在MPV市场里仍然一枝独秀，但比亚迪宋MAX绝对是一个不可忽视的对手，无论“颜值”、口碑还是市场影响力，在中国品牌MPV里还鲜有对手。MPV的新生力量传祺GM8也值得关注，它和宋MAX的出现，逐渐改变了人们对中国品牌MPV低端化的印象。与2017年相比，中国品牌MPV排名前10产品的销量大部分呈下降趋势，其中宝骏730的降幅较为明显。

表3 2018年乘用车销量排名前10

单位：万辆，%

排名	轿车		SUV		MPV	
	车型	销量	车型	销量	车型	销量
1	朗逸	50.38	哈弗H6	45.26	五菱宏光	47.65
2	轩逸	48.12	宝骏510	36.14	别克GL8	14.43
3	卡罗拉	37.61	途观	30.34	宋MAX	14.11
4	捷达	32.77	博越	25.57	宝骏730	11.15
5	速腾	30.99	传祺GS4	24.66	宝骏360	10.61
6	桑塔纳	27.64	荣威RX5	22.01	菱智	6.23
7	英朗	26.19	奇骏	20.80	欧诺	5.60
8	科沃兹	25.21	昂科威	20.18	艾力绅	5.01
9	帝豪	24.69	逍客	17.50	奥德赛	4.55
10	宝来	24.58	本田XRV	16.83	杰德	4.17
销量合计	328.18		259.29		123.51	
所占比重	28.47		25.94		71.20	

资料来源：中国汽车工业协会产销快讯。

如表3所示，在2018年的整体市场上，中国品牌乘用车在SUV和MPV领域保持优势，在销量前10排行榜中分别占据5名和6名，且头名都是中国品牌。轿车领域正相反，中国品牌只有帝豪一款，且排在第9位，显示合资产品仍然主导轿车市场。在SUV领域，由于传祺GS4表现低迷，合资产品途观的排位上升。另一款合资产品奇骏也表现出色，从垫底位置升到排名第7。可以说，2018年中国品牌SUV依然强势，但强势地位已不如从前，这一现象应当受到重视。随着更多日系和德系SUV上市销售，尤其是中国人喜欢的大众逐渐补齐SUV短板，中国品牌在SUV领域的强势地位还有可能受到进一步挤压。合资品牌的MPV产品在2018年全面开花，除了别克GL8外，艾力绅、奥德赛和杰德也挤进销量榜前10，使得前10名合资品牌车型数量急剧上升（2017年MPV销量前10榜单中还没有合资产品）。虽然中国品牌占据头名位置，销量上的差距也比较明显，但合资品牌的车型档次明显高于中国品牌，总体销量处于上升势头，影响力可观。

综上所述，中国品牌乘用车在近期依然保持在SUV领域的统治地位，在轿车领域维持存在感，MPV头部效应明显，但后续对话语权的争夺会更加激烈。今后，中国品牌车企一定会在SUV领域继续深耕优化，以强化来之不易的市场地位。同时，SUV高端化也会在探索中不断发展。鉴于SUV市场的增长已经放缓，中国品牌车企在强化SUV领域优势的同时，也一定会兼顾其他车型，近期的重点是维持在MPV领域的优势，远期则要加强对轿车产品的开发，以实现整个市场体系的平衡，最大限度地满足消费者需求。

（一）中国品牌SUV高端化新趋势

近年来，中国品牌SUV高端化已成热门话题。在经历了高速发展的若干年后，SUV市场已呈现低速增长态势，个别月份、年份甚至出现负增长。面对新的竞争形势、合资品牌的压力以及中国品牌车企自身的成长需求，中国品牌SUV高端化正在呈现新的变化趋势。

从表4可以看出，高端SUV正在发生分化。有新兴势力加入竞争，如WEY P8和荣威RX8，传统势力风头渐弱。有些产品保持良好的发展势头，有些则被其他车型甚至是自家的类似产品所取代。以2017年的表现来看，传祺GS8无疑是最好的，成为首款年销量突破10万辆大关的高端中国品牌SUV车型。2018 年，传祺 GS8 在市场上的表现仍然可圈可点，但与 2017 年的辉煌相比暗淡不少。2018 年，市场表现最好的是 2017 年底入市的领克 01，随后是 WEY VV5，然后才是传祺 GS8。巧的是，占据前 2 位的都是新设立的高端品牌产品，与传统品牌打造高端车型的思路有明显的不同。领克和 WEY 的异军突起，是否意味着中国品牌 SUV 高端化的新趋势还需进一步探讨。

表 4　高端自主 SUV 产品销售现状

单位：辆，万元

车型	2017 年销量	2018 年销量	上市时间	指导价
哈弗 H8	7698	1114	2015. 4	18. 38 ~ 25. 68
哈弗 H9	13855	14635	2014. 11	20. 98 ~ 27. 28
哈弗 H7	38193	21391	2016. 4	14. 98 ~ 19. 38
WEY VV7	52769	54671	2017. 4	16. 78 ~ 18. 88
WEY VV5	33658	62968	2017. 8	15. 00 ~ 16. 30
WEY P8	—	3387	2018. 4	25. 98 ~ 27. 98
领克 01	6012	89405	2017. 11	15. 88 ~ 22. 08
传祺 GS7	8262	25350	2017. 8	14. 98 ~ 20. 98
传祺 GS8	102214	61773	2016. 10	16. 38 ~ 25. 98
长安 CS95	20912	6804	2017. 3	15. 98 ~ 22. 98
江淮 S7	10772	6787	2017. 6	9. 78 ~ 17. 38
荣威 RX8	—	13256	2018. 4	16. 88 ~ 25. 18

资料来源：中国汽车工业协会产销快讯。

从国际和历史经验来看，车企走向高端化有两种方式：一是在原有品牌的基础上直接开发高端产品，典型的如大众辉腾；二是创立新的高端品牌，如雷克萨斯、讴歌和英菲尼迪。一般情况下，前者的成功案例并不多，强者如大众也没有让辉腾延续多长时日，韩国现代更是把高端车型捷恩斯置换成了新的高端品牌。后者的典型代表就是上述日系三强，它们首先成功地在美国市场立足，然后被推广到全世界。

目前来看，中国品牌 SUV 高端化路线有从升级车型转为独创品牌的趋势，领克和 WEY 初期的成功进一步强化了人们的这种预期。作为创立不久的高端品牌，领克和 WEY 在品牌气质上还是有所不同的。产品上市更早的

WEY 显得更接地气、更朴实，领克则显得更高傲、更国际化。可喜的是两大品牌在品质上都相当过硬，设计、性能、配置跟上了世界潮流。同时，它们都非常注重新能源汽车的发展，目前均有新能源汽车在销售。它们需要注意的是梳理好车型层次，不要过于追逐销量而向下发展，同时也要适当抑制过于追求配置数量的原始冲动。

从新上市的领克 02 身上可以看出，大尺寸已不是必要条件，小而精在某种程度上也能体现高端气质。当然，在中国品牌车型传统强项配置上，领克 02 还是有超强表现。表 5 是领克 02 与新上市合资车型丰田 C－HR 和大众探歌的参数对比。

表 5　领克 02 与丰田 C－HR、大众探歌参数对比

车型信息		领克 02 劲 Pro	丰田 C－HR 2.0L 旗舰版	大众探歌 280 两驱豪华型
指导价(万元)		15.68	17.98	19.08
车系指导价(万元)		12.28～19.28	14.48～17.98	13.98～20.98
发动机	尺寸	4448/1890/1528	4405/1795/1565	4318/1819/1582
	轴距	2702	2640	2680
	基本参数	1.5T－L3	2.0T－L4	1.4T－L4
	配气机构	DOHC	DOHC	DOHC
	最大马力(Ps)	180	171	150
	最大功率(kW)	132	126	110
	最大扭矩(N·m)	265	203	250
	供油方式	燃油直喷	混合喷射	燃油直喷
	工信部油耗(升/百公里)	6.2	5.7	5.7
变速器		7DCT	CVT	7DCT
底盘转向	驱动方式	前置前驱	前置前驱	前置前驱
	前悬架类型	麦弗逊式独立悬架	麦弗逊式独立悬架	麦弗逊式独立悬架
	后悬架类型	多连杆独立悬架	多连杆独立悬架	多连杆独立悬架
	转向助力类型	电动助力	电动助力	电动助力
制动	前制动器类型	通风盘式	通风盘式	通风盘式
	后制动器类型	盘式	盘式	盘式
	驻车制动类型	电子驻车	电子驻车	电子驻车

续表

车型信息		领克 02 劲 Pro	丰田 C－HR 2.0L 旗舰版	大众探歌 280 两驱豪华型
安全装备	主/副驾驶座安全气囊	主√副√	主√副√	主√副√
	前/后排侧气囊	前√后—	前√后√	前√后—
	前/后头部气帘	前√ 后√	前√ 后√	前√ 后√
	膝部气囊	—	√	—
	胎压监测装置	√	√	√
	无钥匙启动/进入系统	√	√	√
	疲劳驾驶提示	√	—	√
	主动安全系统	√	√	√
操作配置	动态车身稳定控制	√	√	√
	上坡辅助	√	√	√
	自动驻车	√	√	√
	并线辅助	√	—	—
	车道偏离预警	√	√	√
其他	倒车影像	全景影像	√	√
	液晶仪表盘	√	—	√
	中央大屏尺寸(英寸)	10.2	9	8
	内置行车记录仪	√	—	—
	电动天窗	全景天窗	—	全景天窗
	定速巡航	自适应巡航	自适应巡航	√
	自动泊车	√	—	—
	发动机启停	—	√	√

资料来源：厂家数据。

在表5中，领克02选取主力销售车型劲Pro版，丰田C－HR和大众探歌则选取两驱顶配车型，这主要是考虑到三款新车同为都市型SUV，以两驱车为主。其中丰田C－HR甚至没有四驱车型，其他两车四驱车型数量均不超过两款。顶配车型显示了该车系的最佳能力，也是消费者可以选择的上限。

从参数对比中可以看出，领克02采用了比较正统的紧凑型SUV尺寸，宽度和高度方面做了一些符合车身定位的调整。丰田C－HR也是比较标准的车身尺寸，但在造型方面更超前。相比之下，大众探歌的车身长度略短。

轴距方面领克 02 最长，而车身最短的大众探歌的轴距超过丰田 C－HR 名列第 2。三款车不同的定位造成了车身尺寸方面的差异，领克 02 是一款跨界 SUV，低矮的车身轮廓是它有别于传统 SUV 的最大特征；丰田 C－HR 是小型 SUV，也是丰田首次在中国推出该级别车型；探歌在国外原型的基础上进行了拉长处理。

在车系价格方面，探歌比领克 02 整体高一些，而领克 02 的覆盖面大于丰田 C－HR。在具体车型方面，领克 02 劲 Pro 价格最低，丰田 C－HR 2.0L 旗舰版高出 2 万多元，大众探歌 280 两驱豪华型又高出 1 万多元。在这样的价格体系下，我们发现这三款车的装备基本处于同一水平，如三车都拥有主动安全系统、胎压监测装置、车道偏离预警、自动驻车、中央大屏人机交互系统等。领克 02 和探歌装备 6 个安全气囊，丰田 C－HR 采用“8 个气囊＋膝部气囊”的全方位保护措施。不过，C－HR 没有疲劳驾驶提示、液晶仪表盘和电动天窗，这些领克 02 和探歌都有，而且采用了全景天窗。领克 02 的中央屏幕最大，有全景影像和自动泊车系统，特别配置了符合国情的内置行车记录仪，并与 C－HR 一样拥有自适应巡航系统。

如果说内置行车记录仪是符合国情的配置，那么采用三缸发动机就显得有点冒进了。虽然小排量、少缸数在一定程度上是发展趋势，但国内市场对三缸机的接受程度是整车厂家必须面对的问题。作为初创的中国汽车高端品牌，领克在第 2 款车型上就以三缸机作为主打动力配置，多少让人感到担忧。从最新的媒体试驾报告也可以看出，尽管领克在三缸机的防震抑噪上已经做了很多工作，但在个别工况上，还是能够感受到更明显的振动。再加上新型三缸机并没有经过大规模市场检验，消费者不敢接受也情有可原。

不管领克 02 前景如何，高端化道路不会一帆风顺已被近年的实践所认证。在 SUV 领域推进高端化，长城汽车可谓动手最早，发力面最广，整体影响力也最大，但其遭受的挫折也是最多的。前有哈弗 H8 的教训，目前 WEY 品牌也有被领克反超的趋势。但无论如何，长城还是中国汽车品牌 SUV 领域高端化的领头羊和晴雨表。广汽传祺也曾是在 SUV 高端化领域表现最好的中国品牌企业，传祺 GS8 曾创造月销量超过 1 万辆的奇迹（目前的明星车型领克01还没有突破该销量）。2018年，GS8的月均销量仅5000多辆，虽然仍是了不起的成绩，但已呈下落趋势。同时，高端车型稀少、明星产品处于低潮成为困扰传祺品牌进一步向上的因素。

相比之下，长安和江淮没落更快，其高端车型2018年的销量均不过万，使其在SUV高端化领域的话语权变得更弱。奇瑞自推出高端品牌EXEED后到目前为止并没有实质性动作，只有上汽荣威RX8值得期待。

除了SUV，中国品牌汽车企业在市场上的另一优势就是新能源汽车了。近年来，中国已成为新能源汽车全球第一大市场。其中，中国品牌新能源汽车占据统治地位。中国品牌新能源汽车具有车型广泛、市场适应性强的优势。在2018年开始实施的《乘用车企业平均燃料消耗量与新能源汽车积分并行管理办法》（简称双积分政策）的引导下，中国品牌车企在新能源汽车领域的热情更高了。

（二）中国品牌新能源汽车再升级

2018年，中国新能源汽车市场继续引领世界，全年共销售新能源汽车125.62万辆，同比增幅达到61.74%。新能源汽车市场占比为4.47%，相比2017年提升了1.78个百分点。新能源乘用车销量达105.29万辆，同比增长82.00%。其中，纯电动车销售78.77万辆，同比增长68.38%；插电混合动力车销售26.52万辆，同比增长139.57%（见表6）。纯电动车继续在新能源汽车领域扮演主要角色，在乘用车中，纯电动车占比为3.32%，但2018年插电混动车型异军突起，增速远超纯电动车型。2017年，纯电动车和插电混动车型销量比为4.25∶1，2018年则为2.97∶1。在各细分市场，轿车领域纯电动车占据绝对统治地位，且新能源汽车整体体量最大。在SUV领域，新能源汽车整体占比偏低，插电混动车型在销量上比较突出。MPV及其他车型的新能源汽车销售数量相对较少。2018年，销量较大的插电混动车型有比亚迪秦、宋DM、唐、上汽荣威i6、荣威RX5等车型（见图2）。可以看出，在推动插电混动车型发展方面，比亚迪和上汽荣威付出了较大的努力。

表 6　新能源乘用车销售情况

单位：辆

	2017 年	2018 年
纯电动	470573	787732
插电混动	110699	265219
合计	581272	1052951

资料来源：中国汽车工业协会产销快讯。

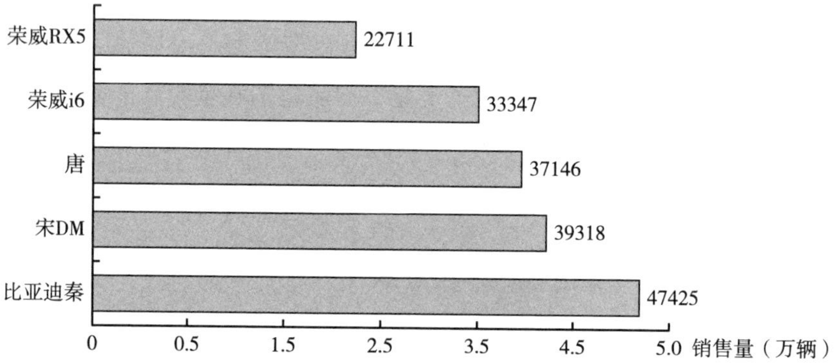

图 2　2018 年销量较大的插电混动车型

资料来源：中国汽车工业协会产销快讯。

在中国新能源乘用车市场上，中国品牌车型是绝对的主力。不过，在双积分政策的影响下，合资新能源汽车公司开始崭露头角。同时，随着蔚来 ES8 交付使用，一大批造车新势力的新能源汽车也迫近了。不仅在国内市场，而且在全球市场上，中国品牌新能源汽车都有不容撼动的地位。据统计，2018 年上半年，在全球新能源汽车品牌 20 强中，中国品牌占据 8 席，比亚迪以 9% 的市场份额名列第一，北汽以 8% 的市场份额位列第三，其他像荣威、奇瑞也都表现不错（见表 7）。国际上，能与顶尖中国新能源汽车品牌竞争的主要是特斯拉和宝马，同时日产和大众的销量也有上升势头。作为中国人喜爱的品牌，大众在新能源领域的动作值得关注，尤其是与江淮合资后其产品在国内市场会带来一定程度的冲击。日产的聆风纯电动车一枝独秀，市场口碑良好，但国内销量非常有限。可喜的是，荣威的上升势头迅猛，有望成为中国新能源品牌的另一支生力军。

表 7 2018 年上半年全球新能源汽车品牌销量 20 强

单位：辆，%

排名	品牌	销量	市场份额
1	比亚迪	71328	9
2	特斯拉	70684	9
3	北 汽	60791	8
4	宝 马	53380	7
5	日 产	42992	6
6	大 众	42956	6
7	荣 威	42037	6
8	奇 瑞	25361	3
9	丰 田	24767	3
10	雪佛兰	24482	3
11	雷 诺	23652	3
12	江 淮	19006	3
13	江 铃	18190	2
14	三 菱	17915	2
15	沃尔沃	17675	2
16	现 代	16223	2
17	起 亚	15884	2
18	奔 驰	15647	2
19	华 泰	15180	2
20	知 豆	12778	2

资料来源：《中国汽车报》数据库。

受补贴政策和市场需求的双重影响，高续航里程电动车越来越受到青睐。如北汽 EX 系列后劲十足，而低续航里程的北汽 EC 系列则势头渐弱。微型电动车知豆 02 一度位于销量榜前列，但随着续航里程在 150 公里内的小微型电动汽车不再享受补贴，知豆 02 的销量下滑较明显，后市也不被看好。2018 年 6 月，A00 级纯电动乘用车销量比 5 月锐减 60% 以上，高续驶里程的 A0 级纯电动 SUV 车型占比明显提升。

2018 年可以统计到的新上市纯电动车中，综合工况续航里程超过 300 公里的有 37 款，其中超过 400 公里的有 20 款车，最高续航里程达到 510 公里。续航里程在 251～299 公里的有 16 款。续航里程在 251 公里以下的总数仅 7 款，但也均超过 150 公里这个补贴及格线（见图 3）。

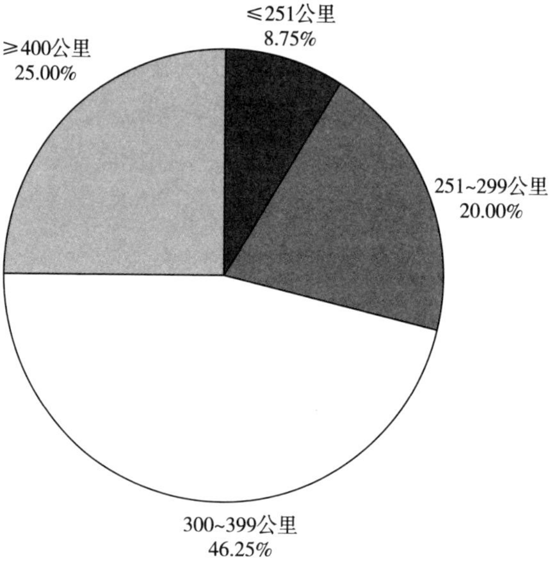

图 3　2018 年纯电动新车续航里程分布

从销量看，中国品牌新能源汽车在全球竞争中也具有强势地位。如表 8 所示，在 2018 年上半年全球电动车销量前 20 榜单中，中国品牌新能源汽车占据半壁江山。其他车系中，日系占据 3 席、美系 4 席、欧系 3 席。头部车型基本属于中、日、美系，欧系最高的雷诺 Zoe 仅名列第 9。政策导向强、发展速度快的中国新能源汽车市场创造了一批中国品牌新能源明星车型，使得它们有资格与国际大牌新能源汽车型分庭抗礼。今后，如何进一步走进国际市场，与其他国际品牌正面竞争，是中国新能源汽车企需要面对和妥善解决的问题。

表8　2018 年上半年全球电动车销量排名前 20

单位：辆

排序	车型	销量
1	日产聆风	41775
2	北汽新能源 EC 系列	39906
3	特斯拉 Model 3	26620
4	丰田普锐斯插混版	24767
5	比亚迪秦	22963
6	特斯拉 Model S	22423
7	特斯拉 Model X	21641
8	比亚迪宋 DM	21201
9	雷诺 Zoe	17824
10	江淮 iEV E/S	17556
11	三菱欧蓝德	17494
12	比亚迪 e5	16626
13	宝马 i3	15999
14	荣威 i6	15190
15	江铃 e200	13949
16	雪佛兰 Bolt	13810
17	荣威 eRX5	13344
18	知豆 D2	12437
19	宝马 530e	12404
20	北汽 EX 系列	12157

资料来源：《中国汽车报》数据库。

（三）造车新势力崛起，但市场表现欠佳

2017～2018 年，造车新势力版图一直在分化、壮大，刺激着关注车市的人们的神经。标志事件有乐视的没落、蔚来新车的交付，还有北京车展上强大的阵容。

以 2018 年北京车展所见所闻为例，人们再也不能漠视造车新势力的存在，再也不能把它们看成车界的边缘。造车新势力大多有互联网背景或很好地利用了互联网资源，与汽车新“四化”概念贴合得更加紧密，自然而然，

它们大多选择新能源汽车作为突破口。

同时，我们也应该看到所谓造车新势力与传统车企的区别。归根结底，造车新势力缺乏真正的造车经验，投入巨资自建工厂生产的也相对较少，成熟产品就更少了。造车新势力中即便有产品上市，也基本游离在主流之外，并没有受到市场足够的重视。

一段时间以来，部分造车新势力车企被人们诟病为“PPT 造车”。人们只是从企业高管的 PPT 上看到了十分美妙的前景、绚丽的原型车、让人憧憬的有车生活，然后就没有然后了。这类车企不在少数，不过好在造车新势力里还有几个尚能持之以恒的活跃“大佬”，如有新车上市的蔚来和威马。

作为车界的新生事物，造车新势力更善于造势，更善于抓住业界乃至消费者的眼球。2017 年上海车展期间，《中国汽车报》所属中国汽车品牌研究院监测到的中国品牌车企关注度 10 强中，作为造车新势力的代表，蔚来汽车所受关注度仅次于吉利和长城，而高于长安、比亚迪和奇瑞这些老牌车企（见图 4）。而 2018 年北京车展期间，属于造车新势力的新能源汽车代表威马 EX5、云度 π7、奇点 is6 也位列最受关注新能源汽车十佳榜单。

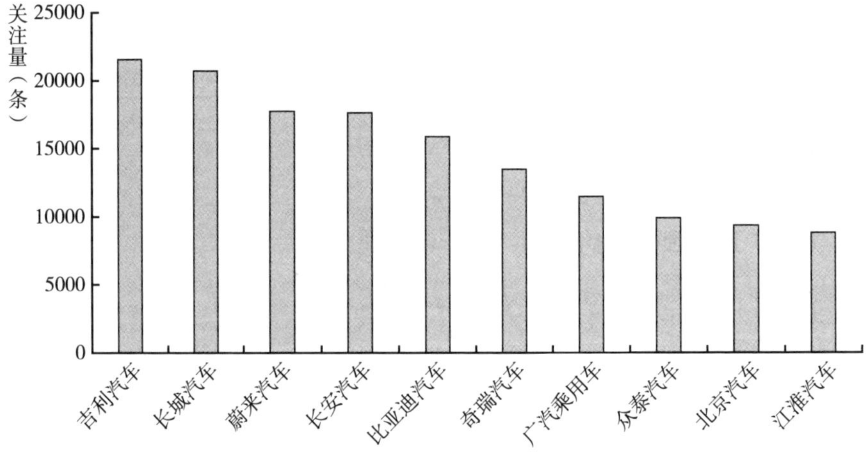

图 4　2017 年上海车展中国品牌车企关注度 10 强

资料来源：《中国汽车报》中国汽车品牌研究院。

很明显，造车新势力已经崛起成一支不容忽视的力量。在某种程度上，它们代表创新、科技和不同凡响，是改变旧有格局的希望。但直到目前，我们不得不承认，几乎所有造车新势力车企都还没有经过市场的完全检验。可以看到，造车新势力在历经了多重关卡后，往往栽倒在交付这一环节上。强大如蔚来汽车，也在出现延迟交付后引来了巨大争议。好在 2018 年 5 月底，屡次“跳票”后的蔚来汽车终于完成了首批交付，在随后的 2 个月内，陆陆续续又传来了蔚来汽车 ES8 的交付消息。不过据了解，目前大部分提到车的用户均为蔚来汽车的内部员工或接近蔚来汽车的相关人士。几乎在同时，小鹏汽车 G3 也完成了规模化内部交付。一时之间，“内部交付”成为造车新势力的一种特色的试水模式。事实上，这种方式已然遭遇了同行的鄙视。

诚然，有些造车新势力的新车交付量已经超过 1000 辆了，但与中国乘用车市场超过 2000 万辆的体量相比，确实微不足道。看来，造车新势力车企想要在车市进一步提升影响力、争夺话语权，迅速、大批量完成新车交付才是关键。

B.3
中国品牌商用车2018年市场格局

姚会法*

摘　要： 本报告以货车（重型货车、中型货车、轻型货车）、客车两大产品类型分析中国品牌商用车在市场的表现和格局，用数据分析了各类产品的市场份额和地位。2017 年我国商用车市场迎来了飞跃发展，其中重型货车销量同比增长 52% 以上，轻型货车也表现不凡，进入 2018 年更是一枝独秀、稳健增长。与货车明显不同的是，我国客车市场相对有所下滑，除去大型客车外，其他车型的销量均有萎缩。虽然客车市场整体上比较疲软，但从企业的表现来看，仍有一批企业在不同的领域表现突出，其中新能源客车、无人驾驶客车的表现依然可圈可点。无论是货车领域还是客车领域，站在我国商用车角度而言，中国商用车在品牌形象、产品品质、工艺水平、研发技术上都表现出了强劲的发展势头。

关键词： 中国商用车　市场份额　销量　智能客车　细分领域

对于我国商用车市场而言，2018 年注定是不平凡的一年，在经历了连续几年的市场平稳期后，2018 年我国商用车市场全年产销量同比继续增长，

---

* 姚会法，《中国汽车报》社。

受货车市场增长拉动，商用车销量创历史新高。

根据中国汽车工业协会发布的产销数据统计，2018 年我国商用车产销量分别达到 428.0 万辆和 437.1 万辆，比上年同期分别增长 1.7% 和 5.1%，增速分别回落 12.1 个和 8.9 个百分点。其中，2017 年我国商用车产销量分别为 420.87 万辆和 416.06 万辆，同比增长 13.81% 和 13.95%。这是我国商用车行业再次回到 400 万辆以上的产销水平。根据 2006～2018 年这 13 年来商用车的销量和年增长率数据，2018 年商用车销量在这 13 年中占据第 1 位，创历史新高。

分类型来看，2018 年，货车产销量分别完成 379.1 万辆和 388.6 万辆，比上年同期分别增长 2.9% 和 6.9%。其中重型货车产销量分别为 111.2 万辆和 114.8 万辆，产量同比下降 3.2%，销量增长 2.8%；中型货车产销 17.3 万辆和 17.7 万辆，同比下降 26.3% 和 22.7%；轻型货车产销量分别为 187.8 万辆和 189.5 万辆，同比增长 8.0% 和 10.2%；微型货车产销量分别为 62.8 万辆和 66.6 万辆，同比增长 12.0% 和 17.1%。

2018 年，客车产销量分别达到 48.9 万辆和 48.5 万辆，同比各下降 7.0% 和 8.0%。其中：大型客车产销量分别为 7.8 万辆和 7.7 万辆，同比各下降 16.2% 和 18.2%；中型客车产销量分别为 7.5 万辆和 7.4 万辆，同比各下降 11.9% 和 13.3%；轻型客车产销量分别达 33.6 万辆和 33.5 万辆，同比各下降 3.4% 和 3.9%。

一　重型货车市场格局概况

从上述产销数据不难看出，2018 年的商用车市场如果没有货车的加持相助，想必年底的成绩会逊色不少。尤其是受政策、环境的影响，我国重型货车自 2016 年下半年开始就已出现回暖迹象。2018 年，重型货车呈现爆发式增长，这对我国商用车市场的提振给予了极大的支撑。

有专家将 2018 年重型货车爆发式增长的主要原因归结为 2018 年是中国改革开放 40 周年，是进入新时代的开局之年。受国家固定资产投资和各城市渣土车升级换代、治理超载超限力度加大等因素的影响，城市渣土车、运输型自卸车、混凝土搅拌车、粉粒物料运输车等工程车及专用车市场需求和销量大幅增长，从而在一定程度上加速了重型货车的销量上涨。

2018 年全年，国内重卡市场先是高速增长后出现低迷，随后再恢复增长。整体来看，上半年重卡销量表现仍十分给力，除了 2 月重卡销量因受到春节销售淡季、行业景气度下滑等因素影响出现下滑，1 月、3 月、4 月、5 月及 6 月的月度销量均创下新纪录。进入下半年，市场行情转淡，销量下跌，从 7 月至 10 月连续多个月份销量下滑。到了 11 月、12 月，市场总算转好，销量增长。

在企业累计销量方面，一汽解放为全年销量第一的企业，1～12 月累计销量为 26.13 万辆，累计增长 9%；排名第二的为东风集团，累计销量为 21.74 万辆，累计增长 1%；中国重汽排名第三，1～12 月累计销量为 18.91 万辆，累计下滑 1%；此外，陕汽集团、福田汽车、江淮汽车等企业年度销量出现下滑。

重型货车市场是国家宏观策的“风向标”、国民经济的“晴雨表”、民生民计的“温度计”，重型货车市场的走势如何，能反映出当年的宏观及微观经济环境的好与坏。从大趋势上可以看出，随着我国国民经济的不断发展、道路交通的畅通以及对高效物流的需求增长，高端化、智能化、自动化是我国重型货车的发展方向。从具体要求看，对于普通载货车，用户重视节油、环保、轻量化、专用、成本优化；对于牵引车，用户重视节油、动力强劲、可靠、安全、电子智能；对于自卸车，用户要求可靠、动力强劲、成本优化；在车辆使用上，用户注重驾驶室的舒适性、密封性，对振动、噪声控制的要求更高；在车辆维修上，用户注重整车的可靠性、耐久性，以及维修的便利性、互换性、精益性。

二　中型货车市场概况

中型货车是货车市场里面最稳定的细分领域，近几年，中型货车的产销量一直稳步发展。提起我国货车市场，众人首先想到的就是从2016年下半年开始快速增长的重型货车，其次是活跃在大街小巷的各种轻型货车，而处于两者之间的中型货车则几乎鲜为人知。之所以出现这样的局面，无不与我国中型货车的市场占有率及销量有关。

从数量上讲，中型货车每年不到20万辆的销量确实不算有多大的规模。从车型尺寸上来说，轻型货车的尺寸、载重上延确实吃掉了不少中型货车的市场份额。2018年，在基础设施开工建设、强制执行机动车更高排放标准、智能化管理渣土车和危险品运输车、新版GB1589和“9.21治超”新规发布实施、整顿公路运输市场、国五排放升级、淘汰黄标车、取缔低速货车等众多因素的影响下，我国中型货车市场的发展并不是很好。

根据2018年各家中型货车企业的产销数据统计，浙江飞碟全年销量为2.36万辆，排名第一；成都大运全年销量为2.30万辆，排名第二；重庆力帆的销量为1.91万辆，排名第三（见表1）。

表1　2018年中型货车销量

单位：辆，%

企业	销量	同比增长
浙江飞碟汽车制造有限公司	23578	
成都大运汽车集团有限公司	22999	25.87
重庆力帆汽车有限公司	19071	-67.02
中国重型汽车集团有限公司	17551	37.24
北汽福田汽车股份有限公司	12345	-14.89
安徽江淮汽车集团股份有限公司	11731	-50.14
山东唐骏欧铃汽车制造有限公司	11337	19.64
东风汽车集团有限公司	9922	-39.47
四川南骏汽车集团有限公司	3087	

资料来源：中国汽车工业协会产销快讯。

三　轻型货车市场概况

2017 年轻型货车市场虽无大刀阔斧的变革和跨越，但市场表现还不错，12% 的市场增长率及 170 多万辆的销售总量让轻型货车市场显示出勃勃生机。如果说 2017 年轻型货车市场略显低调的话，那么“一枝独秀”或许是对 2018 年轻型货车市场的最好总结。

以下根据 2018 年上半年的市场销量数据进行分析，以点带面地反映 2018 年轻型货车的整体情况。其中，根据中国汽车工业协会发布的统计数据，2018 年 1 ~6 月，我国轻型货车产销量分别为 95. 8 万辆和 97. 49 万辆，同比增长 14. 78% 和 16. 15% 。相较于整个汽车行业的产销增速 4. 15% 和 5. 57% 来说，轻型货车市场的表现无疑是亮眼的。

国内轻型货车市场自 2010 年达到顶峰后，销量持续下滑，2016 年更是跌入谷底。好在 2017 年上半年，轻型货车市场有所复苏，实现 10% 的增长。2018 年上半年 97. 49 万辆的成绩，虽然离高位（2010 年的 103. 63 万辆）还有差距，但仍然创下了近 4 年同期的新高，透露出轻型货车市场回暖的信号。2018 年 1 ~6 月轻型货车销量见图 1。

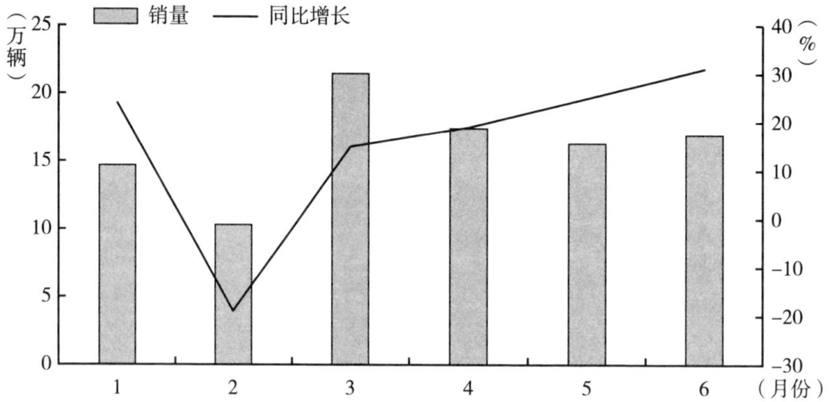

图 1　2018 年 1 ~6 月轻型货车销量

资料来源：中国汽车工业协会产销快讯。

2018 年初，不少业内人士预测 2018 年轻型货车市场会有所下滑，多数轻型货车企业在 2018 年提出销量目标时也都比较谨慎，但从目前的成绩来看，轻型货车市场已跑赢大盘，成为汽车行业增速最快的细分市场。

从 2010 年开始，我国轻型货车市场前 4 强基本被福田汽车、江淮汽车、东风汽车、江铃汽车所占据。不过，2018 年上半年，轻型货车前 4 名有了一定变化，依次为福田、江淮、长安和江铃（见图 2）。

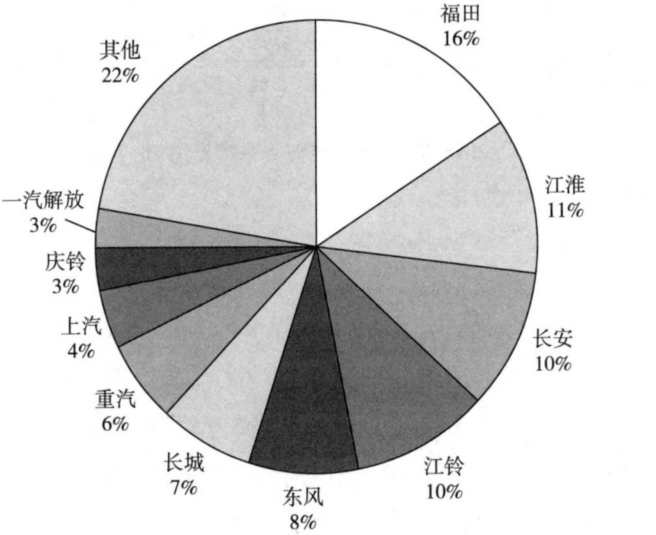

图 2　2018 年 1 ~ 6 月主流轻型货车企业所占市场份额

资料来源：中国汽车工业协会产销快讯。

具体来看，福田汽车 2018 年 1 ~ 6 月以累计销售 15. 87 万辆、同比增长 8. 52% 的优异成绩坐上头把交椅（见图 3）。值得一提的是，福田汽车旗下两大品牌奥铃与欧马可的市场认可度不断提升。另外，依托福田康明斯建立的自有发动机供应体系，保证了对市场反馈的及时响应，成为销量冠军可以说是实至名归。

排名第二的江淮汽车的销量也突破了 10 万辆大关，2018 年 1 ~ 6 月，累计销量达 11. 03 万辆，同比增长 4. 4%。目前，江淮汽车拥有帅铃、骏铃、康铃三大主力产品，在很多细分市场上均具有强劲的竞争力，保证了其

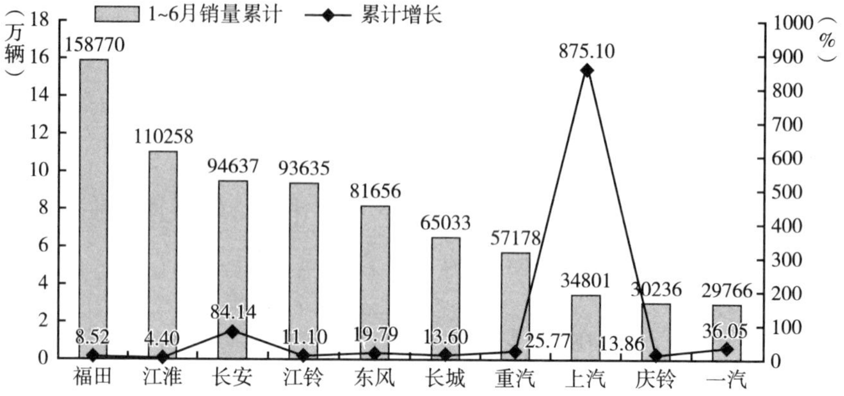

图3　2018年1~6月轻型货车销量前10企业情况

资料来源：中国汽车工业协会产销快讯。

销量的稳步提升。

重庆长安一口气挤掉了江铃、东风和长城，排名第三。2018年1~6月，重庆长安累计销量达9.46万辆，同比大幅增长84.14%。

作为轻型货车行业的老牌企业，江铃轻型货车上半年累计销量排名第四，达9.36万辆，同比增长超过10%。轻型货车一直是江铃汽车的优势业务，尤其是全新大重载轻型货车“凯锐重载金刚”和纯电动轻型货车“凯锐EV”的上市为江铃轻型货车带来了更多上升空间。

2018年上半年，东风汽车和长城汽车分列第五、第六名，分别销售8.17万辆和6.5万辆，同比增长19.79%和13.6%。轻型货车新军中国重汽紧随其后，上半年销售轻型货车5.72万辆，同比增长25.77%。其中，中国重汽轻型货车事业部的HOWO轻型货车1~6月同比增长41%，远超行业增幅。

重获新生的上汽大通成为轻型货车前10强中的新面孔，累计销量达3.48万辆，增幅高达875.1%。上汽大通取得如此佳绩，与上汽跃进的强势加入密不可分。排名第九、第十的庆铃汽车和一汽集团2018年上半年分别销售3.02万辆和2.98万辆。其中，一汽集团已完成原定全年目标（4万辆）的73%。

不过，值得注意的是，排在第九、第十位的庆铃汽车和一汽集团与紧随其后的金杯汽车、保定长安等企业仅有几千辆的差距，竞争十分激烈。

值得一提的是，近年来，轻型货车在专用车方面及改装车方面的影响力越来越大，很多以轻型货车底盘为主的改装车、专用车以及环卫车出现在人们的日常生活中。并且，随着国家对食品、药品运输的要求越来越严，对用于冷链运输的轻型货车的需求量与日俱增。随着物流行业的快速发展，行业对运输工具的要求也越来越高，高运输效率、强承载能力、安全平稳等特点已成为专业物流轻型货车的发展趋势。

四　客车市场概况

与货车不同的是，2018 年对于国内客车企业来说是不顺利的一年。根据中汽协的数据统计，2018 年 1～12 月，客车产销量分别为 48.9 万辆和 48.5 万辆，同比各下降 7.0% 和 8.0%。其中：大型客车产销量分别为 7.8 万辆和 7.7 万辆，同比各下降 16.2% 和 18.2%；中型客车产销量分别为 7.5 万辆和 7.4 万辆，同比各下降 11.9% 和 13.3%；轻型客车产销量分别达 33.6 万辆和 33.5 万辆，同比各下降 3.4% 和 3.9%。

“2018 年，中国客车行业的整体表现并不好。”2019 年 1 月 11 日，在第 16 届客车市场研究会上，中国公路学会客车分会副秘书长佘振清一针见血地对过去的 2018 年做了总结。佘振清介绍，2018 年 1～11 月，企业累计销售 5 米以上客车 178834 辆，同比下降 11.54%，其中座位客车（公路客车）下降 14.7%，校车下降 22.69%，公交客车下降 1.86%，其他客车下降 27.68%。

在 40 家企业中有 32 家涉及新能源客车领域，5 米以上新能源客车销量为 72855 辆，同比下降 5.73%；传统客车销量继续下滑，整体销量为 105979 辆，降幅达 15.14%，其中座位客车下降 11.77%，公交客车下降 38.64%。总销量中，大型客车销量 70082 辆，同比下降 12.10%；中型客车销量 54731 辆，同比下降 4.60%；轻型客车销量 54021 辆，同比下降 16.98%。

“2018 年我国客车市场提前进入了‘冬天’。”佘振清表示，2018 年 5 米以上客车销量约为 21 万辆，同比下降 10%。

有专家指出，近几年是客车行业砥砺奋进、勇往直前的发展年，客车技术进步推动了产业结构调整和升级，在绿色、智能和安全三个方面都取得重大突破。第一，政策推动新能源客车迅速发展。新能源客车市场逐步成熟，市场规模在2015～2017年已连续3年超过10万辆。第二，智能客车渐入佳境。汽车智能化浪潮势不可当，宇通客车、厦门金龙、安凯客车等主流客车企业相继发布智能无人驾驶技术。其中，宇通客车开发了第一台无人驾驶大客车；厦门金旅于2016年初成立了无人驾驶技术研究项目组；2017年7月中车电动自主研发的12米智能驾驶客车在湖南株洲公开路试；2017年10月百度与金龙客车合作，计划于2018年实现无人驾驶微循环客车的小规模量产及试运营。第三，法规逐步完善。2015年，国务院印发了《中国制造2025》，将智能网联汽车列入未来10年国家智能制造发展的重点领域。同年，《中国智能网联汽车标准体系建设方案》出台，在客车方面，关于自动紧急制动系统、车道偏离预警系统的标准也相继出台。产业发展、标准先行，标准和法规在智能网联汽车发展过程中的引领和支撑作用不可替代。可以预见，无人驾驶客车将在公交车、景区客车、固定线路的班线客车中率先成为现实。

值得关注的是，安全始终是客车技术发展的重点，客车技术进步促进产业结构调整和升级。行业格局悄然生变，目前客车的行业格局中，除了宇通、中通保持强势之外，比亚迪、南京金龙等以新能源客车为主的企业纷纷脱颖而出。

综观近年来我国客车行业的发展，总量变化不大。有专家分析，2019年，客车市场销量下滑仍是主旋律，预计5米以上客车总销量约为20万辆，同比下降5%左右。具体是：座位客车总销量8万辆，同比下降5%；公交客车总销量9万辆左右，同比下降10%；校车销量1.5万辆左右，同比下降10%；其他客车1.5万辆，同比略有下降。其中，新能源客车同比下降10%左右，总销量预计9万辆（其中公交客车7.5万辆，座位客车0.5万辆，物流车1万辆）。

值得注意的是，旅游客车需求增长是促进客车行业发展的新动能，未来将大有可为。

B.4 中国品牌汽车零部件2018年市场格局

刘宏龙*

摘　要： 汽车零部件企业是汽车制造大国的发展基础，过去我国的汽车零部件企业闷头搞技术、造产品、谋发展，现在还要做整合、强自主、提品牌。从细分市场来看，一些本土零部件供应商通过并购整合和长期积累已经发展成为国际知名企业，但市场供需的波动对部分特定领域造成了较大的影响，本土企业需要在规模扩张的同时努力提高盈利能力。本报告对7个主要零部件细分市场进行了案例分析，并列举了行业代表企业近年的营收情况。

关键词： 汽车零部件　营业收入　细分市场

2017年以来，汽车零部件行业经历着冲击。其中，国内零部件行业更是直面双重挑战：一方面，电动化、智能化、网联化、共享化的“新四化”趋势，让自主企业产生了“未来已来”的紧迫感和危机感；另一方面，由于存在缺乏核心技术竞争力的软肋，很多自主企业受到外资供应商的冲击。在整车生产持续大发展的拉动下，零部件行业经过艰苦奋战，正在进入从量变到质变的转折期，面临从观念到战略、从技术开发到产品营销、从国内市场到国际舞台的全方位转变。

《中国汽车报》统计的“双百强”榜单中，“2017国际汽车零部件企业

* 刘宏龙，《中国汽车报》社。

百强榜”围绕全球范围内的零部件企业展开，其中营收千亿级企业达到 17 家，入选最低年营收额为 112.5 亿元。德国、日本、美国的零部件企业排位靠前，仍是主流，而 17 家中国汽车零部件企业的入选则代表了中国汽车零部件产业的先进力量，中国企业入选数量大大超过以往，证明了中国汽车零部件企业在国际汽车市场中地位和影响力的提升。

综观整个汽车零部件市场，细分市场的竞争局势各不相同。从 2018 年上半年国内上市汽车零部件营收统计数据来看，中国汽车零部件市场突出的一大竞争形势就是“强者愈强、弱者恒弱”。大企业集团依靠多元布局，降低市场经营风险，依靠持续的兼并重组提高资产利用率、降低损耗和成本；中小企业面临经营成本的大幅上涨，以及主营业务市场的波动，尽管规模上能保持稳定提升，但在盈利能力上不如预期。以下为对主要细分市场的分析和总结。

一　多元化业务企业集团：加速并购重组，抗风险能力强

集团化企业的多元化布局可以有效降低单一市场的波动风险，而借势而为、加速并购也成为这些企业提高市场竞争力的主要举措。在我国，真正实现多元化布局且在多个细分领域拥有较大市场份额、处于行业技术领先地位的大企业集团并不多。近年来，随着中国汽车市场规模的不断扩大，以市场化为导向的集团企业通过整合，把握住了细分领域的全球化并购机遇，扩大了优势业务占比，减少了对边缘化业务的投资，积极调整业务布局，保持营业收入的稳步增长。

如表 1 所示，当前，华域汽车已经发展成为我国规模最大的汽车零部件企业集团之一。从 2011 年的 523 亿元，到 2017 年的 1405 亿元，华域汽车年营收快速扩张，这不仅得益于其对美国江森自控全球汽车内饰业务的重组以及其他国际化合作，还得益于其基于未来智能驾驶技术、轻量化技术发展需要而进行的各项业务战略调整。2018 年上半年，华域汽车根据“3 +2 +

1”即智能与互联、电动系统、轻量化3个专业板块，内外饰、底盘2个集成平台，国际和国内协同作用的1个投融资平台的业务体系规划建设要求，顺利完成对小糸车灯（现更名为华域视觉）50%股份的收购、设立华域麦格纳电驱动系统有限公司、完成汽车电子泵类业务整合等工作。

表1　5家代表性多元化业务企业集团近年业绩

单位：亿元，%

企业名称	2018年上半年营收	同比增长	2017年营收	同比增长	2016年营收	同比增长
华域汽车	816	19.35	1405	13.03	1243	17.82
富奥股份	38.19	11.61	71.93	22.82	58.57	35.22
东风科技	31.99	15.23	61.02	16.79	52.24	8.28
拓普集团	30.75	31.61	50.90	29.27	39.38	30.94
双林股份	19.48	-3.09	42.79	29.53	33.04	33.63

资料来源：《中国汽车报》数据库。

东风科技的主要产品包括汽车仪表系统、饰件系统、制动系统、汽车电子系统及金属铸件产品。东风科技紧抓新业务的拓展，2018年上半年新订单金额超过8.78亿元，同比增长超过77%。

二　汽车电子：向系统供应商转型升级

消费者对汽车电子产品的需求更加精细化，整体呈爆发增长态势，大部分企业由电子部件供应商向电子系统供应商转型，并在车机终端、电控系统、智能网联和自动驾驶技术方面展开布局，相互将形成直接竞争关系。在这种趋势之下，企业必须加快外部整合，并与上下游企业联合研发才能向上突破。

总体来看，国内汽车电子零部件企业的研发制造水平与国际先进企业仍有较大差距。在前几年的整车市场规模扩张及消费升级的带动下，国内汽车电子零部件企业赚得盆满钵满。但高增长的主基调在2018年有所改变，主要原因是不少企业的前装业务仍未全面打开市场，后装市场配套需求量严重下滑。

如表 2 所示，华阳集团 2018 年上半年汽车电子业务营收同比下降明显，主要原因是中控类产品中的车载影音导航系统销售量减少 30 万台以及销售价格下降 9.2%，导致车载影音导航系统销售收入较上年同期下降 4.3 亿元。

表 2　5 家代表性汽车电子企业近年业绩

单位：亿元，%

企业名称	2018 年上半年营收	同比增长	2017 年营收	同比增长	2016 年营收	同比增长
均胜电子	226	72.9	266	43.01	186	129.54
得润电子	36.35	50.81	58.51	27.65	45.84	50.88
德赛西威	28.60	-8.75	60.10	5.85	56.78	54.79
华阳集团	16.17	-17.77	41.66	-1.91	42.47	2.46
宁波高发	7.38	25.08	12.08	40.30	8.61	28.75

资料来源：《中国汽车报》数据库。

均胜电子是中国汽车电子行业乃至整个汽车行业依靠并购成功成为全球领先企业的代表。2018 年上半年，均胜电子营收达 226 亿元，同比增长 72.90%；净利润 8.21 亿元，同比增长 33.39%。业绩增长的主要原因是完成了对高田优良资产的交割。均胜电子将高田优良资产与旗下 KSS 公司整合为均胜安全系统有限公司，因此均胜安全营收规模跻身全球汽车零部件前 30 强，成为全球第二大汽车安全产品供应商。

三　发动机及配件：重卡市场复苏带动发展

2018 年车用发动机及配件市场整体表现不及市场预期，主要原因是中小缸径发动机企业销量下滑。总体来看，国内主流发动机企业近年营收相对稳定。尤其是商用车市场，得益于重卡市场的回暖，主流发动机及配件企业规模扩张速度快。

如表 3 所示，潍柴集团仍是国内发动机领域的领头羊，2018 年上半年营收 822.64 亿元，同比增长 13.76%。在中小缸径柴油发动机方面，云内动力抓住排放升级机会，2018 年上半年累计销售各型发动机 17.65 万台，其 DEV 系列高端产品销量大幅增长，同比增长 42.65%。受益于排放升级和重卡换代更新需求，渤海汽车重型发动机曲轴板块 2018 年上半年实现营业收入 8.65 亿元，较 2017 年同期增长 24.71%。

表 3　5 家代表性发动机企业近年业绩

单位：亿元，%

企业名称	2018 年上半年营收	同比增长	2017 年营收	同比增长	2016 年营收	同比增长
潍柴动力	822.64	13.76	1516	62.66	932	25.64
云内动力	31.89	9.47	59.10	50.54	39.26	38.63
上柴股份	22.07	22.85	36.67	44.09	25.45	17.66
全柴动力	18.67	11.33	31.94	7.13	29.81	4.37
东安动力	6.95	-28.37	18.12	-28.62	25.38	101.20

资料来源：《中国汽车报》数据库。

发动机配件企业专业性强，产量规模大，但整体市场利润率一直不高，且受制于原材料价格波动。当前，在泵类、曲轴、凸轮轴、连杆等一些细分市场，国内出现了很多全球知名企业；在涡轮增压器、排放处理等进排气系统领域，国内企业与国外知名企业的技术差距仍然较大。此外，发动机及配件企业面对新能源汽车市场的崛起亟须寻找转型方向，如渤海汽车积极推动资产重组，由单一的活塞制造企业转型为在汽车动力总成、底盘总成、热交换系统及汽车电子系统等产业布局的综合性零部件企业。5 家代表性发动机相关配件企业近年业绩如表 4 所示。

表 4 5 家代表性发动机相关配件企业近年业绩

单位：亿元，%

企业名称	2018 年上半年营收	同比增长	2017 年营收	同比增长	2016 年营收	同比增长
威孚高科	49.61	4.92	90.17	40.40	64.23	11.86
亚普股份	37.73	15.21	70.75	7.92	65.56	5.46
广东鸿图	26.79	25.92	50.03	86.79	26.78	18.57
银轮股份	26.26	30.82	43.23	38.63	31.19	14.57
鸿特科技	20.89	133.86	29.37	104.95	14.33	-0.00

资料来源：《中国汽车报》数据库。

四 车身及附件：造就细分市场的领先企业

车身及附件企业包括车门、玻璃、内外饰件、车灯、仪表、座椅、保险杠以及非轮胎橡胶零部件供应商。在车身及附件市场，国内供应商数量众多，年营业额超过 20 亿元的规模较大的企业数量较少，且主营业务基本集中于更细分的领域，如汽车玻璃、空调系统、车身金属部件等，在技术实力上不少企业已经拥有国际先进水平，在专利和原创设计上仍有提升空间。

在汽车玻璃市场，福耀玻璃已经赢得了全球汽车厂商、用户、投资者的信赖。近年来，福耀玻璃坚持走国际化路线，2018 上半年其汽车玻璃海外业务收入比 2017 年同期增长 22.31%，大幅超过中国境内汽车玻璃收入的增长，且在利润率方面处于行业领先水平。

在一些细分领域，以技术整合、市场整合为目的的中国企业海外并购案例较为突出。中鼎股份近年来通过海外并购，引进、消化、吸收欧美先进技术工艺，已经打造非轮胎橡胶制品多个细分领域的领先企业，在冷却系统（并购德国 TFH）、降噪减振底盘系统（并购德国 WEGU）、密封系统（并购美国库伯、美国 ACUSHNET、德国 KACO）、空气悬挂及电机系统（并购德国 AMK）四大领域确定了行业领先地位。

如表 5 所示，郑煤机 2018 年上半年营收为 127.20 亿元，同比增长

290.04%。郑煤机已经成功实现了从煤机领域向汽车零部件市场的转型，实现了“双轮驱动”。当前汽车零部件领域的营收已经占其总营收的3/4。郑煤机在2017年初完成对亚新科集团6家零部件公司股权的收购，2018年6月完成了对德国SEG公司的合并。2018年上半年，郑煤机汽车零部件板块总营收达到91.55亿元，其中新增SEG公司71.24亿元。

表5　5家代表性车身及附件企业近年业绩

单位：亿元，%

企业名称	2018年上半年营收	同比增长	2017年营收	同比增长	2016年营收	同比增长
郑煤机	127.20	290.04	75.48	108.01	36.29	-19.56
福耀玻璃	101	15.74	187	12.65	166	22.45
凌云股份	63.27	9.12	118	32.61	88.98	22.82
中鼎股份	60.98	13.32	117	39.55	83.84	28.14
奥特佳	22.20	-17.43	51.84	-0.87	52.29	110.56

资料来源：《中国汽车报》数据库。

五　内外饰：国际市场配套能力提升

在内外饰领域，国内汽车零部件企业一度面临产品附加值低、利润率低、研发投入不足的局面，中国自主品牌整车企业的发展带动了一批本土内外饰企业的成长。同时，通过海外建厂、并购以及跨领域拓展新业务，本土内外饰企业取得一些突出的成就，不少企业已成为全球知名整车企业的二、三级供应商，在技术专业化方面的优势逐渐凸显，同时有能力满足日益增长的内外饰产品的定制化、个性化需求。

宁波华翔的主要产品是装饰条、主副仪表板、门板、立柱、后视镜等汽车内外饰件，车身金属件以及车身轻量化材料等，是国内最大的内外饰供应商之一。2012年之后其加速国际化业务整合，目前宁波华翔已经是大众、奥迪、斯柯达、捷豹、路虎等品牌的主要供应商，并在欧洲、北美、东南亚设立多个生产基地，满足客户的全球化配套需求。

在车灯行业，近年来市场竞争格局趋于集中化且相对稳定。作为国内车灯行业的领军企业，星宇股份已经站住脚跟，具备与国际先进企业竞争的实力。如表6所示，2018年上半年，星宇股份营收达24.50亿元，同比增长22.43%。承接车灯新项目35个，批产车灯新项目47个，优质的新项目为其未来发展提供了强有力的保障。

表6　5家代表性汽车内外饰企业近年业绩

单位：亿元，%

企业名称	2018年上半年营收	同比增长	2017年营收	同比增长	2016年营收	同比增长
宁波华翔	69.40	-2.49	148	18.40	125	27.48
京威股份	29.13	10.66	56.88	18.20	48.12	33.09
星宇股份	24.50	22.43	42.55	27.13	33.47	35.64
模塑科技	22.53	5.96	43.40	7.77	40.27	28.39
新泉股份	18.53	17.23	30.95	80.89	17.11	89.65

资料来源：《中国汽车报》数据库。

六　底盘零部件：降本压力持续增大盈利能力有待提升

底盘领域包括传动系统、转向和悬架、制动系统等，根据相关上市公司2018年上半年的数据统计，超过3/4的企业实现营收稳定增长，但大部分企业利润同比增幅较小，近1/3出现下滑或亏损。原材料、人工成本增加以及高端化、高附加值产品占比较小，是目前底盘系统相关企业盈利能力不足的关键。

从事汽车悬架系统、减震器系统研发销售的正裕工业，2018年上半年营收达4.56亿元，同比增长9.17%，但净利润只有2100万元，同比下滑53.67%。正裕工业获利能力下降，主要原因有两点：一是原材料成本快速上涨，主要原材料为钢管、活塞杆、弹簧盘类等钢制品，以及纸质包装材料等；二是汇率波动对毛利的影响，正裕工业欧美出口业务量大，以美元结算的销售收入平均汇率比上年同期减少7.12%，导致毛利率下降5.49%。

在乘用车变速器市场，仍以外资企业为主导，国内企业虽已经进入了自主自动变速器产品产业化的关键阶段，但在推广时仍面临外资企业的压价竞争。随着自动挡车型配套比例的逐渐持续升高、变速器及相关供应商产业化能力的提升，以及电驱动、混动市场的发展，包括万里扬等本土企业将会获得更多的市场份额。

相对而言，底盘领域企业更易于围绕自身技术优势向新能源市场靠拢，加上当前轻量化的强烈需求，掌握核心技术的底盘部件企业能积极应对市场变化实现转型。凯众股份以底盘悬架系统特种减震元件和轻量化踏板总成为核心业务，2018年上半年实现新能源汽车型配套减震元件销售数量约65万件，并先后获得了保时捷电动车Taycan、大众朗逸BEV、宝来BEV、高尔夫BEV、别克VELITE 5等项目。2018年上半年凯众股份营业收入为2.91亿元，同比增长25.48%。5家代表性传动系统企业和制动系统企业的近年业绩分别如表7和表8所示。

表7　5家代表性传动系统企业近年业绩

单位：亿元，%

企业名称	2018年上半年营收	同比增长	2017年营收	同比增长	2016年营收	同比增长
万向钱潮	58.84	6.3	111	2.78	108	5.31
银亿股份	50.28	-19.63	127	29.08	98.39	16.31
万里扬	21.61	-19.63	50.30	34.78	37.32	89.20
曙光股份	16.99	-10.82	38.09	1.93	37.37	-15.69
远东传动	9.22	28.01	15.23	48.73	10.24	10.55

资料来源：《中国汽车报》数据库。

表8　5家代表性制动系统企业近年业绩

单位：亿元，%

企业名称	2018年上半年营收	同比增长	2017年营收	同比增长	2016年营收	同比增长
亚太股份	21.33	9.09	39.64	15.94	34.19	11.75
伯特利	13.11	24.62	24.19	9.36	22.12	50.40
万安科技	11.86	5.34	22.75	1.93	22.32	25.28
隆基机械	9.61	4.37	17.25	17.18	14.72	6.15
金麒麟	6.86	-6.79	15.00	16.28	12.90	15.04

资料来源：《中国汽车报》数据库。

七　轮胎及车轮：市场需求平淡，行业加速洗牌

我国是全球轮胎、车轮产销量最大的国家，但结构性产能过剩依然存在，产业结构仍待进一步调整，集中度有望进一步提升。随着生产制造环保标准严格、高端化产品需求提升，以及原材料价格的波动、出口市场的萎缩，我国轮胎、车轮产业都将加速行业洗牌。

在车轮市场，钢制车轮行业升级存在生产设备和技术落后的瓶颈，导致产品质量稳定性差、精度不高。铝合金车轮未来3~5年平均增长率将超过50%，具备资本实力的企业应及时拓展相关业务。今飞凯达是专业的铝合金轮毂制造商，也是车轮行业保持多年营收持续增长的企业，依靠多年的技术积累和市场扩张，今飞凯达在OEM市场与长安、东风、神龙、吉利等国内知名汽车整车制造商建立了稳定的合作配套关系。5家代表性车轮企业近年业绩如表9所示。

在轮胎领域，2018年以来整体市场需求未见明显增长，整体市场处于微增长状态。中国轮胎行业正在由粗放式、低端化的生产向绿色化、智能化的方向发展，环保治理加严、国际贸易壁垒等因素加速了轮胎行业的淘汰和整合。2017年上半年轮胎行业主要原材料价格大幅上涨，2018年以来主要

表9　5家代表性车轮企业近年业绩

单位：亿元，%

企业名称	2018年上半年营收	同比增长	2017年营收	同比增长	2016年营收	同比增长
一汽富维	65.10	6.38	127	5.83	120	21.58
万丰奥威	52.06	5.06	102	7.53	94.86	11.85
金固股份	14.63	12.1	30.01	32.09	22.72	49.10
日上集团	14.60	67.07	19.91	40.71	14.15	10.27
今飞凯达	13.42	16.77	25.80	12.47	22.94	7.62

资料来源：《中国汽车报》数据库。

原材料市场价格较2017年同期有所回落，终端市场轮胎价格上调，轮胎企业的利润率有所回升。如表10所示，赛轮金宇2018年上半年营业收入为65.65亿元，同比增长0.59%；净利润3.18亿元，同比增长1555.70%。

表10　5家代表性轮胎企业近年业绩

单位：亿元，%

企业名称	2018年上半年营收	同比增长	2017年营收	同比增长	2016年营收	同比增长
玲珑轮胎	72.42	7.58	139	32.38	105	20.43
赛轮金宇	65.65	0.59	138	24.32	111	13.96
三角轮胎	36.80	-9.86	79.21	18.05	67.10	-6.64
黔轮胎A	33.84	7.08	69.60	24.57	55.87	18.04
风神股份	31.31	-16.36	73.04	-0.29	73.25	-10.40

资料来源：《中国汽车报》数据库。

B.5
中国品牌何以在新能源领域脱颖而出

林欣　张剑*

摘　要： 空气污染已成为全世界关注的问题，作为解决这一问题的有效方法，新能源汽车正引起人们的重视。可以看到，中国正在对新能源产业采取行动，并取得了初步成功。本报告利用技术、市场、政策三维模型，目的是找出中国品牌新能源汽车在新产品销售和技术推广方面快速增长的原因。从三个发展阶段分别收集管理和经济政策，在分析政策、技术和市场的基础上，得出中国新能源产业崛起的三个原因：首先，技术路线受政府和市场双重指导；其次，政策具有前瞻性；最后，政府在新能源产业发展过程中能够及时转换角色。

关键词： 新能源汽车　技术、市场、政策三维模型　管理政策　经济政策

一　新能源汽车兴起的背景和中国的特殊性

从 2017 年 11 月召开的联合国气候变化大会上可以看到，由于对居民生

---

* 林欣，中央财经大学政府管理学院；张剑，中央财经大学政府管理学院院长助理、副教授。

活质量造成严重影响，大气污染排放已成为主要国家共同关注的问题。根据《联合国气候变化框架公约》的数据，运输部门二氧化碳排放量约占全球人为排放二氧化碳总量的23%。因此，人们普遍认为，有必要在新能源汽车的帮助下减少运输方面的排放。

中国的大城市如北京、上海和广州，由于机动车排放等原因造成空气污染，经常出现雾霾天气。根据国家环境监测中心的数据，北京在2017年上半年出现重度污染12天、严重污染4天。除雾霾外，能源安全是新能源汽车在中国受欢迎的另一个主要原因，因为能源安全是国家安全的首要任务之一。2016年，中国对进口石油的依赖程度已经达到65%，远远高于50%的国际安全水平。

因此，中国大力鼓励新能源产业，并从技术和市场两个方面快速发展。目前，中国纯电动车领域的技术已经与国际水平同步。更重要的是，到目前为止，中国已经成为新能源汽车最大的市场。2017年，中国新能源乘用车的销量占全球销量的49%，相比2016年增长72%。2017年纯电动汽车销量更令人印象深刻，且是在补贴减少的前提下取得的。与2016年相比，中央财政对新能源汽车的补贴减少了20%，地方补贴减少了一半。那么，是什么促使新能源汽车业在中国取得如此大的成功？

传统上，技术路线由市场主导，与其他在新能源汽车产业方面发力的国家相比，中国的技术和市场趋势与之相同。在技术方面，尽管中国与其他国家如美国和巴西等在车型、切入时间方面不同，但同样都经历了车辆从传统内燃机汽车，到混合动力车（HEV），再到插电混合动力车（PHEV）和纯电动车（BEV）的过程。按照未来的计划，技术路线将继续从纯电动车进化到燃料电池车（FCV）。在市场方面，中国发展新能源的时间较晚，这与欧美从20世纪就开始探索形成了鲜明对比。

然而，很明显，中国的政策有其特殊性。中国已经在25个城市进行了新能源汽车政府采购和示范，而巴西则没有这样做。这一政策使新能源汽车在中国广泛发展，使其销售创造了领先优势。此外，中国的政策要比美国复杂得多。例如，在技术支持方面，中国为三种技术搭建了平台。然而，在美国，行业更多地依赖于客户的需求。中国的政策比其他国家更加多样化，这是因为在中国，政府负责新能源技术路线指导，这种政治动员模式为这个行业创造了巨大的收入。

新能源汽车政策的研究主要集中在三个方面（技术、市场和政策）的相互作用上，如客户需求决定政策和技术效率对市场的决定作用。本报告依托技术、市场、政策三维模型，将中国新能源汽车的发展分为三个阶段。通过观察每一个时期的推动力，就可以很容易地找到中国新能源产业蓬勃发展的原因。

二　技术、市场、政策三维模型

本报告采用技术、市场、政策三维模型进行分析（见图1）。在其定义中，技术方面是发展的关键因素，因为它的速度决定了整个行业的速度，技术方面包括技术选择和技术路线。市场需求通常与技术相结合，市场方面主要关注消费需求和消费结构。政策方面是一种间接干预，因为它通过影响技术或资本来影响市场主体的行为。政策可以弥补市场的不足，引导行业走向更光明的未来。根据技术、市场和政策的协调，我们可以找到行业的理想交叉点，实现战略扩张和整体提升。

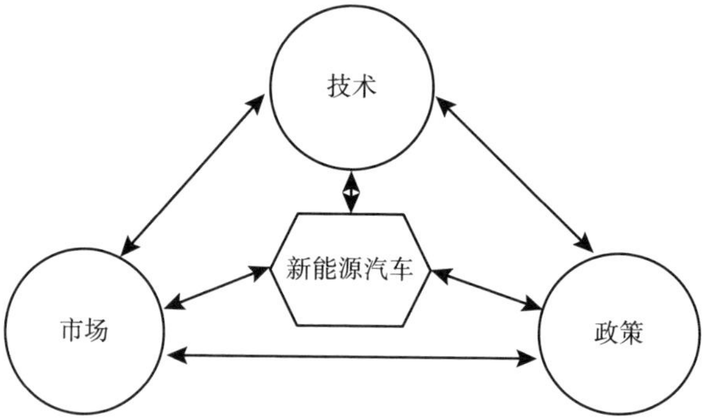

图1　技术、市场、政策三维模型

应用这种模型的原因与新能源汽车行业的特点有关。新能源汽车是一个新兴的行业，有大量的新技术和近乎空白的市场，这意味着机会，但它在初期也蕴含着巨大的风险，因为它需要大量的投资来探索技术。然后，它可能需要政府的直接和长期的帮助。更重要的，正如我们之前提到的是，这些新能源汽车正在进入市场，满足人们的需求。然而，如果想用新能源汽车取代那些对消费者而言更为熟悉的传统汽车，显然难度很大。因此，在进入市场初期，新能源汽车仍然需要政策支持。在处理新能源汽车行业相对复杂的问题时，需要使用三维模型来关注技术、市场和政策。该模型可以从供需两方面考虑问题，具有对新能源汽车行业的适应性。

从汽车行业宏观层面看，一方面，由于能源和环境的严峻形势，传统内燃机的燃料消耗正在减少；另一方面，技术的快速发展为纯电动车和燃料电池车提供了广泛的可行性。从图 2 可以看出，2001 ~ 2017 年，整体专利数量有所增加，而且从插电混动到纯电动，再到燃料电池，技术趋势也发生了变化。这证明，一开始，行业的开发重点是混动车型（最早也属于新能源汽车范畴，随后逐渐过渡到只有插电混动车型才能享受到新能源汽车的相应待遇），之后，关注度向纯电动车转移，使得纯电动车专利的比例逐渐增加。

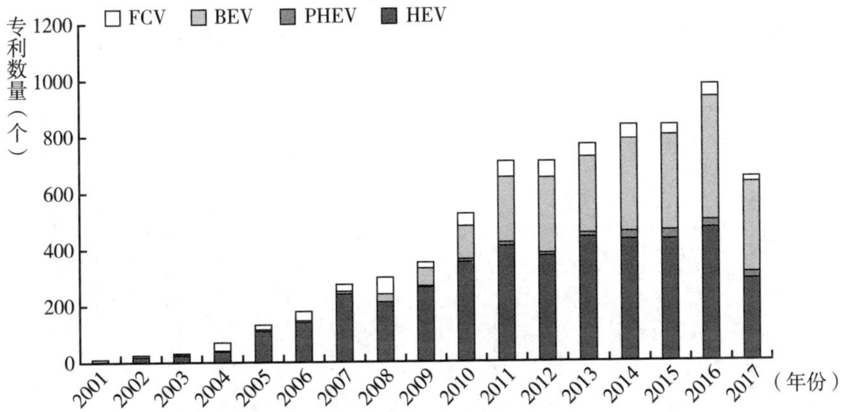

图 2　2001 ~ 2017 年 4 种技术的专利数量

资料来源：国家知识产权局 - 专利检索与分析。

基于销售趋势和一些重大事件，2001 ~ 2017 年，新能源汽车市场可以分为三个阶段：初级阶段（2001 ~ 2007 年）、培养阶段（2008 ~ 2013 年）

和增长阶段（2014～2017年）。

我们分析的时期始于2001年，当时新能源汽车行业的政策已经推出。新能源汽车发展的第一个五年集中在研发和制造阶段，而没有真正投入市场应用。从2006年开始经济政策进入消费领域，这就给了消费者购买新能源汽车的动力。因此，新能源汽车的销售数据出现在2006年，这就是为什么我们在这里使用2006～2017年的数据。以2006年为起点，从图3中可以看出，2008年和2014年是两个标志点。2008年，新能源汽车的比例达到0.05%，比前一年增加了20%。2008年金融危机发生前，国际油价曾达到历史高点，严重影响了包括中国在内的许多国家的能源安全，使得新能源汽车成为一个新兴的趋势。更重要的是，在中国举办的奥运会使用了595台新能源汽车为不同场馆服务，使得新能源汽车成为当年的热点，从而促使其销量上升。此外，工信部在同一年将比亚迪的双模电动车纳入汽车制造名录，标志着中国国内新能源汽车获得了大规模生产和上市的权利。2014年，新能源汽车的销量增长了323.7%，而新能源汽车的市场占比从微不足道的水平上升到了0.31%。这是因为政府制定了16项旨在推动新能源汽车产业发展的政策。在此之后，新能源汽车行业的市场份额逐渐增加。

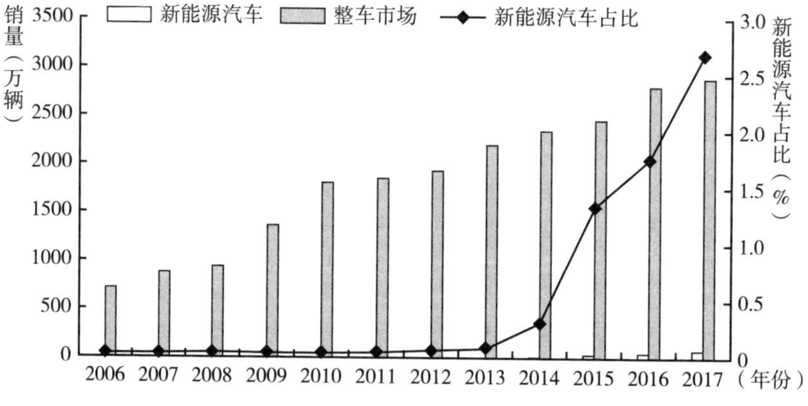

图3　2006～2017年新能源汽车销售趋势

资料来源：EV Sales和乘联会。

该三维模型中的政策可以分为两大领域：管理政策和经济政策。对制造业实行管理政策，对供给进行监管和指导，包括技术支持、科技投入、融资支持和信息服务 4 项具体规定。其中，科技投入是把钱直接投给企业，而技术支持则意味着政府建立技术平台或系统，以支持汽车制造商对新能源汽车技术的开发。通过对市场的激励，经济政策使新能源汽车更具成本效益，它包括政府采购、补贴、税收优惠和示范 4 个方面。

三　中国新能源汽车发展情况

（一）新能源汽车发展三阶段及相关政策

在研究过程中，我们发现许多部委已经发布了多项政策来支持中国新能源汽车的产业发展。在这一节中，利用来自不同政府机构的信息，寻求每一个发展阶段的政策助力，并总结中国新能源产业的发展模式。我们的政策选择取决于以下的规则：第一，与新能源产业密切相关的政策；第二，中央政府发布的国家政策；第三，政策的形式仅包含法律、计划、战略和评分；第四，我们基于政策建立的时间，而不是它仍然有效的时间。同时，要考虑政策的两个方面：深度和广度。

如前所述，新能源汽车发展的第一阶段为 2001 ~ 2007 年。此时，中国在传统汽车领域投入很多，对新能源汽车的投入微乎其微。此外，新能源汽车正在经历其最初的研发阶段，技术研究团队主要集中于探索混合动力车型，并将纯电动车、燃料电池车作为补充。市场在政策的指引下逐渐开放，这一阶段的最后一年，新能源汽车的销售超过 3000 辆。

在此期间，科技部和财政部发布了几项重要的政策。2001 年，科技部和财政部联合总装备部和国防科工委发布《国家高技术研究发展计划（863 计划）管理办法》。863 计划是由科技部资助和管理的一项计划，目的是刺激广泛领域先进技术的发展。然后，在国务院“第十个五年计划”的指导下，“积极发展高效节能低排放车用发动机和混合动力系统”成为当时的目标。“十五”期间，国家863计划“电动汽车”重大科技专项确立了以混合动力汽车、纯电动汽车、燃料电池汽车为“三纵”，以多能源动力总成控制系统、驱动电机和动力电池为“三横”的新能源汽车“三纵三横”研发布局，全面启动大规模电动汽车技术研发，为我国新能源汽车的发展奠定了技术基础。中国的“三纵三横”代表技术支持，即建立一个技术平台，用于集合新兴技术。更重要的是，国家发改委在2007发放了新能源汽车的产品准入，开辟了一个新兴的细分市场。当时的新能源汽车生产准入管理规则明确新能源汽车包括混合动力汽车、纯电动汽车、燃料电池电动汽车、氢发动机汽车、其他新能源（如高效储能器、二甲醚）汽车等。综上所述，这些政策、技术支持、科技投入、信息服务等都可以概括为管理政策。

同期，财政部在2006年降低了新能源汽车的消费税，而北京成为新能源汽车的首个试点城市。这些政策可以被视为税收优惠和示范，可以称其为经济政策。

第二阶段是2008～2013年，在此期间，混合动力车蓬勃发展，纯电动车逐渐增加。此外，市场还见证了奥运会的助推作用。总之，政府的助力，让新能源产业逐渐成熟起来。

2009年，为了使新能源汽车形成规模，政府安排了100亿元的专项资金来支持新能源汽车和重要零部件等方面的发展。更重要的是，在同一年，政府对整个行业提供了融资支持，将200亿元作为国家优惠贷款，支持新能源汽车行业的技术改进。在科技部“十二五”科技发展规划中，提出新能源汽车全面实施“纯电驱动”技术转型战略，标志着新能源汽车领域里普通混动车型逐渐淡出。正如我们所看到的，在这一时期，技术支持和科技投入仍然存在，增加了管理政策方面的资金支持。

与此同时，中央政府和地方政府的政府采购政策也增加了消费者购买新能源汽车的积极性。例如，重庆曾在2008年底从长安汽车购买10辆混动车作为政府车辆。后来，工信部确定在国家层面鼓励把新能源汽车作为政府用车。2009年，国家发改委、财政部和工信部分别展示了“十城千辆”

的计划，表明在随后 3 年，每年将开发 10 个拥有 1000 辆新能源汽车的城市，该项目在公共交通、出租车、政府用车和邮政等公共领域展开。在同一年，财政部和科技部决定在北京、上海、重庆、长春、大连、杭州、济南、武汉、深圳、合肥、长沙、昆明、南昌 13 个城市开展示范推广工作。对新能源汽车的补贴始于 2009 年，这取决于燃油经济性和电力参与程度，财政部对混合动力、纯电动车和燃料电池车设立了不同的补贴标准。在乘用车中，由于纯电动汽车和燃料电池车都是纯电动驱动，可以做到零燃油消耗、零污染，所以对它们的补贴分别是每辆车 6 万元和 25 万元，这是所有补贴车辆中补贴额最高的两种。2011 年，由于车船税的免除，新能源汽车进一步得到好处。因此，我们可以得出这样的结论：经济政策在示范、补贴、税收优惠和政府采购方面都发挥了作用。2008 ~ 2013 年新能源汽车发展趋势见图 4。

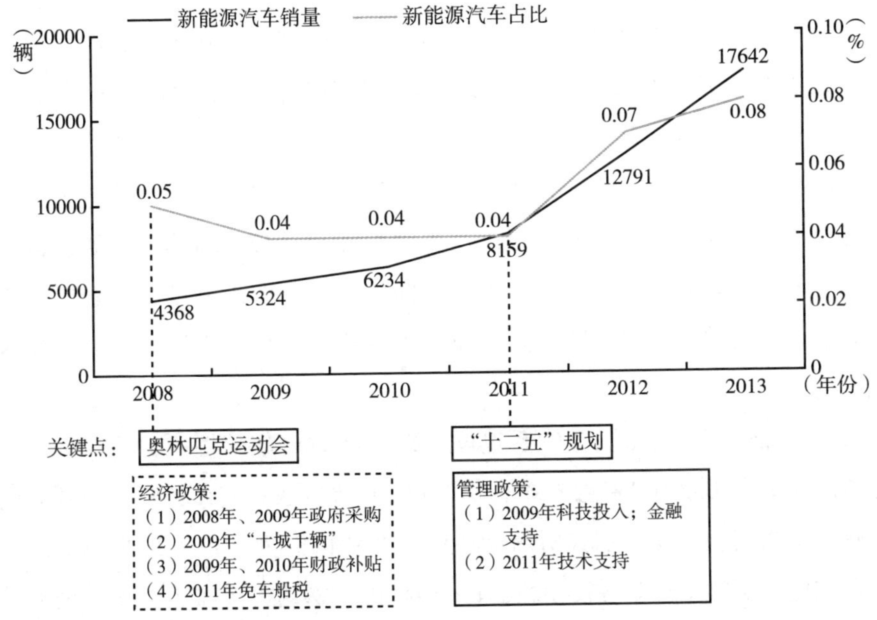

图 4　2008 ~ 2013 年新能源汽车发展趋势

资料来源：国家发改委、工信部、科技部、财政部公开信息。

可以看出，在第二阶段，经济政策主宰了新能源汽车的行业趋势。

第三阶段从2014年开始，到2017年结束。在这期间，技术的主导形式从插电混动转向纯电动。一方面，电动技术发展了，总体效果超越插电混动；另一方面，一些像北京这样的城市将插电混动车型排除在新能源汽车补贴列表之外。在政策的影响下，市场倾向于建立更多的充电设备。在此之前，消费者一直担心充电设备的不足会影响对新能源汽车的使用，如果充电设备问题在政府的帮助下得到解决，新能源汽车市场将进入更好的发展时代。

根据新能源汽车推广和应用指导意见，确立了新能源汽车未来发展的6个方面：建立充电设施，引导创新商业模式，优先扩展公共服务，完善政策体系，打破地方保护主义，加快技术更新。

2014年，四部委（国家发改委、科技部、财政部、工信部）发表声明，要建立广泛的技术体系和产业链。按照2015年国家技术规划，政府需要加强技术创新，加强对产品质量的监管，并在新能源汽车能量存储、驱动系统、信息系统、车辆控制等关键技术上投入资金。然后，在接下来的一年里，氢能源和燃料电池技术创新成为《能源技术革命创新行动计划（2016～2030年）》15个核心项目之一。2017年，出现了双积分政策，其借鉴了欧美的一些政策并加以完善。除了这些，政府对整个行业进行了全面的梳理，并通过对充电设施建设的奖励，促进了更多的配套基础设施建设，如建设一个加氢站可获得400万元的资金支持。同年，国家发改委设立了新能源汽车充电优惠价格。这种电价优惠的充电桩并不是个例，它们广泛分布在基础电网中。

为了加快完善售后服务体系建设，2014年政府鼓励将社会资本引入新能源产业。采用政府和社会资本合作（PPP）等方法，使市场资金与政府的财政支出相结合，可以加强对新能源汽车行业的财力支持。此外，在2015年，政府还实施了一些融资创新：在公共部门，发起了新能源汽车融资租赁的模式；在私人领域，则采用分时租赁、汽车共享和抵押贷款购买等措施。2016年，政府颁布了绿色信贷扶持指导意见。

同样在2015年，按照《中国制造2025》的规划，信息技术将发挥重要作用。为了给客户带来更多的便利，工信部要求在新能源汽车领域逐步提升现代信息技术的应用水平，包括加快智能电网、移动互联网、物联网和大数据的应用。同时，政策鼓励一些互联网企业加入新能源汽车的研发。从中可以看出，这一阶段的管理政策是由 3 个部分组成的，即技术支持、融资支持和信息服务。

补贴的下降始于 2014 年，当时财政部的文件表明，补贴将在 2013 年的水平上下降 5%。不过，自 2014 年 9 月 1 日至 2017 年 12 月 31 日，购买新能源汽车可以免征购置税。因此，经济政策分为两部分：下降补贴和特惠税。2014 ~2017 年新能源汽车占比和年增长率见图 5。

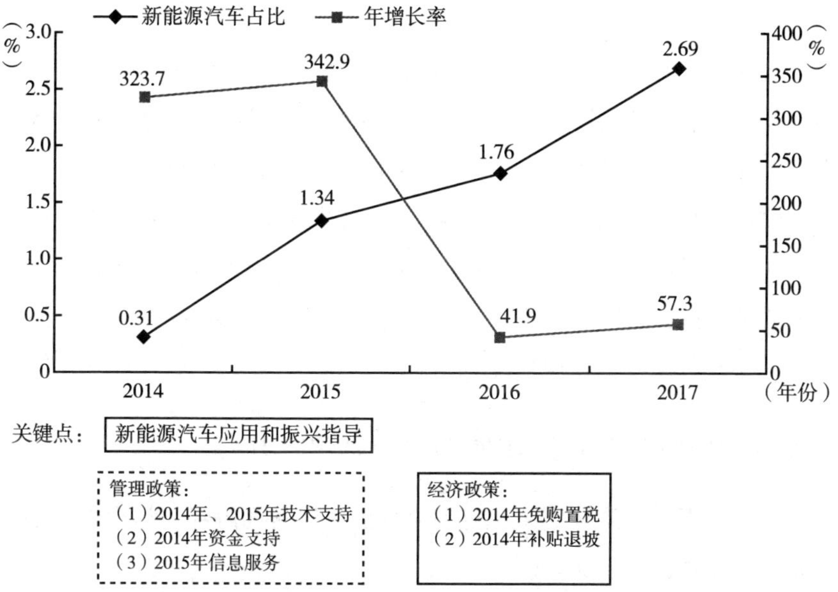

图 5　2014 ~2017 年新能源汽车占比和年增长率

资料来源：国家发改委、工信部、科技部、财政部公开信息。

以科技投入为 1，技术支持为 2，信息服务为 3，融资支持为 4，示范为 5，特惠税为 6，政府采购为 7，补贴为 8，如表 1 所示。实心之星指的是政府在该领域推行了一项令人鼓舞的政策，而空心之星则意味着在该领域实施了消极政策。

表1　2001～2017年政策效果

		2001年	2002年	2003年	2004年	2005年	2006年	2007年	2008年	2009年	2010年	2011年	2012年	2013年	2014年	2015年	2016年	2017年
管理政策	1	★								★								
	2	★										★			★	★		
	3							★								★		
	4									★								
经济政策	5	★								★								
	6						★					★			★			
	7								★	★								
	8									★	★				☆			

资料来源：国家发改委、工信部、科技部、财政部公开信息。

从表1可以看出，2001～2007年是新能源汽车发展的初期阶段。在此期间，基于我们分类的国家政策主要集中在管理政策（3项），而经济政策较少（2项）。2008～2013年是一个培育阶段，有更多的经济政策（6项），而经济政策与管理政策（3项）相比，应用范围更广。2014～2017年是成长期，在这一时期管理政策（3项）再次获得了主导地位。经济政策虽然在税收上表现积极，但下降的补贴抵消了它的作用。2001～2017年中国新能源汽车产业政策和技术发展概况见图6。

（二）中国品牌何以在新能源领域脱颖而出

基于前文得出的统计结果，有三个原因可以帮助解释为什么中国的新能源汽车行业发展如此迅速。

其一，关于新能源汽车技术路线的选择，这是由政府和市场共同决定的。正如前文所说，新能源汽车行业经历了从混合动力车到纯电动车的转换。一开始，政府实施了许多管理政策，如科技投入和技术支持，目的是鼓励新能源汽车行业的研究和生产。但我们应该记住，推进新能源汽车的目的是用它来解决空气污染问题，所以适时推出的经济政策很关键，如北京的补贴政策，只针对纯电动车和燃料电池汽车，排除了插电混合动力车型。北京是一个有示范效应的城市，它的政策对其他城市有导向作用，促进了技术路

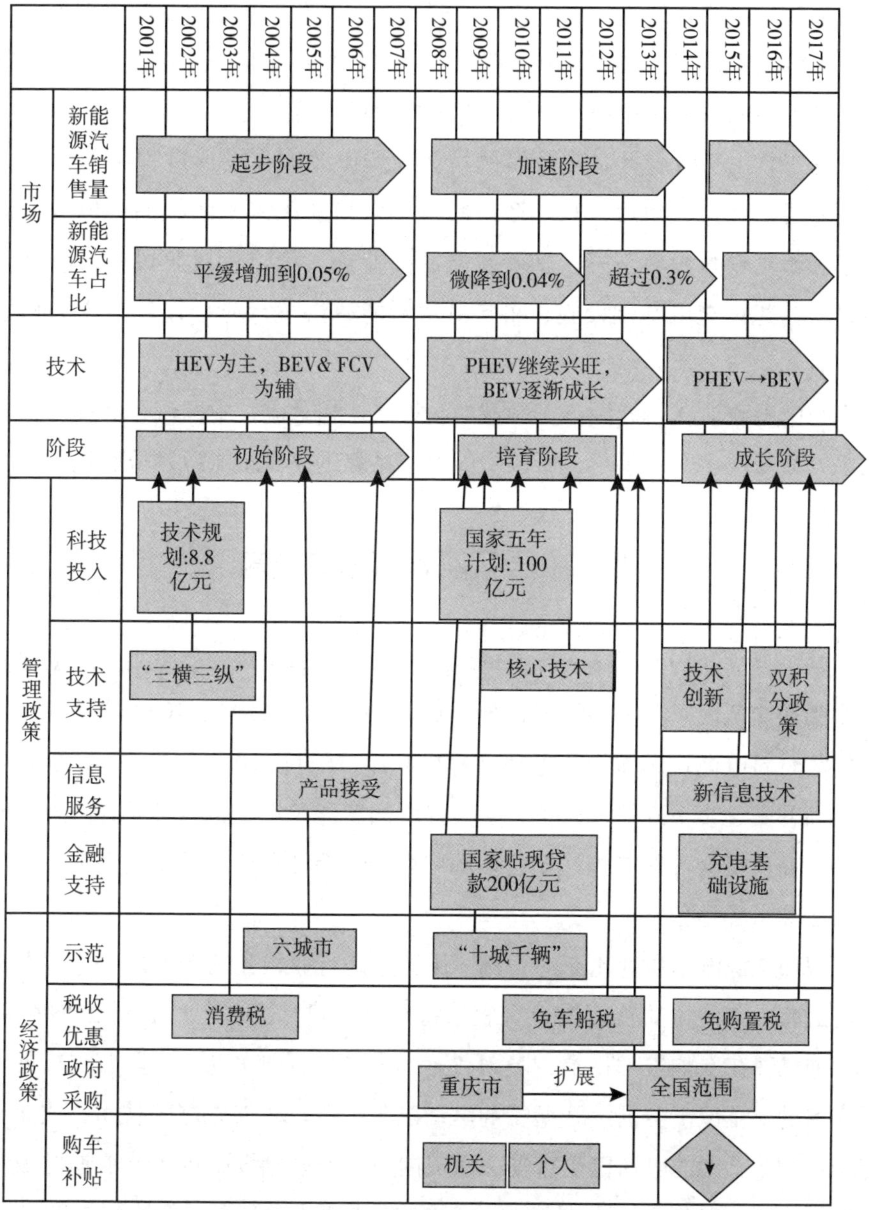

图6　2001～2017年中国新能源汽车产业政策和技术发展路线

线从插电混动到纯电动的转换。

其二，由于市场具有周期性，支持政策也应该顺应趋势。正如我们在第一和第二阶段所看到的，市场和政府的主导地位发生了变化。政策需要一段时间才能发挥作用。因此，依靠市场导向的研究，政府需要做的是制定一些具有前瞻性的政策。这样，政策才能更好地促进行业的持续发展。

其三，由于政府是制定政策的主体，所以政府在发展过程中的角色转换更重要。在第三阶段，虽然政府减少了对新能源汽车的补贴，但汽车拥有率和市场销量没有下降。随着新能源产业进入稳定发展阶段，政府可以通过支持建设充电基础设施，将自身从新能源汽车行业合作者转变为积极参与者。

与中国政府在新能源汽车领域的政策支持相对应，中国汽车品牌车企在相关方面受益多、动手早，所以中国汽车品牌迅速在新能源领域脱颖而出。

四 中国新能源汽车的未来

基于目前的行业基础，我们可以预测中国新能源汽车的未来。根据节能减排和新能源汽车技术路线图，预计到2020年、2025年、2030年，投入使用的氢燃料电池汽车将分别达到5000辆、5万辆和100万辆。在对新能源汽车的补贴逐步下降的背景下，实力强大的新能源汽车企有必要到国外寻求更多的商业机会。新能源汽车公司的中期和长期计划要立足于提高它们的市场份额和世界地位。

以新能源汽车强者比亚迪为例，比亚迪是行业领先的企业之一。根据其国际战略，该公司的首席执行官表示将在海外建立更多工厂。到目前为止，比亚迪已经在新加坡、日本、澳大利亚、美国和英国实现了国际布局，其中最著名的就是位于美国兰开斯特的电动巴士工厂。凭借先进的技术，比亚迪迅速占领了美国的电动巴士市场，而美国完善的基础设施也为比亚迪的成功做出了贡献。到2016年9月为止，美国的公共充电站数量已经达到44000个，私人充电站的数量也在增加。有理由相信，比亚迪的国际战略将会是基于其在国内市场的地位，开拓海外市场，并带领其他新能源汽车公司走向世界。

B.6
新技术与新兴企业带来的冲击

赵玲玲*

摘　要：　近年来，随着人工智能、通信、材料、化学等技术的发展，汽车行业正在迎来新一轮的变革。众多行业与汽车行业的进一步跨领域深度融合，带来新能源、智能网联、轻量化等新兴技术的发展，从而催生国内一批相关领域的新兴企业。本报告将从新能源、智能网联、轻量化等领域出发，论述新技术与国内新兴企业带来的新一轮产业变革。

关键词：　新能源汽车、智能化、车网联、轻量化技术

一　新能源

一般来说，新能源汽车主要包括纯电动汽车、混合动力汽车、燃料电池汽车、燃气汽车、醇醚汽车、太阳能汽车等。当前，受补贴政策等影响，我国纯电动汽车发展最为迅速。

中国汽车工业协会数据显示，2018 年，新能源汽车产销量分别完成 127 万辆和 125. 6 万辆，比上年同期分别增长 59. 9% 和 61. 7%。其中纯电动汽车产销量分别完成 98. 6 万辆和 98. 4 万辆，比上年同期分别增长 47. 9% 和 50. 8%；插电式混合动力汽车产销量分别完成 28. 3 万辆和 27. 1 万辆，比上年同期分别增长 122% 和 118%；燃料电池汽车产销量均完成 1527 辆。

* 赵玲玲，《中国汽车报》社。

新能源汽车不仅产销两旺，技术也全面开花。动力电池在续航里程等关键指标上有所提升，电机的关键性能指标已达到国际水平，燃料电池动力系统部件和集成技术取得显著进展。我国的新能源汽车已经进入数十个国家，动力电池、驱动电机等关键零部件也已进入跨国车企配套体系。

与燃油车相比，纯电动汽车存在续航里程短、充电慢等短板，制约着纯电动汽车的销量。新能源汽车补贴政策也向高续航里程车辆倾斜。《汽车产业中长期发展规划》指出，2020 年，我国动力电池单体比能量应在 300Wh/kg 以上，系统比能量力争达到 260Wh/kg。

2018 年 2 月，四部委发布《关于调整完善新能源汽车推广应用财政补贴政策的通知》，提高了对续航里程超 300 公里汽车的补贴，取消或降低对续航里程低于 300 公里的汽车补贴，电池的能量密度也成为考量的重要指标。2018 年的补贴新政更倾向于高能量密度与高续航里程。从电池技术来看，磷酸铁锂电池技术较为成熟，但比容量较低，续航里程更高、能量密度更高的三元锂电成为众多企业的目标。

作为率先一批主动走三元锂电路线的企业之一，宁德时代无疑成了大赢家。2015 ~2017 年，宁德时代连续 3 年在全球动力电池企业中排前 3 位。特别值得关注的是，2017 年，宁德时代超越松下，一举成为 2017 年全球动力电池销量冠军，全球市场占有率达 17%，中国市场占有率达 27%。宇通、吉利、本田、北汽新能源、大众、戴姆勒、宝马、广汽、上汽等公司都和宁德时代建立了合作关系。

之前更倾向于磷酸铁锂技术路线的比亚迪也开始将注意力转移到三元锂电上。2018 年 6 月，比亚迪在青海建设的三元锂电池工厂正式下线，投产之后将成为全球最大的动力电池工厂。此外，比亚迪还成立了独立电池公司，并且同步开放电池出售业务。

为实现 2020 年动力电池能量密度 300Wh/kg 的目标，国内电池企业正在对锂离子电池技术进行新的尝试与突破。比如，宁德时代、天津力神、合肥国轩都在进行相关技术研发，采用高镍三元正极、硅碳负极等相近的技术路线。目前，3 家企业的电池技术指标均已经接近上述目标的应用要求，可谓取得了实质性进展。

为实现电动汽车更高续航里程，全世界正在积极寻求先进的技术路线，固态电池技术成为2017年全球电池技术领域的热点科研领域。

全固态锂电池是相对液态锂电池而言，它由正极材料、负极材料和电解质组成，而液态锂电池则由正极材料、负极材料、电解液和隔膜组成。具体来看，全固态锂电池具有安全性高、能量密度高、正极材料选择的范围宽、系统比能量高等几大潜在的技术优势。

相比而言，虽然研发产业化持续升温，但受固界面稳定性和金属锂负极可充性两大问题的制约，真正的全固态锂金属负极电池还没有成熟，但是以无机硫化物作为固态电解质的锂离子电池出现突破。

2017年8月，比亚迪申请了一种全固态锂离子电池正极复合材料及固态锂离子电池发明专利。2018年1月，比亚迪表示，正在积极推进固态电池项目的商用。

2018年5月，赣锋锂业对外表示，目前正在对固态电池产品进行广泛的试验工作，并在宁波设立了研发中心及试验生产线，以加快公司固态锂电池技术的商业化。

目前，中科院化学所、中科院宁波材料所、中科院青岛生物能源所、中科院上海硅酸盐研究所、中科院物理所、万向集团、宁德时代、比亚迪等科研机构和企业正在固态电池上下功夫，以期取得更多技术与产业化突破。

近两年，新能源动力的另一大主力——燃料电池产业也有了突飞猛进的发展，2017年更被誉为“燃料电池汽车元年”。截至2017年底，我国氢燃料电池汽车商业化订单已突破1000辆，用于示范运营的氢燃料电池汽车有200余辆。

尽管取得了一定的商业化进展，但与美国、日本、韩国相比，我国燃料电池仍存在一定差距。除成本居高不下、基础设施尚未完善等因素外，核心技术缺失成为制约我国燃料电池发展的一大瓶颈。在制氢技术、存储技术、燃料电池系统、电机、电控等核心技术上，国内企业与国外同行都存在不小的差距。例如，质子交换膜、碳纸、铂催化剂、高纯度石墨等关键材料都依赖于进口，空压机、增湿器、氢循环设备等配套产品开发能力也相对欠缺，本土燃料电池的使用寿命仍有待提高。

此外，我国燃料电池的发展也面临一系列挑战，包括研发资金需求大、短期难以获利等问题。但是，在政策扶持等一系列因素推动下，燃料电池核心技术国产化正在不断加速。特别是在电堆国产化方面取得了长足的进步，部分核心部件已经实现了不同程度的国产化应用。可以说，我国已经初步掌握了燃料电池电堆及其关键材料、动力系统、整车集成和氢能基础设施的核心技术，基本建立了具有自主知识产权的燃料电池汽车动力系统技术平台，培育了一批从事燃料电池及关键零部件研发生产的企业。

目前在商用车上，氢燃料电池已经取得了可喜的商业化进展。2017 年 8 月，亿华通首台氢燃料电池发动机在张家口氢燃料电池发动机生产基地正式下线，这标志着我国首条自主研发的自动化氢燃料电池发动机大批量生产线正式投产。2017 年底，上汽推出 6 米燃料电池轻客大通 FCV80，并在上海和辽宁抚顺等区域开始商业化运营，规模约为 100 辆。2018 年 8 月中旬，首批宇通氢燃料电池公交车正式投入郑州市 727 路公交线路运行。

目前，从国内情况来看，布局燃料电池客车的企业居多。相比于商用车来说，氢燃料电池乘用车发展相对较慢。但从整个行业来说，2017 年后，确实掀起了燃料电池热，无论是传统公司还是创业公司都跃跃欲试，或自主研发或投资并购，以期掌握燃料电池核心技术。

2018 年 8 月，潍柴投资 1.63 亿美元（相当于 11.12 亿元人民币），以 30 天加权均价溢价 15% 收购巴拉德 19.9% 的股份，成为巴拉德的最大股东。同时，潍柴与巴拉德成立合资公司，潍柴承诺在 2021 年以前在中国推广 2000 台燃料电池商用车。通过并购方式来加快产业化进程的方式在动力电池领域并不陌生，作为内燃机行业的领头羊，潍柴大手笔进军燃料电池行业，也从另一个层面反映业内对新能源动力良好的预期。

目前，在新能源动力领域技术路线多元化发展明显，三元锂电池、固态电池、燃料电池技术路线最为热门。无论未来是哪种技术路线独占鳌头，或者是多种技术路线齐头并进，在补贴进一步退坡的压力下，新能源汽车想要占据一席之地甚至超越燃油车，就必须克服续航里程短、充电速度慢、成本高等问题。

二　智能网联

随着人工智能技术、通信技术的发展与成熟，车辆的智能网联水平不断提高，自动驾驶离人们的生活也越来越近了。特别是与共享出行融合之后，自动驾驶更带来广阔的商业空间。根据美国布鲁金斯研究所统计，全球资本市场已在无人驾驶产业方面注资超过 5000 亿美元。未来，汽车制造和共享出行产业的市场规模将达到百万亿美元。蔚来资本调研数据显示，到 2025 年和 2030 年，国内自动驾驶的市场规模将分别达到 296 亿美元和 638 亿美元。

面对巨大的市场，汽车制造商、科技巨头、创业公司纷纷加入竞备赛，抢滩布局。2015 年以来，在百度等科技巨头的带动下，国内也逐渐兴起自动驾驶浪潮，相关领域初创公司陆续崭露头角。经过 3 年左右时间的发展，国内自动驾驶领域已经出现了部分相关技术领域的佼佼者。

在通往真正的无人驾驶中，目前存在两种较为典型的技术路径。一是以科技公司与初创公司为主的跨越式路线，直接从 L4 级开始进行研发，进行技术和数据积累，待技术成熟、硬件量产后有望大幅度降低成本，届时进行商业化推广。因为技术公司的强项在于软件开发、算法等领域，因此采取跨越式发展来抢占优势领域高地。二是以传统整车企业、零部件供应商为主的渐进式路线。该路线是逐步进行技术升级，从辅助驾驶发展到无人驾驶，此种方式在每个阶段都可进行成本可控的商业化量产，因此受到传统生产企业的青睐。

目前的自动驾驶主要基于新能源汽车开发，与新能源技术的有机融合正在给汽车行业带来变革，传统汽车金字塔式产业链正在发生变化。核心技术更多地向零部件厂商、科技厂商转移，拥有生产经验的整车厂也越来越多地与科技厂商合作，因此在汽车行业，近两年投资、合作案例不胜枚举。

当前，自动驾驶系统主要围绕感知、认知、决策、控制、执行五部分，相关细分领域技术发展以数据积累、前期商业应用为主。在不同细分领域，国内相关企业都有所涉猎。

由于技术水平和安全性要求，固定线路、封闭的场景更容易实现高阶的自动驾驶。对于大众乘用场景，也会逐步从高级辅助驾驶不断向更高阶自动驾驶发展。

当前，自动驾驶技术已经到 L2/L3 应用、L4 以及高阶自动驾驶验证的阶段。在 L4 阶段的主要代表玩家有 Waymo、Cruise 和百度等，近年来，国内也涌现了大量 L4 阶段的初创企业。Pony. ai、Roadstar. ai、景驰科技等公司是国内发力 L4 级别自动驾驶解决方案的比较具有代表性的创业公司。

Roadstar. ai 是一家具有代表性的主攻 L4 自动驾驶的初创企业。2018 年 5 月 15 日，Roadstar. ai 公开宣布完成 1. 28 亿美元的 A 轮融资（约合 8. 12 亿元人民币），本轮融资由双湖资本和深创投集团联合领投，云启资本、招银国际、元璟资本跟投，Roadstar. ai 也成为目前国内无人驾驶领域估值最高的初创公司。不难理解为何 Roadstar. ai 备受资本青睐，因为 Roadstar. ai 专门对中国本土路况进行了研究，给出本土化的解决方案。中国拥有广阔的地域和复杂的路况，让自动驾驶在中国的技术挑战瞬间升级。Roadstar. ai 的本土化不仅体现在技术解决方案上，也体现在核心部件的选择上。2018 年 5 月，Roadstar. ai 发布第一代 L4 无人驾驶解决方案“Aries. 锐”，也是全球首个搭载纯国产激光雷达的方案，使用了禾赛 40 线激光雷达和速腾聚创 16 线激光雷达。

同时，在 2018 年，越来越多的企业喊出了“L4 落地”的口号，这里的 L4 主要指封闭环境内固定路线 L4 级别的自动驾驶。这主要是因为高阶自动驾驶的真正实现仍需很长时间，对此业内已经基本形成共识，因此目前瞄准自动驾驶落地的研发多集中在封闭园区、固定路线的场景应用上，比如物流园区的无人配送车、城市场景中的清洁车、园区接送车、观光车等。

L4 自动驾驶要实现在特定区域的接管功能，需要构建感知层、决策层、执行层的技术架构。对于感知层来说，当前无人驾驶系统中比较有代表性的传感器有超声波雷达、毫米波雷达、激光雷达、摄像头等。

由于摄像头产品在消费电子等领域积累多年，供应链成熟，并有较大的成本优势，因此在自动驾驶领域，特别是辅助驾驶阶段，起到了重要作用。国外典型的视觉代表企业是 Mobileye，国内的自动驾驶初创企业也有部分以视觉产品起家，并取得了一定成绩。比如自动驾驶初创企业魔视智能，就是深度学习视觉技术，并结合多传感器融合，实现准确实时的环境感知和车体定位，从而最终实现更安全、更自由的自动驾驶。

虽然摄像头等视觉产品目前已经能够提供较多的功能，但是要实现 L4 及以上级别的自动驾驶，激光雷达不可缺少，可为车辆提供更为准确的环境数据与 3D 模型。然而，车载激光雷达发展较晚，技术和产业链也并未成熟，量产存在一定难度，成本因此居高不下。因此，目前许多厂家在着手开发半固态、固态激光雷达取代传统机械式激光雷达。

对于各种传感器来说，功能不同、优势不同，擅长的领域也不同，未来要实现更好的自动驾驶效果，就需要多种传感器进行融合，这是未来技术发展的趋势。

自动驾驶决策层需要专用的计算平台来支撑，并需要大量的专用芯片与处理器，技术门槛较高。自动驾驶的执行层则需要和车载控制系统深度集成，通过线控技术完成执行机构的电控化，达到电子制动、电子驱动和电子转向。

我国在电动汽车规模上的领先优势为自动驾驶落地提供了良好的条件。在电力消耗、线控融合、空间需求方面，电动汽车的发展为自动驾驶方案提早落地提供优良基础。同时，业内普遍认为，自动驾驶的商业化落地有望较早出现在共享出行领域。

当前，L1、L2 自动驾驶技术已实现商业化，并且应用情况良好。但更高级别的自动驾驶何时才能实现量产？业内有观点认为在半封闭或固定场景下，实现 L4 自动驾驶技术商业化的时间会在未来 3～5 年。

2018 年 7 月，全球首款 L4 级量产自动驾驶巴士——阿波龙下线，该车是金龙客车与百度联合研发的我国首款商用级自动驾驶车辆。阿波龙配装百度最新 Apollo 系统，拥有高精定位、智能感知、智能控制三大能力。下线后的阿波龙将发往北京、雄安、平潭、广州、深圳等地封闭园区投入示范运营，并将销往日本，实现我国自动驾驶电动车的首次“出海”。

提到真正的无人驾驶，就不得不提智能交通网络，即单车智能与环境智能有机结合。近几年，智能驾驶经历了快速发展，但鉴于条件不具备，V2X技术商用化的大门一直没有被叩开。如今，越来越多的市场参与者就此开始发力。

在 ITU－T（国际电信联盟电信标准局）SG20 会议上，中国移动牵头完成了基于网联式（C－V2X）自动驾驶功能架构标准立项。该项目旨在定义网联自动驾驶的网络架构及功能，同时制定统一的系统接口规范。V2X 早期主要是基于 DSRC（专用短距离通信）技术，后期随着蜂窝移动通信技术发展才出现了 C－V2X。

可以看见，通信公司在车联网领域的布局越来越频繁。例如，华为已与许多整车企业在车联网领域开展合作。同时，C－V2X 示范区的发展进程也在加快。2018 年 3 月，福特携手大唐电信集团在上海国际汽车城国家智能网联汽车（上海）试点示范区内开展了 C－V2X 试验。5G 技术的到来可有效应对未来流量数据爆炸增长、大量设备连接等需求。自动驾驶被认为是 5G 商业化落地最典型的应用场景之一，5G 技术也正在加速 C－V2X 的商业化。

进入 2018 年以来，国内自动驾驶行业发展出现了新的变化，即从布局单车智能扩展至基于车联网等技术的车路协同。从目前情况看，自动驾驶技术仍存在局限性。以一个交通路况复杂的路口为例，人类驾驶员和自动驾驶汽车传感器由于各种条件的局限，都只能感知一部分路况信息，那些看不到的障碍物成为隐患。加上车路协同的辅助信息，自动驾驶汽车就能最大限度地减少交通事故的发展，提高道路通行效率。百度给出的数据显示，车路协同能够帮助解决 54% 单车智能在路测中遇到的问题，减少 62% 的单车智能的接管数，相当于为自动驾驶增加了一个安全保障。此外，车路协同技术还有助于疏导交通、高效分配道路资源。2018 年，阿里、百度陆续宣布在车路协同方面的进展。

百度早在2016年就开始布局车路协同，并在场景数据和测试里程积累上取得了阶段性进展。截至目前，Apollo不仅拥有北京、雄安、硅谷等多样地区场景，乘用车、无人小巴、无人物流车等多种车型，还在路侧感知传感器方案、路侧感知算法、车端感知融合算法、数据压缩与通信优化、V2X终端硬件及软件、V2X安全方面布局研发领先的车路协同技术。百度将于2018年底向业界开放百度Apollo在车路协同领域的技术和服务。

阿里则与交通运输部公路科学研究院签署战略合作协议，成立了车路协同联合实验室，双方将结合各自优势，系统化地探索无人驾驶和道路智能化的解决方案。

三 轻量化

汽车轻量化虽然不像智能化那样是一个新兴技术，但频频以前瞻技术与新技术应用而备受行业关注。《汽车产业中长期发展规划》也提出，汽车产品加快向轻量化方向发展；突破整车轻量化新材料等产业链短板；突破整车轻量化等关键技术；依托国家科技计划（专项、基金等），引导汽车行业加强与原材料等相关行业合作，协同开展高强钢、铝合金高真空压铸、半固态及粉末冶金成型零件产业化及批量应用研究，加快镁合金、稀土镁（铝）合金应用，扩展高性能工程塑件、复合材料的应用范围；鼓励行业企业加强高强轻质车身等关键零部件制造技术攻关。

作为一项重要的低碳化技术，轻量化有助于节能减排，特别是在电动化趋势下，在电池续航能力尚未有重大突破时，轻量化成为影响电动车续航能力的重要因素之一。

在商用车领域，环保法规不断加严对商用车的节能减排提出更高要求，也促进商用车加快应用轻量化技术。数据显示，对于商用车（特别是载货车）而言，车辆每减重1000千克，按年行驶10万公里计算，用户可获收入3.5万~7万元。作为生产资料，商用车的经济性是用户考量的最重要指标之一。随着治超政策的实施，许多从业者的经营思路已从超载多拉转变为购买轻量化的车辆，通过降低车辆自重实现多拉货多赚钱的目标。

整体来看，我国汽车行业在轻量化领域正不断突破壁垒，向国际先进水平靠拢。

轻量化主要通过轻量化材料和结构优化实现。在整车中，车身重量占25%以上，因此，在现有轻量化设计中，车身轻量化成为重要组成部分。同时，动力总成、电池、电机等关键零部件的轻量化也成为整车厂和零部件公司共同追求的目标。

在实现汽车轻量化的过程中，采用轻质材料是最为直接的方式。随着科技进步，在车用材料领域，不断有新技术与应用涌现，为整车轻量化做出贡献。目前的轻量化材料主要由高强钢、铝合金、镁合金、碳纤维、工程塑料组成。其中，高强度钢可有效减轻整车的自重，与镁合金、铝合金、工程塑料、碳纤维复合材料等相比，高强钢成本低、采购容易、性价比高，而且后期使用、维修方便。

在车用高强钢领域，我国近年来取得可喜的成果。2017 年，由东北大学轧制技术及连轧自动化国家重点实验室教授易红亮带领团队，研发出抗拉强度超过 2GPa 的超高强韧热冲压成形钢新钢种。该钢种已在本钢板材有限公司实现了工业化量产，并成功应用于北汽新能源 ARCFOX LITE 上。该超高强韧热冲压成形钢新钢种批量工业应用，意味着我国在汽车超高强用钢方面首次实现重要突破。通用汽车中国科学研究院评估分析，与其他国际钢铁巨头的 1.8GPa 强度钢比较，上述新钢种在全球范围内首次实现了 2GPa 以上超高强度兼备优良韧性和延伸率的技术突破，其强度、延伸率和韧性均优于国际前沿水平。

中信微合金化技术中心正在通过技术改进促进钢铁材料发展，推进高性能含铌钢的应用。中信微合金化技术中心设计研发的 22.5 ×9.00 型钢制车轮，承载能力达到 3550 千克，而单只车轮自重只有约 37 千克，相比市场上同类车轮减重约 4 千克，已批量供货北汽福田、中国重汽。

此外，铝合金作为车身重要的轻量化材料，在近年应用比例有所提高。特别是对电动汽车而言，铝良好的轻量化效果可抵消其较高的材料成本，成为优选的车身用材。

碳纤维具有比重小、刚性好、强度高的特性。但碳纤维成本更加昂贵，且制件成型时间较长，目前列入电动汽车选材范围，常规车型采用碳纤维仍需要一段时间。

以塑料件代替金属材料部件，也可有效减轻车重。但塑料件与金属制件的连接问题仍是制约其发展的瓶颈。

2017 年，奇瑞推出的电动汽车 eQ1 尾门板采用工程聚烯烃材料，使内部结构重量减轻 40%，宣告了自主品牌汽车企业首款塑料尾门板的诞生。

从商业化角度来看，轻量化与成本之间的交锋成为整车及零部件企业在轻量化道路上不断探索和突破的关键点。从应用成本、连接技术、修复及回收等方面综合来看，高强钢目前性价比最高，应用也最为广泛。

品 牌 篇

The Brand

B.7

中国品牌进入收购海外品牌与股权的新阶段

施芸芸*

摘 要： 从2004年上汽收购双龙汽车开始，中国汽车企业正式走上了海外收购之路。多年来，中国汽车行业在收购海外品牌与股权的道路上历经坎坷与挫折，收获了经验，也得到了教训，如今已经步入了一个全新的发展阶段。

在新阶段，中国汽车企业的海外收购呈现三大特征：无论是在数量还是在金额方面，中国汽车企业的海外收购都呈现上升态势，中国正在成为全球汽车行业跨境收购的生力军；与过去相比，中国车企在海外收购过程中显得更加理性和务实，不再盲目追求品牌影响力，并购的方向更明确、目的性

* 施芸芸，《中国汽车报》社。

更强、眼光也更长远，开始着力布局前瞻和前沿技术；在前往海外“淘金”的众多中国企业中，民营企业和零部件企业已经成为主力军。

展望未来，尽管国际投资环境将更复杂，也更不可预测，但中国汽车企业的海外收购热情不会冷却，其数量和质量都将继续保持上升态势。为保证中国汽车企业海外之路走得更顺畅，本报告提出三点建议：第一，建立科学全面的国际化战略布局体系；第二，在海外收购过程中，需培养全球化企业的意识和国际管理能力；第三，鉴于中国车企已经具备较强的基础与实力，可考虑从单纯的收购向寻求更深层次的技术合作和技术转移等方向延伸。

关键词： 海外收购　全球意识　国际管理　合作共赢

一　一路走来，一路成长

虽然近年来全球 GDP 及贸易增长呈现加快态势，逐步走上了稳健复苏的道路，但全球跨境并购呈现相反的发展态势。根据联合国贸易和发展会议（UNCTAD）发布的 2018 版《世界投资报告》，2017 年全球外国直接投资下降 23%，其中，跨境并购（M&A）大幅下降了 22%。在联合国贸易和发展会议上发布的最新一期《世界投资趋势监测报告》也显示，2018 年全球外国直接投资从 2017 年的 1.47 万亿美元下降至约 1.2 万亿美元，降幅达到 19%。这是外国直接投资连续 3 年下滑，创下国际金融危机后新低。

在这样的大环境下，加上国内对跨境资本监管力度的进一步加大，中国企业的海外投资脚步也进一步放缓：安永在《中国走出去》第 7 期报告中指出，2017 年中国企业共宣布海外并购的投资总额仅为 1448 亿美元（约合人民币9944.86亿元），与2016年相比下降了32%；2018年全年宣布的中国海外并购总额为1080亿美元（约合人民币7316.35亿元），由于并购态度更加趋于审慎，宣布并购的交易数量仅为722宗，同比大幅减少了16.7%。

不过，汽车行业呈现了完全相反的发展态势：2017年，中国企业对汽车与运输行业的海外并购金额达到451亿美元（约合人民币3097.47亿元），同比暴增504%，创下历史新高。如果按并购金额计算，汽车与运输行业已成为2017年中国企业海外并购的第一大行业。虽然2018年由于多种因素的影响，我国汽车与零部件行业并购数量大幅减少至21起，但总体而言仍然呈现出向上走的态势。

从2004年开始，中国汽车行业走的这条以资本换技术、换品牌的海外并购之路并不容易，经历过许多曲折和坎坷，大致可分为三个阶段。

2004年，上汽集团用5亿美元（约合人民币34.34亿元）换取了双龙汽车48.9%股权；2005年，上汽集团斥资6700万英镑（约合人民币6.04亿元）收购了罗孚25、75以及K系列汽油机和L系列柴油机等核心知识产权，南汽则出价5300万英镑（约合人民币4.78亿元）收购了罗孚的剩余资产，这部分资产在2007年上汽和南汽合并后均被上汽纳入囊中；2006年，吉利成为第一家开展海外收购业务的民营企业，收购了英国锰铜23%的股份。这是国内车企在海外收购方面的尝试和探索阶段，在这一阶段，上汽收购双龙但最终不得不“分手”最为值得深思，失败的原因在于国内车企在海外收购方面的经验不足，未能充分考虑到与被收购企业在文化和管理等方面的差异，这也为后来的收购提供了借鉴和参考。

到了2008年全球金融危机时，不少知名国际汽车品牌遭遇发展困境，中国车企纷纷抓住这一机遇，一时间海外收购成为热潮。2009年，四川腾中重工作价1.5亿美元（约合人民币10.32亿元）欲收购通用旗下的悍马，但最终未能实现；2009年，北汽以1.97亿美元（约合人民币13.53亿元）收购萨博部分资产，收购资产包括Epsilon、GM2900和GM2400 3个重要平台，93三厢、95三厢和95两厢3个主力车型；2010年，还是吉利汽车，以18亿美元（约合人民币123.62亿元）的价格成功收购了沃尔沃乘用车

100%股权，包括3家工厂，1万多项专利权，完整的研发体系、员工体系、零部件供应链，以及遍布全球的销售与服务网络；2011年，中国汽车零部件企业中信戴卡用2.58亿欧元（约合人民币20.42亿元）收购了德国汽车零部件生产商凯世曼。

在这一阶段，中国车企的收购理念逐渐趋于成熟，除了看重品牌影响力，对方的技术水平和研发实力也成为重要的考量因素。也正是在这个时期，诞生了截至目前国内汽车行业最成功、影响最大的收购案例。

时至今日，中国车企在海外并购之路上又迈上了一个新台阶。2014年，东风汽车集团注资8亿欧元（约合人民币63.31亿元），持股法国PSA约14%的股权，与法国政府、标致家族下属公司并列成为PSA集团的第一大股东；2017年5月，吉利再次出手，收购了DRB旗下宝腾汽车49.9%的股份以及英国豪华跑车品牌莲花51%的股份；同年7月，深陷“气囊门”的日本高田公司破产，中国宁波均胜电子控股的美国百利得安全系统有限公司（KSS）成为“接盘侠”；2018年2月，吉利通过旗下海外资金主体收购了戴姆勒股份公司9.69%具有表决权的股份，成为戴姆勒集团的最大单一股东。

二　新阶段下的三大特征

一路走来，一路成长。中国车企的海外收购进入了发展的新阶段，主要表现出三大特征。

（一）全球收购的生力军

从近几年的统计数据来看，无论是在数量还是在金额方面，中国汽车企业的海外收购都呈现上升态势。根据Dealogic统计，2008～2017年，中国汽车行业的海外并购数量从4起上升至27起（见表1），公布金额也从2008年的3.74亿美元（约合人民币25.69亿元）增长至76.3亿美元（约合人民币524.03亿元）。

表1　2008～2017年中国汽车行业海外并购数量

单位：起

年份	数量	年份	数量
2008	4	2013	14
2009	8	2014	20
2010	7	2015	22
2011	11	2016	25
2012	13	2017	27

资料来源：Dealogic。

这是中国汽车行业发展的独有特征，并不与全球汽车行业的并购交易发展情况相同。根据汤森路透的统计结果，全球汽车企业的并购活动曾在2011年达到594起，此后连续两年下降，到2013年达到低谷后出现回弹，到2015年再次回到591起的高位，并购数量始终维持在450～600起。因此，单就交易数量而言，中国汽车行业的海外并购数量在全球的占比迅速从2008年的1%上升到2017年的18.5%（见表2），毫无疑问，中国正在成为全球汽车行业跨境收购的生力军。

表2　2008～2017年中国汽车企业海外并购数量在全球的占比

单位：%

年份	占比	年份	占比
2008	1	2013	10.9
2009	5.2	2014	15.5
2010	4.2	2015	14.9
2011	6.1	2016	16.9
2012	7.3	2017	18.5

资料来源：Dealogic。

这与中国汽车市场的壮大和崛起分不开，从2009年中国汽车产销量双双超过1350万辆开始，中国已经连续9年蝉联全球第一，成为当之无愧的汽车大国。规模不断扩大的中国市场为中国汽车企业的成长和进步提供了广阔的平台和空间。一方面，中国汽车企业背靠庞大的国内市场获取了更多经济利润和效益，企业规模不断扩大，资金日渐充实，为海外收购打下了坚实的经济基础；另一方面，中国汽车企业通过在国内市场日益严峻的竞争环境中得到历练，研发、产品和品牌的综合竞争力均大幅提升，这为中国车企在海外收购的谈判过程中提供了更大的话语权和信心。

（二）目的更强，眼光更远

与过去相比，中国车企在海外收购过程中显得更加理性和务实，不再盲目追求品牌影响力，并购的方向更明确、目的性也更强。德勤中国汽车行业财务咨询领导合伙人虞正就曾指出，当前我国汽车行业在选择海外收购的目标时，更注重对方的先进技术、行业地位和发展潜力，西欧和北美已经成为当前我国汽车和零部件厂商海外收购最活跃的地区，上述地区的成熟市场充分具备我国汽车企业渴望的技术实力、管理经验和渠道资源。

2017 年 6 月，小康股份及其在美国的新能源汽车子公司 SF Motors 以 1.1 亿美元（约合人民币 7.55 亿元）收购美国汽车解决方案集成供应商 AM General 公司的民用汽车工厂，并对生产设备和工艺进行了全新改造升级，用于生产其正在研发的高端电动车型；2017 年 10 月，SF Motors 收购美国电池系统公司 InEVit. Inct。对于致力于进军新能源汽车行业的小康股份而言，海外收购是提升其在电池、电机、电控等方面技术水平的一条“捷径”。

此外，汽车企业海外并购呈现外延式的发展趋势，企业增加了横向并购，加大了对新兴战略行业的投资力度。2017 年先后有两家中国企业选择投资飞行汽车公司就是最好的例证。

2017 年 9 月，德国飞行汽车公司 Lillium 宣布完成 9000 万美元（约合人民币 6.18 亿元）的 B 轮融资，由腾讯领投，LGT、Atomico、Obicios Ventures 等海外投资机构跟投，这是一家由德国慕尼黑技术大学的 4 名工程师和博士生在 2015 年 2 月成立的飞行汽车公司；2017 年 11 月 13 日，吉利正式宣布与美国 Terrafugia 飞行汽车公司达成最终协议，收购 Terrafugia 的全部业务及资产。据悉，这家由 5 位麻省理工学院的优秀毕业生创办的飞行汽车公司成立于2006年，于2009年发布了第一款飞行汽车 Transition，目前 Transition 的验证机已经拿到了美国联邦管理局的飞行器许可证，以及美国国家公路交通安全管理局的汽车上路许可证。

虽然近年来飞行汽车颇为热门，但由于法律法规等约束，距离产品的量产和大规模普及还存在较长时间，短期内难以形成可观的利润回报，无论是腾讯还是吉利，能够选择将大量资金投入这一新兴领域，充分表现出中国企业在海外收购的战略规划方面已具备长远布局的眼光。

（三）民营企业和零部件“买家”居多

在前往海外“淘金”的众多中国企业中，以吉利为代表的民营企业已经成为主力军，国有企业的海外收购趋冷。德勤发布的《2017 汽车行业对外投资报告》显示，2013年以来，我国汽车与零部件企业海外并购的前十大交易中有八宗由国企主导，但2016年全年由国企发起的并购交易仅3宗，大型国有零部件企业的收购步伐更是明显放缓。

一方面，这与国内民营车企的经营效益较好、产品竞争力较强有关；另一方面，《国有企业境外投资财务管理办法》出台，提出国有企业集团公司对全集团境外投资履行财务管理职责，包括对导致境外投资损失的责任人员进行追责等，负债率相对较高的国有企业举债进行非战略性并购的投资活动正受到越来越严格的审核，加上境外监管机构已逐步加强对中国投资者的审核，特别是针对收购方的企业性质、是否受产业政策驱动和补贴等方面，国有背景的投资交易受到了一定程度的限制。

同时，越来越多的中国零部件企业走上了去国外“买买买”的发展之路。据不完全统计，2017年中国汽车零部件企业发生境外并购20起，交易金额约为67.39亿美元（约合人民币462.83亿元），其中不乏一些国际知名的零部件巨头。

2017年6月，宁波均胜电子控股的美国 KSS 公司宣布以15.88亿美元（约合人民币109.06亿元）收购高田的主要业务，总部设在密歇根州斯特灵海茨的 KSS 借此一举成为员工规模超过6万人、在全球23个国家及地区拥有业务、营收额超过70亿美元的全球汽车安全市场第二大巨头，并入驻日本市场进一步完成全球化战略；7月6日，双星与韩国产业银行（KDB）在韩国首尔完成了锦湖轮胎股权的交割，双星联合青岛国信、青岛城投共同出资约39亿元人民币，认购了锦湖轮胎45%的股份，正式成为其控股股东，而KDB等债权团将继续持有23%的股份，保持第二大股东地位。

有意思的是，不少中国零部件企业在海外收购的道路上已形成“滚雪球”之势，通过成功收购一家国际零部件企业，随后以此为“跳板”买下更多其他跨国零部件公司，几乎已成为其跨境投资的“套路”之一。

三　海外收购热情不会减

为了配合汽车制造商无人驾驶、联网汽车及电动汽车转型的发展趋势，普华永道（PWC）最新发表的报告数据显示，2018年全球汽车业并购交易总额达975亿美元（约合人民币6605.04亿元），同比增长超100%。普华永道预计，虽然在宏观层面将面临巨大阻力，但2019年汽车市场的并购仍将十分活跃。

在这一大环境中，随着全球汽车市场竞争的进一步加剧、中国汽车企业对提升品牌国际影响力的需求越来越旺盛，以及中国汽车产业的日趋成熟和完善，接下来，中国汽车企业的海外收购热情不会冷却，其数量和质量还都将保持上升态势。

（一）全球汽车产业将迎来新一轮洗牌

当前，全球汽车产业格局进入了全面重构期，智能网联与能源革命正加快袭来，汽车企业、产品与技术都面临重大变局。同时，能源、环境、交通等外部挑战愈演愈烈，原本就很复杂的汽车产业，正因跨界交融和“降维打击”而变得更加混沌和多变。一方面，国内外传统汽车制造企业间的“相爱相杀”，竞争与合作并存；另一方面，各类互联网、科技和IT公司等争相跨界而来，纷纷抢夺新一代智能终端载体——汽车的市场份额。全世界范围内的汽车创业潮方兴未艾，这既带来了前所未有的挑战，又造就了史无前例的机遇。

全球汽车产业竞争的加剧加快了行业洗牌，一批以高田为首的曾经“不可一世”的国际巨头败下阵来，另一部分汽车集团为“瘦身前行”也极有可能选择出售旗下的品牌或技术，这些都恰好能为中国汽车企业的快速成长提供强大的实力和坚实的基础，财力更加雄厚和决策更加灵活的中国企业有望借此成为“赢家”。

新科技革命的到来引发了新一轮的创新创业热潮，全球范围内新兴企业的不断涌现也为中国企业提供了更多选择，对于一些想要“跨界”造汽车的企业来说，通过购买的手段来获取相应的技术无疑是弥补历史积淀不足的有效方法之一，也是在最短时间内搭建完整汽车“帝国”的“捷径”。

（二）进一步加速技术水平提升

无论汽车产业如何变迁，技术实力始终是决胜的关键，中国汽车企业也将继续以海外收购作为提升技术水平的有效手段之一。

不得不承认，中国虽然是全球汽车资源涌入的热土，但仍不是全球汽车创新的中心，缺少引领全球汽车创新的企业。目前中国正处在由较低水平的汽车创新向高水平创新转变的过程中，然而汽车产业依然缺乏原始的、高端的创新。为了尽快提高企业的创新能力和技术研发水平，在勤练“内功”的同时，前往海外收购已经趋于成熟和完善的技术也是中国车企的重要选择之一。当然，发展至今的中国企业并不是无法通过自主创新来获取核心技术和自主知识产权，但这需要耗费大量的资金和时间，为了在短时间内缩短与国际汽车企业的差距，可适当采取购买技术之后加以吸收、引进和消化的举措。

此外，受制于企业规模，中国汽车企业的研发资金难以与跨国车企同日而语，尤其是在一些前瞻技术的布局方面，中国汽车企业更加“有心无力”。基于此，海外收购就成为“性价比”较高的一个选择，事实上，这也是跨国车企的通行做法之一。2016 年 3 月，通用汽车收购了无人驾驶技术初创公司 Cruise Automation，虽然花费了 10 亿美元（约合人民币 68.68 亿元）之多，但通用借此迅速提升了在自动驾驶技术领域的技术水平和研发实力，双方共同开发的第四代车型 Cruise AV 于 2018 年初正式发布，并已做好批量生产的前期准备，计划将于 2019 年上市销售。

电动化、智能化和网联化已经成为当下汽车行业发展的三大重要趋势，各类新技术和产品不断涌现，完全依靠自我开发来掌握技术显然并不现实，像吉利一样看准国外的优质创业公司及时“出手”不失为一条良策。

（三）以收购换市场

近年来，尝到“甜头”的吉利通过不断收购来提升技术水平和品牌竞争力，又于 2017 年 5 月 24 日签约收购了马来西亚整车企业宝腾 49.9% 的股权，以及宝腾旗下路特斯（莲花）51% 的股权，成为宝腾汽车的独家外资战略合作伙伴。这一事件在国内外引发了热议，原因并不在于这是吉利在 2010 年以 18 亿美元（约合人民币 123.62 亿元）从福特收购瑞典沃尔沃之后的最大一笔收购交易，而在于吉利的这起收购案开了中国汽车企业以“技术换市场”的先河。

1984 年，中国成立了第一家合资企业——上海大众。在缺乏自主技术、产业链和资金的大背景下，经过反复斟酌，我国推出了“以市场换技术”的产业政策。经过 30 多年的发展，中国汽车产业不仅形成了种类齐全、配套完整的产业体系，而且整车研发能力明显增强，质量水平逐渐提高，中国品牌迅速成长，国际化发展能力逐步提升。

下一步，走进更成熟和更发达的国际汽车市场，受到更多国外汽车消费者的认可是中国汽车品牌的艰巨任务之一。以东南亚市场为例，虽然年销量仅为 300 万辆左右，但增长势头迅猛，发展空间和潜力巨大。现实是，目前在东南亚地区，日系汽车品牌占据了超过 70% 的市场份额。在全球的各大成熟汽车市场中，不同品牌的市场格局早已形成，中国汽车企业想要“硬闯”出一片天空可谓难上加难。

收购当地的汽车企业便成了有效举措之一，吉利不惜花费重金买下了马来西亚整车企业的近半股权，为其进军东南亚市场打下了可靠的基础。而海外投资亦是可以考虑的选项之一，在此前举行的中国汽车论坛上，英国驻华大使馆英国贸易投资总署尖端制造与交通行业副总监毕伟和美国密歇根州驻华首席代表邵宁均表达了希望和中国形成合作伙伴关系，共同研发、推动贸易往来的意愿，并表示将成为中国汽车企业实现全球化战略的合作伙伴，积极提供投资环境的意见和建议。

四　更系统、更务实、更开放

未来，汽车界的国际化收购和重组活动将更加活跃，中国汽车企业也将在其中扮演越来越重要的角色，“走出去”已成为我国从汽车大国走向汽车强国的必需之举。在《汽车产业中长期发展规划》中就特别强调，要坚持把国际化发展作为汽车产业可持续发展的重要保障，加快推动中国汽车产业融入全球市场，并提出了“到 2020 年，中国品牌汽车实现向发达国家市场的批量出口；到 2025 年，中国品牌汽车国际市场占有率大幅提高”的目标。

为更好地推动中国汽车品牌“走出去”，海外收购是重要举措之一，但与拥有更悠久发展历史的跨国车企相比，我国汽车企业的海外收购还存在许多不足，除了因未能通过监管部门审批等导致收购交易终止等问题，收购后失败的案例也居于多数，这主要是由于国内企业在海外收购的过程中缺乏系统和全面的调研与思考，且全球化战略的管理水平有所欠缺，尤其当民营零部件企业日渐成为中国汽车行业海外并购的主要力量之际，上述问题更值得深思和警惕。

（一）系统规划“如何走”

科尔尼管理咨询公司曾撰文指出，一般情况下，中国企业设定了“走出去”的方向，但没有系统地规划“如何走”，结果变成走一步看一步。近中期的经营目标固然重要，但是海外并购中需要特别关注“谋定而后动”中的“谋”——必须要有前瞻性、系统性的谋划，比如综合考量全球产业趋势、海外目标市场发展规律、收购的业务与自身业务发展的逻辑关系等。事实上，这些方面的研究分析不是一朝一夕能够实现的，需要企业持续地开展和长期地积累。只有在“谋”上做好充分准备，才能确保每一步都踩到点上，甚至能够“主动”创造机会。

值得强调的是，当地政策的监管和审查也是必须综合考量的重要因素之一，如安全审查、反垄断审查、资金来源审查等均需仔细研究后方可展开行动。2018 年，德国政府先后否决了两起中资企业的收购案，一则是烟台台海集团对德国机械设备制造商 Leifeld Metal Spinning 的收购，另一则是国家电网对德国电网公司 50Hertz 的收购。

只有建立科学全面的国际化战略布局体系，有重点地长期跟踪和深入了解相应地区的政策、法规、文化和投资环境等多方面情况，准确及时地获得目标企业的经营信息，并进行全面、准确、深入的分析和研判，在此期间也可考虑让“专业的人做专业的事”，参照部分专业咨询机构的相关建议和意见，才能最大限度地降低和减少因收购失败带来的风险。

（二）提升国际化管理能力

对于中国汽车企业来说，在海外收购过程中的全球化意识和国际管理能力都亟待提升。

首先，只有树立了全球化企业的意识，才能在全球汽车市场竞争中占据更有利的位置。北京新世纪跨国公司研究所所长王志乐就曾表示，不可逆转的全球化，正在加速带动越来越多的企业展开全球布局。从资本运作、研发设计到制造组装、市场营销，全球化已经渗透企业发展的各个关键领域。很多企业在全球化的过程中，具备了吸纳全球资源、配置全球资源和打造全球价值链的能力。中国汽车企业同样应该如此，学会在尊重市场规律的前提下，树立全球价值链思维。

在提升国际管理能力层面，中国汽车企业需要在“软实力”提升方面下苦功。首先，国际化管理人才的储备和培养必不可少，无论是启用国内的优秀管理人才，还是从国外重金聘请“洋大夫”，都难以一劳永逸，在任用之后绝不能忽略人才的培养和成长；其次，建立科学合理的管理流程，不仅要充分尊重收购企业的管理文化和理念，而且要让其适应中国企业的发展思路。吉利控股集团董事长李书福有一句形容吉利和沃尔沃之间关系的话非常贴切："沃尔沃是沃尔沃，吉利是吉利，两者是兄弟关系，而非父子关系。"正是李书福这种"战略性并购的本质是战略性合作"的管理思维，才成就了沃尔沃与吉利共同成长的这一段"佳话"。

（三）合作也是"上策"

近段时间以来，中国企业的海外投资已逐渐从单纯的收购向寻求更深层次的技术合作和技术转移等方向延伸。2018 年初，吉利集团有限公司（由李书福拥有、浙江吉利控股集团有限公司管理）通过旗下海外企业主体在二级股票市场收购了戴姆勒股份公司 9.69% 具有表决权的股份。在沉默了数月之后，戴姆勒股份公司董事会主席、梅赛德斯－奔驰汽车集团全球总裁蔡澈博士首度对媒体承认："对于未来发展，我们与吉利进行过一些初步对话，探索未来在双赢基础上进行合作的可能性。"

"一家独大"的现象过去没有出现，未来更加不会存在。以智能网联汽车为例，汽车产业将面临与通信业和人工智能技术的深度融合，每家企业在行业中都拥有一定的定位，传统整车企业深谙生产和制造之道，人工智能企业则拥有强大的算法和软件开发能力，通信企业则具备强大的通信网络与完备的基础设施布局。国内各行业和企业间已经展开了多方的战略合作，放眼国际市场又何尝不可如此。

2018 年 3 月，宝马集团与戴姆勒集团签署了一份合作协议，整合了两家集团的移动服务业务单位，计划在车辆共享、叫车服务、车辆停放、充电服务与多样化模式等领域，结合现有的产品服务进行战略性的扩展；6 月，现代汽车和奥迪品牌达成了一项关于燃料电池电动汽车零部件和技术的专利交叉授权协议，涵盖并惠及双方母公司其他品牌，包括韩国的起亚汽车以及奥迪母公司大众汽车集团旗下其他子公司；10 月，通用汽车旗下的无人驾驶汽车公司 Cruise 获得了本田汽车的投资，前期投资 7.5 亿美元（约合人民币 51.51 亿元），未来 12 年内投资额将达到 20 亿美元（约合人民币 137.36 亿元）。

值得一提的是，过去中国汽车企业因自身实力有限，国际话语权不高，不得不花费“天价”买下一整家国际企业来获取相应的核心技术，借此提升研发水平，但如今有了与人一较高下的底气和实力，采取入股或投资等方式来实现“共赢”有望成为更好的选择。

中国企业“走出去”的进程才刚开始，虽然在国际化收购过程中中国企业属于后来者，但背靠强大的中国汽车市场，中国汽车企业有望充分发挥自身优势，在海外收购这条道路上越走越顺，从而为实现汽车强国贡献一分力量。

B.8
中国乘用车品牌竞争力分析

孟菲　李康　岳素欣*

摘　要： 本报告以互联网和全市场行业数据为依托，从品牌活跃度、品牌美誉度、市场表现力和品牌忠诚度等方面评价品牌竞争力，建立综合评价中国乘用车品牌竞争力的指标体系，并以此对市场上主流中国乘用车品牌2018年的竞争力进行排名。本报告严格界定了品牌活跃度、品牌美誉度、市场表现力和品牌忠诚度的定义，详细分析了这4个方面的影响因素，并以图表等形式展现了中国汽车品牌在这4个方面的表现、排名顺序以及具体的表现数值。通过对4个方面排名的综合分析，指出各中国汽车品牌在市场上的竞争力情况。

关键词： 品牌竞争力　忠诚度　市场表现力　活跃度

从1953年中国一汽成立至今，中国汽车走过了65年的发展历程，共经历以下几个阶段的发展。

第一阶段，1953～1983年，中国汽车的发展以商用车为主导，乘用车的发展相对滞后，除红旗牌轿车和上海牌轿车外，基本没有其他量产的轿车品牌。

---

* 孟菲，中国汽车技术研究中心有限公司数据资源中心数据业务本部本部长；李康，中国汽车技术研究中心有限公司数据资源中心高级技术经理；岳素欣，中国汽车技术研究中心有限公司数据资源中心研究员。

第二阶段，1984～2000年，为中国乘用车品牌的起步时期。1984年，长城汽车成立于河北保定。这个当时尚不起眼的小公司，发展至今已成为中国最大的SUV、皮卡制造企业。与此同时，中国汽车行业第一家中外合资企业北京吉普汽车有限公司开始营业，此后国外汽车品牌快速进入中国市场并成立合资公司。特别是20世纪90年代末，吉利、奇瑞等自主品牌逐步进入乘用车领域，开始了中国乘用车品牌的艰难创业。

第三阶段，从2000年至今，中国汽车品牌开始了艰难的成长之路。东风柳汽的风行品牌、长城哈弗、比亚迪、长安、上汽荣威、一汽奔腾、东风风神等中国乘用车品牌成立。在2012年以前，中国汽车品牌除长城外均以轿车为主，在与合资品牌的艰难竞争中生存。2012年以后，中国SUV市场的异军突起为中国乘用车品牌的发展提供了良好的契机，实现了市场份额的快速提升。2017年，中国新车零售中，中国乘用车品牌市场份额达到39.1%①。

发展至今，中国乘用车品牌在技术水平、品牌建设等方面的进步得到了越来越多的认可，但中国乘用车品牌的综合竞争力究竟达到了何种水平，需要从哪些方面做出改进还要靠真实数据说话。本报告利用互联网全网媒体文本数据和汽车市场大数据，从品牌活跃度、品牌美誉度、市场表现力、品牌忠诚度4个方面对中国乘用车品牌竞争力进行综合分析。其中，2016年、2017年数据为全年数据，2018年为1～6月的数据。

一　品牌活跃度

（一）品牌活跃度定义

品牌活跃度即品牌通过媒体平台在公众面前展现出来的活跃程度，它是塑造一个强大品牌的重要因素之一。本报告中的品牌活跃度具体是通过对主

① 中国汽车技术研究中心有限公司数据资源中心。

流媒体的相关内容进行文本挖掘，进而对各品牌在互联网的曝光率、提及次数等进行分析，覆盖媒体范围包括新闻资讯、论坛、微信公众号、微博、贴吧等。

（二）中国乘用车品牌活跃度分析

2018 年品牌活跃度最高的中国乘用车品牌为广汽传祺，其次为长安、吉利、哈弗和荣威（见图 1）。近 3 年，广汽传祺在互联网影响方面的投入逐渐增长，2016 年广汽传祺品牌活跃度在中国乘用车品牌中排名第 6，2017 年超越哈弗进入前 3 名，2018 年则达到中国乘用车品牌活跃度的第一位，品牌影响力大幅提升。同时，相比 2017 年的排名第十，荣威 2018 年品牌活跃度排名第五，互联网营销表现抢眼。

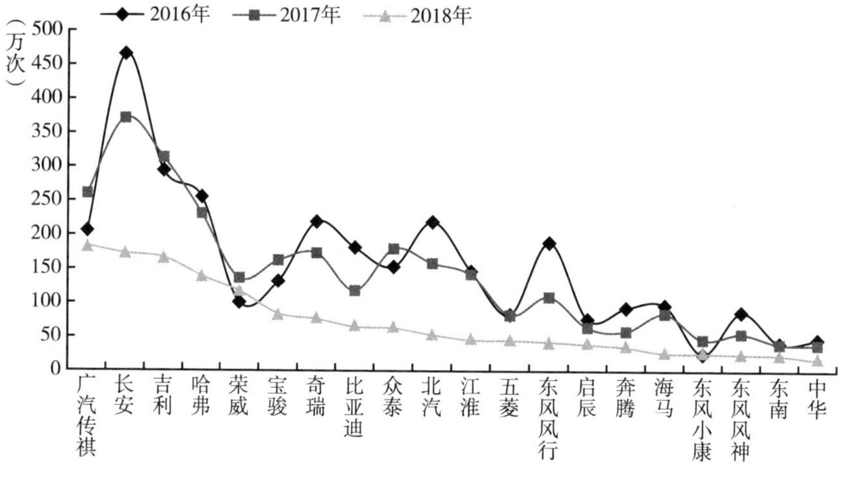

图 1　2016～2018 年中国乘用车品牌活跃度

资料来源：《中国汽车报》中国汽车品牌研究院。

整体来看，2016～2017 年，中国乘用车品牌活跃度整体有所下滑，在品牌活跃度 TOP10 品牌中，长安、奇瑞、北汽、哈弗下滑幅度较大。与此相较，荣威、广汽传祺、宝骏的品牌活跃度增幅在 20% 以上，新兴中国乘用车品牌较传统乘用车品牌更加注重在互联网媒体上的投入和传播影响。

本报告中涉及的活跃度主要是互联网媒体中体现的活跃度，这可能使得一些以传统媒体营销为主的品牌的活跃度被低估。但在数字化时代，随着互联网用户规模的不断扩大，线上营销传播模式已趋于成熟，互联网媒体活跃度的参考价值也会日益凸显。同时，越来越多的用户在产生购车需求以后，互联网媒体逐步成为用户购车参考资讯的重要或主要的信息渠道来源，故而互联网品牌活跃度的参考价值随之逐步提升。

社交媒体如微信、微博、博客、论坛等是互联网媒体的重要组成部分。对互联网用户而言，这是他们生产内容、交换信息的重要平台；对各品牌而言，这是他们倾听用户需求、了解用户反馈的重要窗口。因此，有必要单独考察社交媒体中的品牌活跃度。

就 2018 年的社交媒体活跃度而言，广汽传祺、长安、吉利仍居前 3 位（见图 2），从侧面说明这 3 种品牌的活跃度并非只依靠官方的传媒投入，而是有着良好的用户反馈，双方的互动模式处于良性循环之中。其中特别引人注目的是广汽传祺，仅 2018 年上半年的活跃度便超过了 2017 年全年的活跃度，发展势头很迅猛。

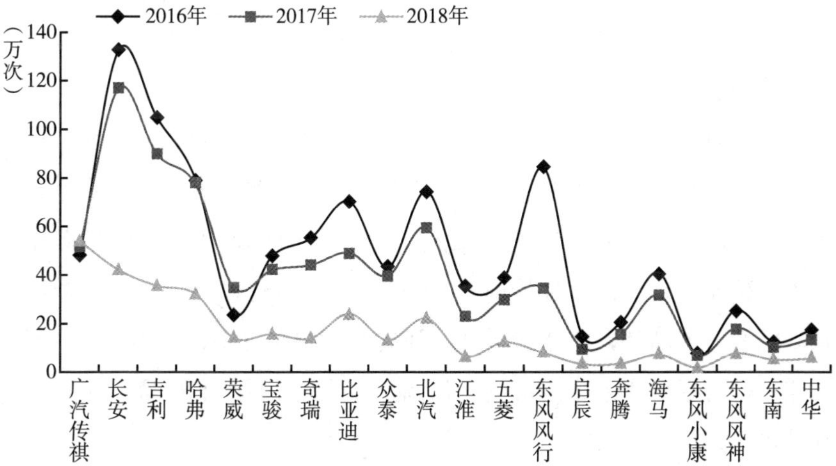

图 2　2016～2018 年中国乘用车品牌活跃度——社交媒体

资料来源：《中国汽车报》中国汽车品牌研究院。

从2016~2017年的对比来看，除广汽传祺、荣威外，其他各品牌社交媒体的活跃度都有所下降。与2018年整体活跃度相比，荣威的整体品牌活跃度位居第5，而在社交媒体活跃度的排名中仅居第8位，而比亚迪和北汽的情况正好相反，它们的整体品牌活跃度分别位居第8、第10，但在社交媒体中的活跃度上升至第5、第6位。

品牌活跃度之所以重要，是因为它搭建了品牌和消费者之间的桥梁，但能够被消费者认可的品牌活跃度才是成功的。品牌的社交媒体活跃度在一定程度上反映出消费者对该品牌的认知度，大家愿意去讨论至少说明已经或者想要对该品牌有一定的了解，而这正是之后逐渐认可、决定购买的开端，品牌要先走进消费者的认知范围，消费者才有可能真正成为品牌的客户。从这个角度看，荣威在市场上的宣传力度还有待加大。当然，最理想的情况自然是像广汽传祺、长安、吉利、哈弗那样，无论是整体媒体活跃度还是社交媒体活跃度都居前列，但确非易事。

自媒体有别于由专业媒体机构主导的信息传播，人们不再接受由某个统一的声音告知对错，每个人都可以做出独立的判断，因此其信息传播更加自主化、平民化、普泛化。与其他互联网媒体相比，自媒体的信息往往更加集中，针对某一特定用户群体，因此传播效率很高。本报告考察的自媒体主要包括微信公众号、微博大V、论坛大V等。

从历史对比来看，相比2016年，2017年除长安、奇瑞、江淮、启辰等品牌外，多数品牌的自媒体活跃度都有所增长，但增长幅度并不太大，其中表现相对突出的是吉利、哈弗和荣威。2018年的自媒体活跃度排名中，广汽传祺、长安、吉利依然位居前三（见图3）。同时也可以看到，相比整体品牌活跃度，各品牌自媒体活跃度之间的差异相对更小，这体现出自媒体长尾效应——目标群体细分使得更加强调个性化，不同人群的需求可以更好地得到满足。

随着自媒体平台的多样化，越来越多的人在有意无意地从自媒体平台获取信息，经过筛选判断后内化为自己的认知，这使得自媒体平台的影响力日益攀升。自媒体平台正逐步走向成熟化和规范化，日后或许会形成针对不同

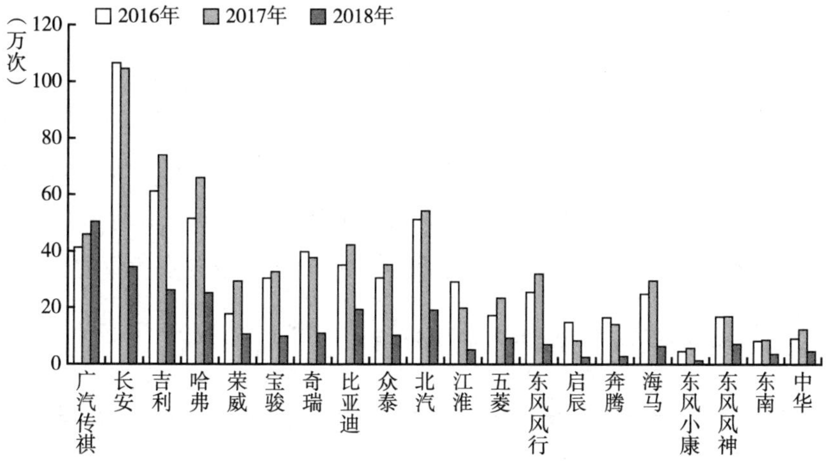

图3　2016～2018年中国乘用车品牌活跃度——自媒体

资料来源：《中国汽车报》中国汽车品牌研究院。

目标群体的自媒体圈，而汽车作为深入人们日常生活的重要消费品，在自媒体平台的信息中同样占据一席之地。各品牌应当更加重视提升自身的自媒体平台活跃度。

二　品牌美誉度

（一）品牌美誉度的定义

品牌美誉度，即市场中的消费者对某一品牌的好感程度，它是现代企业塑造形象、提升影响力的重要环节。品牌的知名度和活跃度确实是品牌美誉度的重要前提，但品牌美誉度才能够更集中清晰地反映出品牌在消费者心中的价值水平，知名度和活跃度不等于美誉度。美誉度往往是消费者在综合了自己的使用经验和各种品牌信息后产生的心理感受，它不能单靠广告宣传、营销来实现。比如一些品牌擅长借助热点事件跟风营销，虽然能够在一定时期内提高品牌活跃度，但这样的活跃度并不一定能真正转化为品牌美誉度。

本报告的美誉度是将全网文本分为负面评价、中性评价和正面评价，从中选择正面评价确定的。虽然现实中可能存在一些品牌买“水军”刷好评的现象，使得那些没有在这方面做出投入的品牌的美誉度被低估，本报告所用数据也确实很难完全避免此现象。但是考虑到无论是真实的美誉还是“刷”出来的美誉，它们的效用是相同的，都会影响信息接收者的心理认知，进而影响其行为。鉴于此，基于现实数据考察各品牌的美誉度是有价值的。

（二）中国乘用车品牌美誉度分析

2018 年中国乘用车品牌美誉度最高的品牌为长安，它和吉利同属第一梯队，哈弗、广汽传祺、众泰、比亚迪、荣威等品牌占据第二梯队（见图 4）。可以看出，长安和吉利的品牌美誉度领先幅度较大。

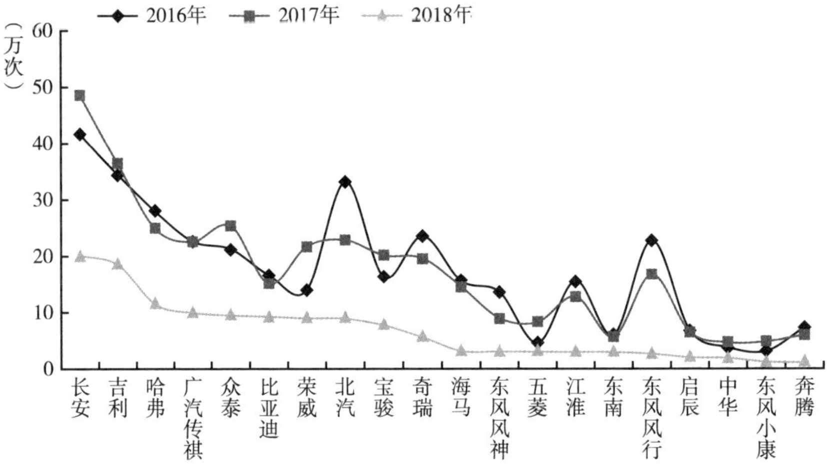

图 4　2016 ~ 2018 年中国乘用车品牌美誉度

资料来源：《中国汽车报》中国汽车品牌研究院。

2016 ~ 2017 年，长安、吉利、众泰、荣威的美誉度稳中有升，其余品牌则几乎都有波动，如哈弗、北汽、奇瑞、东风风神等品牌美誉度走低，其中北汽的美誉度波动最为明显，已经从 2016 年的第 3 名跌至 2018 年的第 8 名。出现这样的局面，除开这些品牌的自身原因，还应当考虑到各品牌都在对互联网营销加大投入力度，不断积累自身的关注度，从而在一定程度上分散了这些品牌的美誉度。

这样明显的波动也说明品牌美誉度是比品牌活跃度更难建设的指标，一款成功的新车型可以将品牌美誉度大幅提升，下一款失败的新车型又会使品牌美誉度大打折扣。较高的品牌美誉度需要企业数十年如一日的倾注，需要在市场洞察、产品品质、服务质量等各方面都有持续稳定的发挥，高品牌活跃度的同时又有较高的品牌美誉度是产品成熟的表现。

如图 5 所示，就 2018 年社交媒体美誉度而言，长安继续遥遥领先，其次为吉利、哈弗和广汽传祺。从历史对比来看，相较 2016 年，2017 年绝大多数品牌的社交媒体美誉度均有下降，特别是北汽、奇瑞、东风风行的美誉度下滑明显，只有荣威和五菱的社交媒体美誉度有所提升，特别是荣威提升幅度较大。

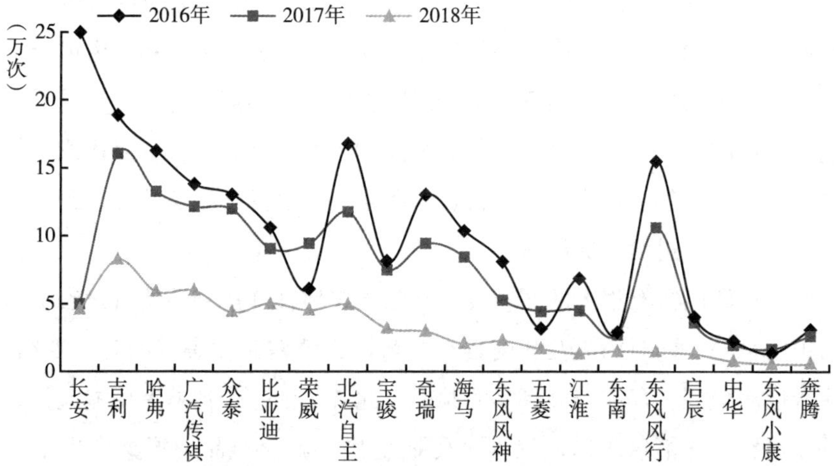

图 5　2016～2018 年中国乘用车美誉度——社交媒体

资料来源：《中国汽车报》中国汽车品牌研究院。

从 2018 年来看，自媒体美誉度的整体走向与社交媒体美誉度相差不大，长安、吉利、广汽传祺依然稳居前 3 位，其次是哈弗、北汽、比亚迪等品牌（见图 6）。

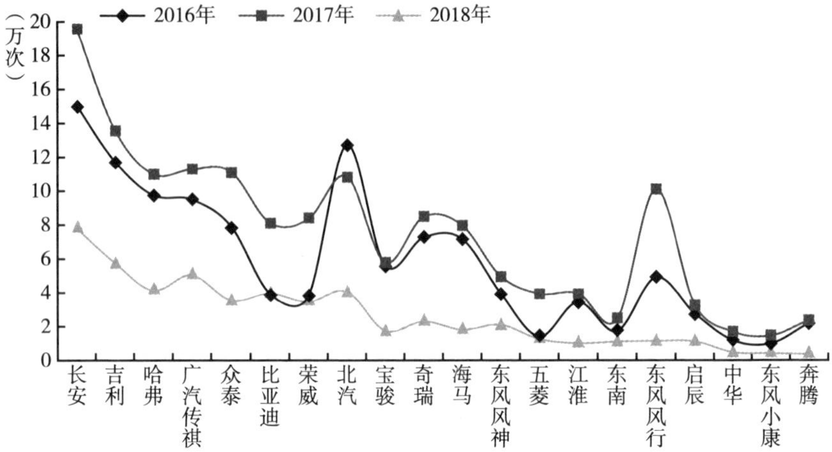

图 6　2016～2018 年中国乘用车美誉度——自媒体

资料来源：《中国汽车报》中国汽车品牌研究院。

与 2016 年相比，除北汽以外，2017 年中国乘用车品牌的自媒体美誉度都有不同幅度的提升，其中较亮眼的是长安、比亚迪、荣威和东风风行。

当下许多品牌的投放预算正从传统广告向自媒体广告迁移，这是自媒体时代的大势所趋，但是也要警惕其中可能的风险，除了参考自媒体账号的粉丝数、阅读量以外，还应当考量自媒体账号与自身品牌形象的契合程度，才能将信息精准传递给目标群体。

由于互联网具有很大的便利性，互联网媒体往往成为消费者发表负面评价的集中平台。同时因为互联网具有匿名性，消费者发表言论时不受约束，往往会措辞激烈，存在夸大事实的倾向。此外，同一个消费者可能就同一问题反复抱怨，坏消息永远比好消息传播更快，就会对品牌形象产生不良影响。如果这样的控诉和抱怨集中爆发，还可能演变为影响恶劣的公关事件。

2016～2018 年中国乘用车品牌负面评价比例如图 7 所示。在传播声量 Top 20 中国乘用车品牌中，五菱、长安、宝骏的负面评价比重较高，2018 年负面评价均在 3% 以上。其中，长安品牌负面评价比重逐年提升，需要在品牌建设方面继续努力。吉利、比亚迪、荣威、广汽传祺等品牌负面评价比重逐年下降，品牌声誉良好。

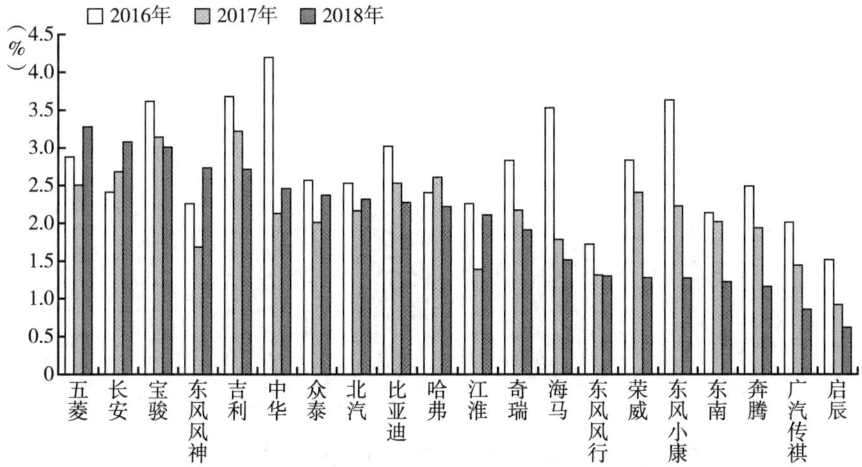

图7　2016～2018年中国乘用车品牌负面评价比例

资料来源：《中国汽车报》中国汽车品牌研究院。

三　市场表现力

（一）市场表现力的定义

本报告将市场表现力定义为品牌在某一特定市场内新车销量的份额表现。与品牌活跃度、品牌美誉度等指标相比，市场表现力能够从实际出发，更加真实地反映出品牌的现有实力。本报告中只有各系别市场表现力是基于整体乘用车市场，其余则都是相对于中国乘用车品牌市场而言。

（二）中国乘用车品牌市场表现力分析

如图8所示，从乘用车整体市场来看，中国品牌的市场表现力连续数年高居首位，稳定在38%以上区间，并向40%逼近。2016～2018年，中国、德系、日系品牌的市场表现力走势良好，美系和韩系则持续走低，特别是韩系的市场表现力下降较为明显。

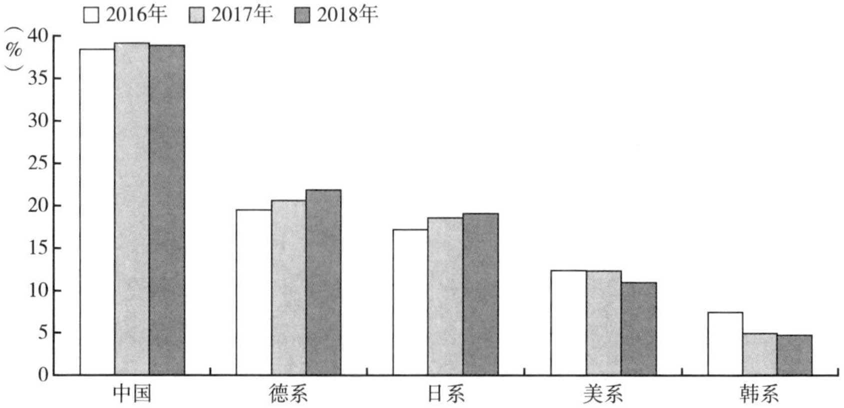

图 8　2016～2018 年中国乘用车市场各系别市场表现力

资料来源：中国汽车技术研究中心有限公司数据资源中心。

整体而言，中国乘用车品牌的表现力基本稳定，而德系、日系表现力逐步提升，美系、韩系表现力逐步下滑，即德系和日系通过品牌、产品等方面的积累，逐步侵占美系和韩系的市场份额。虽然各系别市场表现力的变化是一个缓慢渐进的过程，美系和韩系在短时间内扭转下滑局面也相对较为困难。

2018 年市场表现力位居前十的品牌如图 9 所示。吉利的市场表现力独占鳌头，与其后的宝骏、长安、五菱、哈弗等品牌拉开不小差距。吉利近几年的市场表现力接连攀升，且上升幅度明显。荣威近 3 年的市场表现力也在逐步提升。相比之下，长安、五菱、哈弗虽然目前的市场表现力排名还靠前，但与往年相比，已经是在走下坡路了。

虽然各系别的市场表现力相对稳定，而系别内的不同品牌之间则呈现另一番态势，单品牌随时间的推移市场表现力有所波动是常态，但考虑到各系别的市场表现力趋稳，这就意味着系别内的较量会十分激烈。特别是将这些品牌 2017 年、2018 年两年的市场表现力进行对比的话，可以发现，除吉利的市场表现力明显上升，长安、哈弗的市场表现力明显下降，其余各品牌的市场表现力基本维持原状，而且吉利的上升幅度与长安、哈弗的下降幅度之和大致相当，可以想见，吉利的增长用户中有相当大一部分是从长安、哈弗

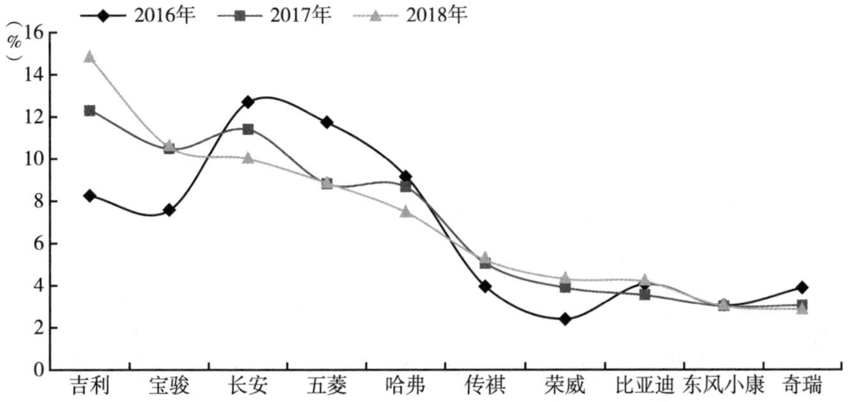

图 9　2016～2018 年中国乘用车市场分品牌市场表现力

资料来源：中国汽车技术研究中心有限公司数据资源中心。

的原有客户群体中获得的。长安、哈弗产品能否快速更新换代或推出新的主打产品是影响其能否夺回市场份额的关键所在。

鉴于汽车使用周期长、价格相对昂贵，处于不同收入水平的人可能会有迥异的选择。而中国幅员辽阔，各地经济发展水平差异较大，这也就意味着不同品牌可能因其产品布局和产品线等原因，在不同的经济发展区域展现出不同的市场表现力。为此，本报告根据居民人均可支配收入将全国 31 个省份划分为两类：一类是高收入省份，即人均可支配收入超过全国平均水平的省份，包括上海、北京、浙江、天津、江苏、广东、福建、辽宁、山东、内蒙古 10 个省份；另一类则是低收入省份，即人均可支配收入低于全国平均水平的省份，包括重庆、湖北、湖南、江西、海南、安徽、河北、吉林、黑龙江、四川、陕西、宁夏、山西、河南、新疆、青海、广西、云南、贵州、甘肃、西藏这 21 个省份。

如图 10 所示，在高收入省份市场表现力位居前五的吉利、宝骏、长安、五菱和哈弗普遍在低收入省份有更好的市场表现力。这是因为高收入省份的消费者对于品牌和产品的质量、档次有着更高的要求，即便中国品牌的产品质量能够满足要求，也往往受限于品牌形象等因素不能成为他们的最优选择。而在低收入省份，消费者往往受制于收入水平，无力承担价格高昂的合资品牌，便更多地成为性价比较高的中国品牌的用户。因此这些品牌能够在低收入省份占据比在高收入省份更大的市场。

而传祺、荣威、比亚迪的表现则与众不同，它们在高收入省份的市场表现力远超低收入省份。究其原因，传祺和荣威的起点较高，品牌定位于中高端市场，主销产品价格为10万~20万元，它们在消费者心中的品牌形象较好，在一定程度上能够与合资品牌实现直接竞争。比亚迪立足广东深圳，消费水平高，辐射面较广，有着强大的本土优势，同时由于一线城市推行限牌等政策，用户选择新能源汽车型的意愿相对强烈，比亚迪新能源汽车为其在高收入省份的良好表现贡献较大。

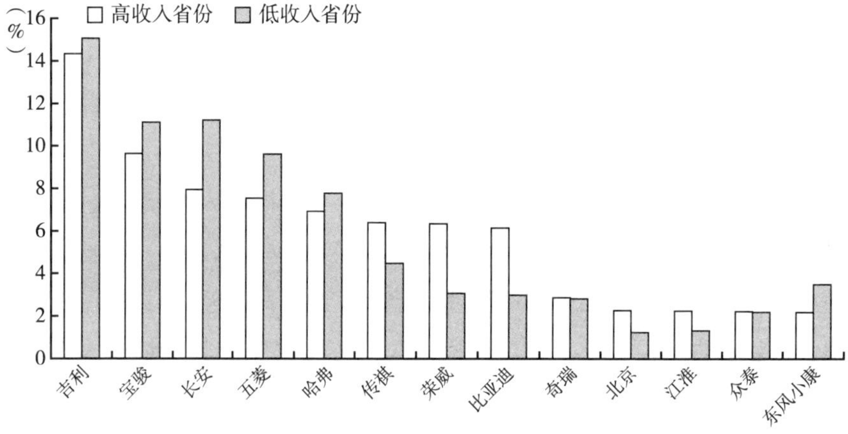

图10　2018年中国乘用车市场分品牌市场表现力——高收入和低收入省份对比

资料来源：中国汽车技术研究中心有限公司数据资源中心。

四　品牌忠诚度

（一）品牌忠诚度定义

品牌忠诚度，即消费者在购买决策中多次表现出对某一品牌的偏好，它既是一种行为过程，也是一种心理过程。本报告中的品牌忠诚度是基于市场用户的换购行为测算出的，具体公式为：

$$品牌忠诚度 = \frac{本品上一个周期换购用户中继续选择本品的用户总量}{本品上一个周期换购用户总量} \times 100\%$$

由于换购用户已经有了较多的使用、保养经验，储存了丰富的汽车产品相关知识和信息，他们在换购时的选择相对而言更加理性，更有参考价值。

如果一个企业能够拥有较高的品牌忠诚度，不仅能在降低营销成本、吸引新顾客方面更具优势，还能够在市场竞争中有更大的胜算。如果说市场表现力能够真实地反映出品牌的现有实力，品牌忠诚度则将目光投向未来，有助于预测品牌今后的市场发展。

（二）中国乘用车品牌忠诚度分析

经过数十年的发展，中国自主品牌的技术水平不断进步，与合资品牌的差距正在不断缩小。再加上中国品牌往往性价比较高，能够满足不同消费水平的用户需求，其品牌忠诚度也不断提高。

如图 11 所示，从品牌系别忠诚度来看，中国乘用车品牌的忠诚度高于分系别的市场整体品牌忠诚度，从 2016 年到 2018 年，市场整体品牌忠诚度从 32.02% 上升至 33.02%，而中国乘用车品牌忠诚度则从 36.23% 上升至 37.84%，说明中国乘用车品牌产品越来越受到用户认可，在换购升级时也不再一味选择合资品牌的车型。

当然，由于中国自主品牌多集中于中低级别市场，品牌忠诚度较高可能与消费者换购时预算水平没有提高有关。但考虑到近年来合资品牌价格下探，特别是一些中低车型的价格已经下降到过去只属于中国品牌的价格范围，自主品牌面临的竞争压力日益加重。在这样的情况下，中国乘用车品牌的忠诚度还能不断提高，这说明至少在中低级别市场，中国品牌已经具备了与合资品牌正面竞争的能力。此外，中国品牌向中高端市场发起冲击，需要有坚定的用户群体的支持，如果能够维持中、低级别市场的高忠诚度，随着消费升级，这些消费者同样能够为中国品牌推出的中高端产品做出贡献。

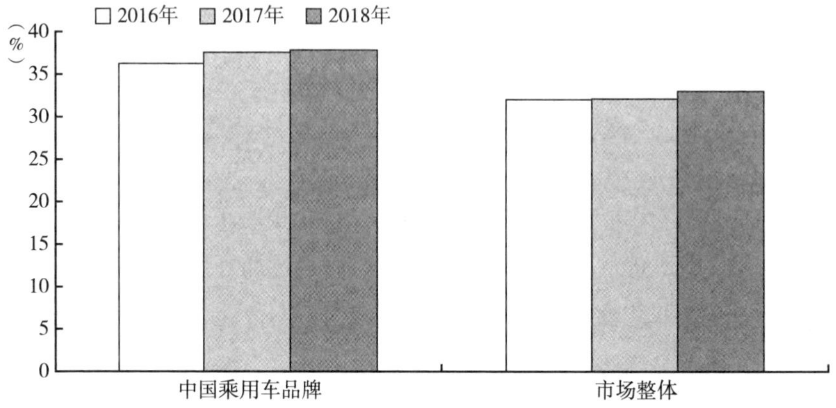

图 11 2016～2018 年中国乘用车品牌整体忠诚度

资料来源：中国汽车技术研究中心有限公司数据资源中心。

如图 12 所示，从系别角度看，德系品牌的忠诚度遥遥领先，这主要有赖于大众、奔驰、宝马、奥迪等品牌的卓越表现。中国自主品牌的忠诚度虽然高于日系、美系等品牌，但还很难与德系品牌相抗衡。

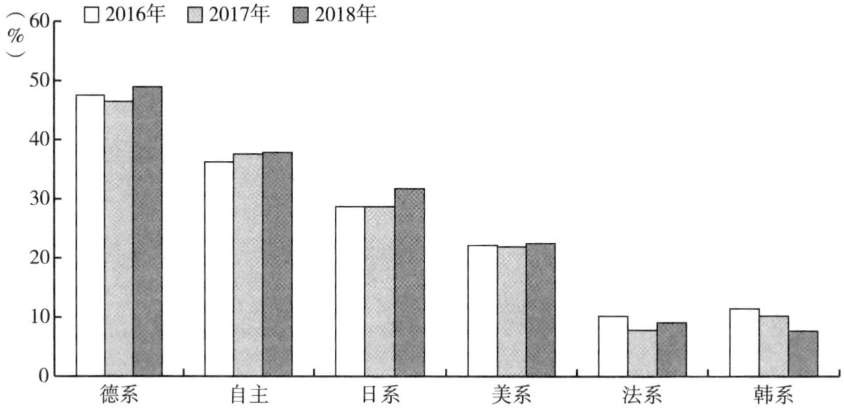

图 12 2016～2018 年中国乘用车市场分系别忠诚度

资料来源：中国汽车技术研究中心有限公司数据资源中心。

从历年情况对比来看，韩系品牌忠诚度一路下滑，德系、美系、法系的品牌忠诚度于 2017 年下滑后很快便于 2018 年有明显回升，中国品牌的忠诚度于2017年提升明显，而2018年基本与上年持平，这或许与德系、美系、法系品牌的表现有关。市场的多元化给中国品牌带来了机遇，同时也有挑战，中国乘用车还要在品牌建设方面更下功夫。

如图13所示，2018年中国乘用车品牌忠诚度最高的是五菱，其次是传祺、哈弗、长安，再次是吉利、江淮、宝骏等品牌。虽然五菱的品牌忠诚度继续独占鳌头，与其他品牌拉开一定差距，但同时也应看到近几年五菱的品牌忠诚度在持续下滑。这是因为在消费升级的背景下，用户在换购时对产品和品牌的档次提出了更高要求，使得五菱的原有客户群流失。传祺、哈弗、宝骏的品牌忠诚度逐年提升，特别是传祺的提升幅度十分明显。品牌忠诚度不仅包含用户对品牌先前产品和服务的满意度，还意味着用户今后的消费选择，从这个角度看，传祺已经在较短的时间内取得了巨大的成功。

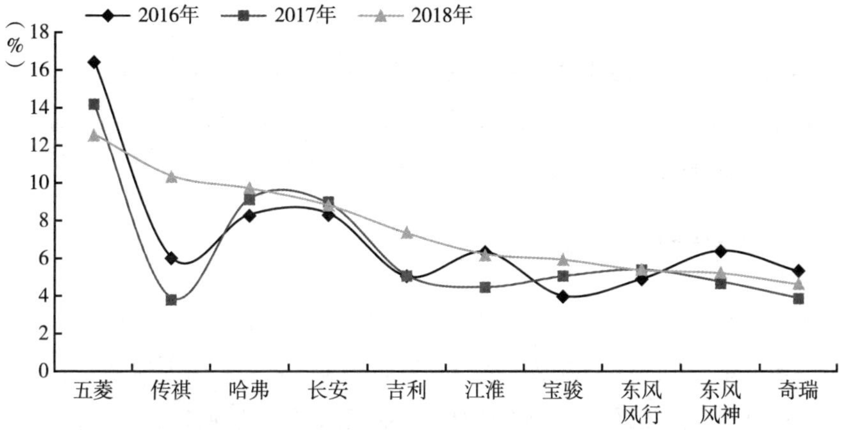

图13　2016~2018年中国乘用车市场分品牌忠诚度

资料来源：中国汽车技术研究中心有限公司数据资源中心。

与合资品牌或外资品牌相比，中国乘用车品牌忠诚度还有很大的进步空间。根据表1可以明显看出，中国乘用车市场的品牌忠诚度呈阶梯状分布：处于第一阶梯的全是德系品牌，其忠诚度均高于20%，可谓遥遥领先；处于第二阶梯的品牌以日系、美系为主，忠诚度为10%~20%，中国品牌只有五菱和传祺可以跻身其中；即便是哈弗、长安、吉利这几种近几年发展较好的中国品牌，其忠诚度也没有达到10%，处于第三阶梯。

表1　中国乘用车市场品牌忠诚度梯度

单位：%

第一阶梯		第二阶梯		第三阶梯	
品牌	忠诚度	品牌	忠诚度	品牌	忠诚度
奔驰	33.0	丰田	17.0	哈弗	9.7
大众	22.4	别克	14.4	长安	8.8
宝马	22.2	五菱	12.6	标致	7.6
奥迪	20.2	福特	12.5	吉利	7.3
		本田	12.2	斯柯达	7.0
		日产	11.6	现代	6.2
		传祺	10.4	宝骏	5.9
				风行	5.4
				雪佛兰	4.6

资料来源：中国汽车技术研究中心有限公司数据资源中心。

当然，由于本报告所用数据是基于真实换购情况来测算忠诚度，因此会有一定的滞后性。哈弗、长安、传祺等品牌的很多忠诚用户还没到换购周期，他们的忠诚度可能还要再等几年才能够加以判断。

（三）品牌吸引力分析

品牌吸引力与品牌忠诚度是从不同的角度考察品牌的预期发展，如果说较高的忠诚度是一个品牌得以延续的坚实后盾，那么较高吸引力则是一个品牌开疆拓土的利器，因为品牌要持续发展就不能只满足于维持当下客户群，还应当考虑如何能吸引更多的消费者。本报告将品牌吸引力定义为在某一换购周期内流入用户数量与流出用户数量的比值，该比值越大，则表示品牌吸引力越高。

本报告考察了忠诚度位居前十的品牌中除传祺以外的品牌吸引力。由于传祺是新成立的品牌，其多数用户尚未达到换购周期，因此流入用户大大多于流出用户，但这样计算出来的比值并没有太大的参考价值，不能真正衡量传祺的品牌吸引力，故将其略去。

由图14可以看出，在2018年中国自主品牌中，哈弗的品牌吸引力最高，其次是宝骏、东风风行、东风风神、吉利，再接下来是江淮、长安、五菱和奇瑞。其中，品牌吸引力大于1，即换购流入用户多于流出用户的只有哈弗、宝骏、东风风行 3 个品牌。

2016～2018 年，吉利的品牌吸引力逐年提升，宝骏的品牌吸引力提升虽然不太明显，但也确有进步。其他品牌的吸引力逐步下降，即换购用户流失日趋加剧。在中国乘用车品牌整体忠诚度相对稳定的情况下，吉利、宝骏的吸引力逐渐提升意味着，吉利和宝骏换购流入更多来自其他中国乘用车品牌用户，中国乘用车品牌内部的竞争日趋加剧。

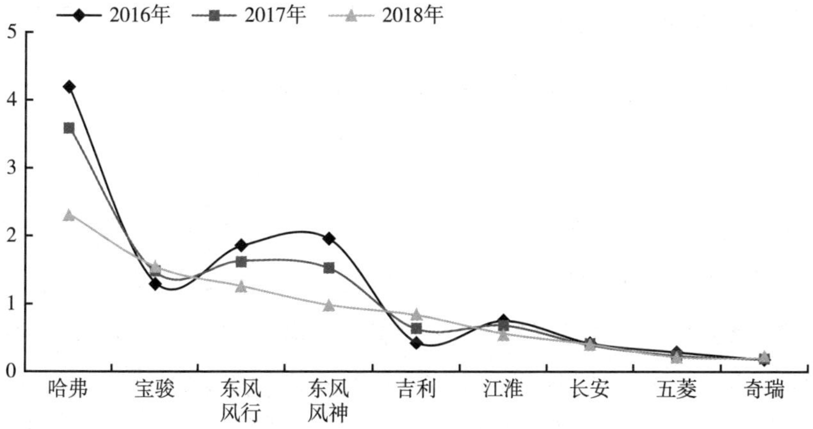

图 14　2016～2018 年中国乘用车市场分品牌吸引力

资料来源：中国汽车技术研究中心有限公司数据资源中心。

为了有更清晰直观的认知，可以将上述中国品牌的吸引力与忠诚度居前列的合资品牌的吸引力进行对比，能够很明显地看出，这些合资品牌地吸引力均大于1，即合资品牌的流入用户都要多于流出用户（见图 15）。就 2018 年的品牌吸引力而言，处于第一阶梯的奔驰、宝马、奥迪的吸引力均在 3.0 以上，而中国品牌中吸引力最高的哈弗也没能达到这一水平。所以从这个角度看，中国品牌要想与合资品牌同等较量，还有很长的路要走。

整体而言，与合资品牌相比，中国品牌的忠诚度和吸引力均有待提高。在消费升级的大环境下，中国品牌需要而且已经迈出了向中高端市场冲击的步伐，但由于中国品牌长期以来背负着“质量低、档次差”的标签，这注

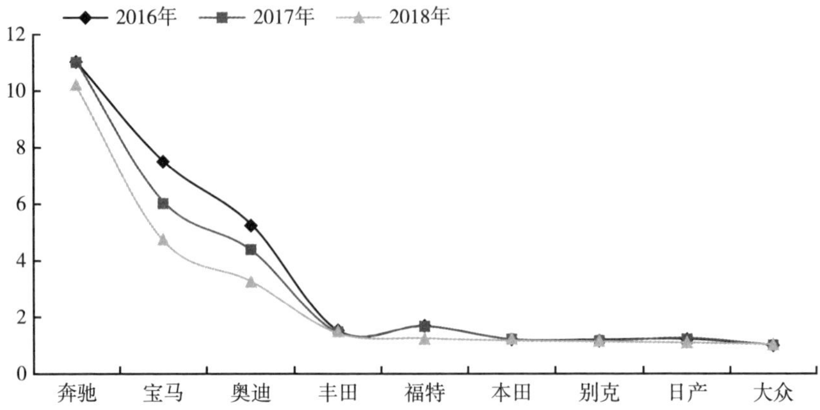

图 15　2016～2018 年合资品牌分品牌吸引力

资料来源：中国汽车技术研究中心有限公司数据资源中心。

定会是漫长而艰难的战役。而在此过程中，忠诚度能够为中国品牌巩固既有市场，站住脚跟；吸引力能够为中国品牌的消费群带来新生力量，这也是中国品牌扩大影响力、改变固有形象、刷新客户认知的好机会。因此，中国品牌在维护品牌忠诚度的同时，也要考虑如何提升品牌吸引力，助力自身品牌升级。

五　品牌竞争力综合评价

（一）竞争力综合评价

本报告主要从活跃度、美誉度、市场表现力、忠诚度角度对品牌竞争力进行分析，前两者是品牌竞争力的过程指标，后两者则为结果指标，活跃度和美誉度的建设能够转化为品牌的市场表现力和忠诚度才算是真正达成了目标。为了对 2018 年各品牌的竞争力进行综合评价，需要剔除某一项指标过低的品牌，本报告选择各项指标均居前 15 位的品牌进行分析。

如表 2 所示，就市场表现力而言，吉利、宝骏、长安、五菱、哈弗位居前5。从企业角度来看，宝骏和五菱同属上汽通用五菱，两者合并后，前5名则为五菱宝骏、吉利、长安、哈弗和传祺。

表2　2018年中国乘用车品牌竞争力综合评价——市场表现力排序

品　牌	市场表现力	品　牌	市场表现力
吉　利	1	传　祺	6
宝　骏	2	荣　威	7
长　安	3	比亚迪	8
五　菱	4	奇　瑞	10
哈　弗	5		

资料来源：中国汽车技术研究中心有限公司数据资源中心。

市场表现力体现品牌的现有实力，而品牌忠诚度则彰显品牌的发展潜力。如表3所示，在中国乘用车品牌忠诚度中排名靠前的是五菱、传祺、哈弗、长安、吉利。

表3　2018年中国乘用车品牌竞争力综合评价——忠诚度排序

品牌	忠诚度	品牌	忠诚度
五　菱	1	宝　骏	7
传　祺	2	奇　瑞	10
哈　弗	3	荣　威	11
长　安	4	比亚迪	15
吉　利	5		

资料来源：中国汽车技术研究中心有限公司数据资源中心。

（二）结论

综合各项指标来看，长安、吉利、传祺、哈弗、宝骏是竞争力较强的中国乘用车品牌。

长安的所有指标均名列前茅，是综合表现最好的品牌。吉利、哈弗的所有指标均居前5名，是中国乘用车品牌中的佼佼者。吉利是市场表现力最强的中国品牌，美誉度、活跃度表现亮眼，且品牌忠诚度也跻身前5位，可以预见吉利在下一阶段会有令人满意的表现。传祺虽然市场表现力仅排第6位，但不管是活跃度、美誉度还是忠诚度都表现喜人，特别是考虑到传祺起步较晚，但短短几年在市场表现、品牌塑造等方面成果突出，具备挑战几大品牌的潜力。哈弗的活跃度、美誉度和市场表现力虽然同样跻身前5位，但与吉利相比有一定差距，不过哈弗的忠诚度高居第3位，因此其品牌竞争力还是不容小觑，但SUV市场的走低为哈弗带来严峻挑战。五菱的忠诚度一枝独秀，市场表现力也表现良好，而且如果将五菱和宝骏结合起来看的话，上汽通用五菱的表现就更加引人注目了，但上汽通用五菱在品牌活跃度和美誉度方面的表现需要进一步。

虽然相比之下市场表现力和忠诚度等结果指标对于综合评价品牌竞争力更加重要，但是“九层之台，起于累土”，没有过程中量变的积累，便不可能有质的飞跃。每个具有较高竞争力的品牌的建设都不是一蹴而就的，都需要从品牌活跃度、品牌美誉度等过程指标着手，先走入消费者的视野，留下相对良好的印象，然后才能吸引其逐渐向本品牌靠近，最终成为本品牌的用户，提升市场表现力。进而通过优质的产品和服务留住老用户，提高品牌忠诚度，同时吸引新用户，提升品牌吸引力。

从各项指标来看，中国品牌与合资品牌相比还有很大进步空间。在行动方面，中国品牌应当从细处着手，稳扎稳打；在战略方面，风物长宜放眼量，中国品牌应当把握好数字时代的机遇，从更大的格局和更高的高度出发，紧密关注市场发展动态，洞悉市场发展趋势，明确发展路径。

B.9
中国品牌乘用车消费人群分析

李冰阳　叶　青　张　越*

摘　要： 中国乘用车市场当前已回归理性，消费者更加追求汽车的品质、智能技术以及驾乘体验。本报告从新车购置、旧车置换、二手车购买3个方面研究消费者购车行为，借助调研、数据分析等方法，从价格、车型类别、品牌、颜色及区位因素等方面细致分析中国品牌乘用车消费者人群偏好等行为特征。研究发现："90后"消费者更加关注车型智能个性化方面的配置；换购升级趋势明显；汽车购买量与地区经济发展程度具有很强的相关性。

关键词： 中国品牌乘用车　消费者　偏好分析　地理分布　人群特征

一　新车人群分析

（一）中国品牌乘用车消费人群偏好分析

我国乘用车市场在经历了十余年爆发式增长后，从2017年起回归理性，全年销量2453万辆，告别了2016年15.4%的高增速，以0.3%的同比降幅

* 李冰阳，中国汽车技术研究中心有限公司数据资源中心市场数据部部长；叶青，中国汽车技术研究中心有限公司数据资源中心项目经理；张越，中国汽车技术研究中心有限公司数据资源中心主管工程师。

收官（中国汽车市场终端零售数据），汽车市场规模不断接近瓶颈，2018 年累计销量达到 2253 万辆，增速为 -8.2%（中国汽车市场终端零售数据），消费人群趋于年轻化，女性影响力大幅提升（见图 1）。随着汽车产品的升级迭代，消费者对汽车品质、智能技术以及驾乘体验的追求不断提升。

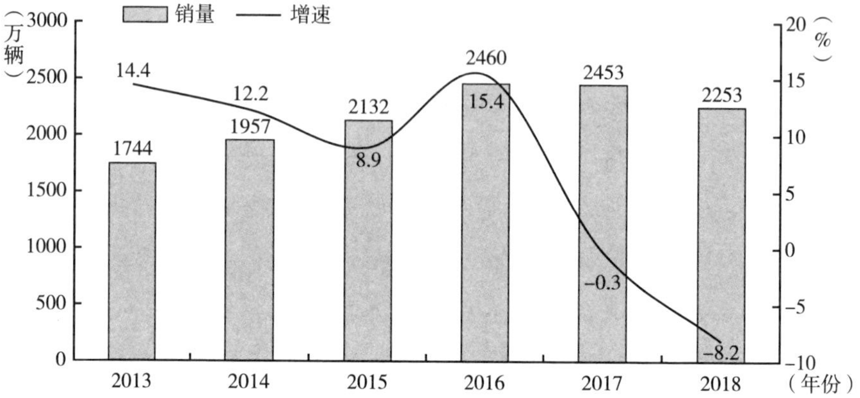

图 1　2013～2018 年乘用车销量情况

资料来源：中国汽车技术研究中心有限公司数据资源中心。

中国品牌汽车得益于以 SUV 和新能源汽车为代表的产品结构调整升级步伐逐渐加快，新车质量水平稳步提升，实现了“质”与“价”的双突破，近年来，越来越多的消费者在购车时选择中国品牌。

1. 购车关注因素

消费者购买决策过程由问题识别、信息搜寻、备选方案评价、购买决策制定和购后评价 5 个步骤构成。汽车作为大宗消费品，对于大多数消费者而言是贵重物品，在购买前，将根据自身需求，在备选车型中对品牌、质量、价格等因素进行评价、选择和判断，最终选择适合自身的某款车型。

如图 2 所示，价格、外观造型、安全性、舒适度、品牌、配置、油耗、口碑、动力及操纵性能和空间则是消费者购车时进行评价、选择和判断的十大因素。数据显示，67.3% 的消费者购车时关注价格，需求是消费者购车的原始动力，需求不同，选择车型的价格范围也会有所差异，而价格往往是消费者取舍车型的关键因素，价格的高低直接影响消费者对车型的选择，如购车用于上下班代步的消费者多选择经济实用车型，而购车用于彰显社会地位的消费者则多选择豪华车型。50%的消费者认为车型外观造型会影响购车时对车型的选择，随着汽车市场的不断发展，汽车技术也趋于同质化，在女性消费者、年轻消费者日渐增多的市场环境下，外观造型成为消费者购车的一项重要因素。49.2%的消费者对安全性关注度较高，汽车作为一种交通工具，交通事故对人的伤害是致命的，越来越多的交通事故，导致汽车安全性成为消费者购车时考虑的重要因素。

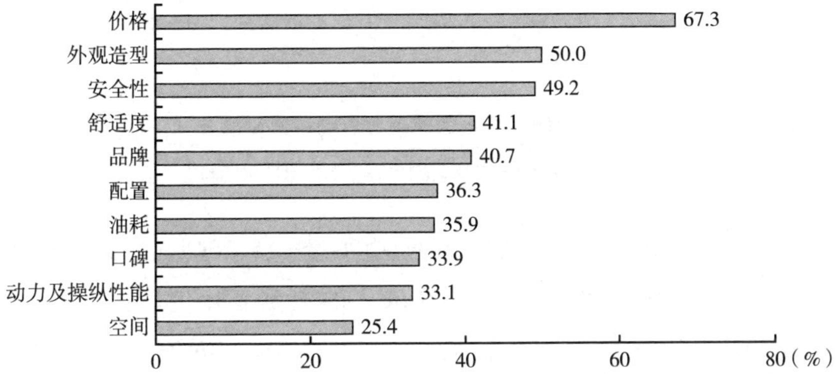

图 2　消费者购车十大关注因素

资料来源：中国汽车技术研究中心有限公司数据资源中心。

2. 购车预算

如图 3 所示，中国品牌消费者购车预算多集中在 5 万 ~10 万元，此类消费者比例达到 64%。从供给角度来看，价格区间为 5 万 ~10 万元的中国品牌产品数量较多。预算为 10 万 ~15 万元的消费者占据 13%，预算在 5 万元以下的消费者比例为 5%，预算在 15 万 ~20 万元的消费者比例为 6%，5%的消费者选择 20 万 ~25 万元的车型，仅有 7%的消费者选择 25 万元以上的中国品牌汽车。

3. 购车类型选择

2018 年消费者购买中国品牌乘用车达到 845.3 万辆，其中轿车 203.2

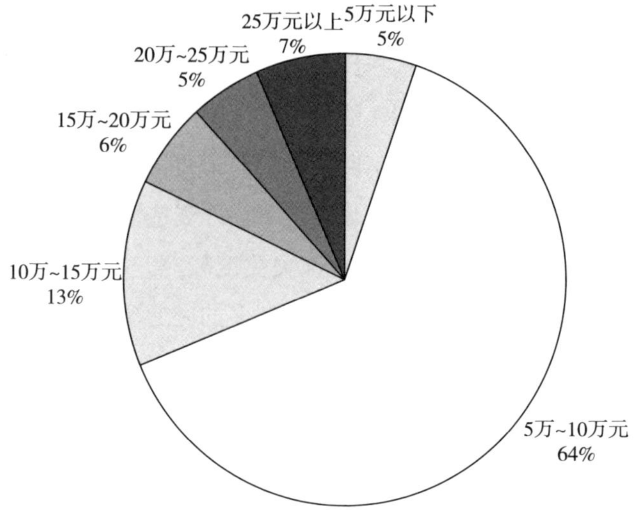

图3 2018年中国品牌消费者购车预算情况

资料来源：中国汽车技术研究中心有限公司数据资源中心。

万辆，SUV购买量498.7万辆，MPV购买量125万辆，交叉型乘用车18.5万辆。从购车比例来看，购买SUV的消费者比例已由2013年的16.8%上升至2018年的59%，远高于2018年购买轿车的消费者比例24%（见图4）。从历年的车型购买量来看，中国品牌轿车与SUV的比例实现逆转；MPV用户比例呈现凸形走势，2013年为16.1%，2014~2016年连续3年用户比例高于20%，2017年用户比例开始下降，2018年用户比例为14.8%。在市场上车型的多样化及车型价格下探的双因素影响下，交叉型乘用车用户比例则呈现不断下降的趋势，已由2013年的24.8%萎缩至2018年的2.2%。

相较于轿车，SUV具有较高的安全性、良好的通过性、较强的实用性，这些优势使得SUV车型赢得了众多消费者的青睐。中国品牌汽车企业也正是把握了中国消费者的心理，不断推出SUV车型。近年来，合资及进口SUV车型可选择的款数较少，而中国品牌SUV车型不断改善外观设计，质量水平逐年提升，产品竞争力不断增强，消费者对中国品牌的认可度持续提升。

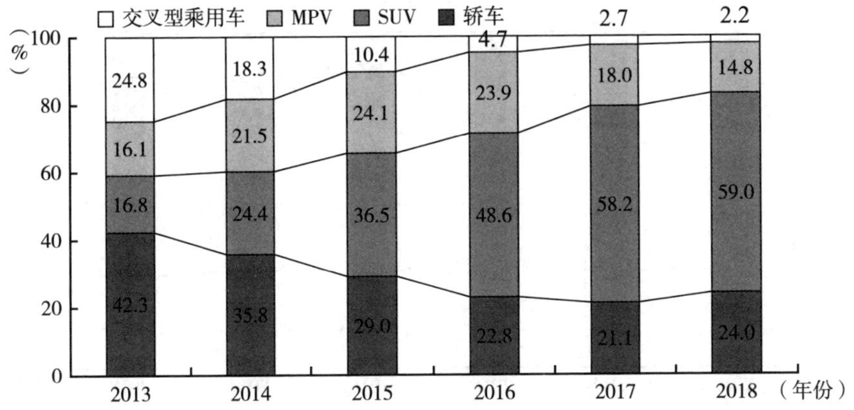

图4　2013～2018年消费者购车车型类别选择情况

资料来源：中国汽车技术研究中心有限公司数据资源中心。

如图5所示，购买SUV的消费者，紧凑型SUV车主占据半壁江山，2018年用户比例达到59.6%，但紧凑型SUV用户比例呈下降趋势。越来越多的消费者愿意选择中大型SUV，在经济快速发展的背景下，消费升级、较高性价比、产品供给增多、“二孩”政策以及消费群体年轻化等多重因素带动了消费者对中大型SUV的需求，在五菱宏光S3、魏派VV7、众泰T700等中国品牌车型集中上量的影响下，2018年购买中大型SUV的消费者比例为12.8%，较2013年提升了8.6个百分点。

相比之下，如图6所示，轿车车主多选择紧凑型车型。2018年，71.1%的消费者选择紧凑型轿车。经济性、舒适性是紧凑型轿车的标签，满足多数消费者家庭代步使用需求，在很长一段时间内，紧凑型轿车仍会是中国品牌消费者的首选。小型轿车比例急速下降，2013年用户比例为27.3%，2018年用户比例已下降至5.2%。近年来国内消费市场结构变化，汽车企业调整战略，小型轿车市场新产品投放力度减小，小型车空间小的劣势导致产品不断被边缘化。随着中国品牌车企不断加大车型研发力度，中大型轿车消费者的比例随增速缓慢，但一直保持逐年增长的态势，2018年消费者比例达到5.9%，较2013年增长2.8个百分点。

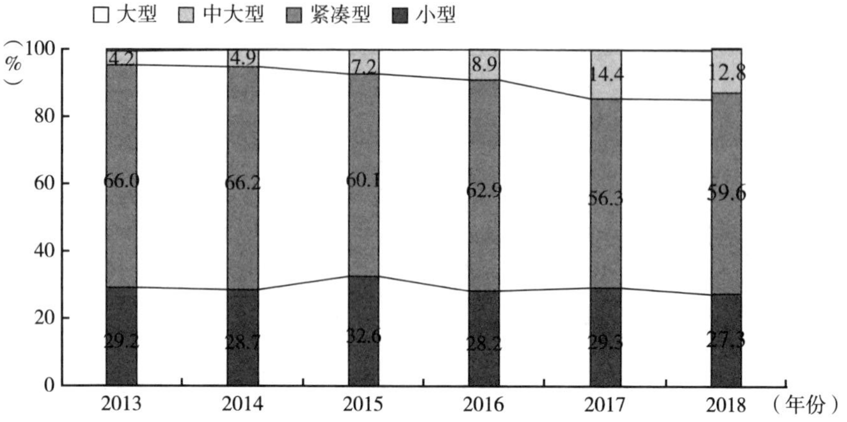

图5　2013～2018年消费者购买SUV车型选择情况

资料来源：中国汽车技术研究中心有限公司数据资源中心。

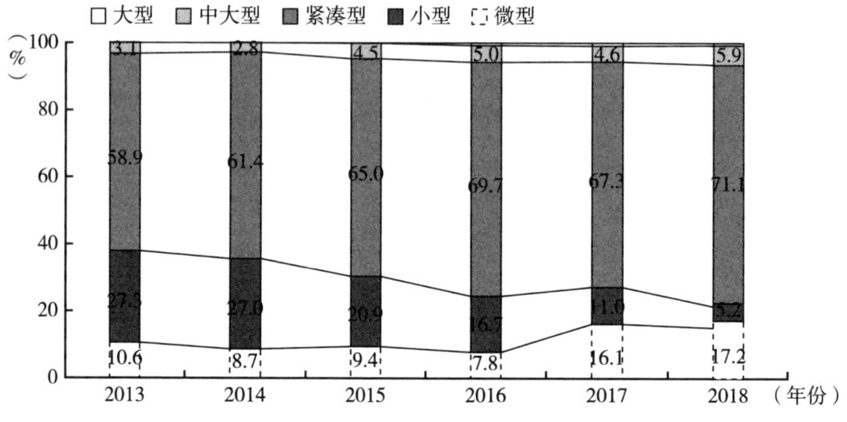

图6　2013～2018年消费者购买轿车车型选择情况

资料来源：中国汽车技术研究中心有限公司数据资源中心。

4. 购车品牌选择

吉利、长安、宝骏、哈弗、五菱、传祺、比亚迪、荣威、奇瑞和东风小康是中国品牌汽车最受消费者欢迎的十大品牌（见图7）。2018年，吉利销量达到124.8万辆。吉利品牌近年来在车型设计和做工方面都有很大的提升，“源自沃尔沃的技术”也为吉利整体形象加了不少分，消费者对吉利品牌的信任度也逐步提升，加之营销水平较高，消费者在购买中国品牌汽车时，更青睐选择吉利品牌。长安、宝骏分别以 83.3 万辆、80.8 万辆列第二、第三位。

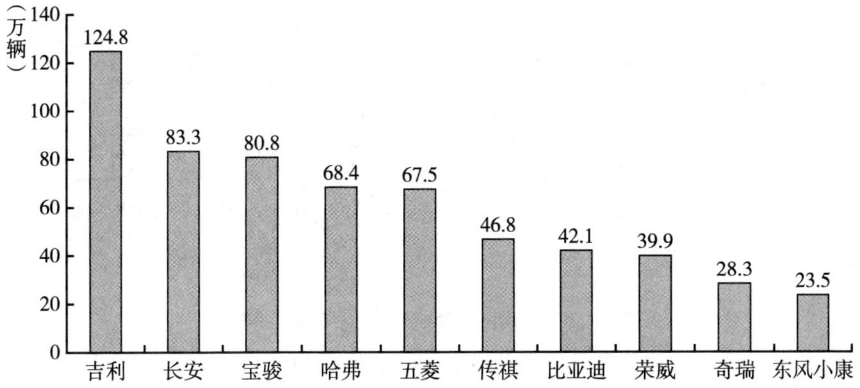

图 7　2018 年消费者购车品牌选择 TOP10

资料来源：中国汽车技术研究中心有限公司数据资源中心。

5. 购车车型选择

消费者购买中国品牌汽车车型 TOP10 分别为：哈弗 H6、五菱宏光 S、宝骏 510、博越、传祺 GS4、帝豪、荣威 RX5、长安 CS35、远景和宝骏 730（见图 8）。哈弗 H6 以出色的性价比、符合消费者审美的造型以及丰富的配置，成为中国品牌最受欢迎的车型。受中国品牌汽车供给影响，销量前 10 名车型中，轿车仅有一款——帝豪，其余车型多为 SUV。

6. 购车颜色选择

从历年消费者对中国品牌汽车颜色的选择来看，消费者对车型颜色的选择已经发生了巨大的改变。如图 9 所示，白色车型比例呈直线上升态势，2013 年购买白色车型的用户仅为 19%，而 2018 年购买白色车型的用户比例已达到 65.1%，增长了 46.1 个百分点。白色汽车不容易吸热，相比于黑色汽车，在炎炎夏日车内温度相对较低，这是消费者选择白色汽车的一个重要原因。消费者对黑色汽车的喜爱程度有所降低，2013 年黑色汽车的购买比

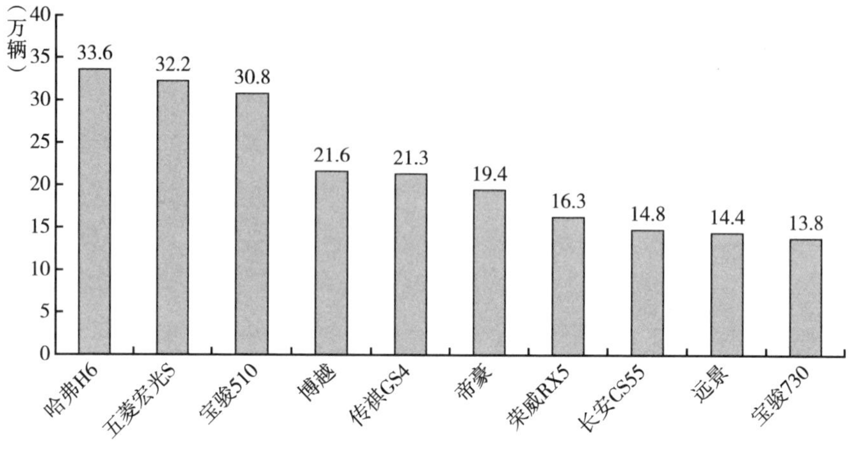

图8　2018 年消费者购车车型选择 TOP10

资料来源：中国汽车技术研究中心有限公司数据资源中心。

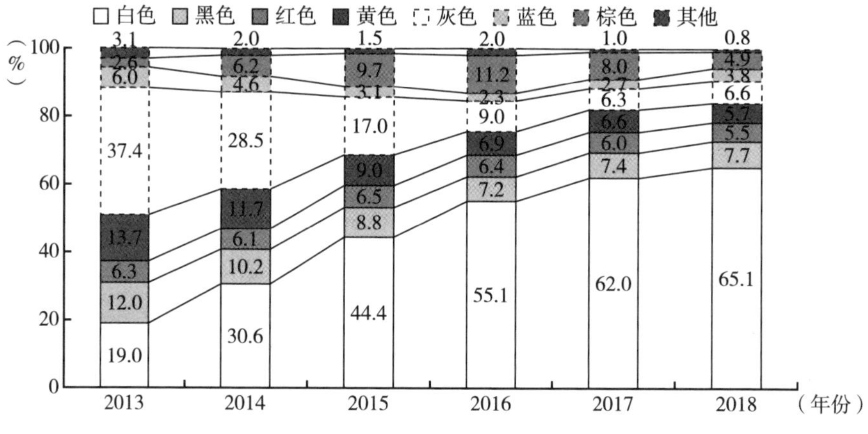

图9　2013～2018 年消费者购车颜色选择情况

资料来源：中国汽车技术研究中心有限公司数据资源中心。

例为 12%，2018 年仅为 7.7%。消费者购买灰色汽车的比例快速下降，2013 年灰色汽车的消费比例为 37.4%，而 2018 年灰色汽车的购车比例仅为 6.6%。2013 年至今，棕色车型的用户比例呈现“凸”型态势，2013～2016 年用户比例不断增长，2016 年用户比例达到最高，为 11.2%，2017 年用户比例则有所下降，2018 年用户比例下降至 4.9%。红色汽车购车比例较为稳定，2018 年购车比例为 5.5%。黄色、蓝色和其他颜色 2018 年的用户比例分别为 5.7%、3.8% 和 0.8%。

（二）中国品牌乘用车消费人群地理分布

中国是一个幅员辽阔的国家，东、南、西、北地理环境差异较大，经济水平迥异，消费者购车喜好也差异较大。如图 10 所示，2018 年中国品牌乘用车消费者主要分布于华东区域（包括安徽、福建、江苏、江西、山东、上海、浙江），用户比例为 30%，其中江苏、山东及浙江为中国品牌车型主销省份。其次为西南区域（包括贵州、四川、西藏、云南、重庆）和华中区域（包括河南、湖北、湖南），用户比例均为 16%，河南及四川两省汽车销量较高。华北区域（包括北京、河北、内蒙古、山西、天津）与华南区域（包括广东、广西、海南）的用户比例均为 13%，中国品牌乘用车主要销售于河北和广东两省。西北地区（包括甘肃、宁夏、青海、陕西、新疆）

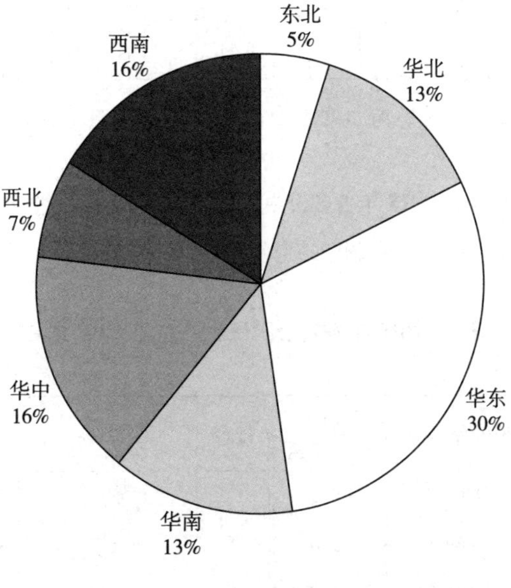

图 10　2018 年各区域中国品牌乘用车购买比例

资料来源：中国汽车技术研究中心有限公司数据资源中心。

地广人稀，用户比例仅为7%。东北区域（包括黑龙江、吉林、辽宁）用户比例为最低，仅为5%，东北三省消费者购车多偏向于购买一汽大众车型，对中国品牌乘用车选择相对较少。

如图 11 所示，2018 年购买中国品牌乘用车的消费者主要分布在广东、河南、山东、河北、浙江以及江苏等省份。从 2016 年各省 GDP 排名来看，广东（89705.2 亿元）、江苏（85869.8 亿元）、山东（72634.2 亿元）、浙江（51768.3 亿元）与河南（44552.8 亿元）五省排在地区生产总值前 5 名（见表 1）。由此可见，汽车购买量与地区生产总值有较强的相关性。

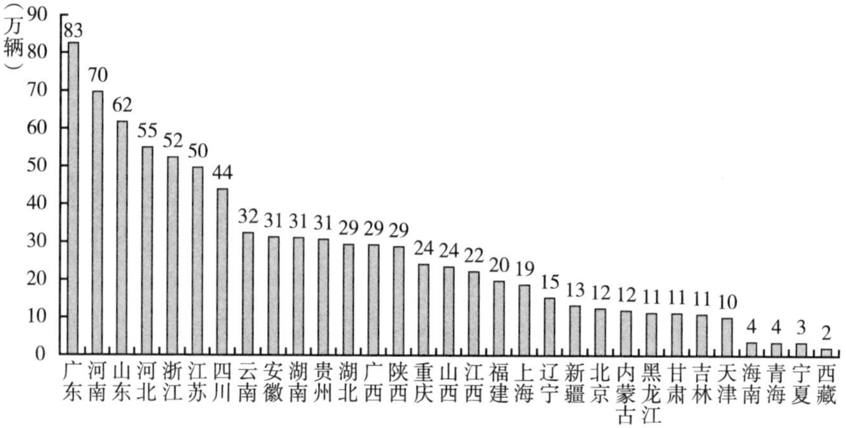

图 11　2018 年各省份中国品牌乘用车购买量排名

资料来源：中国汽车技术研究中心有限公司数据资源中心。

表 1　2016 年各省份国民生产总值 GDP 排名

单位：亿元，%

排名	省份	2016 年 GDP	2016 年 GDP 增速	排名	省份	2016 年 GDP	2016 年 GDP 增速
1	广东	89705.2	10.9	17	重庆	19424.7	9.0
2	江苏	85869.8	11.0	18	天津	18549.2	1.7
3	山东	72634.2	6.8	19	广西	18523.3	8.1
4	浙江	51768.3	9.6	20	云南	16376.3	12.9

续表

排名	省份	2016 年 GDP	2016 年 GDP 增速	排名	省份	2016 年 GDP	2016 年 GDP 增速
5	河南	44552. 8	10. 1	21	内蒙古	16096. 2	2. 0
6	四川	36980. 2	12. 3	22	黑龙江	15902. 7	8. 6
7	湖北	35478. 1	8. 6	23	山西	15528. 4	5. 1
8	河北	34016. 3	6. 1	24	吉林	14944. 5	2. 2
9	湖南	33903. 0	7. 5	25	贵州	13540. 8	12. 1
10	福建	32182. 1	11. 7	26	新疆	10882. 0	3. 5
11	上海	30633. 0	8. 7	27	甘肃	7459. 9	6. 0
12	北京	28014. 9	9. 1	28	海南	4462. 5	9. 5
13	安徽	27018. 0	10. 7	29	宁夏	3443. 6	8. 8
14	辽宁	23409. 2	5. 2	30	青海	2624. 8	6. 4
15	陕西	21898. 8	12. 9	31	西藏	1310. 9	12. 2
16	江西	20006. 3	8. 1	总计		847140	7. 9

资料来源：《中国统计年鉴（2018 年）》。

2018 年，消费者购买中国品牌乘用车共计 845. 3 万辆，一线城市消费者购买 98 万辆，二线城市消费者购买 158. 7 万辆，三线城市消费者购买量最高，为 169. 8 万辆，四线、五线及六线消费者购买量分别为 136. 4 万辆、141. 3 万辆和 141. 2 万辆（见图 12）。从城市分布来看，消费者多集中在二线至六线的城市，一线城市消费者仍主要购买合资及进口车型。

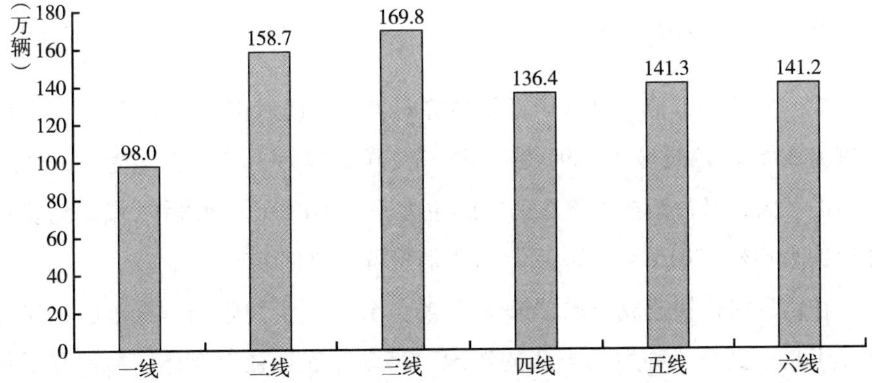

图 12　2018 年各级城市中国品牌乘用车购买量

资料来源：中国汽车技术研究中心有限公司数据资源中心。

（三）中国品牌乘用车“90后”消费人群特征分析

“90 后”人口规模已达 1.74 亿，占总体人口的 12.5%（见图 13）。大多数“80 后”已成为有车一族，未来以换车用户居多，而绝大多数“90 后”已工作 3~5 年，已有一定资本的积累，要开始购买人生第一辆自己的汽车，一波买车新势力已崛起。而“90 后”是成长在互联网中的一代，在购车选车时会有自己独到的见解。这一部分群体直接影响着未来乘用车外观造型以及配置的走向。

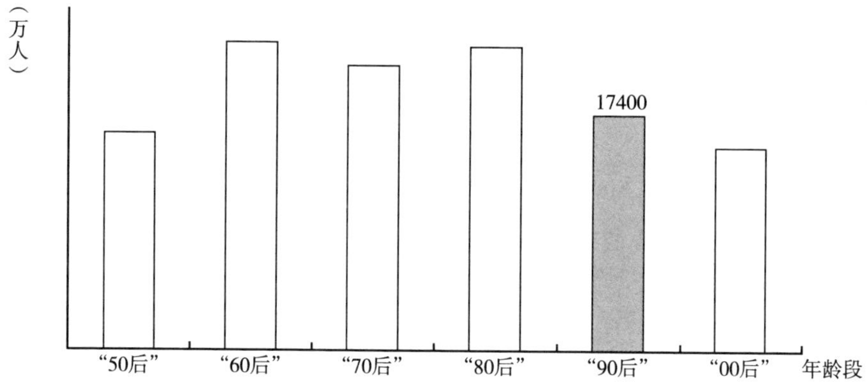

图 13　各年龄段人口分布情况

资料来源：国家统计局。

三、四线城市消费群体年轻化趋势明显，三线城市“90 后”购车人群比例为 33%，四线城市“90 后”购车人群比例为 36%。伴随着“90 后”群体的壮大，其逐渐成为汽车消费的主力军，2013 年“90 后”汽车消费群体比例为 6%，2015 年“90 后”汽车消费群体比例上升至 13%。

在信息时代快速成长的“90 后”特立独行、个性张扬，汽车已不仅是代步工具，更是一种生活方式的体现。移动互联、社交媒体、App 应用是“90 后”消费人群的社交方式，他们追求自我意识和自我价值，他们认为风格比品牌更重要。

“90 后”喜爱个性化的汽车生活，他们把汽车当作生活的亲密伙伴，更注重体验和感受。共享化、差异化、彰显个性、自由独立、有内涵、有气质、精神享受、颜值控、时尚代言、品质生活是“90 后”消费者购车偏好的潜台词（见图 14）。

图 14　“90 后”人群属性特征

资料来源：中国汽车技术研究中心有限公司数据资源中心消费者研究。

相比“70 后”与“80 后”后，“90 后”购车时更愿意关注车的外观造型、排量大小、安全性能、内饰设计、操控性和提速表现。“90 后”消费者中有 52% 关注外观造型，而“70 后”消费者中只有 40% 关注外观造型，“80 后”后消费者中只有 44% 关注外观造型；在购车时对车型排量大小的关注比例，“70 后”为 40%，“80 后”后为 42%，“90 后”为 48%；对车型安全性能的关注比例，“70 后”为 40%，“80 后”后为 38%，“90 后”为 44%；对车型内饰设计的关注比例，“70 后”为 18%，“80 后”后为 24%，“90 后”为 38%；对车型操控性的关注比例，“70 后”为 16%，“80 后”后为 18%，“90 后”为 33%；对车型提速表现的关注比例，“70 后”为 15%，“80 后”后为 20%，“90 后”为 31%（见图 15）。“90 后”消费者对裸车价格、车型品牌和维修便利性等方面则较少关注。

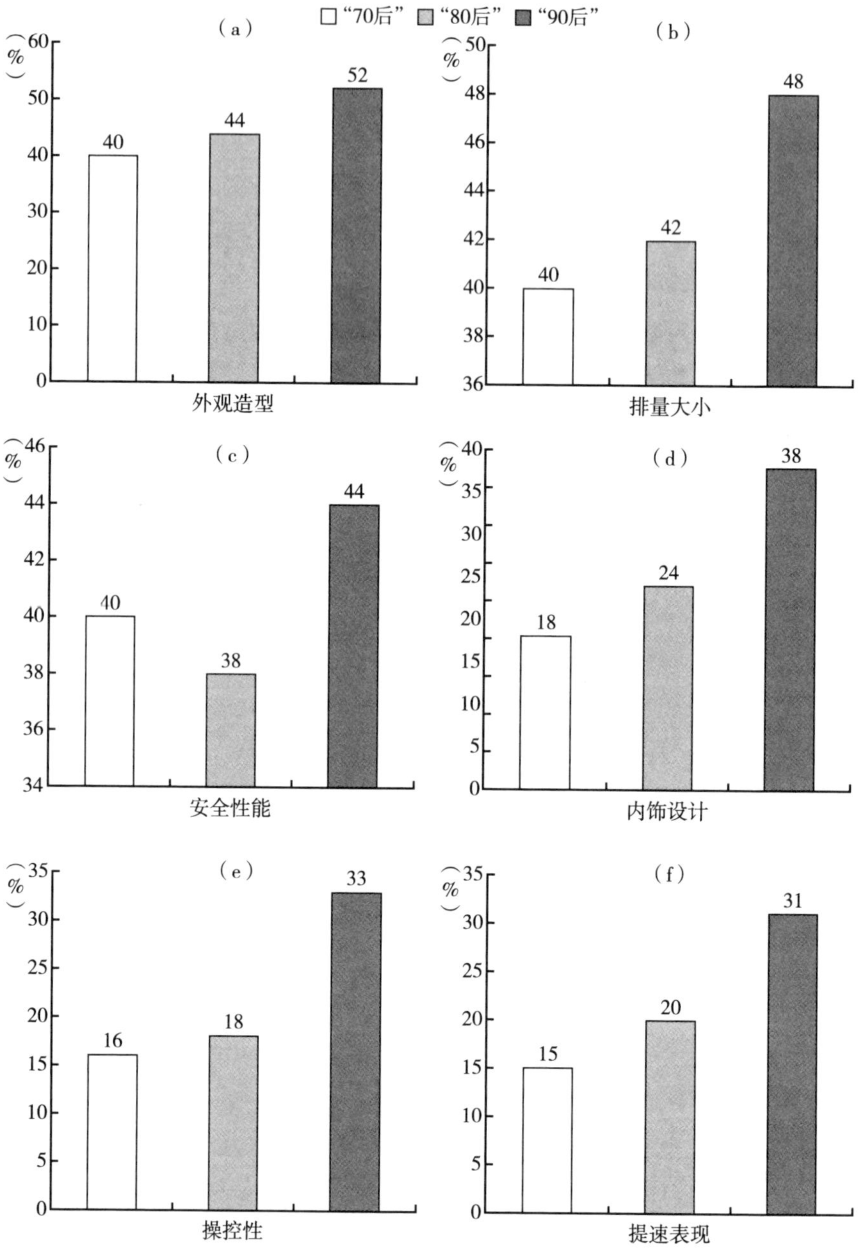

图 15 "90 后"更加关注的购车因素

资料来源：中国汽车技术研究中心有限公司数据资源中心消费者研究。

调研数据显示，“90后”更加喜爱娱乐、多媒体、数字触摸大屏以及智能互联科技。与“70后”和“80后”后相比，智能高科技、车载多媒体等个性化配置成为“90后”消费者的主要购车需求。“90后”更加喜爱创新性整体设计、整体性能优秀、智能科技领先的产品，如有“型”的外观、炫酷座舱、全LED化灯组、先进的动力及底盘、优秀驾乘体验、多彩仪表、互联触屏、电子驻车、语音交互超大中控触摸屏、智能互联、全新涡轮动力、安全科技等。不同年龄段消费者配置需求度具体如图16所示。

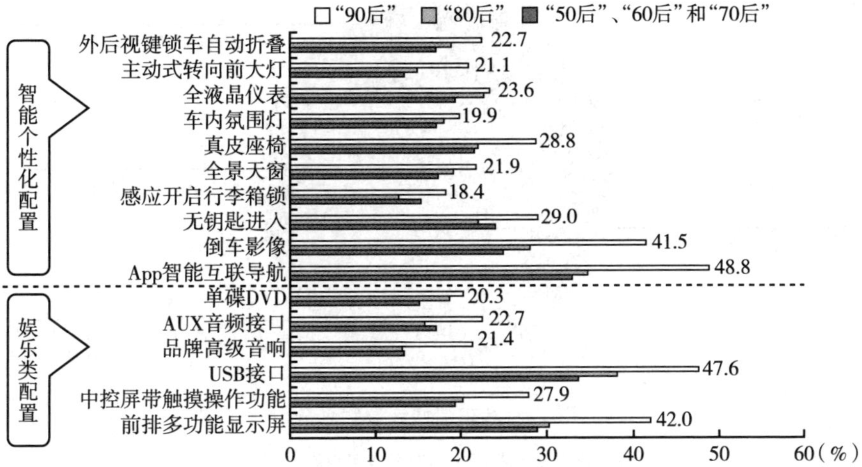

图16 不同年龄段消费者配置需求度分析

资料来源：中国汽车技术研究中心有限公司数据资源中心消费者研究。

二 换购人群分析

（一）消费者换购规模分析

对于一个汽车品牌来说，所有消费者可以大致分层为5个群体：外围用户、潜在用户、普通用户、忠诚用户和抵触用户。外围用户是指对本品缺乏认知的本品类用户；潜在用户是指对本品有一定认知和了解，可能会考虑购买本品的用户；普通用户是指仅购买过一次本品的用户；换购用户是指换购时仍选择本品的用户；抵触用户是指使用过本品，几乎不会再考虑使用本品的用户（见图 17）。外围用户—潜在用户—普通用户是新购用户的必经之路，普通用户经过长期对本品的使用，可以变成忠诚用户和抵触用户，这两者均属于再购用户。从外围变成普通用户的过程中，除了制造商和经销商本身的主动营销，老用户的口碑作为被动营销的核心方式，对于消费者是否能从潜在用户变成普通用户有至关重要的影响。

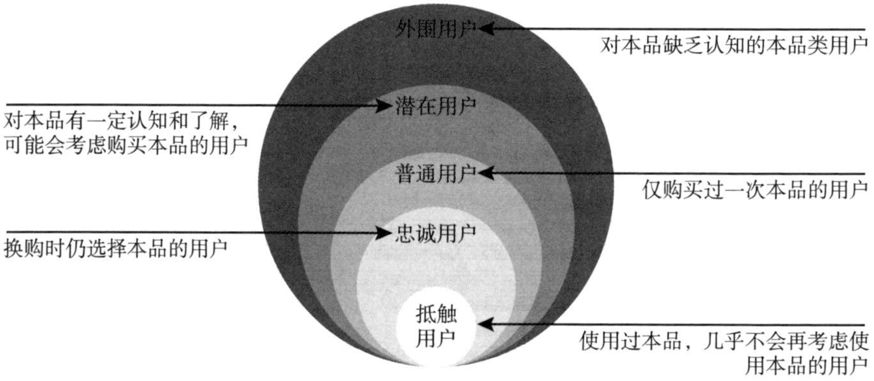

图 17　汽车消费者层级划分

资料来源：中国汽车技术研究中心有限公司数据资源中心。

与购车者较为熟悉的老用户对产品和品牌的评价与消费者自己亲身试乘试驾，对购车决策都具有极高的影响力（见图 18）。对于消费者来说，即使是不认识的其他购车者，如在线购车者留下的评论或汽车论坛的内容，其可信度也略高于经销商或制造商直接发出的信息。

从发达国家的千人保有量看，当前美国已达到了 800 辆，欧洲和日本等国人口密度相对美国大很多，但其千人保有量也达到了 600 辆左右，而中国目前仅为 140 辆。因此，如果只考虑发达国家经验，中国汽车市场仍处于发展初期，在人口大体不变的情况下，保有量再增长 3 倍以上才能达到车辆需求和人口的平衡。中国人口分布、城市和交通情况有自己的特殊性，尽管千人保有量与发达国家相去甚远，但一线城市的汽车容量已经接近饱和。参考一线城

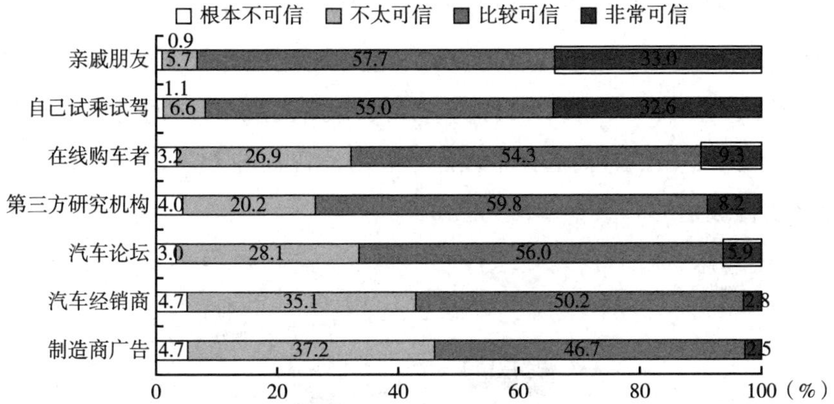

图 18 消费者对信息来源可信度的认同程度

资料来源：中国汽车技术研究中心有限公司数据资源中心。

市情况，目前二线城市千人保有量短期内应不会有较快速的大规模增长。

当前中国汽车市场的现状为：换购对新车销售增长的驱动作用逐渐提升，中国汽车市场逐步由新购市场向增换购市场转变。对于汽车企业来说，在吸引新用户的同时，如何激发中国品牌汽车存量用户的需求将逐渐成为焦点。

（二）消费者换购周期分析

从 2018 年中国品牌乘用车消费者换购周期情况来看，4～6 年（车龄 48～60 个月）和 7～8 年（车龄 84～96 个月）是换购的核心高峰期。4～6 年的汽车，一些部件开始老化，维修次数开始增多，部分消费者选择此时更换新车，以避免维修成本的增加及使用体验的下降。6 年以上车龄的乘用车年检频次为每年检测，此时消费者多更换用车以降低时间成本和费用成本。

（三）换购升级趋势分析

中国经济整体正处于消费升级的背景之下，汽车行业也不例外。大部分用户在换购过程中会选择更好的产品，以满足不断增长的消费需求。从中国品牌乘用车换购前后级别流向来看，A 级以下车型换购升级趋势明显，A00

级车型车主有23%选择换购A0级车型，53%选择换购A级车型；A0级车主换购选择A级车的用户比例为56%，换车时选择B级车的比例为19%；A级车主换购时有54%的消费者仍选择同级别车型，26%的用户选择B级车型；B级车主换购时仍选择本级别车型的消费者占33%，仅有11%的用户选择更高级别的C级车型（见图19）。

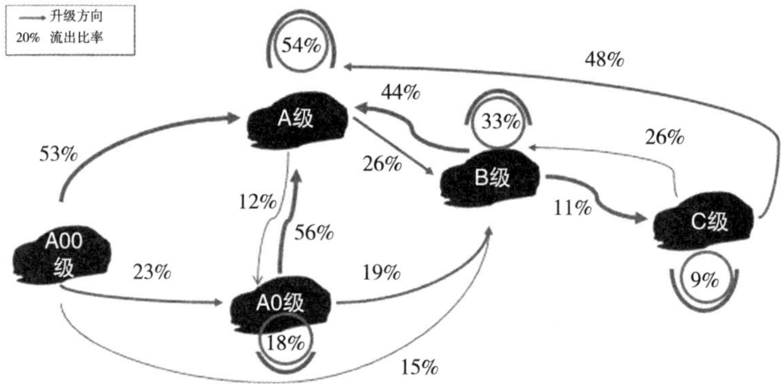

图19　2018年中国品牌乘用车换购后车型级别流向

资料来源：中国汽车技术研究中心有限公司数据资源中心。

如表2所示，不同类别车型车主在换购后对车型类别的选择有所不同。MPV车主换购后多选择轿车，这部分用户比例为46.1%，选择SUV的车主比例占到了38.4%，继续选择MPV的用户仅有15.5%。SUV车主换购后选择SUV和轿车的比例相当，分别为49.7%和44.5%。轿车车主换购后仍选择轿车的用户比例达到55.7%，选择SUV的用户为38.9%。

表2　2018年中国品牌换购前后车型类别

单位：%

车型类别		换购后		
		MPV	SUV	轿车
换购前	MPV	15.5	38.4	46.1
	SUV	5.7	49.7	44.5
	轿车	5.3	38.9	55.7

资料来源：中国汽车技术研究中心有限公司数据资源中心。

从消费者换购前后的平均价格来看，消费者换购车辆呈现明显的消费升级趋势。荣威车主换购后平均价格最高为 24. 6 万元，传祺车主换购后平均价格为 21. 9 万元，而哈弗车主换购后平均价格为 20. 3 万元（见图 20）。

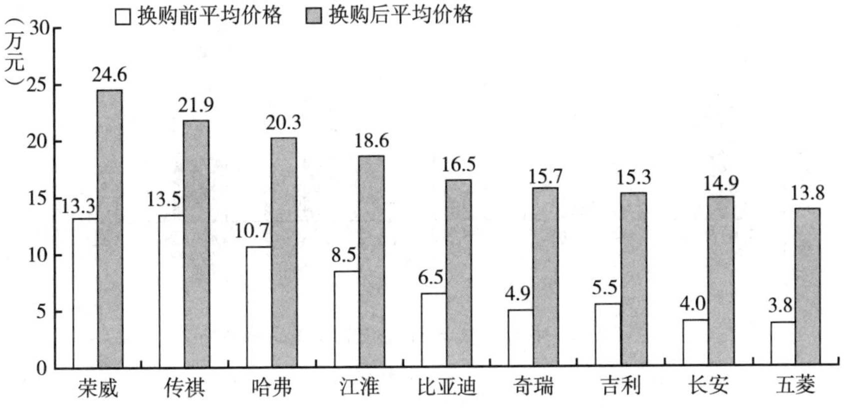

图 20　2018 年同级别换购后车型类别情况

资料来源：中国汽车技术研究中心有限公司数据资源中心。

由于换购过程中品牌升级是大趋势，中国品牌和合资品牌会有大量流失是整体趋势的必然结果。但是，高线城市和低线城市的品牌级别表现存在较大差异：一线城市豪华化趋势非常明显，消费者继续选择中国品牌乘用车的比例仅有 33. 0%，合资品牌仅能留住约 50% 的换购用户，豪华品牌用户几乎不再选择中国品牌车型；五线城市中，中国品牌乘用车消费者中有 42. 4% 的用户仍选择中国品牌，而中国品牌也能抢得部分合资品牌和豪华品牌用户，合资品牌的用户流失率也相对低得多（见图 21）。

三　二手车人群分析

（一）中国品牌二手车人群偏好分析

2017 年中国乘用车保有量突破 1. 7 亿辆，巨大的保有基数推动着中国汽车市场由增量市场逐渐向存量市场转变，二手车与新车的比例也逐年提升，

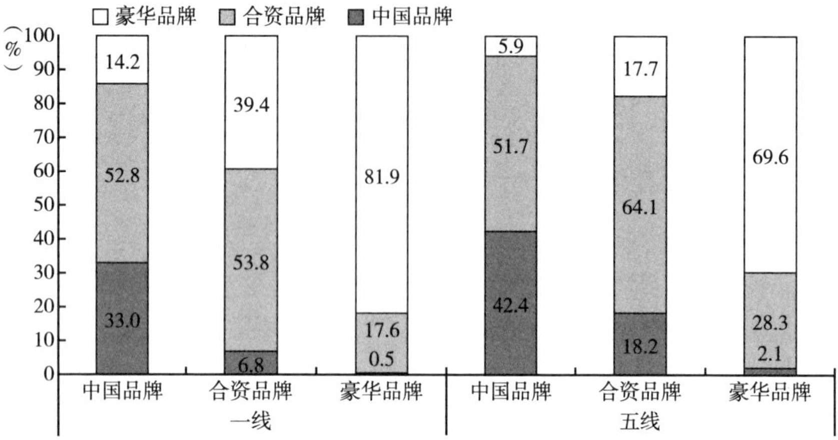

图 21　2018 年一线与五线城市换购品牌变化

资料来源：中国汽车技术研究中心有限公司数据资源中心。

存量市场潜力初步显现，虽然与发达汽车市场相比差距仍十分明显，但未来二手车市场有充足的发展空间。2018 年，二手车整体交易 1176 万辆，同比增加 14.3%，受上年同期市场高基数的影响，增速呈现下滑的态势（见图 22）。

当前，二手车市场各种商业模式仍处于混战阶段，尚未形成稳定的市场格局，社会资金和跨界力量的进入，使得行业整体呈现高度的活跃状态，为

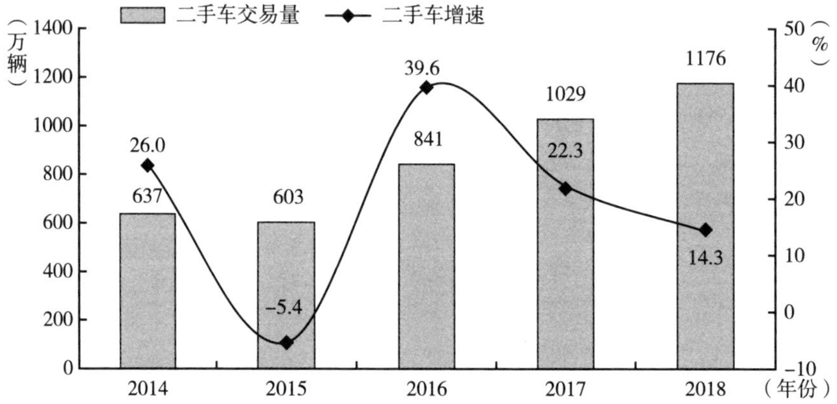

图 22　2014～2018 年二手车交易情况

资料来源：中国汽车技术研究中心有限公司数据资源中心。

二手车市场的整体向前发展提供了巨大的助力。

从调研数据来看，消费者买卖二手车仍以传统的车行、朋友等交易渠道为主，但比例均呈下滑态势，二手车车行购车的消费者比例由 2017 年的 38% 下降至 2018 年的 37.4%，而 2018 年通过朋友或熟人购车的比例为 23.6%，相较于 2017 年下降 0.9 个百分点（见图 23）。店商的渗透率相较 2017 年提升了 0.7 个百分点，但整体规模仍然较小，2018 年消费者比例仅为 12.4%。电商之间的模式之争仍在继续，虽然各主流电商营业利润仍不乐观，但持续的广告宣传极大地提升了消费者对二手车的认知，对市场整体发展起到了良好的促进作用，预计未来发展空间巨大。

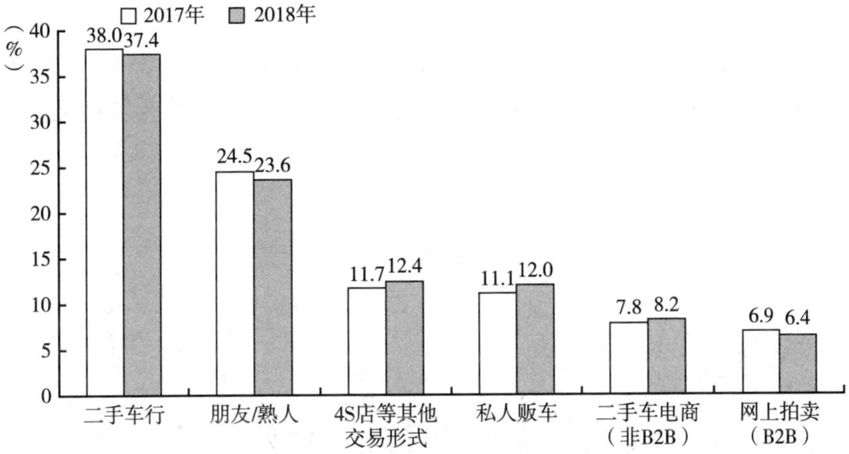

图 23　2017～2018 年二手车购车渠道

资料来源：中国汽车技术研究中心有限公司数据资源中心。

2018 年中国品牌二手车交易量前 10 名的品牌分别为：五菱、长安、奇瑞、比亚迪、吉利、哈弗、一汽、海马、江淮及东风小康（见图 24）。五菱拥有较大的保有消费者人群，故二手车交易量以绝对优势占据榜首。

（二）中国品牌二手车人群地理分布

从各省份来看，交易量大小与 GDP 排名基本一致。其中山东、河北、

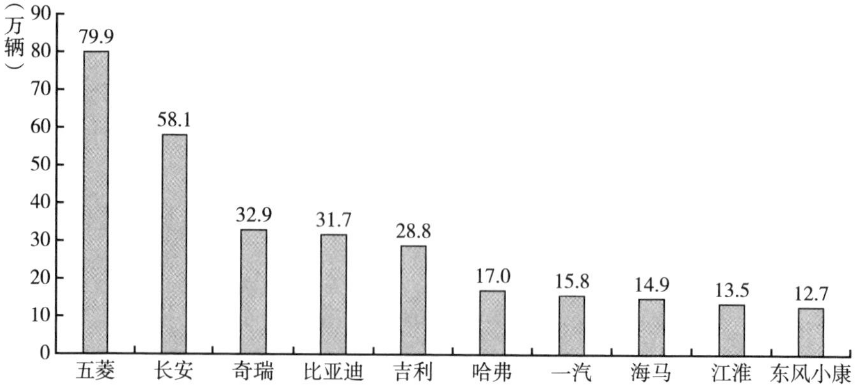

图 24　2018 年二手车交易品牌 TOP 10

资料来源：中国汽车技术研究中心有限公司数据资源中心。

广东的中国品牌二手车消费量大幅领先其他省份，短期内的绝对量优势难以被赶超；但部分中西部省份的同比增长率高于东部省份，二手车消费量迅速增长（见图 25）。

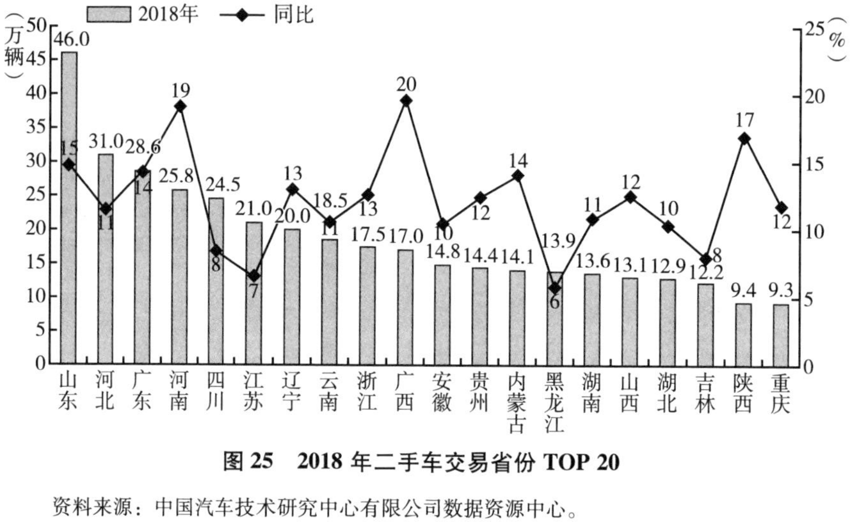

图 25　2018 年二手车交易省份 TOP 20

资料来源：中国汽车技术研究中心有限公司数据资源中心。

从数据来看，山东作为传统汽车大省，在东部地区一枝独秀，是唯一的净流入省份，其余净流入省份则全部为东三省与中西部省份，车源西迁的特征十分明显（见图 26）。

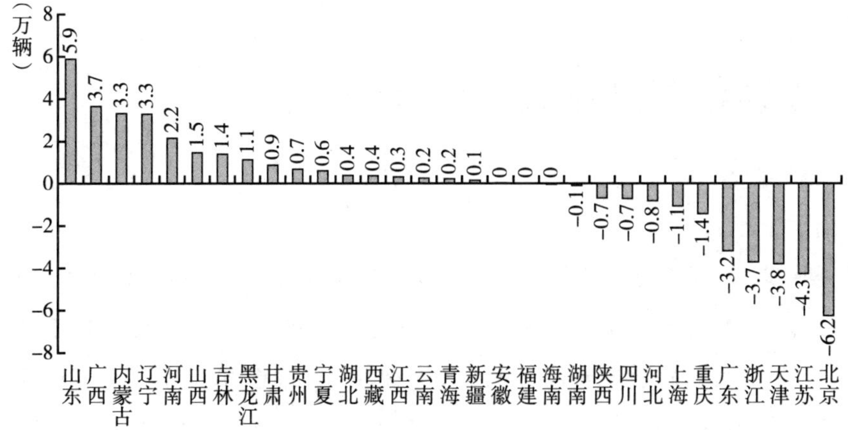

图 26　2018 年各省份二手车净迁入情况

资料来源：中国汽车技术研究中心有限公司数据资源中心。

B.10
品牌溢价能力的逐步提升

孟健　王镭*

摘　要： 本报告首先对汽车品牌溢价的定义及由来进行了简要描述，然后结合中国汽车品牌溢价能力提升的各个阶段进行了历史回顾和过程式的详细展开分析：从2005年至今，中国汽车品牌大致经历了3个阶段，其中既有成功，也有挫折。历经10多年的艰辛发展，中国汽车品牌在造车能力和造车品质不断提升的同时，品牌溢价能力也在不断提升和突破，与此同时也产生了一批卓越的汽车企业。伴随着《中国制造2025》的提出，中国汽车品牌的实力必将不断增强，同时溢价能力也必将进一步提升，在国际市场中拥有重要位置。

关键词： 品牌溢价　中国汽车品牌　造车能力　中国制造2025

一　关于汽车品牌溢价

（一）品牌溢价的定义

最广义的理解，溢价是对原定价或交易价的超越现象。多用于金融、证券行业。发生溢价的首要条件是溢价对象产生的稀缺性。这种稀缺，由获得的难易程度决定。稀缺现象的发生，可以人为制造，也可因本身产生了稀

* 孟健，中国汽车技术研究中心有限公司数据资源中心产品数据部部长；王镭，中国汽车技术研究中心有限公司数据资源中心产品数据部高级技术经理。

缺。比如优秀资源本来就是稀少的，大家都热衷于追求更优秀、更高质、更高价值属性的事物，这样的事物本来就相对稀缺，直接造成了供需关系的紧张，这样自然产生溢价。加上优势商家进一步人为垄断和控制，就会产生更高溢价率。

（二）汽车品牌的溢价如何定义

汽车也是一种消费类商品，只要是商品，就脱离不了供需原则和价值规律，但不同市场存在的现象不尽相同。

在西方发达国家，普通汽车品牌与豪华汽车品牌的价格相差不大，比如根据海外版某豪华品牌 2015 款的售价信息，新车起售价为 38400 美元（折合人民币 23. 8 万元），这个价格与普通合资品牌 B 级轿车的高配车款相差不大。但在我国该豪华品牌同款国产车型起售价为 31. 28 万元，而且动力规格和配置水平相对海外版更低。即使如此仍然热销，这足以说明该品牌即使溢价偏离正常值，也受到我国消费者追捧。

与此相对的则是中国品牌溢价水平的尴尬，长久以来，公众对中国品牌的认可度和信心就不足。这其中除了汽车工业起步晚、体系基础薄弱、研发技术经验积累不足、生产制造工艺相对落后等历史因素，与公众的传统消费观和品牌认知度也有很大关系。所以我国目前的整体汽车消费市场尚不成熟，不同汽车品牌的溢价尚处在相对不合理的水平，两极分化较为严重。

二　中国汽车品牌溢价能力不断升级的历史进程

（一）中国汽车品牌溢价能力提升是必然趋势

汽车工业是我国经济发展的主要支柱产业，也是体现一个国家工业综合竞争力是否强大的重要组成部分。虽然我国品牌的汽车企业多年来一直处于整条汽车生态链的低端，但不可否认的是，很多中国品牌企业一直在努力提升产品竞争力，不断推陈出新。经过10多年的发展，中国品牌汽车不断突破价格天花板的限制，产品也越来越精致，不断得到更多消费者的认可和好评。下面就回顾一下这些年中国品牌汽车如何通过产品提升进而实现品牌提升和溢价水平提升。

（二）中国汽车品牌在各个发展周期的品牌溢价能力分析

1. 2008年以前

如图1所示，结合2005～2008年中国品牌新车上牌数和价格段分布情况的数据可以看到，大部分中国品牌汽车的销量集中于8万元以下，8万元以上区间的销量没有显著变化，但可以看到这几年有一个比较明显的变化，就是5万元以下的销量逐渐萎缩（从50.3%降至33.8%），5万～8万元的销量逐渐增加（从27%升至39.1%）。此外，8万～15万元市场也在20%～24%波动，较为稳定。

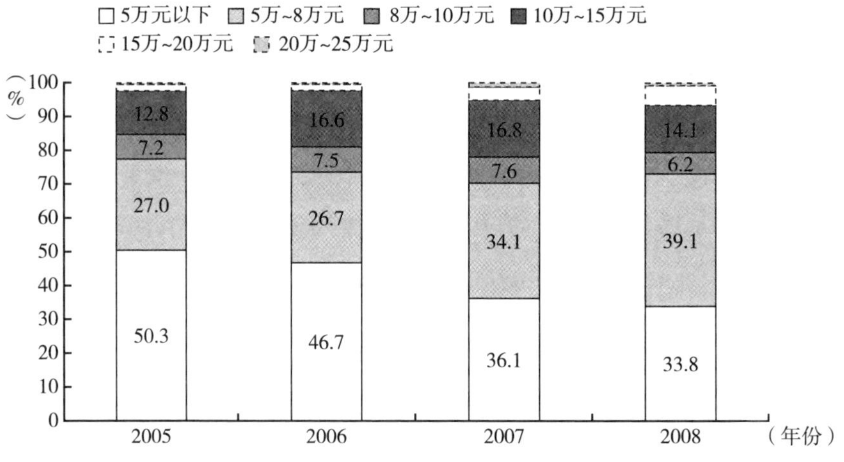

图1　2005～2008年中国汽车市场中国品牌产品分价格段销量比例

资料来源：中国汽车技术研究中心有限公司数据资源中心。

2. 2009～2012年

（1）中国品牌产品的价格接受区间仍然集中于5万～8万元，轿车价格天花板为 8 万元。

2008 年美国发生次贷危机，导致全球经济衰退，同时全球汽车产业也进行了部分洗牌。但中国经济并没有受到强烈的冲击，加上中央对汽车产业的振兴政策出台，极大地促进了中国汽车品牌的发展。2009～2012 年，发生了一个较为奇怪的现象，本来 2009 年价格为 5 万元以下的中国品牌汽车的销量比例继 2008 年之后继续下降，5 万～8 万元的销量比例继续扩大，显示出中国品牌的发展较好。但在 2010 年产生了匪夷所思的波动，5 万元以下的汽车销量突然大增，5 万～8 万元汽车的市场销量下跌较大，同时从图 2 中也可以看到，2010 年价格为 8 万～15 万元的中国品牌汽车销量也有了较大下降。

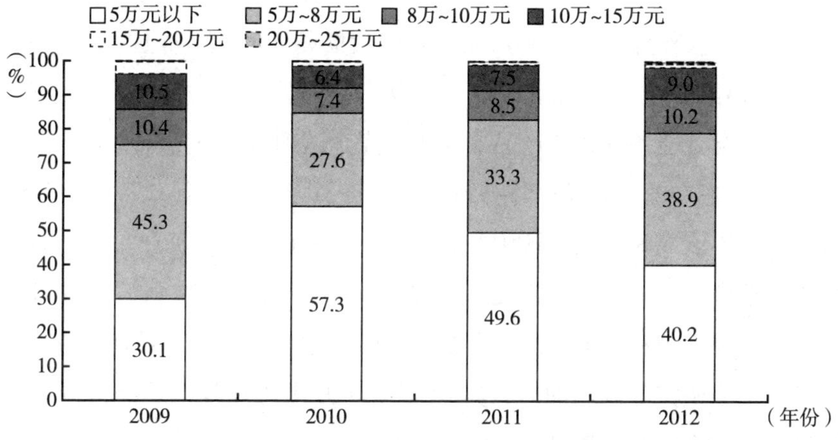

图 2　2009～2012 年中国汽车市场中国品牌产品分价格段销量比例

资料来源：中国汽车技术研究中心有限公司数据资源中心。

究其原因，主要有以下几点。

首先，欧美合资品牌不甘寂寞，开放思路，加快本地化研发，也开始横向抢占更多细分市场，最具代表性的是上海通用雪佛兰新赛欧。这款产品于 2010 年 1 月上市，上市后 5.68 万元的起步价使得其迅速热销，将属于中国品牌的 5 万～8 万元价位市场中的大部分消费者抢走。

其次，新赛欧推出后，韩系流体雕塑 1.0 时代的 A0 级代表车型瑞纳也于2010年8月上市，进一步挤压5万~8万元区间的中国品牌车型。

综上可以看出，合资品牌开始进行推出更低定位的新产品，同时价格进一步下探，开始对中国品牌原有优势市场区间进行抢夺，中国品牌虽然一直占据5万~8万元市场，但这时候由于品牌积淀不足，依然无法与下探后的合资品牌新品直接对抗。

（2）成功案例。

虽然2010年由于部分合资产品价格的下探，中国品牌面临新的挑战，价位结构产生了一定的波动，但在这一期间，中国品牌新产品仍然不乏发展亮点，下面就是具有代表性的成功产品。

A级车代表车型有吉利帝豪EC7、长城C30、比亚迪速锐、吉利远景、长安逸动、荣威550、奔腾B70/B50，A0级代表车型有奇瑞风云2、长安悦翔、吉利金刚。作为吉利汽车产品2.0时代的领军车型，帝豪EC7是继比亚迪F3之后又一款里程碑式的产品，其产品品质、空间尺寸、安全性能、动力操控、配置装备等各个产品属性指标完全达到A+级轿车水平，完全不输于10万元左右的合资品牌日韩系产品。正因为此，帝豪EC7上市后销量稳步提升，逐渐成为中国品牌中为数不多的、能在每月合资产品林立的轿车销量排行榜中位居前列的车型之一。帝豪EC7的成功为吉利轿车系列扛起一面大旗，也为吉利汽车日后进一步强化帝豪品牌和建立帝豪旗下的家族化车型谱打下的坚实基础。同时，其6万~10万元的官方指导价格也为中国品牌继续向上突破树立榜样。

长安逸动作为国企长安集团推出的一款A级轿车，与帝豪EC7可以说是这一时期最闪耀的两颗中国品牌汽车明星，轿车销量排行榜中经常出现的中国品牌身影，除了帝豪就是逸动。作为当时长安汽车“五国九地”研发战略布局的开山之作，逸动由长安欧洲设计中心操刀，呈现了中国品牌优秀的正向设计实力，同时搭载长安Blue Core全新动力系统，使国内消费者对中国品牌产品刮目相看。其官方指导价设定在7万~9万元，与帝豪共同巩固了主销车款8万元左右的价格天花板，相比前几年F3建立的6万~7万元的基础已有稳定提升。

同时期，荣威和奔腾作为一汽和上汽两个全新子品牌，依托两大汽车集团的资金和技术优势进行强力打造，其中荣威 550 和奔腾 B70/50 系列也在市场上取得一席之地，并进一步树立了 10 万元区间的价格天花板，但销量相对帝豪和逸动尚有差距，这说明稳固的价格天花板仍在 8 万元左右，越趋向 10 万元，销量越低。

当然这一时期还有很多优秀的中国品牌车型涌现，不一一详细介绍。这一时期的中国品牌产品开始显现出不同于以往的一些新特点。首先是设计，2009 年以后，中国品牌通过更多地聘请第三方公司，或者逐渐在海外建立研发团队的形式，慢慢摆脱一直被人诟病的山寨设计模式，涌现出越来越多的优秀原创设计。正如现代起亚集团依靠彼特希瑞尔优秀的设计而大获成功一样，设计的进步是品牌提升的基石。

其次，中国品牌的工艺品质控制能力、动力总成开发能力等核心竞争力也在稳步提升，这一时期是中国品牌品质化的开始。相比前几年推出的上一代产品，帝豪、逸动、C30、速锐等新一代产品在车身精度、内饰感观品质、动力技术以及整车质量故障率控制等方面均有长足进步，以前与合资车的较大差距也在不断缩小。这些消费者完全能够感受到，同时也更愿意为中国品牌产品埋单，也更加相信和支持不断进取的中国品牌。品牌与信任度是息息相关的，有了信任，品牌溢价的提升自然水到渠成。

（3）表现未达预期的案例。

B 级车代表有比亚迪 F6/思锐、广汽传祺、吉利 EC8 等。同时期，B 级轿车也涌现出更多产品。就像前几年的奇瑞东方之子一样，中国品牌一直努力试图在 B 级车市场有所突破，但结果仍不尽如人意。这说明中国品牌虽然在 A 级市场靠跨级策略、产品品质进步和性价比优势取得了进步，但面对消费者更看重品牌、对产品有着更高要求的 B 级车市场，中国品牌本身仍未有质的飞越，消费者仍然不认可中国品牌 B 级产品。但不可否认的是，众多中国品牌企业在 B 级产品上的持续试水和投入，为后来的成功突破积累了宝贵的经验。

与此同时，这一时期市场出现了另一个新的变化：SUV 市场开始迅速增长并爆发。这个变化为日后中国品牌产生更大的溢价突破创造了最有利的条件。

如图3所示，从2009年开始，中国SUV市场开始加速增长并迎来爆发。在此期间，合资品牌不断投放具有代表性的主流产品，如本田CR－V（2004年5月引入国产，2007年4月至2012年2月换代）、日产逍客（2008年3月引入国产）、日产奇骏（2008年11月引入国产）、丰田RAV4（2009年4月引入国产）、大众途观（2010年3月引入国产）、现代IX35（2010年4月引入国产）、起亚智跑（2010年10月引入国产）、福特翼虎（2013年1月引入国产）等。

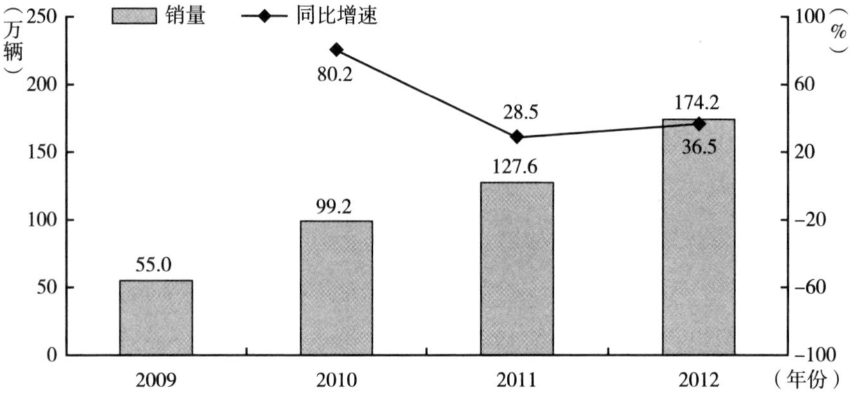

图3　2009～2012年中国SUV市场销量及增速

资料来源：中国汽车技术研究中心有限公司数据资源中心。

中国品牌也不甘寂寞，奇瑞早在2005年3月就推出瑞虎，2007年5月更名为瑞虎3。但真正称得上里程碑车型的，是长城于2011年8月25日投放的注定要被载入史册的冠军车型哈弗H6。哈弗H6的上市正式开启了中国品牌SUV产品百花齐放的序曲。

由此可知，SUV市场开始成为新兴蓝海市场，进入爆发性增长阶段。这一时期长城推出标志性产品哈弗H6，其在迅速成为热销车型的同时，也成为第一个价格天花板突破12万元的中国品牌汽车，自此中国品牌进入了消费升级的另一个崭新阶段。从这个时期开始，国内消费者开始逐步由偏好轿车转向偏好 SUV 这一类别的产品。同时正如比亚迪 F3 当初成功的道理一样，消费者虽然喜爱 SUV 产品，但由于合资 SUV 产品价格偏贵，普遍在 20 万元左右，因此 10 万元左右的中国品牌 SUV 产品满足了消费者的潜在需求，进而促进了这一区间市场的爆发，中国品牌也因此进入了快速发展的轨道。

3. 2012 ~2014年

（1）价格接受区间。

轿车价格天花板为 10 万元，热销车型停留于 5 万 ~8 万元区间，比第一阶段有所提高。

SUV 价格天花板为 15 万元，热销车型在 10 万元区间，SUV 成为品牌溢价突破的关键细分市场。

从图 4 可以看出，2012 年后，5 万元以下中国品牌汽车的市场销量骤降，5 万 ~8 万元的市场稳中有升（从 38.9% 到 41.2%），8 万 ~15 万元的市场增长更是明显（从 19.2% 到 28.2%），这足够说明 SUV 市场爆发性增长的宏观环境变化。

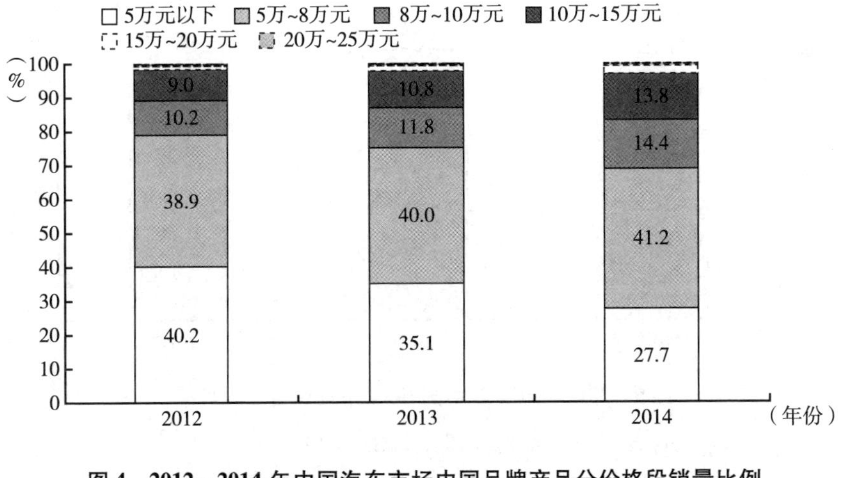

图 4　2012 ~ 2014 年中国汽车市场中国品牌产品分价格段销量比例

资料来源：中国汽车技术研究中心有限公司数据资源中心。

（2）成功案例。

随着哈弗 H6 的突破性成功，大量中国品牌纷纷推出 SUV 产品，进一步促进了 SUV 市场的繁荣和爆发性增长（见图 5）。在此期间，涌现出一批在局部 SUV 细分市场具有一定领导力的中国品牌代表。除长城外，长安、吉利、奇瑞、比亚迪、江淮等皆有不错的产品，但领导者和销量冠军仍然是长城哈弗 H6。

代表车型有长安 CS75、奇瑞瑞虎 6、江淮瑞风 S2/S3 等。

这一时期中国品牌 SUV 产品相比前几年的设计和动力规格有所提升，主要表现在以下方面。首先，越来越多的中国品牌实现原创正向设计，更多国际著名设计师加入中国品牌车企担任设计总监，中国品牌产品的设计基因越来越家族化和前卫化。比较有代表性的如詹姆斯·霍普（James Hope）加入奇瑞，负责艾瑞泽系列、瑞虎系列的整体设计；前宝马设计总监、著名设计大师克里斯·班戈加入长安成为设计总顾问；前宝马设计总监皮埃尔·勒克莱克（Pierre Leclercq）加入长城汽车担任副总裁兼设计总监，负责哈弗系列的整体设计。其次，中国品牌车企加速小排量涡轮发动机和自有产权变速器的研发，同时积极在新能源和电动化加大投入。

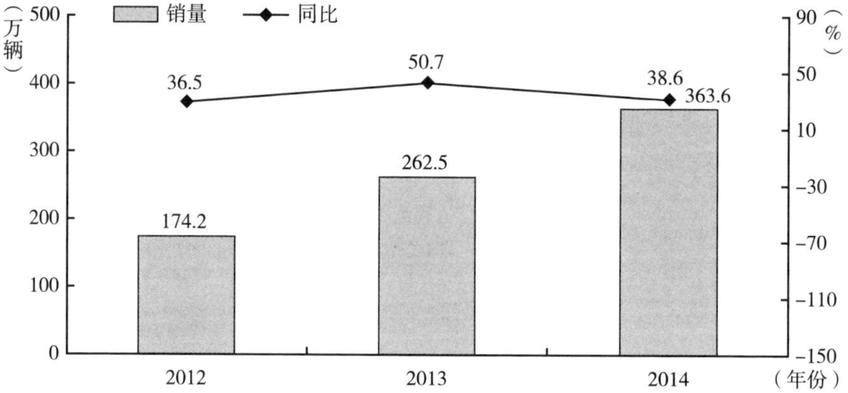

图 5　2012～2014 年中国 SUV 市场销量及增长率

资料来源：中国汽车技术研究中心有限公司数据资源中心。

（3）品牌向上突破未达预期的案例。

同时期，为了有更实质性的品牌突破，长城进一步试水推出更高级别的

SUV 产品，代表作品有 H8、H9，官方指导价突破了 20 万元。结果销量平平未达预期，市场表现平淡。

H8 遇到技术缺陷，一再推迟上市，最后虽然终于投放上市，但销量惨淡，H9 亦不被市场认可。这说明到了 20 万元这个价格层次，消费者开始有更多丰富的选择，这个价格完全可以买到合资品牌的 A 级 SUV 和 B 级轿车，甚至加几万元就可以买到豪华品牌的 B 级入门款轿车，中国品牌的含金量显然受到了严峻考验。这也说明产品到了这一价格区间，不是简单推出几款产品就能轻松突破的了。其实作为合资品牌的韩系，在超过 20 万元区间的表现也不是很理想，全新胜达和 2.4L 的高配版索纳塔，销量一直没有较大突破。这说明，20 万元对于品牌力不是很强的产品来说，是一道较为困难的门槛。

（4）同时期另一市场变化：交叉性乘用车市场开始转型，合资自主品牌诞生及不断成长。

上汽通用五菱在 2008 ~ 2009 年汽车产业规划政策的指引下，充分利用第一次汽车下乡政策的红利，不断丰富五菱产品线，一跃成为国内最大的微客制造企业。代表车型有五菱之光、五菱阳光、五菱荣光、五菱鸿途等，产品价格定位于 3 万 ~ 5 万元。

市场是不断变化的，消费升级的大趋势在所难免。上汽通用五菱意识到，只依靠微客，是不能在长期的市场竞争中一直处于有利地位的。通过不断研究市场和消费者，挖掘消费升级流向，判断品牌定位升级的合理性，并充分利用已有渠道优势和成本控制优势，同时响应国家关于鼓励设立合资自主品牌的政策，在综合以上条件和战略考虑下，宝骏品牌在 2010 年应运而生。

五菱产品线到宝骏产品线的转变之路如下：首先，五菱之光系列（微客：之光、阳光、荣光、鸿途等）向五菱宏光（7 座入门级 MPV）转变；其次，五菱宏光向宝骏 730（七座精致紧凑型家用 MPV）转变，同平台又开发出 SUV 产品宝骏 560。

产品价格定位如下：五菱宏光：4 万 ~ 7 万元；宝骏 730：6 万 ~ 10 万元；宝骏 560：7 万 ~ 12 万元。

通过图 6 可以看到，上汽通用五菱通过建立宝骏品牌，成功实现销售结构的转型，由一个微客制造企业逐渐转变为综合性乘用车制造企业，同时品牌溢价逐渐由五菱最开始的 3 万~5 万元，向宝骏品牌的 10 万元突破性转变。

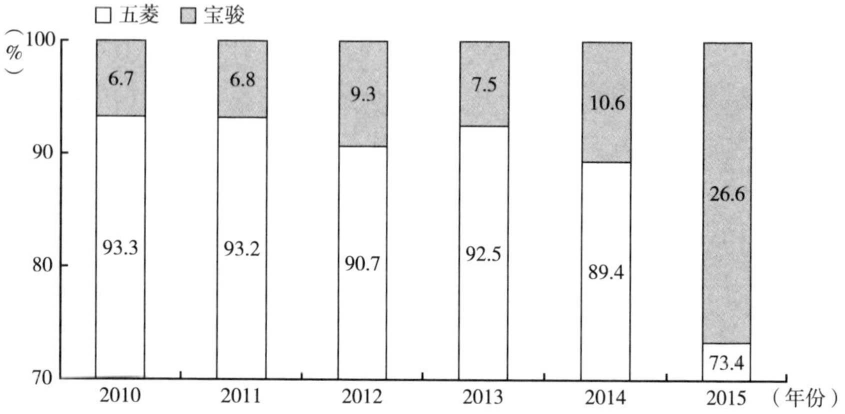

图 6　2010~2015 年上汽通用五菱旗下双品牌的销量结构

资料来源：中国汽车技术研究中心有限公司数据资源中心。

4. 2015~2016年

在“十二五”期末，由于哈弗 H6 等车型的带领作用，中国 SUV 产品陆续爆发，品牌溢价达到一个崭新的高度。从 2015 年开始，由于体系能力不断积累，更多划时代产品投放市场，促进了中国汽车品牌从量变到质变的进一步飞跃。

（1）价格接受区间。

轿车天花板为 15 万元，主力热销车型停留于 12 万~13 万元区间，比 2015 年之前有大幅提高。SUV 天花板，18 万元。

通过图 7 可以看出，2016 年 5 万元以下中国品牌产品已经所剩无几，5 万~8 万元产品的销量也开始出现下降的趋势。同时值得惊喜的是，8 万~10 万元、10 万~15 万元区间产品的销量比例开始大幅增长，15 万~20 万元市场也出现了小幅增长。

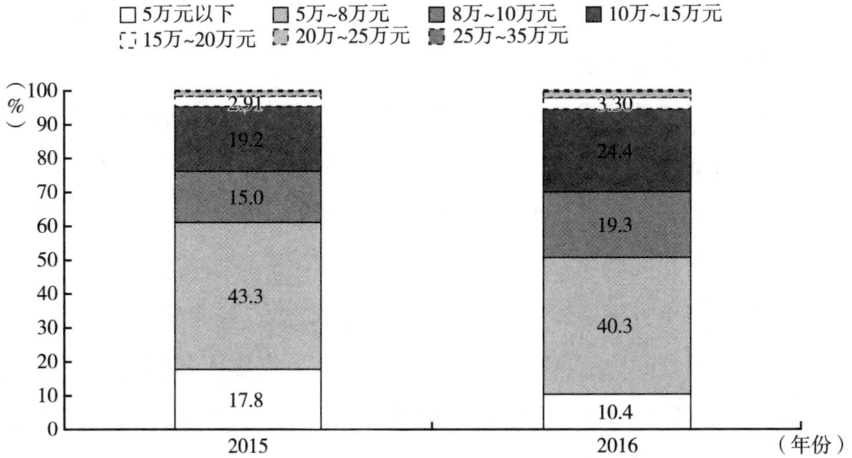

图 7　2015～2016 年中国汽车市场中国品牌产品分价格段销量比例

资料来源：中国汽车技术研究中心有限公司数据资源中心。

2016 年，长城吸取 H8、H9 市场表现不好的教训，推出 H7、H7L 等更丰富的中高端产品，聚焦在 13 万～18 万元的价格区间，收到了较好的成效。更多中国品牌纷纷推出第二代 SUV 产品，同时更多中国品牌的设计和产品力有了更大提升，轿车产品开始突破 10 万元价格天花板，向 15 万元进军，SUV 产品则开始突破 15 万元，向 18 万元进军。与此同时中国品牌整体的市场份额不断提升，真正进入百花齐放时期。

（2）成功案例。

轿车代表：吉利博瑞。SUV 代表：吉利博越、荣威 RX5、传祺 GS4、哈弗 H7 系列。

吉利博瑞作为轿车的明星产品，是引领中国品牌轿车阵营率先突破 12 万元，并且获得较高销量的成功代表。前文曾提到过，由于品牌积淀还未达到一定的高度，消费者一直对中国品牌的 B 级轿车不甚认可，而 B 级轿车是否成功在一定程度上也是中国品牌能否突破品牌溢价发展瓶颈的试金石。而吉利博瑞的诞生，一举突破了这个瓶颈。12 万～23 万的价格设定区间，自 2015 年下半年上市以来月销量稳定在 3000～4000 台，索纳塔 9、马自达阿特兹、斯柯达速派等合资 B 级轿车都达不到这个销量水平。博瑞的成功为所有中国品牌带来了信心。

继轿车取得突破性成功后，中国品牌 SUV 进入全面品质化、性能化时代。博越和荣威 RX5 是其中比较有代表性的两款产品。博越是由沃尔沃设计总监、国际著名汽车设计大师彼得·霍布里带领的国际化设计团队，历时三年半倾力打造的互联精品 SUV，在外形上融合了中国文化元素与国际时尚潮流，在智能化方面也“智高一筹”，智能安全、智能驾驭、智能舒适、智能互联都引领着 SUV 新潮流。荣威 RX5 则是上汽集团与阿里巴巴倾力合作打造的首款互联网汽车，定价 9.98 万 ~ 18.68 万元。该车采用“蓝芯”高效动力科技，搭载 2.0T 和 1.5T 两款缸内中置直喷涡轮增压发动机，1.5T 百公里综合油耗仅 6.8L。此外，荣威 RX5 采用保时捷底盘调教、与路虎同源的 GKN 智能适时四驱等，全面提升驾乘品质，最闪光点当属搭载了阿里 YUN OS 系统的智能互联语音可控的 10.4 英寸中控超大高清触控电容屏系统。

到目前为止，上述两款明星车型的月销量都在 2 万台左右，供不应求。吉利博越主销车款的价格在 12 万 ~ 14 万元，荣威 RX5 的主销款为超过 14 万元的中高配，主要原因就是那块集成了阿里智能互联系统的触摸屏，可见中国品牌的优秀产品已得到消费者的较大认可。

5. 2016年至今

（1）价格接受区间。

轿车天花板：同第一阶段，热销车型停留于 12 万 ~ 13 万元区间。SUV 天花板：20 万元，相比第一阶段继续提升。

通过图 8 可以看出，2016 ~ 2018 年，5 万元以下及 5 万 ~ 8 万元区间的中国品牌汽车销量持续出现下降趋势，但 10 万 ~ 15 万元区间则销量比例继续保持增长，15 万 ~ 20 万元和 20 万 ~ 25 万元的市场也在不断增长。

部分领军中国品牌企业不断研究消费者的需求变化，快速迎合并推出新品，凭借前期不断积累的产品口碑和消费者信任度的逐渐提升，开始扩充更高端、更丰富的 SUV 产品线。

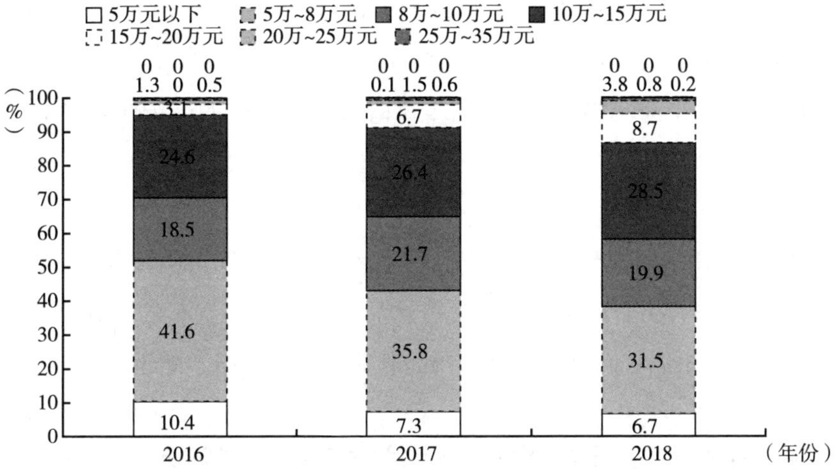

图 8　2016～2018 年中国汽车市场中国品牌产品分价格段销量比例

资料来源：中国汽车技术研究中心有限公司数据资源中心。

通过数据可以看出，中国品牌汽车产品开始突破 15 万元天花板，向 20 万元进军，已经与韩系基本持平；同时部分中国品牌领导者开始通过打造高端子品牌谋求继续向上的价格突围之路。

（2）成功案例。

SUV 代表车型有广汽传祺 GS8、长安 CS95。广汽传祺 GS8 作为广汽乘用车推出的第一款旗舰级豪华大七座 SUV，充分快速迎合了中国消费者多人或二胎家庭的乘坐需求，首创“外刚内柔”设计理念，整体呈现霸气硬朗的视觉冲击。外观上，GS8 采用世界首创的矩阵式 LED 前大灯；在内饰部分也较为洞察国内消费者的喜好，车内整体宽敞舒适，打造精致家用温馨感和乘坐高级感。GS8 的另一产品优势体现在对 NVH 性能的卓越追求，怠速车内噪音仅 36.5dB，相当于图书馆的环境，坐在车内几乎感知不到发动机的振动。价格定位 16 万～26 万元，看似较高的价格，但一经上市就持续热销，前三月稳定为 8000 台/月，这充分说明了中国品牌的价格天花板已经达到 20 万元水平，品牌溢价处于行业生态链末端的时代已经一去不复返。

品牌突破代表有吉利沃尔沃和长城。吉利领克 01 在 2017 年 11 月上市，

2018 年相继推出了轿跑 SUV 02 和轿跑车 03 系列，产品线趋于丰富，同时领克品牌的网络关注度和年轻群体关注度极高。长城魏派 VV7 已经于 2017 年 4 月 19 日的上海车展中正式上市，加上 2017 年 8 月上市的 VV5 和 2018 年 8 月新投放的 VV6，截至 2018 年底，魏派系列三款产品已经累计超过销售 20 万台。

这两个品牌目前推出的系列产品都已经超越同级同价位合资品牌的产品水准，接下来奇瑞汽车的 EXCEED 星途品牌和比亚迪汽车的王朝系列产品也箭在弦上，相信它们势必引领中国品牌往高端化道路不断迈进。

三 中国汽车品牌进入快速发展正轨，“新四化”成为发展目标，品牌溢价必将进一步提升

中国汽车品牌经过十几年的艰辛发展，获得了很大的成果，产生了一批优秀的领导型企业。而未来，中国品牌的汽车企业将继续按照国家制定的《中国制造 2025》行动纲领，坚持实施和履行汽车制造强国战略。

《中国制造 2025》提出，坚持“创新驱动、质量为先、绿色发展、结构优化、人才为本”的基本方针，坚持“市场主导、政府引导，立足当前、着眼长远，整体推进、重点突破，自主发展、开放合作”的基本原则，通过“三步走”实现制造强国的战略目标：第一步，到 2025 年迈入制造强国行列；第二步，到 2035 年中国制造业整体达到世界制造强国阵营中等水平；第三步，到新中国成立 100 年时，综合实力进入世界制造强国前列。

中国汽车品牌不断向上的突破之路，不断实现品牌溢价提升的自强之路，正是不断向实现中国制造 2025 目标迈进的宏图之路。根据《中国制造 2025》纲领中所提到的，中国汽车品牌近几年还在积极加快发展节能汽车和新能源汽车，不断努力迎合最新的绿色环保和电动化未来趋势，以期实现弯道超车的夙愿。根据数据统计，我国新能源市场近 5 年实现爆发式增长，其中大部分市场贡献者皆为中国汽车品牌。

从图 9 和图 10 可以看到，中国新能源汽车市场保持高增长态势，2018

年全年新能源乘用车累计销量已突破 94 万辆，目前国内新能源汽车市场主要是由北汽新能源、比亚迪、上汽等自主品牌主导，并且出现了明显的梯次分布。

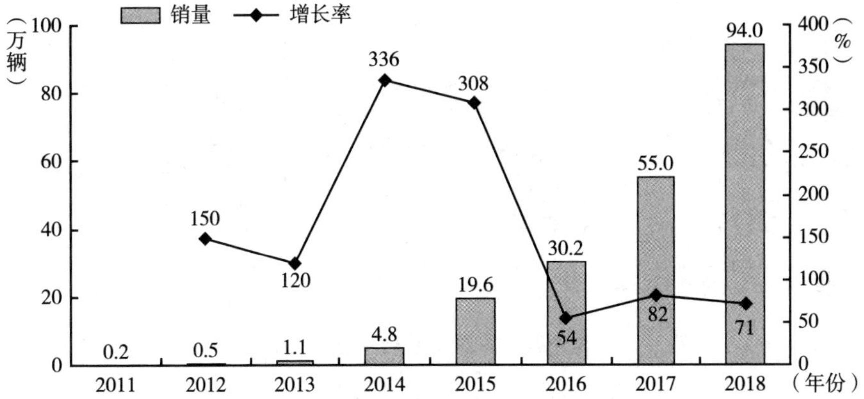

图 9　2011～2018 年中国新能源汽车销量及增长率情况（零售数据）

资料来源：中国汽车技术研究中心有限公司数据资源中心。

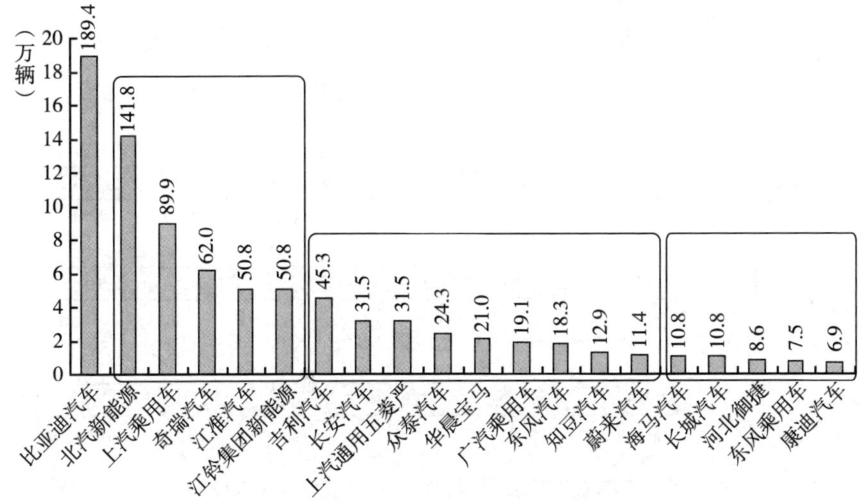

图 10　2018 年中国新能源汽车销量 TOP 20 企业

资料来源：中国汽车技术研究中心有限公司数据资源中心。

与此同时，中国汽车品牌以崭新的姿态和更高的立足点，和外资品牌相继确立电动化战略大方向（见图11），未来市场竞争将会进一步加剧。

图11 国内外各汽车品牌新能源及电动化战略规划

资料来源：中国汽车技术研究中心有限公司数据资源中心。

同时，随着汽车“新四化”加速发展，互联造车新势力纷纷出现，成为我国又一股重要的汽车品牌力量（见图12）。除了传统车企确立电动化战略大方向外，互联网造车新势力也纷纷亮相新车型，如蔚来汽车目前已经相继推出ES8和ES6两款SUV产品，其中ES8为中大型SUV产品，产品价格更是超过40万元，其崭新的快速换电和移动充电服务模式也被业内热烈讨论。

图12 互联网造车新势力示例

总之，今时不同往日，如今的市场竞争格局已不再是当年旧况，变革转型是主旋律。随着未来新能源补贴政策逐步退坡、外资企业的加入以及互联网造车新势力的崛起，新能源市场将呈现三股力量角逐的场面，这为中国汽车品牌的向上发展创造了崭新的机会，也带来了巨大的挑战。如今中国品牌虽已全面进入快速发展正轨，但必须不断优化产品组合，持续增大研发投入以突破核心技术，才能对市场保持主导权。相信中国汽车品牌一定会不断增强实力，实现品牌溢价的进一步提升和不断突破。

B.11
新兴中国乘用车品牌成长分析

刘春辉　王　芳　冯　杰*

摘　要： 以4次造车浪潮为历史背景，新一波造车势力自2015年以来再次崛起。本报告从历史背景、发展现状和未来展望3个角度对新兴中国乘用车品牌展开分析。国家新能源政策与“互联网+”战略促进新兴品牌选择新能源和SUV作为市场切入点，并以创始人进入背景为划分维度，将造车新势力划分为3类。从现阶段来看，各新兴品牌因融资能力、生产资质、战略布局不同而呈现差异性，但都承载着巨大的交付压力。在未来发展上，巨额且持续的经营成本给新兴中国乘用车品牌带来一定阻力，它们的前进之路必将漫长曲折。

关键词： 造车新势力　类别　差异性　交付压力

一　中国乘用车品牌发展的历史背景

（一）新中国成立后4次造车势力历史演进

新中国成立后，我国共掀起了4次造车浪潮，前两次造车浪潮造成汽

* 刘春辉，中国汽车技术研究中心有限公司数据资源中心市场数据部项目经理；王芳，中国汽车技术研究中心有限公司数据资源中心市场数据部研究员；冯杰，中国汽车技术研究中心有限公司数据资源中心市场数据部研究员。

车产能过剩，而后两次造车浪潮则形成当前汽车行业的基本竞争格局。中国乘用车品牌发展的第一次浪潮发生在1958年，全国共出现200多类汽车，且以载货车为主。在20世纪70年代初的第二次造车浪潮中，全国出现汽车制造厂100多家，主要靠政策推动，形成以天津、沈阳、武汉、南昌、合肥为主要地区的汽车生产基地，但多数厂商因重复生产造成产能过剩。改革开放后，政府大力发展轿车工业，邓小平明确批示“轿车可以合资”。截至20世纪90年代，国家基本形成“三大”（一汽大众、神龙、上海大众）、“三小”（天津夏利、广州标致、北京吉普）、“两微”（奥拓、云雀）的国资轿车厂格局，是中国乘用车品牌发展的第三次浪潮。但考虑到技术水平与世界主流汽车制造商有较大差距，1997年国家决定以市场换技术，上海通用、广汽本田等合资车企竞相成立。就在桑塔纳、捷达、富康畅行中国汽车市场之际，民营车企也纷纷加入造车行业，奇瑞、华晨、吉利、比亚迪成为中国乘用车品牌的核心力量，此时中国汽车行业竞争格局基本形成。

（二）2015年以来新一波造车势力出现的时代背景

1. 政府大力扶持新能源汽车行业，“互联网+”创新战略重构产业格局

2015年以来，新能源汽车和智能网联汽车是大势所趋，国家政策鼓励新能源发展与互联网创新战略实施，“新能源+互联网”逐渐成为企业战略规划发展的核心力量。

首先，国家高度重视新能源汽车的发展。在国家层面，政府先后通过产业规划、示范工程（北京奥运会、上海世博会、“十城千辆”）、补贴、积分、新能源推广目标、免征车辆购置税等政策，大力鼓励新能源汽车产业发展，根据工信部《关于2016年度新能源汽车推广应用补助资金初步审核情况的公示》，仅2016年新能源汽车补贴资金就超过220亿元。在地方政府层面，除了牌照、补贴外，各地方不同程度地引入新能源汽车整车和零部件项目，据不完全统计，2017年有接近20个省份引入新能源项目投资。目前，国际新能源汽车的技术、产品、产业链都正在形成之中，处于发展初期，产

品技术和产业链体系的垄断竞争尚未完全形成，而通过科技计划的支持和大规模的示范验证，我国在新能源汽车技术领域的发展与发达国家基本同步，产业链已有雏形，中国已成为全球新能源汽车的引领者。

此外，“互联网+”创新战略重构产业格局。《中国制造2025》明确提出，中国制造转型升级要以加快新一代信息技术与制造业深度融合为主线。我国经济已由高速增长阶段进入高质量发展阶段，传统产业变道超车、新兴业态频繁涌现，以人工智能、虚拟现实、物联网、大数据等为代表的互联网和信息化技术变革着传统经济的运行方式，逐渐成为汽车产业转型升级的新动能。未来，中国乘用车品牌发展必须加强融合互联网思维，更加重视用户体验，实现人、车、生活互联互通。

2. 乘用车市场增速放缓，市场出现新的结构变化，新兴汽车品牌选择新能源和SUV作为市场切入点

2018年中国乘用车市场同比下滑8.2%，行业增速创历史新低，在新产业新业态蓬勃兴起、换购需求释放的新阶段，当前汽车市场已经逐渐由增量向存量转变，并出现新的结构变化。

一是新能源市场快速发展，重塑企业品牌的制高点。自2009年“十城千辆”推广计划开始，新能源汽车市场经历了从无到有、从小到大、从商用车到乘用车的发展历程。我国是全球最大的新能源汽车产销国，根据中汽中心终端零售数据，2018年中国新能源乘用车销量为94.3万辆，同比增长69.8%，未来对新能源汽车的需求还会增长。2018年是新能源增长动力转型年，市场逐渐从限购和补贴政策引导转向市场拉动，新能源消费市场也将取代政策市场，并呈现高端化、实用化趋势。2018年以来，中国新能源汽车产销量占全球近50%的比例，双积分政策的正式实施、国家进一步加快汽车业开放、我国新能源汽车外资股比限制被取消，以及特斯拉在上海建厂落地国产等一系列行业企业表现，从侧面突出新能源汽车是汽车技术发展的未来，是国际竞争的制高点，是重塑企业品牌的切入点。

二是消费者对SUV的偏好在短期内不会改变。2010年以来，SUV已经

保持连续7年的高速增长，2018年在整体乘用车市场负增长的大背景下，SUV市场增速开始下滑，但仍不能阻止消费升级下消费者对SUV的偏好，2018年SUV渗透率已达41.8%。受中国消费者对SUV具有特殊偏好、消费群体越发年轻化等需求因素拉动，同时叠加供给端厂商对SUV产品布局日趋完善、新车型投放加速、价格逐渐下探等多重因素影响，再加上SUV自身属性，如大空间、大视野、高通过性，还有独特的自由感、安全感特性，消费者对SUV的热情持续上涨。

在乘用车市场增速放缓的背景下，寻找下一个市场突破口是在位者和潜在市场进入者的主要命题之一。对于在位者，目前中国乘用车品牌发展主要分两个方向，一是车型的高端化，二是成立高端化品牌。事实上，中国乘用车品牌早已开始进行车型高端化，以广汽传祺GS8、哈弗H8和H9、长安CS95、吉利博越等为主要代表，中国乘用车品牌不断完善SUV产品线布局，覆盖更大范围。在品牌高端化上，吉利汽车发布的全新高端品牌领克预示吉利的下一步动作将直接推动品牌形象往更高一步的台阶前进；长城汽车的WEY品牌决心抢占价格区间在15万~20万元的SUV市场，旨在满足中国消费者对豪华SUV日益增长的需求。可以看到中国乘用车品牌价格上移趋势明显，主导市场逐步向高端化路线转换。可以说近年来自主品牌实现了“量的提升、质的飞越、价的突破”。对于潜在市场进入者，未来能否把握新能源汽车和SUV市场的发展机遇，直击用户痛点并积极推出更具竞争力的产品，决定了市场参与者的竞争地位。因此，众多新兴中国乘用车车企进入了新能源SUV市场，其中部分车企拥有互联网基因，并将整合人工智能、车联网等先进技术优势，不断推出以科技互联为核心卖点的新产品。

3. 明星效应塑造品牌形象，带动大量模仿消费

近年来，国内外汽车企业充分利用明星效应塑造其品牌形象。一是内部明星效应，即创始人效应。例如，特斯拉创始人马斯克兼任PayPal、SpaceX太空探索技术公司及SolarCity三家公司的CEO，其天才创业冒险家的形象为特斯拉塑造了高端、炫酷的品牌形象。此外，诸如沈晖、李想等人均是利

用个人品牌和故事推广品牌形象。二是外部明星效应，即外部意见领袖对品牌的作用。特斯拉首批客户包括谷歌创始人、电影明星施瓦辛格、小米CEO 雷军等社会各行各业意见领袖，都带有明星光环，从而引来大量模仿消费，明星效应凸显。

二　新兴中国乘用车品牌发展概况及发展特征

（一）当前新兴中国乘用车品牌划分

当前，中国造车新势力越来越多，而且现在还不断地有人加入。据博世中国统计，截至 2017 年 11 月，中国的造车新势力已经超过 60 家，根据某一共性特征可以将造车新势力进行分门别类，企业创始人的进入背景为一项重要的划分指标。作为整个初创企业的核心主体，创始人之前所从事的行业及进入背景将为造车新势力注入独特的思想和理念以及企业价值观，这也导致企业战略规划呈现明显分化态势。为此，以创始人进入背景为划分维度，可以将造车新势力划分为三类，即互联网造车、传统车企造车和跨界造车。

1. 互联网造车

互联网造车指企业创始人曾在互联网企业或者互联网媒体从事相关工作，以及背后资方来自互联网行业。这批企业是最早在国内掀起造车浪潮的一拨，同时也是特斯拉最忠实的“信徒”，拥有更鲜明的互联网思维，重视宣发和用户体验。互联网造车最明显的一个优势就是它们普遍存在很强的融资能力。从目前所有造车新势力的融资情况来看，互联网车企是对外融资最多的企业，其中蔚来融资接近 200 亿元人民币、车和家融资超 57 亿元人民币、小鹏汽车融资达到 120 亿元人民币（2019 年计划融资超 200 亿元人民币）、奇点汽车融资超 70 亿元人民币。而此前声势浩大的乐视超级汽车，融资超过 168 亿元人民币，虽然项目被搁置，但至少说明“中概股”的炒作能力和融资能力是非常强的。在现有互联网造车企业中，蔚来汽车、车和家、小鹏汽车等为极具代表性的企业。

蔚来汽车于2014年创立，总部位于上海，由李斌和一系列深刻理解用户的顶尖互联网企业家联合创立，李斌为现任董事长。蔚来是立足全球的初创品牌，已在圣何塞、慕尼黑、伦敦、上海等13个地区设立了研发、设计、生产和商务机构，会聚了数千名世界顶级的汽车、软件和用户体验的行业人才。2016年4月，江淮汽车与蔚来汽车签署战略合作框架协议，蔚来汽车授权江淮汽车使用其商标和相关技术，并由江淮汽车负责生产双方合作的新能源汽车型。2016年11月21日，蔚来在伦敦发布了英文品牌"NIO"、全新Logo、全球最快电动汽车EP9。高性能纯电动7座SUV蔚来ES8已于2017年12月正式上市，并在2018年完成了1万台的交付目标。12月15日，2018蔚来日（NIO Day 2018）上，第二款量产车型蔚来ES6全球首发。ES6基准版补贴前起售价为35.8万元，性能版补贴前起售价为39.8万元。

车和家于2015年在北京成立，由李想、沈亚楠等企业家与来自汽车、互联网和电子科技三大领域的顶尖团队共同创立，李想为法人代表及董事长。车和家是原汽车之家创始人李想第三次创业的项目，目前已累计获得融资57亿元，其商业模式定位为城市智能交通服务商，为未来消费者提供便捷的能源网络、创新的产品形态和颠覆性的服务生态。车和家生产工厂位于江苏常州，工厂设计产能为30万辆/年，目前已经竣工。2018年8月，车和家与重庆两江新区签约，计划投资110亿元建设"智能汽车制造基地"。2018年10月18日，"没有里程焦虑"的智能电动车理想智造ONE正式发布。理想智造ONE定位于豪华中大型SUV级别，满足家庭用户高品质出行需求。

小鹏汽车成立于2016年5月，总部位于广州，由UC创始人何小鹏、经纬创投等多位互联网大咖及多家知名风投机构、上市公司投资建立，其中何小鹏为现任董事长。小鹏汽车通过搭建生产、销售、售后与互动端来构建全新的电动汽车制造商业模式，明确以一线城市年轻人为消费群体的精准市场定位，采取代工与自建工厂"两条腿"走路的模式解决产品生产问题，授权海马使用其商标和相关技术来生产协议产品，力争2020年实现年产20

万辆的规划目标。2018 年 11 月 16 日，小鹏汽车携纯电 SUV 小鹏 G3 亮相广州国际车展，并于 12 月 12 日正式上市。新车补贴后的全国统一零售价为 13.58 万 ~ 16.58 万元。2019 年，小鹏超级充电站将在全国 30 个城市布置超过 200 个站点，同时拥有专属地锁，防止车位被占用，充电最高还可享受两小时免费停车。

2. 传统车企造车

传统车企造车指企业创始团队都来自传统车企的高管，因此又被称为高管企业，这类车企通常对汽车自身的技术和质量更为重视。与其他造车新势力不一样，高管创业的公司融合了互联网与传统汽车的精髓。作为创始人，这些出身传统汽车企业的高管熟悉汽车制造的每一个环节，也能够接受汽车行业以外的新鲜内容，对市场和资本的游戏规则更加了解，这也使得企业能够从不同角度解读消费者的需求，在造车新势力大浪潮中更有可能存活。高管以自己后半生的时间和名誉为赌注，选择离开自己熟悉的企业而创造新的品牌，虽然有着独特的经验优势，但在激烈的市场竞争下未必能如愿再创自己的人生新高度，相对其他造车新势力而言，他们背负着更大的压力。但仍有一些企业脱颖而出，威马汽车、前途汽车、云度新能源以及拜腾汽车就是代表企业。

威马汽车由沈晖、陆斌等顶尖互联网企业家于 2012 年 5 月联合创立，总部位于上海市，至今已完成 3 轮融资，累计金额已超过 120 亿元。威马希望打造完整的 C2M 体系，实现从客户需求到生产交付的流程化运作。在未来规划上，威马汽车提出了“128”战略，即 1 个核心架构，“STD”、“PL” 2 个整车平台以及至少推出 8 款全新智能汽车。为了保证新车质量和交付顺利，威马选择了自建工厂模式，在 11 月广州车展之前，威马温州工厂已经完成了 2000 辆新车的下线。目前威马 EX5 纯电动车已进入量产交付阶段。

前途汽车成立于 2015 年 2 月，总部位于江苏省苏州市，以陆群为法人代表，是北京长城华冠汽车科技股份有限公司全资子公司。前途汽车具备丰厚的汽车设计技术积累，基于五大维度创新，秉持互联网思维和技术创新理念，希望从根本上改变消费者的驾驶体验和出行方式。前途汽车是继北汽新能源与长江汽车之后，第三个获得新能源汽车生产资质的企业，其首款产品前途 K50 定位为纯电动高端超跑，满足个性化需求，以蔚来 EP9 以及特斯拉新 Roadster 为竞争产品，已于 2018 年 8 月 8 日在苏州上市。

3. 跨界造车

跨界造车指企业创始人来自其他行业，此类企业一般不具备整车制造经验，通常由财团单独或者组局控制，多数情况下是上市公司为了介入汽车行业而设立的子公司，目的更多是将其作为一个业务板块来抬高母公司的市场预期。在所有的跨界造车企业中，仅江苏敏安、万向集团两家取得了发改委新能源造车资质，拿到了“准生证”。缺人缺钱、缺经验缺靠山，这意味着这个板块将是未来“血流成河”的重灾区。

万向集团是国内著名的汽车零部件生产商，在美国制造的汽车中，每 2 辆就有 1 辆使用万向集团制造的零部件。2014 年，万向集团收购了美国濒临倒闭的新能源造车企业菲斯克，改名为 Karma。2017 年 5 月，第一批增程式混动豪车 KarmaRevero 已经下线交付，首先在美国进行销售。2018 年，Revero 也将正式进入国内。

江苏敏安是台湾敏实集团的全资子公司，敏实集团是一家开发、生产、销售中高级轿车零部件的外资上市集团公司。目前工厂的生产体系以及研发体系都已经比较完备，但是 2017 年并没有什么值得关注的车型出现。向邮政交付的都市物流电动车，还处于低速电动车的阶段。

（二）造车新势力发展现状分析

从融资能力来看，不同新势力品牌之间差异化明显，蔚来和威马处于行业领跑地位（见表 1）。但很多企业负责人曾公开表示，200 亿元是造车的入门门票，从现有各企业的融资规模来看，基本没有企业符合此项标准，说明各企业的任务仍很艰巨。资金是企业运作的基础，完整持续的资金链才能保证企业正常运营和生产，但目前形势极其严峻。

表1　部分造车新势力融资进展（截至2019年1月）

蔚　来	通过6轮融资共获得超过210亿元
威　马	融资总额近200亿元
小　鹏	融资达到120亿元(2019年计划融资超200亿元)
奇　点	累计融资超70亿元
爱　驰	累计融资规模已经达到70亿元,新一轮的融资正在进行中
车和家	3轮融资累计获得57.55亿元
游　侠	累计融资达62.2亿元
拜　腾	3轮融资累计金额不超过10亿美元
云　度	累计融资金额未知

资料来源：各车企官方网站。

已具备一定的资金储备并不意味着企业就能够进行新能源汽车生产，企业必须获取国家发改委和工信部的生产资质。截至2019年2月，国家已经发放16个新能源汽车准入资质，其中属于造车新势力的企业仅有7个，而且大多为传统车企的子公司或者零部件企业跨界造车，这是造车新势力必须渡过的难关。与此同时，作为高速发展的新能源市场，国家发改委一反常态地冻结了生产资质的审批，主要是因为许多企业获取生产资质后没有任何产品投放，与国家原定的扶持部分车企带动其他车企加速发展的宗旨截然相反，这进一步对蔚来、小鹏等有意造车的新势力企业形成难以跨越的障碍。

生产资质的难以获取促使生产模式更为多元化，代工生产成为主流。比如，蔚来汽车授权江淮汽车使用其商标和相关技术，由江淮汽车负责生产双方合作的新能源汽车型；小鹏汽车采取代工与自建工厂“两条腿”走路模式解决产品生产问题，授权海马使用其商标和相关技术来生产协议产品（见表2）。但代工生产有利也有弊，一方面，代工生产可以帮助企业解决生产资质问题，减少前期工厂建设上的巨大投入以快速占领市场；另一方面，代工生产难以确保代工质量，产品设计与制造工艺间的紧密联系使两者无法剥离。但从现阶段发展状态来看，代工生产利大于弊。目前生产资质的审批处于停滞状态，选择由传统汽车企业代工成为产品最快投向市场的模式，同时随着市场格局逐步形成，部分传统企业已有代工任务或已有新能源合作方，新加入的代工可选择性越来越少。

表 2　部分品牌相关信息

品　牌	工信部生产资质	代工	自建	控股企业
蔚　来	无	√(江淮)	√(上海)	
小　鹏	无	√(海马)	√(肇庆)	
威　马	有		√(温州)	中顺汽车
爱　驰	无	√(江铃控股)	√	
拜　腾	有	√(一汽)	√(南京)	一汽华利
奇　点	无	√(北汽新能源)	√(铜陵)	
零　跑	无		√	
云　度	有		√	
电　咖	无	√(东南汽车)	√(绍兴)	
新　特	无	√(一汽轿车)		
车和家	有	√(力帆汽车)	√(江苏,已停建)	力帆汽车

资料来源：工信部官网及新闻搜集。

不同的生产模式让现阶段众多造车新势力进行投产建设和产能规划，不完全统计之下，主流造车新势力的产能规划已超过 200 万辆（见表 3）。但在整个汽车市场中，传统车企依然占据大头，所以造车新势力处于产能计划虚高状态。

表 3　部分造车新势力 2020 年规划产能

单位：万辆

企业名称	规划产能	企业名称	规划产能
蔚来汽车	10(包含江淮)	威马汽车	20
小鹏汽车	20	电咖汽车	18
奇点汽车	20	拜腾汽车	30
游侠汽车	20	车和家	30
前途汽车	5	正道汽车	30

续表

企业名称	规划年产能	企业名称	规划年产能
知豆汽车	10	新特汽车	20
合众新能源	8	乐视汽车	40
云度新能源	8	小康汽车	5

资料来源：各车企官网及新闻搜集。

在整体战略布局下，各造车新势力持续进行市场布局，量产产品逐步进入市场，其中量产车型蔚来 ES8 以及威马 EX5 已分别于 2017 年 12 月和 2018 年 4 月成功上市，2018 年 1 月小鹏 G3 也正式发布且完成交付 39 辆。整体来看，各企业造车进度呈现分化，蔚来、威马、新特、云度、奇点、前途等公司展出的都是即将量产交付的车型，而像爱驰、拜腾、正道等入局较晚的公司展出的还是量产车的概念版本，离真正量产还有距离。除此之外，虽然目前新造车企业都还未能实现首款车型的大规模量产交付，但是推进速度较快的公司已经开始谋划后续量产车型。例如，威马汽车在车展前将首款量产车 EX5 上市，车展上紧接着发布了第二款车型 EX6；此前已经有 π1 、π3 两款产品上市的云度汽车，在车展期间发布了第三款产品π7。

尽管各企业产品规划过程有序进行，但其承载着巨大的交付压力，整体交付情况不容乐观。作为新造车企业中最早宣布预订的蔚来汽车（首款量产车 ES8 于 2017 年 12 月上市并获得 1 万辆创始版订单，2018 年 3 月开启常规预订），其新车的交付时间已一再延后。国内交付“跳票”的事实接连发生，让传统企业乃至消费者对造车新势力产生不断的猜疑。量产难题，正成为困扰造车新势力的致命问题。

新势力产品处于小批量交付阶段，因此已上市车型的市场表现一般。根据中汽中心数据资源中心终端零售数据统计，蔚来 ES8 自上市以来累计销售 11379 辆，威马 EX5 累计销售 3850 辆，小鹏 G3 销售近 519 辆。产品量产交付问题不断，各企业具体交付能力有待考验，2018 年还处于产品磨合阶段，2019 年、2020 年才是造车新势力的生死年。随着产品大批量交付，造车新势力或将带来突出的市场表现，同时销量数据影响后续资本的判断，在一定程度上决定了新造车企业的未来。

三 新兴中国乘用车品牌发展未来展望

（一）巨大的经营成本压力给新兴中国乘用车品牌带来一定阻力

2018 年以来，在国家逐渐规范新能源汽车管理的情况下，多数涉及新能源汽车产业的公司或无奈退出，或出售优质资产填补亏空。汽车制造业作为典型的资本、技术密集型产业，巨大的经营成本压力给国内新兴乘用车品牌的成长带来一定阻力。

1. 巨额且持续的研发费用

巨额且持续的研发费用是汽车行业进入者的“拦路虎”。一方面，电动汽车的动力总成如电池、电机和电控均可由供应商提供，门槛较传统燃油车大幅降低；另一方面，汽车智能网联化又推高企业造车的研发成本。例如，特斯拉自 2010 年上市以来，公司加大研发投入，2012 年研发收入比为 66.3%，到 Model S 交付后，2013 年研发费用有所减少，但随着 Model X 和 Model 3 的定型和量产，以及 Model Y 等新车型的技术研发，特斯拉的研发费用再次增长，2017 年研发费用达到 13.78 亿美元（见图 1）。连年高额的研发支出，使得特斯拉亏损额持续扩大，自由现金流从 2016 年底到 2018 年第一季度末，特斯拉每季度的自由现金流量至少为 -5 亿美元。

2. 高资本投入

汽车行业是一个高资本投入的行业。此前，威马汽车创始人、董事长兼 CEO 沈晖曾表示要造一辆智能汽车，融资的底线是 200 亿元，在“烧钱之路”上渐行渐远。即便是特斯拉也绕不开，在资金方面捉襟见肘。因此，新兴造车企业的融资能力显得至关重要。通过梳理 15 家获得新建新能源汽车生产资质企业的固定资产投资情况（见表 4），加权平均固定资产规模在 13.18 亿元左右，其固定资产规模为上市公司的一半，乘用车企

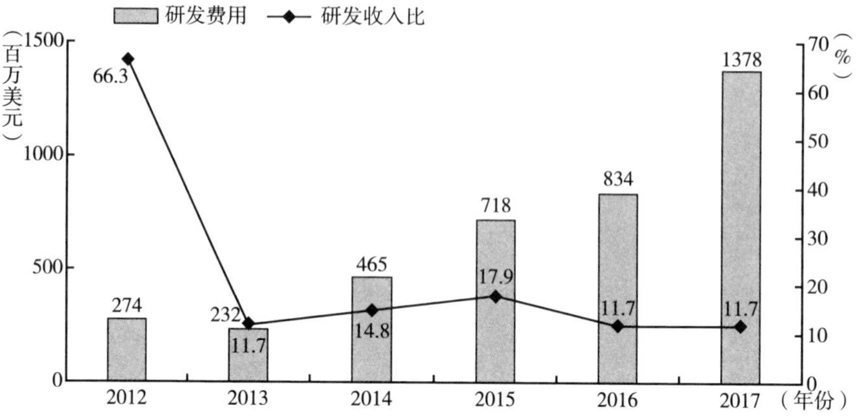

图1　特斯拉研发费用（2012～2017年）

资料来源：中国电池联盟。

业前期投入金额巨大。因此，在新兴造车道路上，汽车行业将面临新一轮洗牌和出局。

表4　获得新建新能源汽车生产资质企业固定资产投资情况

企业名称	新增项目投资(亿元)	建设投资(亿元)	产能(万辆/年)
北　汽	9.8	8.9	5
长　江	8.0	6.5	5
前　途	20.2	14.1	5
奇　瑞	15.6	14.1	6
敏　安	25.0	12.8	5
万　向	25.2	18.0	5
江　铃	13.3	11.8	5
金　康	25.1	22.8	5
国　能	42.7	26.2	5
云　度	18.9	15.4	6.5
知　豆	4.9	4.0	4
合　众	11.6	9.7	5
陆地方舟	17.8	16.1	5
江淮大众	50.6	29.5	10

资料来源：国家发改委官方网站。

（二）新兴中国乘用车品牌在漫长曲折中前进

任何产品最终都需要经过市场检验，汽车行业也不例外。2018 年，新兴中国乘用车品牌在完成工厂建设、进行 B 轮融资、新车上市、实现小规模范围的交付等方面，走上了一条漫长曲折的前进之路。

2018 年伊始，新兴中国乘用车品牌主要着力于量产车的落地，蔚来汽车、威马汽车、小鹏汽车、奇点汽车、前途汽车、云度新能源以及合众新能源均计划于 2018 年上市交付，但是屡遭交付瓶颈。例如，蔚来汽车在出现多次延迟交付后，终于在 2018 年 5 月底完成首次量产车的交付，但交付对象大部分为内部员工，受到了同行的“吐槽”。以蔚来汽车为首的新兴中国乘用车品牌迟迟推后交付时间，究其原因，主要是汽车产品设计环节和生产环节脱钩。一般来说，新兴品牌或由于缺乏生产资产，或因为追求轻资产，普遍采取了传统车企代工模式，但同时也会引发与代工之间的矛盾。诚然，诸如蔚来 ES8 的全铝车身、前途汽车的全碳纤维覆盖件和全铝骨架、爱驰的上钢下铝车身结构，均在产品设计上满足了汽车轻量化要求，但忽视了生产的难度和实际落地。

汽车是一个极其复杂的产品，有其自身的制造规律。首先，汽车的科技含量高，新能源动力系统、智能驾驶系统等技术革新需要车企加大研发投入。其次，汽车行业拥有漫长的产业链，这就要求汽车企业有高超的供应链管理、质量管理、生产管理能力。再次，汽车生产有几乎 100% 的良品率要求，汽车行业设计需要融合很多复杂的质量管理系统。最后，汽车作为一种大众消费品，车型产品更新换代较快，对车企的研发储备和市场反应能力的要求都非常高。以上种种要求，揭示了造车困难的原因，决定了造车不是一个简单的组装生产过程，而是需要进行长时间的技术储备。

舆 情 篇

The Public Opinion

B.12 中国汽车品牌2018年舆情分析

张 健　刘碧磊*

摘　要： 本报告整理了2017年及2018年中国汽车品牌的传播量及调性分布情况，分析了中国汽车品牌的传播状况，总结了2017年及2018年中国汽车品牌的舆情传播走势，展示了中国汽车品牌的舆情传播走势发展特点。通过列表展示了全品牌舆情声量和舆情传播正负面占比。其中，舆情声量反映了品牌传播强度，从一个侧面反映了品牌的受关注程度。舆情传播正负面占比则与品牌的美誉度相关，正面占比越高，说明品牌的口碑更加良好；若负面占比较高，则表示监测期内对品牌方方面面不满意的声音比较突出。

* 张健、刘碧磊，《中国汽车报》中国汽车品牌研究院研究员。

关键词： 中国汽车品牌 传播量 传播走势 调性分布

一 2017年及2018年中国汽车品牌传播量排行及调性分布

从2017年中国汽车品牌传播量数据来看，长安品牌排在品牌传播量排行的榜首，紧跟着的是吉利品牌，排在第三位的是广汽传祺品牌；传播量超过100万条信息的品牌还有哈弗、众泰、奇瑞、宝骏、北汽自主、江淮、荣威、比亚迪和东风风行；传播量在20万~100万条的中国品牌有12个；传播量在2万~20万条的中国品牌有23个（见表1）。

从2018年中国汽车品牌传播量数据来看，长安品牌依然排在品牌传播量排行的榜首，紧跟着的还是吉利品牌，排在第三位的品牌依旧是广汽传祺；传播量超过100万条信息的品牌还有哈弗、荣威、宝骏、奇瑞、比亚迪；传播量在20万~100万条的中国品牌有16个；传播量在2万~20万条的中国品牌有23个（见表1）。

表1 2017年及2018年中国汽车品牌传播量及调性分布

单位：条，%

排名	品牌	2017年传播量	2017年正面占比	2017年负面占比	排名	品牌	2018年传播量	2018年正面占比	2018年负面占比
1	长安	3711091	13.1	2.7	1	长安	2976444	13.6	3.0
2	吉利	3129709	11.6	3.2	2	吉利	2925880	11.2	3.1
3	广汽传祺	2601143	8.7	1.4	3	广汽传祺	2430494	7.7	1.2
4	哈弗	2310042	10.8	2.6	4	哈弗	1943552	13.5	3.2
5	众泰	1796527	14.1	2.0	5	荣威	1923487	7.4	1.3
6	奇瑞	1732729	11.3	2.2	6	宝骏	1396501	9.0	3.0
7	宝骏	1621831	12.4	3.1	7	奇瑞	1367758	8.7	2.0
8	北汽	1585075	14.4	2.2	8	比亚迪	1099981	17.4	2.7

续表

排名	品牌	2017年传播量	2017年正面占比	2017年负面占比	排名	品牌	2018年传播量	2018年正面占比	2018年负面占比
9	江淮	1417160	9.0	1.4	9	众泰	890984	16.0	3.0
10	荣威	1363537	15.9	2.4	10	五菱	850784	6.6	2.5
11	比亚迪	1174607	12.8	2.5	11	北汽	823379	15.9	2.9
12	东风风行	1089193	15.3	1.3	12	江淮	692084	8.1	3.5
13	海马	841845	17.3	1.8	13	启辰	630447	6.5	0.6
14	五菱	819909	10.1	2.5	14	东风风行	593008	9.4	1.8
15	启辰	638859	10.1	0.9	15	奔腾	426185	4.4	2.0
16	奔腾	584891	10.2	1.9	16	东风风神	395584	19.9	2.7
17	东风风神	549166	16.3	1.7	17	东风小康	350612	5.7	1.5
18	东风小康	460813	10.4	2.2	18	海马	346950	15.8	2.1
19	东南	396785	14.2	2.0	19	中华	337141	10.3	2.0
20	中华	386477	12.0	2.1	20	东南	282842	17.1	1.9
21	陆风	380942	13.7	2.4	21	蔚来	274904	13.0	1.7
22	一汽	365465	16.0	2.1	22	红旗	229155	21.9	3.1
23	红旗	242701	21.7	3.9	23	陆风	214606	12.8	2.0
24	猎豹	232654	11.0	2.5	24	魏派	210471	34.8	4.5
25	江铃	195100	16.8	2.0	25	猎豹	165393	8.9	3.2
26	力帆	176401	18.1	2.1	26	一汽	161525	23.8	4.5
27	金杯	164532	14.2	3.2	27	上汽大通	125375	26.4	3.8
28	魏派	161536	18.8	2.7	28	领克	115762	35.5	6.6
29	观致	160996	21.6	2.3	29	观致	95563	18.3	4.0
30	上汽大通	134680	24.6	2.7	30	力帆	92647	26.8	6.9
31	汉腾	124012	22.5	2.3	31	斯威	85778	30.7	3.5
32	斯威	121106	24.0	2.3	32	江铃	80341	9.4	1.7
33	凯翼	101018	26.5	3.1	33	汉腾	63647	32.6	2.9
34	昌河	98163	12.4	1.6	34	昌河	52794	8.9	1.7
35	东风风度	97239	10.8	0.6	35	东风风度	51680	3.6	3.3
36	领克	95091	22.3	4.0	36	捷途	46810	43.0	4.6
37	比速	92348	33.5	3.1	37	威马	45638	38.6	12.7
38	知豆	77747	16.2	4.6	38	野马	43902	17.3	2.5
39	开瑞	70878	15.7	1.9	39	思铭	41811	2.0	8.1
40	蔚来	65932	21.7	3.0	40	凯翼	38833	30.0	3.3
41	野马	61905	14.9	1.5	41	小鹏	34336	45.3	3.6

续表

排名	品牌	2017 年传播量	2017 年正面占比	2017 年负面占比	排名	品牌	2018 年传播量	2018 年正面占比	2018 年负面占比
42	思铭	55614	2.7	3.5	42	比速	33200	29.9	3.3
43	华泰	49483	16.4	2.2	43	开瑞	28851	16.4	2.5
44	英致	45504	14.7	0.8	44	福迪	23469	89.0	0.3
45	福田	40944	14.5	1.3	45	知豆	22365	18.2	3.6
46	长城	22348	7.6	3.7	46	君马	21255	28.5	2.7
47	华颂	22224	26.8	3.0	47	福田	20841	4.7	1.2

注：2017 年及 2018 年中国汽车品牌选取传播量 2 万条以上的品牌。

资料来源：《中国汽车报》中国汽车品牌研究院。

通过 2017 年及 2018 年中国汽车品牌传播量数据可以看出，荣威、蔚来、领克三品牌传播量上升势头强烈，其中荣威作为广汽集团下属的主要自主车型品牌，从 2017 年以来推出了多款深受市场关注、销售业绩突出的新型乘用车，一改之前车型较少、种类单一的情况，市场知名度和占有度稳步提升；蔚来品牌是国内互联网造车品牌的典型代表，随着量产车型的逐步上市，中国品牌高端新能源汽车将投入激烈的国内国际市场竞争；领克品牌作为吉利汽车下属的高端车型品牌，2018 年在市场中接连投入了 3 款车型，在开拓市场、提升品牌形象、带动品牌“向上”的过程中，起到了积极的作用。

通过 2017 年中国汽车品牌舆情走势图可以看出，中国汽车品牌舆情传播在前期呈稳中有升的趋势变化，9、10 两月有所下滑，年底前传播量又开始回升（见图 1）。中国汽车品牌舆情传播在 4 月和 8 月分别受到上海车展及成都车展的影响，出现了两个传播高峰。其中中性信息最多，占总信息量的 84.7%，传播趋势与总传播趋势基本保持一致；正面信息占总信息量的 13.0%，在 4 月受车展影响形成一个传播高峰；负面信息占总信息量的 2.3%，传播趋势相对比较平稳。

通过 2018 年中国汽车品牌舆情走势图可以看出，中国品牌舆情传播量呈先降后升再降、总体舆情逐步上升的变化趋势（见图 2）。2018 年中国汽车品牌舆情传播在 4 月达到了传播的顶峰，其中主要是受到各品牌参加北京车展、

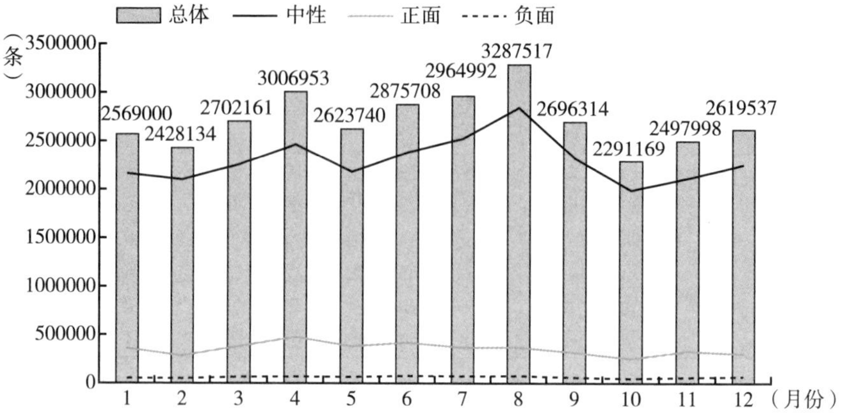

图 1　2017 年中国汽车品牌舆情传播走势

资料来源：《中国汽车报》中国汽车品牌研究院。

推出新车型、公布品牌规划等消息的影响；2018 年中国汽车品牌舆情传播的第二个高峰时段出现在 11 月，同样是受到广州车展的影响，各个品牌在年终再度发力，舆情传播再现小高潮。2018 年中国汽车品牌舆情传播趋势中，中性信息最多，占总信息量的 87.6%，传播趋势与总传播趋势保持一致；正面信息占总信息量的 10.3%，传播量在 4 月北京车展期间有一个较明显的小高峰；负面信息占总信息量的 2.1%，传播量变化比较平稳。

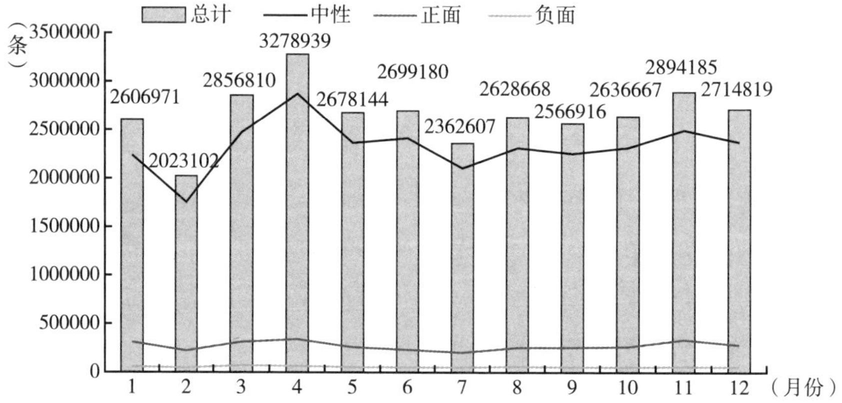

图 2　2018 年中国汽车品牌舆情传播走势

资料来源：《中国汽车报》中国汽车品牌研究院。

B.13

中国品牌轿车2018年舆情分析

张 健　刘碧磊*

摘　要：　本报告主要阐述了中国品牌轿车在2017年及2018年的品牌关注度情况、品牌情感概况，以及品牌满意度方面的情况，以期更全面地展现中国品牌轿车在2017年及2018年的品牌活动和取得的效果。本报告以列表的方式展现了2017年和2018年两个时间段内的中国品牌轿车传播量前50的车型，让人们可以详细了解这两个时间段的中国品牌轿车受关注度，并通过具体例证分析位于传播榜前列的车型。满意度榜单取前30名车型，并具体分析了它们之中典型车型能够获得高满意度的原因。

关键词：　中国品牌轿车　关注度　综合满意度

一　中国品牌轿车舆情监测

（一）品牌关注度

从2017年全年中国品牌轿车的品牌传播量排行来看，吉利博瑞、艾瑞泽5和长安睿骋占据榜单前列（见表1）。在全年传播内容方面，吉利博瑞

* 张健、刘碧磊，《中国汽车报》中国汽车品牌研究院研究员。

表 1　中国品牌轿车关注度

单位：条

排名	车型	2017 年度传播量	车型	2018 年度传播量
1	吉利博瑞	666754	广汽传祺 GA4	2679403
2	艾瑞泽 5	408145	吉利博瑞	827158
3	长安睿骋	366283	长安逸动	388705
4	上汽通用五菱宝骏 310	363251	吉利帝豪 GL	379732
5	吉利帝豪 GL	355003	长安睿骋	339813
6	广汽传祺 GA6	299965	奇瑞艾瑞泽 5	290986
7	上汽荣威 I6	283866	上汽荣威 I6	260623
8	长安逸动	268064	上汽荣威 360	239068
9	一汽红旗 H7	246863	名爵 6	233563
10	广汽传祺 GA8	232414	长安睿骋 CC	216129
11	东风风行景逸 S50	228743	广汽传祺 GA8	200225
12	海马福美来	192208	广汽传祺 GA6	192778
13	广汽传祺 GA3S	179788	一汽红旗 H7	150628
14	吉利远景	178849	上汽荣威 eI6	150041
15	上汽锐行	175385	比亚迪秦	131428
16	众泰 Z700	167769	上汽荣威 950	118252
17	长安悦翔 V7	160866	北京汽车绅宝 D50	105034
18	吉利帝豪	160840	长安逸动 XT	96474
19	奇瑞艾瑞泽 7	150804	比亚迪 F3	93855
20	上汽荣威 360	143473	一汽奔腾 B30	92566
21	北京汽车绅宝 D50	135413	海马福美来	85460
22	长安悦翔 V3	125799	吉利帝豪	85049
23	比亚迪 F3	109289	吉利远景	83480
24	一汽奔腾 B50	108922	比亚迪速锐	82722
25	上汽荣威 350	104954	奇瑞艾瑞泽 7	80234
26	海马 M3	89254	长安奔奔 EV	79175
27	比亚迪速锐	87612	一汽红旗 H5	74144
28	海马 M6	87138	众泰 Z700	70706
29	一汽奔腾 B30	82386	上汽荣威 e950	68784
30	吉利金刚	81897	上汽荣威 350	65959
31	名爵 6	76906	长安悦翔 V7	65855
32	一汽奔腾 B70	66621	东风风神 L60	65215
33	东风 A9	65129	一汽奔腾 B50	64633

续表

排名	车型	2017 年度传播量	车型	2018 年度传播量
34	东风启辰 D60	64822	广汽传祺 GA3S	62543
35	众泰 Z300	64549	比亚迪 E5	59494
36	众泰 Z360	62880	众泰 Z360	56796
37	启辰 T90	62718	众泰 Z560	54683
38	东风风神 L60	61968	长安悦翔 V3	53846
39	观致 3	61253	一汽奔腾 B70	49932
40	华晨中华 H3	60625	比亚迪 F0	47284
41	东风日产启辰 R50	60582	海马 M6	47249
42	江淮瑞风 A60	59068	上汽 MG3	45320
43	天津一汽骏派 A70	58871	东风风行景逸 S50	44492
44	比亚迪 F0	58029	东风 A9	42169
45	众泰 Z560	57830	江淮 Iev6e	39593
46	东风本田思铭	57326	华晨中华 H3	39471
47	上汽荣威 950	55110	众泰云 100	38089
48	众泰 Z500	52561	一汽骏派 A50	36200
49	上汽 MG3	50618	吉利金刚	34354
50	广汽传祺 GA5	49606	上汽锐行	32644

注：选取车型为中国品牌轿车全车型品牌传播前 50 名。
资料来源：《中国汽车报》中国汽车品牌研究院。

全新款车型的相关消息贯穿全年，为其品牌传播贡献较大的力量。艾瑞泽 5 的主要传播内容也是基于新车方面，尤其是在其代言人娱乐明星郑凯的“粉丝效应”下，微博传播热度曾一度高涨。长安睿骋的重要传播内容同样来自新车消息，长安睿骋 CC 的全新出发受到消费者及业内的较高关注。广汽传祺 GA8 由于成为“两会”某权威新闻媒体的采访专用车，其官微进行相关话题的传播，取得一定的关注。知豆电动车获批国家发改委颁发的第十一张新建纯电动乘用车生产资质的消息影响较大。之前一直热议吉利新款博瑞将出现在上海车展，后来被证实并没有出现，让好多喜欢它的“粉丝”略显失意。另外，知豆“共享汽车”的话题受到较高关注，在如今共享经济的大环境下，积极参与共享汽车的知豆关注度提升较快。9 月 21 日，新款红旗 H7 正式上市，这也是一汽集团董事长徐留平履新以来的第一个重要品牌活动，所以关注度较高。但真正让红旗 H7 人气大涨的原因还是靳东的代言，作为时下火热的明星，靳东的影响力不断扩展，红旗 H7 的人气也水涨船高。

相比 2017 年，2018 年中国品牌轿车品牌传播数量均有较高增长，在内容传播方面更为丰富。广汽传祺 GA4 拔得 2018 年度品牌传播榜头筹。知名歌手张杰为传祺 GA4 量身打造歌曲《爱的传奇》，在微博平台迅速传播，得到众多“粉丝”和网民的关注，极大地提升了传祺 GA4 的品牌关注度。长安睿骋 CC 在微博热度同样较高，作为“年味有 fun 的全明星座驾”，睿骋 CC 曝光度依然不低。3 月，吉利博瑞新款车型最新预告图发布，并将于第二季度正式亮相的消息引发一定关注。广汽传祺 GA8 服务于全国“两会”的消息成为其传播热点。同样，吉利博瑞新款车型无伪谍照也已经曝光，且有望于年内上市的消息是其 4 月重要的传播内容。最值得关注的还有北汽新能源于北京车展推出的无人驾驶车型——北汽 LITE，其已经获得自动驾驶路测牌照。吉利博瑞 GE 于 5 月 28 日正式上市，恰逢月底，此则消息的传播高峰出现在 6 月，并且助推博瑞的名次进一步上涨。另外，吉利汽车前 5 月销量已经完成全年计划 40% 的消息也成为热点，其中博瑞销量的贡献比较抢眼。吉利博瑞荣登 8 月中型轿车品牌传播的榜首，其各地车友会在相关汽车论坛的持续发帖对其品牌传播的推动起到了重要作用。吉利博瑞继续成为国家外事礼宾用车的消息成为其 9 月的重点传播内容，这也是博瑞连续 4 年获此殊荣。9 月，广汽传祺 GA8 的传播热点主要体现在论坛方面，一则“选择自己喜欢的，传祺 GA8 订车经历分享”的帖子受到众多网友的跟帖讨论。“红旗 H7 荣膺 2018 中非合作论坛北京峰会官方指定用车”的消息成为其 9 月重要的传播内容，作为 9 月最重要的国际论坛，红旗 H7 成为此次会议的指定用车，极大地提升了其品牌曝光度。11 月初将于乌镇举行的世界互联网大会上，红旗 H7 将作为大会官方指定用车而备受瞩目。广汽传祺 GA8 助力第二届平遥国际电影展的话题在 10 月微博平台传播较广。

（二）品牌情感

从 2017 全年和 2018 年中国品牌轿车品牌情感的类型分布来看，两者基本吻合（见图 1 和图 2）。排在前三位的均是“运动”“科技”“年轻”。更加说明了中国品牌轿车的发展方向非常明确，面对的主要消费群体依然是年轻人，而“运动”和“科技”则是吸引年轻人最有力的因素。“大气”“务实”这种最符合国人购车习惯的词语也是榜上有名。其他如“精致”“进取”等词语的上榜，也很好地说明中国品牌轿车的定位更加明晰，不仅是用外在来吸引消费者，精益求精及锐意进取的精神更是其所要传达的诉求。

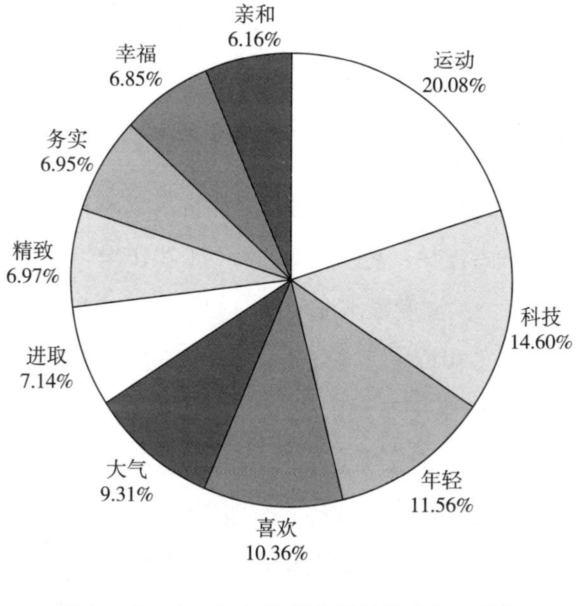

图 1　2017 年中国品牌轿车品牌情感占比分布

资料来源：《中国汽车报》中国汽车品牌研究院。

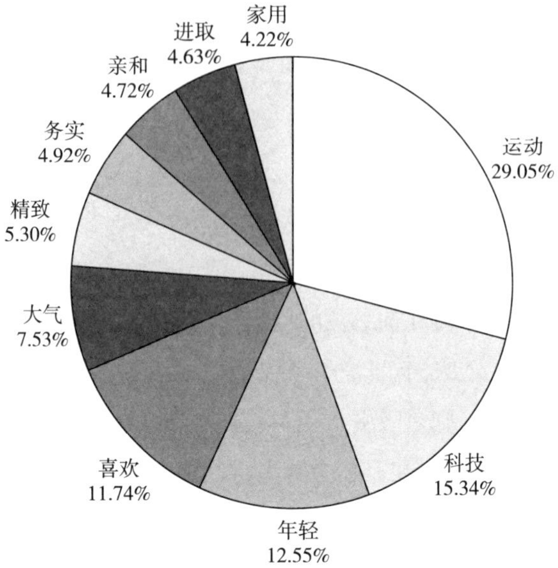

图2　2018年中国品牌轿车品牌情感占比分布

资料来源：《中国汽车报》中国汽车品牌研究院。

（三）中国品牌轿车关注度前30综合满意度

通过2017年中国品牌轿车综合满意度评价可以看出：宝骏310排在微型及小型轿车综合满意度第1位（见表2）。自2016年9月上市以来，宝骏310的销量一路走高，关注度也水涨船高，如此市场表现在日渐萎缩的小型轿车市场中难能可贵。2017年宝骏310陆续上市了装载1.5L发动机和装载AMT变速器的车型，丰富了车型配置，更好地满足了消费者不同层次的需求，其在传播量满意度、论坛满意度和销量满意度上都名列同类型车的前茅，在车型满意度上，其动力、油耗、空间表现优秀。综合满意度排在宝骏310之后的微型及小型轿车是长安悦翔V3，长安悦翔V3作为“老牌”的小型轿车车型，市场关注度一直较高。2017年长安品牌进行调整，对长安悦翔V3老款车型进行了官降，令其市场表现和消费者关注度“为之一振”，其在传播量满意度、论坛满意度上表现不错，其车型满意度中操控和油耗口碑较好。排在微型及小型轿车综合满意度第3位的是长安奔奔，长安奔奔是微型轿车中的代表车型之一，同时又发展出奔奔mini和奔奔EV等新车型系列，其传播量满意度、微博满意度和销量满意度排在同类型车前列，车型满意度中空间、油耗、外观表现较好。

在紧凑型轿车车型中，综合满意度排在第1位的轿车车型是奇瑞艾瑞泽5，奇瑞艾瑞泽5在2017年新上市了运动款车型并装载了1.5T发动机，使车型系列风格为之一变，丰富了配置的同时也有利于不同喜好的消费者选择，因此在传播量满意度、微博满意度、销量满意度上都有上佳表现，车型满意度中，外观、油耗、动力、性价比方面表现出众。荣威i6的总体评价排在第2位，荣威i6是上汽在轿车领域“改头换面”的代表车型，运用了新的设计理念和造型风格，相对于原有的荣威350/360/550系列车型有了一个质的提高，上市之后吸引了众多的关注，其传播量满意度、论坛满意度、微博满意度表现优良，车型满意度中空间、油耗、外观口碑表现不错。综合满意度排在第3位的紧凑型轿车是吉利帝豪GL，吉利帝豪GL是吉利帝豪车型的升级换代车型，2016年9月上市以后一改以往吉利汽车给人的“陈旧”印象，新的改变令其在传播量满意度、销量满意度上表现颇佳，车型满意度中动力、外观、性价方面评价优良。

在中大型轿车排行榜中，吉利博瑞车型的综合满意度排在第1位，作为吉利品牌轿车中的中高端代表车型，吉利博瑞在2017年之前就建立了良好的口碑和广泛的认知，2017年8月又推出了车型的中期改款版本，对车型风格进行了优化，设计造型更具张力、动感，吉利博瑞在同级别车型的传播量满意度、微博满意度、销量满意度上都排在榜首，其车型满意度中，空间、外观、配置口碑表现出众。综合满意度排在第2位的中大型轿车车型是一汽红旗H7，红旗品牌在国人心中的影响无可比拟，一汽红旗H7作为红旗品牌下面向公务和个人用中高端车型，自上市后对中国品牌车型市场影响巨大，其2017年推出了新版本车型，在外观和配置上更加贴合社会需求和时代变化，一汽红旗H7在论坛满意度和微博满意度上均名列前茅，其车型满意度在外观、动力、空间和舒适方面表现优异。综合满意度名列第3的中型轿车车型是广汽传祺 GA6，广汽传祺 GA6 是传祺品牌在中型轿车领域的主力车型，上市以来获得了不错的声誉，其在传播量满意度和微博满意度上表现不错，其车型满意度中空间、外观、动力评价颇佳。

从品牌表现来看，品牌满意度较高的有吉利、广汽传祺、长安、上汽荣威、一汽、众泰和宝骏等品牌。

通过 2018 年中国品牌轿车综合满意度评价可以看出：综合满意度排在第一位的微型及小型轿车是宝骏 310，宝骏 310 在 2018 年延续了 2017 年的优异表现，在同级别车型中知名度和销量均名列第一，在传播量满意度和销量满意度上表现优异，其车型满意度在动力、外观、空间方面表现出色。长安奔奔排在微型及小型轿车综合满意度第 2 位，长安奔奔作为老牌的微型轿车代表车型，在 2018 年透露出更新换代的信息，从而使关注度得到提升，其在传播量满意度、销量满意度上都表现出了较高的水准，车型满意度中外观、内饰、性价比方面表现较好。排在微型及小型轿车综合满意度第 3 位的是长安悦翔，长安悦翔是长安品牌在小型轿车市场中的主力军，其与“同门兄弟”悦翔 V3 共同撑起了长安品牌小型轿车的一片天地。2018 年根据长安品牌的产品规划，第三代悦翔正式上市，其在同级别车型中传播量满意度、微博满意度表现优良，在车型满意度中，受车型换代影响，动力、外观、内饰上的满意度有所提升。

在紧凑型轿车车型中，广汽传祺 GA4 的总体评价排在第 1 位。广汽传祺 GA4 作为传祺家族紧凑型轿车最新的一员，于 2018 年 1 月在北美车展上全球首发，继而在国内正式上市。传祺 GA4 是支撑传祺品牌 2020 年百万销量的重要支柱车型，在传播量满意度、论坛满意度、微博满意度上都排在同级别车型首位，车型满意度方面在外观、内饰和配置上评价优异。综合满意度排在第 2 位的紧凑型轿车车型是荣威 i6，荣威 i6 在 2017 年取得了不俗的行业影响和销量，2018 年更是推出了提高配置、升级科技的新款车型，在论坛满意度、微博满意度、销量满意度上都取得了不错的成绩，车型满意度方面，配置、空间、操控的口碑都有所提升。综合满意度排在荣威 i6 之后的紧凑型轿车车型是长安逸动，长安逸动 2018 年 3 月上市了第二代车型，长安逸动通过6年的起起伏伏之后，终于有了新的换代车型，这让其在传播量满意度、论坛满意度、微博满意度、销量满意度各项评价上都有了大幅的提升，车型满意度方面，在外观、空间、配置、内饰上有了不小的进步。

在中大型轿车车型中，长安睿骋 CC 车型的综合满意度排在第 1 位。作为长安品牌新产品计划中的中型轿车代表车型，长安睿骋 CC 在造型上采用了长安极流概念车的设计理念，是长安第三代设计语言下的首款产品，2017 年底上市后其在传播量满意度、论坛满意度、销量满意度中排在前列，长安睿骋 CC 的车型满意度方面，外观、内饰、舒适和配置口碑出众。综合满意度位居第 2 的中大型轿车车型是吉利博瑞，吉利博瑞在 2017 年取得了不俗的成绩，2018 年上半年其继续推出了两款新车型来丰富车型产品线，同时吉利博瑞 GT 的消息也引起了极大的关注。吉利博瑞在同级别车型中传播量满意度上排在首位，销量满意度也名列前茅，其车型满意度方面，在配置、舒适方面口碑有所提升。综合满意度名列第 3 的中大型轿车车型是长安睿骋，长安睿骋是长安品牌中型轿车代表车型，经过多年的市场考验，其在传播量满意度、论坛满意度和微博满意度上表现不错，车型满意度更是借助 2017 年 9 月底上市的 1.5T 车型，在动力和油耗口碑上有了不小的提升。

从品牌表现来看，品牌满意度较高的有长安、吉利、广汽传祺、荣威、一汽、众泰和奇瑞等品牌。

表 2　中国品牌轿车关注度前 30 综合满意度

单位：分

2017 年排名	车型	2017 年综合满意度	2018 年排名	车型	2018 年综合满意度
1	吉利博瑞	69.31	1	长安睿骋 CC	69.23
2	宝骏 310	68.81	2	吉利博瑞	67.41
3	一汽红旗 H7	66.70	3	广汽传祺 GA4	65.76
4	广汽传祺 GA6	64.73	4	上汽荣威 i6	65.57
5	东风 A9	63.82	5	一汽红旗 H5	63.73
6	奇瑞艾瑞泽 5	61.96	6	长安逸动	62.29
7	长安睿骋	61.79	7	长安睿骋	62.23

续表

2017年排名	车型	2017年综合满意度	2018年排名	车型	2018年综合满意度
8	广汽传祺 GA8	60.08	8	吉利帝豪 GL	60.67
9	海马 M6	60.04	9	宝骏 310	60.41
10	上汽荣威 i6	59.92	10	海马福美来	59.89
11	吉利帝豪 GL	58.83	11	广汽传祺 GA6	59.53
12	上汽荣威 360	57.06	12	奇瑞艾瑞泽 5	58.47
13	北京汽车绅宝 D50	56.84	13	广汽传祺 GA8	57.24
14	上汽荣威 950	55.94	14	上汽荣威 360	56.78
15	一汽奔腾 B30	55.37	15	海马 M6	56.53
16	海马福美来	55.22	16	一汽红旗 H7	56.31
17	众泰 Z360	53.51	17	一汽骏派 CX65	54.86
18	众泰 Z300	53.38	18	东风启辰 D60	54.64
19	东风风行景逸 S50	53.12	19	众泰 Z560	54.49
20	海马 M3	51.30	20	东风风行景逸 S50	54.40
21	众泰 Z700	51.26	21	北京汽车绅宝 D50	54.33
22	长安逸动	50.69	22	长安奔奔	52.14
23	长安悦翔 V3	49.37	23	长安悦翔 V7	51.05
24	一汽奔腾 B50	48.83	24	众泰 Z700	51.02
25	一汽红旗 H7	48.54	25	一汽奔腾 B50	48.89
26	比亚迪速锐	48.05	26	东风 A9	48.26
27	广汽传祺 GA3S	47.79	27	比亚迪秦	46.78
28	吉利帝豪	47.14	28	长安悦翔	46.33
29	长安奔奔	46.55	29	众泰 Z360	45.10
30	众泰 Z560	46.34	30	吉利远景	44.57

注：2017 年度及 2018 年度选取关注度 3 万条以上车型参与排名。
资料来源：《中国汽车报》中国汽车品牌研究院。

二 小结

（一）中国品牌轿车关注度整体分析

在中国品牌轿车 2017 年度及 2018 年品牌传播关注度方面，以资讯信息传播为主，微博热度时高时低的状态也一直在持续。其传播的主要内容体现在新车动态方面，围绕新车消息展开一系列品牌传播活动。比如吉利博瑞的

“欲擒故纵”——上海车展前期一直传言将于车展正式面市的新博瑞迟迟未到，吊足了消费者的胃口。艾瑞泽 5 和长安睿骋 CC 及 2018 年微博热度狂涨的广汽传祺 GA4，均是由于搭上娱乐明星这条主线，从而品牌传播达到新的高点。可见明星的“粉丝效应”非同一般。相比较而言，其他上榜车型的品牌传播就显得更为单一，单纯的销售类信息成为主流，并无特色可言。

（二）中国品牌轿车满意度整体分析

通过 2017 年及 2018 年中国品牌轿车综合满意度可以看出，中国品牌轿车的综合满意度总体呈现逐步提升、领头车型更迭迅速的特点。究其原因，一方面是中国品牌轿车车型的品质正在逐渐向同类型合资品牌车型靠拢，各品牌在不断积累和成长中注重车型、品牌口碑的提升，自身的品质得到进一步提升；另一方面是中国品牌轿车车型加速更新和迭代，新车型和换代车型的推出带来了新的技术、理念、思想。

B.14
中国品牌 SUV 2018年舆情分析

张 健　刘碧磊*

摘　要： 本报告整理了2017年及2018年中国品牌SUV车型关注度、品牌情感及综合满意度数据，总结并计算得出了中国品牌SUV关注度前30的综合满意度情况，对中国品牌SUV车型关注度及综合满意度状况进行了整体分析。得出的结论是：中国品牌SUV 2017年度和2018年度的品牌传播方式基本一致。通过2017年及2018年中国品牌SUV车型综合满意度可以看出，中国品牌SUV车型的综合满意度总体呈现下滑趋势，而新车型上升势头明显。

关键词： 中国品牌SUV　关注度　综合满意度

一　中国品牌SUV舆情监测

（一）品牌关注度

长城哈弗H6、吉利博越和广汽传祺GS4荣登2017年度中国品牌SUV品牌传播榜前三强（见表1）。吉利博瑞新款车型的上市是其传播的重要内容，主打智能概念的传播点，使其品牌关注度明显上升。哈弗H6全新款在哈弗百万辆庆典上正式亮相，并将于2018年内上市的消息成为其重要的传

* 张健、刘碧磊，《中国汽车报》中国汽车品牌研究院研究员。

播内容。由多名微博知名人士发布的“冠军荣耀全新领航”和“百万粉丝追神车”系列话题，均极大地拉升了哈弗 H6 的品牌传播量。“全新哈弗 H6”系列话题成为其 6 月数据上涨的重要原因。无论是评测还是情怀的释放，均使哈弗 H6 的曝光度显著增加。7 月，“小 6 一个月用车感受 + 出现的问题让我爱恨交加”的帖子在汽车之家论坛的点击率高达 84 万余次，极大地拉升了哈弗 H6 的曝光率。吉利博越的品牌传播热点主要来自微博，由其官微发布的“全民出行节十一自驾游，无聊时让博越智能语音互联陪你聊天、讲段子”的有奖参与话题，在较大程度上激发了网民的参与热情。广汽传祺 GS4 完全沉浸在长安 CS55 上市的“焦虑”中，作为直接竞争对手，针对长安 CS55 上市而出现的各种对比评测消息层出不穷。最值得一提的便是长安 CS55。4 月，临近上海车展，让网友及消费者关注的一大热点便是车展上能看到哪些明星。足球明星大卫·贝克汉姆父子将要代言长安 CS55，并将出席上海车展的消息在微博已经“炸锅”，据中国汽车品牌研究院统计，此消息在微博平台的转发次数高达 25 万次，让长安 CS55 过足了一把“网红”的瘾，但是临到上海车展也未能将此消息坐实。其他比如奇瑞瑞虎 7、江淮瑞风 S7 和广汽传祺 GS8 等均有亮点。作为热播综艺节目《奔跑吧兄弟》的官方指定用车，奇瑞瑞虎 7 在微博平台的话题不断。“江淮瑞风 S7 进藏巅峰试驾”及“跟我去西藏”等系列微博话题是其重要的品牌传播内容。“保护三江源，共建国家公园——广汽传祺护源有我”系列话题中以传祺 GS8 组成的湿地车队，成为此公益活动的重要参与者，正能量的不断传播对传祺 GS8 的影响力也有一定提升。新车消息也是中国品牌 SUV 2017 年度品牌传播的重要内容，比如吉利远景 X1、吉利远景 X3 及广汽传祺 GS3 等均因为新车消息的较广传播从而榜上有名。

相比 2017 年，2018 年中国品牌 SUV 品牌传播量总量有所下滑，吉利博越、长城哈弗 H6 和长安 CS75 依然占领前三名。一则题为《本田起诉长城索赔 2214 万》的帖子在微博热度较高，本田公司称哈弗 H6 涉及其两项发明专利，要求长城公司停止使用，一时引起众多网民的围观。由哈弗官微发布的多条关于“全新哈弗 H6”的有奖参与话题，得到众多网友的关注转发。2018 款吉利博越于 3 月上市的消息成为其最热资讯。广汽传祺 GS4 新款车型于 5 月 23 日正式亮相，引发众多竞争对手的关注和提及，其中作为直接竞争对手的哈弗 H6 在相关的传播消息中多次提及传祺 GS4。由某大 V 发布的上汽荣威 RX5 自驾游话题得到网友的较高关注，在一定程度上拉升了荣威 RX5 的微博曝光率。其他车型均有不同的传播亮点。比如，哈弗 H7 在微博送豪礼的话题得到众多网友的追捧。由宝骏汽车官微发布的“填坑老司机，让宝骏 510 红一把”的话题得到网民较多转发和参与。由哈弗官微发布的“时尚 SUV 哈弗 H2 邀您晒出心中的南北年味并@哈弗 SUV，即有机会获得哈弗精美车模”的话题传播最热，有效提升了哈弗 H2 的关注度。2018 款长城哈弗 H7 正式上市的消息助其传播量上涨。7 月，长安 CS55 位居紧凑型 SUV 品牌传播榜首，主要是由于其官微对其不遗余力地造势宣传，以“长安 CS55 生日福利”的话题方式进行传播，转发量一度高涨，但话题下面不乏投诉维权的评论。吉利博越上半年总销量近 14 万辆，同比增长 12%，成为吉利汽车上半年销量大涨的功勋成员。长安 CS95 新款实车图曝光，外观更为犀利、运动风格更足，成为关注亮点，其将于 9 月正式上市的消息传播较广。

表 1　中国品牌 SUV 关注度

单位：条

排名	车型	2017 年度传播量	车型	2018 年度传播量
1	长城哈弗 H6	803636	吉利博越	648308
2	吉利博越	703799	长城哈弗 H6	557806
3	广汽传祺 GS4	602259	长安 CS75	483219
4	广汽传祺 GS8	543621	上汽荣威 RX8	425658
5	长安 CS55	528732	广汽传祺 GS4	399528
6	长安 CS75	518546	吉利帝豪 GS	358528
7	众泰 T600	510586	上汽荣威 RX5	355645
8	上汽荣威 RX5	470760	长安 CS55	345773
9	海马 S5	410559	上汽荣威 RX3	315931

续表

排名	车型	2017 年度传播量	车型	2018 年度传播量
10	奇瑞瑞虎 7	402403	长安 CS35	281068
11	上汽通用五菱宝骏 560	394223	奇瑞瑞虎 3	252662
12	长安 CS95	391551	吉利远景 X3	247313
13	长安 CS35	379637	长安 CS95	247291
14	吉利帝豪 GS	364804	吉利远景 X1	243381
15	上汽通用五菱宝骏 510	349571	广汽传祺 GS8	229317
16	长城哈弗 H7	262298	长城哈弗 M6	218615
17	长城哈弗 H2	261285	奇瑞瑞虎 7	213780
18	江淮瑞风 S3	251129	广汽传祺 GS3	198831
19	长城哈弗 H8	231182	众泰 T600	196960
20	奇瑞瑞虎 3	224407	奇瑞瑞虎 3X	196521
21	吉利远景 X1	220258	奇瑞瑞虎 5x	191338
22	长安 CS15	219977	广汽传祺 GS7	185701
23	江淮瑞风 S2	201448	长城哈弗 H9	171043
24	江淮瑞风 S7	196989	长城哈弗 H2	159626
25	广汽传祺 GS7	196683	长城哈弗 H7	150742
26	长城哈弗 H9	194297	五菱宏光 S3	147128
27	东风风光 580	192719	MG 名爵 ZS	143998
28	众泰 T700	182886	东风风光 580	141147
29	奇瑞瑞虎 5	171453	海马 S5	129597
30	众泰大迈 X7	170032	江淮瑞风 S7	125785
31	一汽奔腾 X40	168133	长城哈弗 H8	121562
32	中华 V3	162995	长城哈弗 H2S	120522
33	众泰大迈 X5	162938	众泰 T700	120416
34	奇瑞瑞虎 3X	155011	北京 40	117533
35	广汽传祺 GS3	152670	比亚迪宋	115900
36	长城哈弗 H1	148775	吉利领克 02	106587
37	东南 DX7	147514	一汽奔腾 X40	105603
38	陆风 X7	147379	中华 V3	100847
39	吉利远景 X3	144776	东风风行景逸 X5	98932
40	东风日产启辰 T70	143732	众泰 T300	96533
41	上汽荣威 RX3	142597	一汽奔腾 X80	95851
42	比亚迪宋	142153	东风风神 AX7	94940
43	东南 DX3	128352	东风风光 S560	84419
44	一汽吉林森雅 R7	128130	猎豹 CS10	82011
45	比亚迪 S7	128065	长城哈弗 F5	80955
46	五菱宏光 S3	127473	长安 CS15	80825

续表

排名	车型	2017 年度传播量	车型	2018 年度传播量
47	猎豹 CS10	127204	东南 DX3	79101
48	北京 40	124655	长城哈弗 H5	78301
49	东风风神 AX7	119649	江淮瑞风 S3	78178
50	长城 WEY VV7	119228	比亚迪 S7	77854

注：选取车型为中国品牌 SUV 全车型品牌传播前 50 名。
资料来源：《中国汽车报》中国汽车品牌研究院。

（二）品牌情感

"科技""运动""年轻""大气"是 2017 年和 2018 年消费者对中国品牌 SUV 的中肯评价，也很好的说明中国品牌 SUV 在发展和定位方面已经切实融入日新月异的市场（见图 1 和图 2）。迎合消费群体的变化及提升车辆

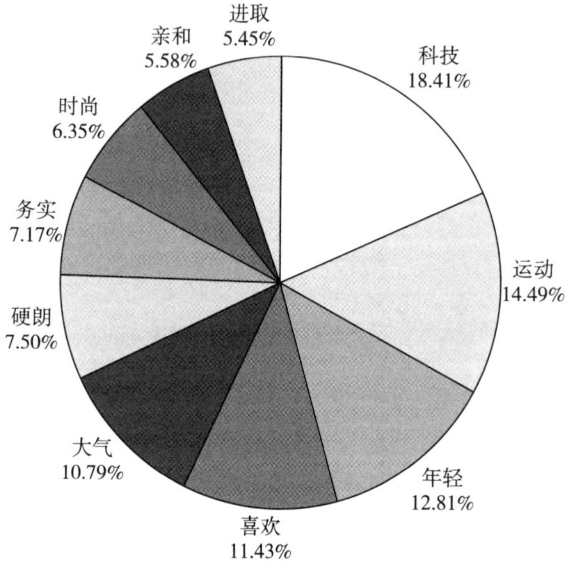

图 1　2017 年中国品牌 SUV 品牌情感占比分布

资料来源：《中国汽车报》中国汽车品牌研究院。

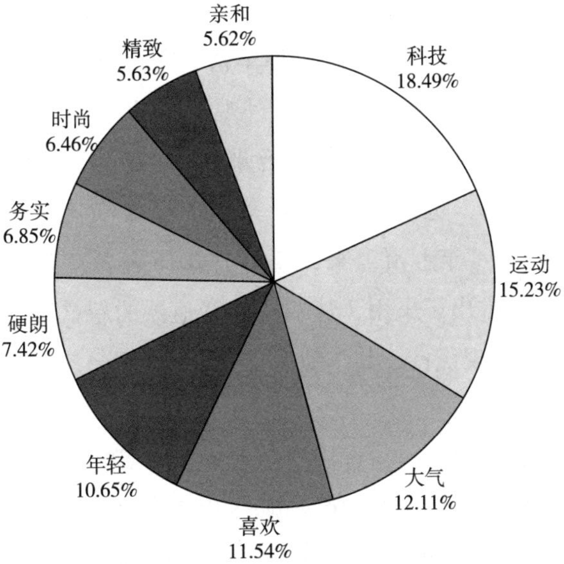

图 2　2018 年中国品牌 SUV 品牌情感占比分布

资料来源：《中国汽车报》中国汽车品牌研究院。

品质，使得中国品牌的概念更加深入人心。其他如“硬朗”“务实”更加突出 SUV 的实用性和不同于其他车型的特点。随着 7 座 SUV 的盛行，其大气、家用的特性逐步显现。

（三）中国品牌 SUV 关注度前30综合满意度

通过 2017 年中国品牌 SUV 综合满意度评价可以看出：宝骏 510 排在小型 SUV 车型综合满意度第 1 位（见表 2）。宝骏 510 是宝骏品牌自宝骏 560 之后推出的又一款主力 SUV 车型，主攻小型 SUV 领域。该车自 2017 年 2 月上市以后一直保持着较高的关注度，销量屡有不俗表现。9 月新 AMT 车型上市后更是因为产品线的丰富使关注度得到进一步提升，在传播量满意度、微博满意度和销量满意度上都表现优异，其车型满意度在油耗、外观、空间上都获得了不错的评价。综合满意度排在宝骏 510 之后的小型 SUV 车型是东南 DX3。东南 DX3 是东南汽车在小型 SUV 领域开拓市场的“顶梁柱”，在2016年11月上市之后，先后又上市了运动版车型和2018款新车，使其配置有了更多的提升，车型配置也更加丰富。东南DX3在论坛满意度和微博满意度上表现不俗，其车型满意度中外观、空间、配置上口碑优良。排在小型SUV车型综合满意度第3位的是哈弗H2，哈弗H2是哈弗品牌在小型SUV市场中的主力军，也是哈弗SUV家族中仅次于哈弗H6的"销量大户"。哈弗H2自2014年上市以来，经历了2016年家族化红、蓝车型并举的转变，在2017年推出了采用7速双离合变速器的新款车型，在微博满意度和销量满意度均表现优良，其车型满意度中，外观、空间、配置方面评价良好。

在紧凑型SUV车型中，综合满意度排在第1位的是本级别的"老大"哈弗H6。哈弗H6作为中国品牌紧凑型SUV乃至中国品牌乘用车的标杆车型，其市场影响力和关注度一直遥遥领先，2017年哈弗H6先是秉承家族化设计在上海车展正式上市了红、蓝版车型，继而在10、11月分别上市了运动版和搭载新1.5T直喷发动机的新款车型，使其在传播量满意度、微博满意度、销量满意度上都排在前列。哈弗H6的车型口碑满意度中，外观、空间、性价和配置评价出色。荣威RX5的总体评价排在第2位，作为荣威家族最早推出的SUV车型，其是荣威品牌律动设计理念下打造的第一款车型，自2016年7月上市之日起便以科技、互联"名动江湖"。2017年荣威RX5不断推出新款型，同时提升了配置和科技含量，令其在传播量满意度、微博满意度、销量满意度上都有出众的表现，车型满意度中外观、配置、空间和动力评价上佳。综合满意度排在第3位的紧凑型SUV车型是长安CS55，长安CS55是长安品牌中全新紧凑型SUV，主要定位于年轻、时尚的消费人群，与CS75组成长安品牌在紧凑型SUV领域的"双子星"，上市后其论坛满意度、微博满意度表现优异。同时在车型满意度中，外观、操控和空间表现较好。

在中大型SUV车型中，东风风光580的综合满意度排在第1位。作为东风风光品牌SUV车型中的代表车型，东风风光580凭借在同类车型中较新的设计、合理的定位与营销策略，在中型中国品牌车型中开创了自己的

“一片天地”，其在微博满意度、论坛满意度、销量满意度上都表现上佳。在车型满意度方面，外观、空间、配置评价优异。综合满意度位居东风风光580之后的中大型SUV车型是长安CS95，长安CS95作为长安品牌旗下旗舰级SUV，经过几年的反复终于在2017年3月正式上市，长安CS95在传播量满意度、微博满意度，论坛满意度上表现优良，销量满意度由于受产能限制有些落后，车型满意度中，空间、舒适、配置方面表现出众。综合满意度名列第3的中型SUV车型是众泰T600，众泰T600是众泰品牌在SUV车型中的代表车型，上市以来在三、四线城市取得了不错的成绩和较大的影响，2017年又推出了运动款车型，进一步提升了关注度，其在传播量满意度、论坛满意度和销量满意度上都取得了不俗的成绩。在车型满意度中，性价、空间、配置方面表现不错。

从品牌表现来看，品牌满意度较高的有哈弗、长安、广汽传祺、宝骏、荣威、吉利、东风、众泰和中华等品牌。

通过2018年中国品牌SUV综合满意度评价可以看出：综合满意度排在第一位的小型SUV车型是长安CS35。长安CS35是长安CS系列的首款车型，与后来上市的长安CS15共同支撑起长安品牌在小型SUV市场的“江山”。经过了6年的风雨，长安CS35在2018年终于迎来了换代车型的亮相，并在下半年正式上市，其在传播量满意度、论坛满意度、微博满意度和销量满意度上表现提升较快。在车型满意度方面，受新车换代影响，在外观、配置、空间方面表现优秀。宝骏510排在小型SUV车型综合满意度第2位，宝骏510在2017年综合满意度方面表现上佳，2018年其更是推出了仅供线上电商平台销售的周年纪念版车型，引发了较高的关注。同时其2018年销量表现依旧强劲，在传播量满意度和销量满意度上都表现出众，在车型满意度中，油耗、配置、外观评价较好。排在小型SUV车型综合满意度第3位的是东南DX3，东南DX3在2018年上市了户外版车型，外观更加动感，车型配置进一步丰富，其微博满意度和销量满意度均表现优良，在车型满意度中，空间、油耗、配置方面表现不错。

在紧凑型SUV车型中，荣威RX3的总体评价排在第1位。作为荣威家族SUV最新的一员，2017年屡经等待后终于在11月上市，之后在2018年4月继续推出了旗舰版车型，荣威RX3和荣威RX5组成了荣威品牌在紧凑型SUV领域的“亲兄弟”，共同征战市场。荣威RX3上市后在传播量满意度、论坛满意度、微博满意度上都排在前列。在车型满意度方面，在外观、油耗、内饰表现不凡。综合满意度排在第2位的紧凑型SUV车型是荣威RX5，荣威RX5在2018年继续提升配置和科技含量并推出了两款智联网车型，以更科技、更互联的风格来迎合消费者的需求，其传播量满意度、销量满意度、微博满意度表现不错。在车型满意度方面，在空间、动力、外观方面获得了不错的评价。综合满意度排在荣威RX5之后的紧凑型SUV车型是本级别曾经的“霸主”哈弗H6，面对同门高端品牌WEY带来的市场压力，哈弗H6自身也在逐步调整，2018年推出了全新H6豪华/超豪华版车型，给消费者提供更加多样化的选择，并进一步提升了车型的主动安全配置/舒适性配置水平，在传播量满意度、微博满意度、销量满意度上表现上佳。在车型满意度方面，在外观、配置、内饰上表现有所提升。

在中大型SUV车型中，长城WEY VV7车型的综合满意度排在第1位。作为长城旗下WEY品牌首款车型，长城WEY VV7自2017年4月上市后，经过将近一年的市场考验，终于脱颖而出，其在微博满意度、论坛满意度、销量满意度上都居于同类型车的前列。在车型满意度中，外观、配置、内饰、空间都得到了相当多的好评。综合满意度位居长城WEY VV7之后的中大型SUV车型是广汽传祺GS8，广汽传祺GS8是传祺品牌在中大型SUV车型中推出的首款车型，在传播量满意度、微博满意度和销量满意度上表现出众。在车型满意度方面，外观、空间、配置表现优秀。综合满意度名列第3的中型SUV车型是东风风光580，东风风光580在2017年表现优异，2018年又增加了1.5T新车型，并传出混动版车型的谍照，意在丰富车型配置以争取更好的成绩，其在论坛满意度和销量满意度上表现不错，在车型满意度方面，空间、动力和性价比方面口碑优良。

从品牌表现来看，品牌满意度较高的有荣威、哈弗、长安、宝骏、广汽传祺、吉利、奇瑞、众泰和中华等品牌。

表 2　中国品牌 SUV 车关注度前 30 综合满意度

单位：分

2017 年排名	车型	2017 年综合满意度	2018 年排名	车型	2018 年综合满意度
1	东风风光 580	65.94	1	上汽荣威 RX3	63.86
2	宝骏 510	65.51	2	长安 CS35	63.21
3	长城哈弗 H6	64.74	3	上汽荣威 RX5	61.95
4	长安 CS95	64.03	4	长城哈弗 H6	61.82
5	众泰 T600	64.00	5	宝骏 530	61.75
6	广汽传祺 GS8	63.53	6	宝骏 510	60.98
7	斯威 X7	62.38	7	东南 DX3	60.58
8	东南 DX3	61.81	8	吉利博越	60.52
9	上汽荣威 RX5	61.69	9	奇瑞瑞虎 3X	60.28
10	长安 CS55	61.67	10	长城 WEY VV7	60.03
11	长城哈弗 H2	61.20	11	广汽传祺 GS8	59.97
12	启辰 T70	60.99	12	众泰 T300	59.83
13	中华 V3	60.56	13	东风风光 580	59.13
14	长城哈弗 H7	60.40	14	斯威 X7	58.18
15	广汽传祺 GS7	60.35	15	长安 CS55	57.99
16	长安 CS35	60.20	16	众泰 T600	57.86
17	长城哈弗 H9	60.20	17	长安欧尚 X70A	57.83
18	奇瑞瑞虎 7	60.17	18	长安 CS75	57.57
19	江淮瑞风 S7	59.97	19	长城哈弗 H9	57.43
20	吉利远景 X3	59.64	20	上汽荣威 RX8	57.31
21	一汽吉林森雅 R7	59.42	21	长安 CS95	57.30
22	北汽绅宝 X35	59.09	22	吉利远景 X3	57.09
23	吉利博越	59.05	23	上汽大通 D90	57.02
24	长城 WEY VV7	58.64	24	广汽传祺 GS4	56.66
25	宝骏 560	58.60	25	东南 DX7	56.25
26	北京 20	58.49	26	长城哈弗 H7	56.21
27	启辰 T90	58.34	27	广汽传祺 GS7	55.67
28	长城哈弗 H8	57.64	28	中华 V3	55.34
29	东南 DX7	57.58	29	长城哈弗 H2	55.22
30	众泰大迈 X7	57.55	30	长安 CS15	55.08

注：2017 年度及 2018 年度选取关注度 8 万条以上车型参与排名。

资料来源：《中国汽车报》中国汽车品牌研究院。

二 小结

（一）中国品牌 SUV 车型关注度整体分析

中国品牌 SUV 2017 年和 2018 年的品牌传播方式基本一致。新车消息是中国品牌 SUV 品牌传播的最大亮点，针对新车展开的一系列品牌传播话题均极大地提升了中国品牌 SUV 的品牌关注度。比如哈弗 H6 在其官微的大力支持下取得耀眼的成绩，并且借助大 V 的影响增加了品牌传播的广度。奇瑞瑞虎 7、江淮瑞风 S7 及广汽传祺 GS8 的微博活动均极大地拉升了品牌传播量。相比较而言，其他上榜车型的品牌传播依然较为单一地停留在主流资讯的发布方面，缺少吸引力，无法在品牌传播方面更进一步。2018 年品牌传播量的进一步缩减证明了自主品牌 SUV 在品牌传播方面的不足，这更加让我们认清与合资及外资企业的差距。

（二）中国品牌 SUV 车型满意度整体分析

通过 2017 及 2018 年度中国品牌 SUV 车型综合满意度可以看出，中国品牌 SUV 车型的综合满意度总体呈现下滑趋势、新车型上升势头明显。究其原因，一方面是因为中国品牌 SUV 车型正处在一个新老车型换代的发展阶段，另一方面是因为新技术、新理念、新设计思想、新平台的接连推出和应用加速了市场的变革。

B.15

中国品牌 MPV 2018年舆情分析

张 健 刘碧磊*

摘 要： 本报告主要阐述了中国品牌 MPV 在 2017 年及 2018 年的品牌关注度情况、品牌情感概况，以及品牌满意度方面的情况，以期更全面地展现中国品牌 MPV 在 2017 年及 2018 年的品牌活动和取得的效果。2017 年及 2018 年中国品牌 MPV 的品牌传播整体较为均衡。五菱宏光、宝骏 730、长安欧尚 A800 及传祺 GM8 等车型的传播均有不同亮点。同期，中国品牌 MPV 车型的品牌满意度呈现逐步变化的特点。中国品牌 MPV 车型在 2017 年进入一个新的增长变化阶段，在原有车型基础上向提高配置、改变外观、加强舒适性的方面发展。

关键词： 中国品牌 MPV　关注度　综合满意度

一 中国品牌 MPV 舆情监测

（一）品牌关注度

五菱宏光、上汽通用五菱宝骏 730 及长安欧尚 A800 居 2017 年度中国品牌 MPV 关注度榜首（见表 1）。其中，五菱宏光以 50 余万条的传播量遥遥领先于其他车型。五菱宏光的传播内容主要与社会新闻有关，比如在微博平

* 张健，《中国汽车报》中国汽车品牌研究院研究员；刘碧磊，《中国汽车报》中国汽车品牌研究院研究员。

台，一则“五菱宏光是如何成为秋名山神车”的话题热度较高，网友竞相转发关注，提升了五菱宏光的微博曝光率。“一群跑车玩正嗨，五菱宏光来后个个闻风丧胆”“你永远不知道五菱宏光的身份有多高贵”等消息层出不穷。宝骏 730 基于新款车型上市的宣传在线上、线下取得较好结合：3 月 28 日，“全新宝骏 730 完美之夜”在三亚举行，由知名演员佟大为等参加的活动引发较高关注。4 月，“长安欧尚约拍大赛”系列话题在微博热度较高，尤其是多位微博知名人士的参与更是在很大程度上提升了长安欧尚的品牌曝光率。5 月底，一则“高三学生攒钱买车，为了一家人能享受美好时光”的消息在微博平台持续走热，而这位学生买的车便是长安凌轩。有数平台统计显示：此话题虽然出现在 5 月的最后两天，但转发数高达 3 万余次。这一话题在很大程度上拉升了长安凌轩 5 月的品牌传播量，使其一跃至榜首。7 月 31 日，长安欧尚 A800 正式上市，作为全新 MPV，新车是品牌“商转乘”战略的重点车型，其在品牌营销方面也是下足功夫。9 月，一则由东风风行 CM7 官微和其他大 V 发布的“E 起探索新财富”的有奖参与话题得到网民空前的关注和转发。有数分析认为：一方面，东风风行 CM7 借助其他大 V 的影响力来进行话题的传播；另一方面，1000 元现金、VR 眼镜等都成为吸引网民参与的重要因素。

在 2018 年中国品牌 MPV 品牌传播榜上，五菱宏光、广汽传祺 GM8 和上汽通用五菱宝骏 730 占据榜单前三位。其中，广汽传祺 GM8 的品牌传播显得更为活跃——广汽传祺 GM8 亮相北京车展，由传祺官微发布的关于 GM8 的话题均得到一定传播。另外，广汽传祺 GM8 斩获大订单并于 6 月交付的消息成为其传播的重点内容。关于传祺 GM8 试驾会的相关消息传播也较高。由知名汽车大 V 发布的测评宝骏 730 的有奖参与话题得到较多网友的参与，在一定程度上拉升了宝骏 730 的品牌传播量。尤其是在论坛方面，关于宝骏 730 的改装帖子迅速引起其他网友的围观。由大 V 账号发布的一则转发关注即可得五菱宏光一辆或者折现 5 万元的有奖参与话题，使得五菱宏光在微博的人气直线上升。一篇《什么中国车能让老外都感兴趣，外媒热议五菱宏光系列车型》的报道迅速走红，曾经月销 8 万辆的骄人战绩，依然无人能敌，至今还是媒体乐道的话题。7 月，上汽通用五菱宝骏 360 的热点主要来自论坛用户的提车作业和用车感受的帖子，引发网友的跟帖关注。广汽传祺官微在微博为 GM8 摇旗呐喊，结合线下丰富的品牌活动，在线上不遗余力地进行传播发布，取得一定的关注度。五菱宏光依然以 2.8 万余辆的销量荣膺 7 月 MPV 销量冠军，在其他多数车型遭遇“滑铁卢”的情形下，五菱宏光仍然保持高增长的态势，再次成为人们的谈资。作为上市不久的宝骏 360，其 7 月销量逼近 1 万辆的成绩也得到行业内的赞许。

表 1　中国品牌 MPV 关注度

单位：条

排名	车型	2017 年度传播量	车型	2018 年度传播量
1	五菱宏光	549690	五菱宏光	331995
2	上汽通用五菱宝骏 730	415355	广汽传祺 GM8	222440
3	长安欧尚 A800	384595	上汽通用五菱宝骏 730	174111
4	长安凌轩	180545	上汽通用五菱宝骏 360	134957
5	东风风行 CM7	173185	长安欧尚	128282
6	江淮瑞风 M3	139773	江淮瑞风 M3	78919
7	东风启辰 M50V	129567	东风小康风光 370	75787
8	江淮瑞风 M4	116208	东风小康风光 330	71643
9	东风风行 S500	113640	比亚迪宋 MAX	71532
10	江淮瑞风 M5	81368	东风风行 S500	63177
11	上汽大通 G10	79572	江淮瑞风 M4	62815
12	东风小康风光 370	78016	江淮瑞风 M5	51440
13	东风风行菱智	71060	比亚迪 E6	48898
14	东风风行菱智 M5	68333	东风风行 F600	48168
15	长安欧诺	57402	东风风行菱智 M5	43507
16	东风风行 F600	56019	江淮瑞风 R3	42049
17	东风小康风光 330	48846	上汽大通 G10	41577
18	广汽传祺 GM8	47934	东风启辰 M50V	38282
19	力帆轩朗	43807	长安欧尚 A600	37329
20	北汽威旺 M50F	42876	东风风行 CM7	32196
21	金杯 F50	35213	北汽幻速 H2	28465
22	北汽幻速 H2	32481	长安凌轩	26681
23	海马 V70	30604	郑州日产东风帅客	26072

续表

排名	车型	2017 年度传播量	车型	2018 年度传播量
24	金杯 750	30544	江淮瑞风 M6	24184
25	开瑞 K50	29947	昌河福瑞达 M50	23960
26	上汽大通 V80	29613	海马普力马 EV	23050
27	长安睿行 S50	29253	长安欧尚 A800	22071
28	郑州日产东风帅客	28838	福美来 F7	21549
29	昌河 M70	27489	广汽传祺 GM6	21115
30	开瑞 K60	27143	长安欧诺	20390
31	比速 M3	25731	东风风行菱智	19528
32	北汽威旺 M30	24894	上汽大通 G50	16824
33	金杯阁瑞斯	24580	上汽大通 V80	15691
34	江淮瑞风 M6	24086	开瑞 K60	13811
35	奇瑞艾瑞泽 M7	23854	开瑞 K50	12038
36	北汽幻速 H3	23231	力帆轩朗	8611
37	华晨华颂 7	22515	福田蒙派克 E	7719
38	比亚迪 M6	21329	北汽幻速 H3	7238
39	昌河福瑞达 M50	20939	比亚迪 M6	7236
40	北汽威旺 M20	20308	长安睿行 S50	7038

注：选取车型为中国品牌 MPV 全车型品牌传播前 40 名。
资料来源：《中国汽车报》中国汽车品牌研究院。

（二）品牌情感

“家用”“商务”“大气”“务实”等词很好地诠释了中国品牌 MPV 的定位（见图 1 和图 2）。在 2017 年度和 2018 年中国品牌 MPV 品牌情感的类型分布方面，两者略有差异。2017 年度分布显示“科技”“精致”等占比较高，但在 2018 年的分布中此类词的占比有所下滑，相应的，“务实”和“大气”的占比有所提升。这种变化可以说是社会现象的一个缩影，在国内二孩政策逐渐放开的大环境下，空间成为多数消费者考虑的重要因素。

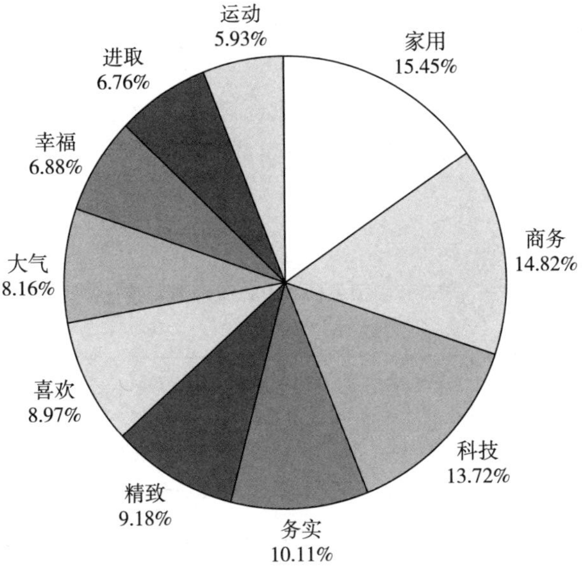

图1　2017年中国品牌MPV品牌情感占比分布

资料来源：《中国汽车报》中国汽车品牌研究院。

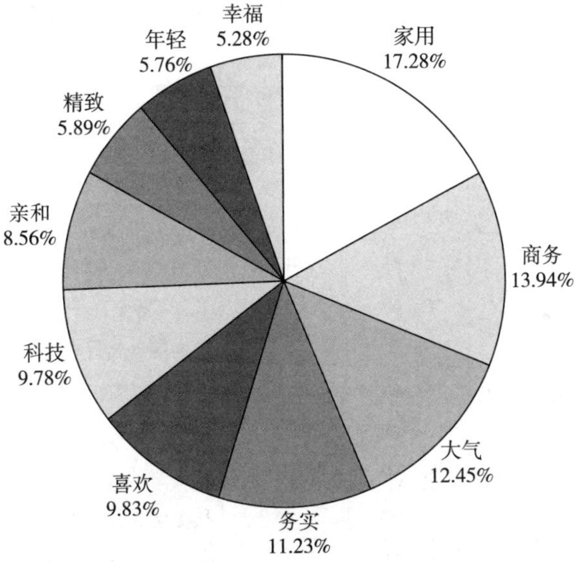

图2　2018年中国品牌MPV品牌情感占比分布

资料来源：《中国汽车报》中国汽车品牌研究院。

（三）中国品牌 MPV 前20综合满意度

通过 2017 年中国品牌 MPV 车型综合满意度评价可以看出，排在 MPV 车型前 5 位的是比亚迪宋 MAX、江淮瑞风 M4、上汽大通 G10、五菱宏光、长安凌轩（见表 2）。

表 2　中国品牌 MPV 综合满意度

单位：分

2017 年排名	车型	2017 年综合满意度	2018 年排名	车型	2018 年综合满意度
1	比亚迪宋 MAX	69. 69	1	比亚迪宋 MAX	67. 98
2	江淮瑞风 M4	68. 31	2	长安欧尚	66. 24
3	上汽大通 G10	66. 63	3	长安欧尚 A800	66. 11
4	五菱宏光	66. 19	4	五菱宏光	62. 96
5	长安凌轩	65. 15	5	东风启辰 M50V	59. 53
6	长安欧尚 A800	64. 62	6	长安欧诺	59. 46
7	长安欧尚	62. 15	7	上汽通用五菱宝骏 360	58. 84
8	广汽传祺 GM8	61. 72	8	广汽传祺 GM8	57. 32
9	江淮瑞风 M3	59. 79	9	上汽大通 G10	57. 06
10	宝骏 730	59. 77	10	上汽通用五菱宝骏 730	56. 01
11	东风风行 CM7	57. 78	11	东风风行 CM7	55. 67
12	金杯 F50	57. 47	12	东风小康风光 330	53. 79
13	东风启辰 M50V	56. 83	13	江淮瑞风 M4	53. 34
14	北汽威旺 M50F	56. 65	14	长安凌轩	51. 15
15	长安欧诺	56. 40	15	江淮瑞风 R3	49. 63
16	东风小康风光 370	54. 86	16	东风风行菱智	49. 17
17	力帆轩朗	54. 14	17	东风小康风光 370	48. 88
18	东风风行景逸	51. 68	18	江淮瑞风 M6	48. 29
19	江淮瑞风 M5	45. 99	19	福美来 F7	47. 44
20	东风风行 S500	43. 92	20	东风风行 S500	42. 13

注：2017 年度及 2018 年度选取关注度 3 万条以上车型参与排名。

资料来源：《中国汽车报》中国汽车品牌研究院。

在中国品牌 MPV 车型中，排在综合满意度第 1 位的是比亚迪宋 MAX。比亚迪宋 MAX 作为比亚迪品牌 2017 年新上市的重点车型，从上海车展发布之日起就受到了广泛的关注，正式上市之后更是受到各界的好评，其论坛满意度和口碑满意度都排在 MPV 车型的首位。比亚迪宋 MAX 的定位高于以往脱胎于微面车型的传统中国品牌 MPV 车型，设计思想与理念借鉴了中高端商务 MPV 车型的空间与舒适设计，同时又保留了传统中国品牌 MPV 车型高性价比的特性。在车型口碑满意度中，在外观、内饰、空间方面受到了广泛的好评。排在综合满意度第 2 位的是江淮瑞风 M4。江淮瑞风 M4 作为为数不多的拥有新能源汽车型的 MPV 车型，在 2016 年 10 月上市之后，于 2017 年接连推出了 1.5T 汽油动力车型、1.9T 柴油动力车型和 1.5T 混合动力车型，受到了各界的瞩目，这一系列完善车型配置的举措使其在论坛满意度和传播量满意度上都获得了不错的评价。在车型满意度中，在空间、动力方面也有良好的口碑表现。上汽大通 G10 列综合满意度第 3 位。作为多次大型会议、活动的保障用车，其车型品质得到了一致的认可，在传播量满意度和微博满意度上都有不错的表现。在车型满意度中，在空间、外观和操控方面都有上佳的表现。排在综合满意度第 4 位的是五菱宏光，五菱宏光在国内被称为“神车”，一个原因是其销量遥遥领先于同类车型，另一个原因是其操控视频被制作成各种类型在各个平台上广为传播。五菱宏光脱胎于微面类车型，在相应配置提升之后又保留了原有的便捷和高性价比、实用性强的特点，在传播量满意度、微博满意度和销量满意度上都获得很高的评价。在车型满意度中，在空间、操控方面口碑表现出众。长安凌轩列综合满意度第 5 位。长安凌轩是 2017 年长安品牌发力 MPV 车型领域的代表车型，别具特色的内饰让人眼前一亮，其在论坛满意度和微博满意度上表现良好。在车型口碑满意度中，在内饰、舒适和空间方面获得了较好的评价。

从品牌表现来看，品牌满意度较高的品牌有五菱、江淮、长安、比亚迪和东风。

通过 2018 年中国品牌 MPV 车型综合满意度评价可以看出，排在 MPV

车型前5位的是比亚迪宋MAX、长安欧尚、长安欧尚A800、五菱宏光、东风启辰M50V。

在2018年中国品牌MPV车型中，排在综合满意度第1位的是比亚迪宋MAX，其论坛满意度和微博满意度都排在MPV车型的榜首，销量满意度也居同类型车辆的前列。比亚迪宋MAX在2018年新推出了6座新车型，与原有的7座车型一同销售，以满足不同需求客户的需要，形成了更丰富的车型配置体系。在车型满意度中，在外观、性价比、空间上受到进一步的好评。排在综合满意度第2位的是长安欧尚，长安欧尚也是上市已久的MPV车型，在2018年5月长安欧尚推出了换代车型长安欧尚A600，在原有车型的基础上，采用了全新的外观设计和较新的配置，使其在论坛满意度和传播量满意度上都获得了一定的提升。在车型满意度中，在空间、油耗、外观方面的口碑表现不错。长安欧尚A800列综合满意度第3位，长安欧尚A800是长安品牌于2017年7月上市的又一款MPV车型，该车定位高于长安欧尚系列车型，在论坛满意度和微博满意度上的表现好于长安欧尚车型，而在车型满意度方面，在外观空间和配置方面都有较好的表现。排在综合满意度第4位的依旧是五菱宏光，“神车”五菱宏光延续了2017年的传播量和销量优势，在同类车型中具有相当大的影响力。五菱宏光2018年进行较大的外观改进，设计风格逐渐脱离微面风格。其在传播量满意度、微博满意度和销量满意度上依旧出众，而在其车型满意度中，在外观、操控方面口碑有所提升。东风启辰M50V列综合满意度第5位，东风启辰M50V同样是东风启辰2017年推出的一款MPV车型，是启辰品牌进军MPV领域的代表车型。2018年东风启辰M50V计划推出新车型，在动感时尚和个性化提升上进一步吸引消费者，其在论坛满意度和传播量满意度上表现尚可，而在车型满意度中，则在油耗、性价比方面获得了较好的评价。

从品牌表现来看，品牌满意度较高的品牌有长安、五菱、宝骏、比亚迪、大通等传统品牌，广汽传祺、启辰等中国品牌也推出了一系列关注度较高同时颇受好评的车型。

二 小结

（一）中国品牌 MPV 车型关注度整体分析

2017 年度及 2018 年度中国品牌 MPV 的品牌传播整体较为均衡。五菱宏光、宝骏 730、长安欧尚 A800 及传祺 GM8 等车型的传播均有不同亮点。作为“卖得最好”的车型——五菱宏光总是备受瞩目，尤其是在微博等社会话题集中的场合，五菱宏光总能成为网友的谈资，这种“无心插柳柳成荫”的传播方式使其品牌关注度一直处在同车型的前列。其他车型的品牌传播亮点也多体现在微博平台，尤其是利用大 V 账号的影响力进行传播能取得较好的成绩。不过从整体情况来看，2018 年中国品牌 MPV 的传播呈下降趋势，在 7 座 SUV 逐步盛行的环境下，MPV 的发展之路显得甚为尴尬。

（二）中国品牌 MPV 车型满意度整体分析

通过 2017 年及 2018 年中国品牌 SUV 车型品牌满意度可以看出，中国品牌 MPV 车型的品牌满意度呈现逐步变化的特点。究其原因，一方面是中国品牌 MPV 车型在 2017 年进入一个新的增长变化阶段，自主品牌车型在原有车型基础上向着提高配置、改变外观、加强舒适性的方面发展，力争去除中国品牌 MPV 车型上微面的烙印；另一方面是中国品牌 MPV 面临竞争日趋激烈的境况，在合资品牌产品价格不断下探的市场压力之下，积极响应并推出自己的 MPV 新发展规划、淘汰老旧车型，这样才能更好地摆脱困境，提升自身的竞争力和市场口碑，从而进一步满足消费者不断变化的需要和市场竞争需求。

B.16
中国品牌新能源汽车2018年舆情分析

张 健 刘碧磊*

摘 要： 本报告整理了2017年及2018年中国品牌新能源汽车关注度、品牌情感及综合满意度数据，总结并计算得出了中国品牌新能源汽车关注度前20的综合满意度情况，对中国品牌新能源汽车车型关注度及综合满意度状况进行了整体分析。相比其他分类车型，新能源汽车的品牌传播方式更为灵活、内容更为丰富。而中国品牌新能源汽车总体满意度的变化特点是：表现不够稳定，总体满意度随着使用的增多有一定幅度下滑。中国品牌新能源汽车应保持并逐步提高车型品质，进而带动品牌口碑的提升。同时中国品牌新能源汽车在互动媒体渠道加大了宣传力度，为树立良好的口碑、更好地提升自身的满意度、赢得消费者和市场做出了不懈的努力。

关键词： 中国品牌新能源汽车 关注度 综合满意度

一 中国品牌新能源汽车舆情监测

（一）品牌关注度

在2017年度中国品牌新能源汽车品牌传播榜上，比亚迪唐、上汽荣威

* 张健、刘碧磊，《中国汽车报》中国汽车品牌研究院研究员。

eRX5 和比亚迪秦分列前三位。1 月比亚迪汽车宣布年内将有 7 款新能源汽车上市，其中包括多款全新车型和换代车型，而新一代唐是重点推介车型。随后，比亚迪唐和比亚迪秦的新款车型同时在 2 月 27 日正式上市，引发较高关注。在微博平台，由著名影星莱昂纳多担当代言人的比亚迪唐广告片关注度较高。6 月，纯电动版荣威 eRX5 正式上市，引来媒体的较多围观。8 月，比亚迪唐再曝全新一代车型的内饰，以及唐车主受邀参加试驾荣威 eRX5 的相关话题均成为其 8 月的重要传播内容，受到媒体和网民的较高关注。同样，荣威 eRX5 也由于唐车主的这则试驾访谈而备受关注。北汽新能源 EU 系列车型 EU400 也于 6 月正式上市，成为其最重要的品牌传播内容，关注度一度提升，品牌传播量也持续提升。其他车型品牌传播也有不同亮点——北汽 EC180 电动车在 1 月正式上市，成为其热点传播内容。长安新能源战略在 10 月备受关注，而长安奔奔 EV 作为重要的战略产品，关注度得到显著提升。众泰云 100 新款车型的上市成为其重要的品牌传播内容，也是拉升品牌传播量的重要原因。知豆 D3 于 11 月 10 日正式上市，作为知豆品牌的最新车型，知豆 D3 在性能等方面的提升成为消费者关注的焦点。此外，蔚来 ES8 将于 12 月正式上市的消息，成为其重要的品牌传播内容。

相比 2017 年，2018 年中国品牌新能源汽车的品牌传播量有较高增长。蔚来 ES8 后来居上。作为一款主打互联网思维的车型，从先期的宣传到实车的曝光，无一不是顶着光环前进。无论是“计划于 2020 年扩建 1100 座充电站”，还是“走在世界前列”的赞誉，均成为蔚来 ES8 在 1 月品牌传播的主要内容。蔚来 ES8 亮相于 4 月的北京车展，尤其是三位诺贝尔奖得主集体为其站台的消息，在微博传播较广。一直在互联网上传得沸沸扬扬的蔚来 ES8，5 月终于迎来媒体的试驾会。相应的，其 5 月传播热点也围绕这场试驾会展开，无论是资讯、微博还是论坛方面，关于 ES8 这次的试驾感受，媒体通过各种平台均进行了有效报道，使得 ES8 的曝光率维持在一个较高的水准。另外，关于蔚来 ES8 的交车时间也一直是媒体和消费者关注的焦点。全新比亚迪唐同样亮相北京车展，引发中外人士较高关注，一则“两日本工程师细心测量全新唐各种数据”的话题在微博传播度最高。由各个带有明显地方性质的大 V 账号在微博不一而同发布的“E 起过年，共享欢乐”的话题，成为荣威 eRX 5 重要的传播内容。WEY 品牌首款新能源汽车型 P8 于 4 月 22 日正式上市，引发较高关注。一方面，媒体广泛传播报道；另一方面，WEY 官微也在不遗余力地进行宣传造势，使得 P8 的关注度持续上升。对于蔚来 ES8 来说，7 月显得更为重要：董事长承认交付延期，与博世就 ES8 等相关车型继续展开深度合作等，均成为其品牌传播的重要内容。继 6 月全新一代比亚迪唐正式上市以来，其相关话题的传播一直较热，7 月延续了这种火热，尤其是在微博领域，借助相关大 V 账号的影响力使比亚迪唐的品牌曝光度得到进一步提升。上汽荣威 eI6 的热点主要来自论坛方面，众多车主的提车作业帖子成为其 7 月品牌传播的重要内容。全新一代比亚迪唐于 6 月正式上市，其上市余热在 7 月和 8 月的品牌传播中起到重要的推动作用。8 月底，一辆威马 EX5 自燃的事件在 9 月初继续被热议，同样被热议的是自燃事件后不久威马 EX5 的售价正式公布。长安奔奔 EV 新款车型迎来上市，新款车型在续航能力方面的大大提升成为关注焦点。

表 1　中国品牌新能源汽车品牌关注度

单位：条

排名	车型	2017 年度传播量	车型	2018 年度传播量
1	比亚迪唐	184750	蔚来 ES8	246126
2	上汽荣威 eRX5	122884	比亚迪唐	207178
3	比亚迪秦	88008	上汽荣威 eI6	149941
4	蔚来 ES8	79263	比亚迪秦	126861
5	长安奔奔 EV	68171	上汽荣威 eRX5	93394
6	比亚迪戴姆勒腾势	64847	长安奔奔 EV	69271
7	比亚迪 E6	64421	上汽荣威 e950	68772
8	上汽荣威 eI6	54058	比亚迪 E5	58800
9	比亚迪宋 EV	52214	比亚迪宋 EV	58508
10	知豆	51437	长城 WEY P8	53820
11	比亚迪 E5	46336	比亚迪 E6	48898
12	北京汽车 EV 系列	45521	威马 EX5	43680
13	众泰云 100	44683	江淮 Iev6e	39491
14	北汽新能源 EU 系列	38492	众泰云 100	34857
15	江淮 Iev6e	34393	小鹏 G3	33063

续表

排名	车型	2017 年度传播量	车型	2018 年度传播量
16	上汽荣威 e950	33684	东风风神 E70	27411
17	奇瑞艾瑞泽 7e	29997	奇瑞 eQ	26053
18	华晨之诺 H60	29067	比亚迪元 EV	24622
19	众泰 E200	26167	众泰 E200	23280
20	广汽传祺 GA3S PHEV	22750	海马普力马 EV	23050
21	吉利帝豪 PHEV	22427	比亚迪秦 EV300	19973
22	上汽荣威 E50	19470	长安 CS15 电动版	18034
23	东风日产启辰晨风	19001	吉利帝豪 PHEV	17492
24	吉利帝豪 EV300	18488	长安逸动纯电版	17390
25	海马普力马 EV	16391	江淮 iEV7S	16928
26	天津一汽骏派 A70E	16096	东风风行景逸 S50EV	16062
27	北汽 EC180	13112	北汽新能源 EX360	15692
28	江淮 iEV7S	13061	蔚来 ES6	15059
29	艾瑞泽 5e	12798	知豆 D2	14261
30	东风风行景逸 S50EV	11395	蔚来 EP9	13991
31	东风风神 E70	10616	艾瑞泽 5e	13103
32	宝骏 E100	9363	北汽 LITE	12157
33	汉腾 X7 混动	8826	欧拉 R1	10871
34	奇瑞 eQ	8105	奇瑞艾瑞泽 7e	9801
35	众泰芝麻 E30	8032	江淮 iEV6S	7630
36	东风风神 E30	7332	汉腾 X5 EV	6413
37	一汽红旗 H7 PHEV	5948	东风风行景逸 S50 EV	6136
38	上汽 MG 锐腾 PHEV	4973	力帆 330EV	5859
39	华泰 xEV260	4749	吉利 SX11	4767
40	华晨之诺 1E	4439	奇点 iS6	4746

注：选取车型为中国品牌全车型品牌传播前 40 名。

资料来源：《中国汽车报》中国汽车品牌研究院。

（二）品牌情感

“科技”和“运动”是中国品牌新能源汽车消费者对其一致的评价，这很好地说明中国品牌新能源汽车始终将科技性和运动性放在前列（见图 1 和图 2）。“科技”和“运动”在 2018 年的分布中，比例进一步提升。2017 年度中国品牌新能源汽车品牌情感的占比分布中，“商务”和“精致”排在前列，但从 2018 年的分布中可以看出，更能体现时代精神的“进取”取代了商务，显得更为大众，更能代表新能源汽车的发展轨迹。

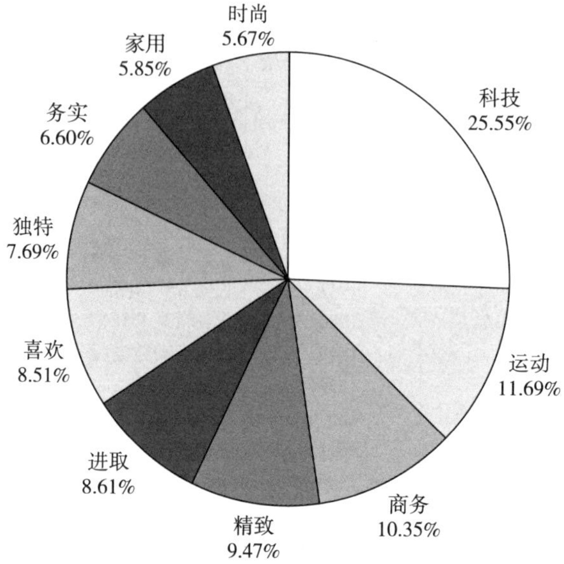

图1　2017年中国品牌新能源汽车品牌情感占比分布

资料来源：《中国汽车报》中国汽车品牌研究院。

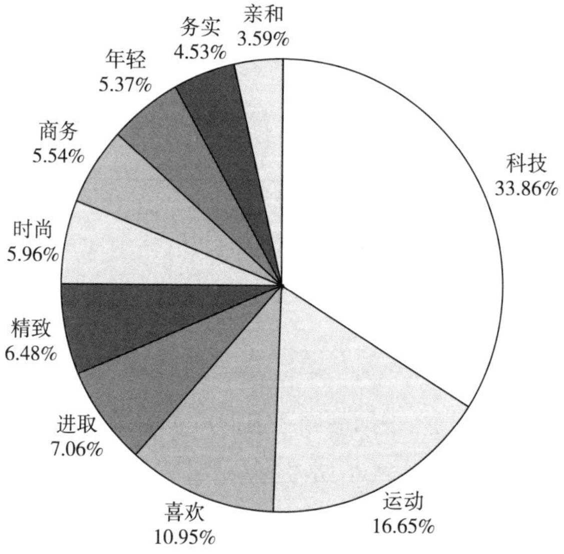

图2　2018年中国品牌新能源汽车品牌情感占比分布

资料来源：《中国汽车报》中国汽车品牌研究院。

（三）中国品牌新能源汽车综合满意度前20

通过2017年中国品牌新能源汽车综合满意度评价可以看出：排在轿车类新能源汽车前3位的是上汽荣威ei6、上汽荣威e950和长安奔奔EV；排在SUV类新能源汽车前3位的是比亚迪唐、上汽荣威eRX5、蔚来ES8；MPV类新能源汽车受关注较多的为比亚迪E6。

在轿车类新能源汽车中，排在综合满意度第1位的是上汽荣威ei6。上汽荣威ei6作为2017年新上市的车型，推出之后受到了广泛的关注和各界的好评，其论坛满意度和微博满意度都排在轿车类新能源汽车的第1位。上汽荣威ei6上市伊始就给人耳目一新的感觉，在外观、操控性上受到了交口称赞，空间和舒适性方面也好评不断。排在品牌满意度第2位的是上汽荣威e950，上汽荣威e950作为为数不多的中型轿车类新能源汽车型，本身继承了荣威950的良好品质，在论坛满意度和微博满意度上都获得了较高的认可，而在车型满意度中，在空间、舒适、外观方面也有良好的口碑。长安奔奔EV列品牌满意度第3位，作为微型轿车类新能源汽车的代表车型，其在传播量满意度和销量满意度上都排在前列，而在车型满意度中，在操控性、动力和性价比方面获得了不错的评价。

在SUV类新能源汽车中，综合满意度排名第1的是比亚迪唐。比亚迪唐在2017年长期居SUV类新能源汽车满意度前列，传播量满意度、论坛满意度、微博满意度和车型满意度均排在第1位，其中在车型满意度中，外观和空间一直“为人称道”，在舒适性和内饰方面也有良好表现。综合满意度排第2位的是荣威eRX5，荣威eRX5作为荣威品牌在电动SUV类车型中的代表作，在传播量满意度、论坛满意度和微博满意度上仅次于比亚迪唐，而在车型满意度中，在外观、空间、配置方面赢得了不错的评价。互联网造车的代表车型蔚来ES8排在综合满意度第3位，蔚来ES8自在上海车展正式亮相后谍照不断，直到2017年12月方才正式上市，通过一系列的谍照、曝光，其在论坛满意度和微博满意度上表现不错。由于上市时间较晚，在车型满意度方面，外观、配置和空间满意度较高。

在 MPV 类新能源汽车中，品牌满意度较高的是比亚迪 E6。比亚迪 E6 作为仅有的综合满意度较高的 MPV 新能源汽车型，在传播量满意度、销量满意度上有着不错的表现。

从品牌表现来看，品牌满意度较高的品牌有比亚迪、荣威、长安、北汽新能源和众泰。

通过 2018 年中国品牌新能源汽车品牌满意度评价可以看出：排在轿车类新能源汽车前 3 位的是上汽荣威 ei6、东风风神 E70、长安奔奔 EV；排在 SUV 类新能源汽车前 5 位的是长城 WEY P8、比亚迪唐、比亚迪宋 EV、蔚来 ES8、荣威 eRX5。

在 2018 年轿车类新能源汽车中，排在综合满意度第 1 位的是上汽荣威 ei6。上汽荣威 ei6 继承了 2017 年来一贯的优异表现，其论坛满意度和微博满意度有所下滑，但传播量满意度和销量满意度都有较大提升，尤其是销量满意度上升较为迅速。上汽荣威 ei6 在车型满意度上，除了保持原有的优势外，在配置上的好评也是越发突出。排在品牌满意度第 2 位的是东风风神 E70，东风风神 E70 作为东风风神在 2017 年 10 月推出的轿车类新能源汽车型，通过市场考验后，积累了一定的口碑，在论坛满意度和微博满意度上都表现不错，而在车型满意度中，空间、舒适性和性价比的口碑优良。长安奔奔 EV 列品牌满意度第 3 位，延续了微型轿车类新能源汽车代表的一贯表现，在论坛满意度和微博满意度上表现尚可，传播量满意度和销量满意度有所下滑。作为中国品牌新能源汽车占比较大的一类车型，微型轿车类新能源汽车推出的速度也在不断加快，长安奔奔 EV 如果要保持现有地位，还需进一步增强实力以应对激烈的市场竞争。

在 2018 年 SUV 类新能源汽车型中，综合满意度排名第 1 的是长城 WEY P8。长城 WEY P8 2017 年在法兰克福车展亮相，继而在国内的广州车展亮相，为上市制造声势，吸引舆论关注。通过一系列宣传和上市后实际使用，其论坛满意度、微博满意度排在前列，传播量满意度和销量满意度还有上升的空间，而在车型满意度评价中，外观、舒适性、操控性都得到了一致的好评。综合满意度排名第 2 的是比亚迪唐，比亚迪唐在 2018 年迎来了车型换代，在传播量满意度、论坛满意度和口碑满意度上保持前列。而在车型满意度方面，由于新车型上市，外观、动力、内饰方面的口碑有了进一步提升。比亚迪宋EV排在综合满意度第3位，比亚迪宋EV的综合满意度自2017年4月上市以后不断提升，随着2018年新款车型上市，其2018年2~6月论坛满意度和微博满意度上有了一定程度的提升，而在车型满意度方面，在外观、动力上的口碑有了进一步提高。

从品牌表现来看，品牌满意度较高的品牌既有比亚迪、上汽荣威、长安、北汽新能源、众泰等原有品牌，长城WEY、蔚来、威马等新晋新能源品牌推出的一系列车型也受到了广泛的好评。

表2　中国品牌新能源汽车综合满意度前20

单位：分

2017年排名	车型	2017年综合满意度	2018年排名	车型	2018年综合满意度
1	上汽荣威 ei6	69.13	1	长城 WEY P8	65.18
2	比亚迪唐	68.45	2	比亚迪唐	62.17
3	上汽荣威 e950	66.49	3	上汽荣威 ei6	59.05
4	上汽荣威 eRX5	64.47	4	比亚迪宋 EV	57.97
5	长安奔奔 EV	64.26	5	蔚来 ES8	57.04
6	知豆 D2	60.24	6	荣威 eRX5	56.98
7	北汽新能源 EU 系列	59.06	7	比亚迪元 EV	56.79
8	比亚迪 E5	58.87	8	东风风神 E70	54.38
9	蔚来 ES8	58.38	9	威马 EX5	54.27
10	比亚迪秦 EV300	56.15	10	长安奔奔 EV	53.66
11	比亚迪宋 EV	54.26	11	比亚迪秦 PHEV	52.28
12	江淮 Iev6e	53.14	12	江淮 Iev6e	50.43
13	比亚迪 E6	51.98	13	江淮 iEV7S	49.75
14	比亚迪秦 PHEV	50.63	14	众泰云 100	48.33
15	吉利帝豪 PHEV	48.13	15	长安 CS15 电动版车型	47.57
16	众泰云 100	47.92	16	上汽荣威 e950	46.76
17	众泰 E200	45.65	17	吉利帝豪 PHEV	37.96
18	知豆	45.59	18	比亚迪秦 EV300	37.74
19	长安逸动纯电动	44.07	19	比亚迪 E5	37.44
20	北京汽车 EV 系列	37.29	20	宝骏 E100	37.32

注：2017年度及2018年度选取关注度2万条以上车型参与排名。

资料来源：《中国汽车报》中国汽车品牌研究院。

二 小结

（一）中国品牌新能源汽车关注度整体分析

从2017年和2018年新能源汽车的品牌传播来看，相比其他分类车型，新能源汽车的品牌传播方式更为灵活、内容更为丰富。尤其是主打互联网科技的相关车型的传播，比如蔚来ES8，从一开始便占据舆论热点。其他如比亚迪唐不断推陈出新的话题也总能引起消费者的较多关注。上汽荣威eRX5的品牌传播基本在新车方面，利用高姿态吸引消费者关注，再不断释放相关话题，使得品牌传播更为广泛。中国品牌新能源汽车，尤其是像蔚来ES8这样的互联网车型更懂得顺应时代，但从实际来看，面临的问题依然较多，无论是续航能力还是售价均受到质疑。2018年度中国品牌新能源汽车品牌传播量相较2017年有较高增长，也更好地说明新能源汽车顺应时代发展的潮流，逐渐成为时代的领航员。

（二）中国品牌新能源汽车综合满意度整体分析

通过2017年及2018年中国品牌新能源汽车综合满意度可以看出，中国品牌新能源汽车总体满意度的变化特点是：表现不够稳定，总体满意度随着使用的增多有一定幅度的下滑。中国品牌新能源汽车应保持并逐步提高车型品质，进而带动口碑的提升。同时，中国品牌新能源汽车在互动媒体渠道加大了宣传的力度，为树立良好的口碑、更好地提升自身的满意度、赢得消费者和市场做出了不懈的努力，在宣传活动的连贯性、体系化上还应有更大的提升。

相对2017年来说，2018年中国品牌新能源汽车综合满意度排名变化较大，长城WEY、蔚来、威马等新晋新能源品牌以及比亚迪等传统品牌推出的一系列新车型赢得了市场和消费者的认可，表现出众。在国家大力推动新能源汽车发展的产业背景之下，各家“新老”车企都在不遗余力地发展自己的新能源汽车计划，力争在接下来的市场竞争中占据有利地位，为未来的发展铺下“康庄大道”。

B.17 中国品牌车企2018年舆情分析

张 健 刘碧磊*

摘 要： 本报告整理了2017年及2018年中国品牌车企在不同分类中的传播排名及排名分布变化情况，分析了典型中国品牌车企在不同分类中的传播状况，总结了2017年及2018年典型中国品牌车企在不同分类中的舆情传播热点。2017年，车企未来布局、中国品牌走向海外、代表性新车上市、新能源汽车发展计划成为各家车企的传播热点，电动新能源汽车是关注焦点，进一步加快国际化进程势在必行。2018年，各家车企扩大布局、中国品牌走向海外、新车型换代上市、新能源汽车发展规划成为传播热点，电动车、无人驾驶是关注焦点，车企之间的合资、合作进一步加深，走出去开拓国际市场成车企增长新动力。

关键词： 中国品牌车企 传播排名 传播热点

一 2017年中国品牌车企舆情分析

（一）中国品牌传统车企：吉利汽车“换新颜”，“一带一路”助力走向全球

在2017年中国品牌传统车企传播榜中，吉利汽车排名上升，荣登榜

* 张健、刘碧磊，《中国汽车报》中国汽车品牌研究院研究员。

首（见表1）。2017年，吉利汽车在推出一系列“拳头产品”吸引大众的同时，建立新的高端品牌“领克”，并借“一带一路”良机，不断开拓海外市场，使自身销量、知名度及品牌形象“更上一层楼”。长城汽车同样排名上升，位列第3。旗下的代表车型哈弗H6长期居销量榜第一名，市场影响力广泛。无独有偶的是，长城汽车也推出了自己的高端品牌WEY，取得了不错的市场效果，受到广泛关注。同时，长城汽车也借“一带一路”东风，建立海外生产基地，进一步加快了自己在海外市场的发展步伐。

表1 2017年中国品牌传统车企传播量排行榜

2017年排名	企业名称	2017年传播量(条)	2016年排名	名次升降情况
1	吉利汽车	1992786	3	↑2
2	长安汽车	1947122	2	—
3	长城汽车	1848259	5	↑2
4	比亚迪汽车	1660630	1	↓3
5	北京汽车	1191963	4	↓1
6	上汽乘用车	1090202	9	↑3
7	奇瑞汽车	1050943	6	↓1
8	广汽乘用车	1014197	8	—
9	众泰汽车	974041	7	↓2
10	江淮汽车	458259	10	—

资料来源：《中国汽车报》中国汽车品牌研究院。

从2017年中国品牌传统车企传播状况来看，吉利汽车总体占优，长安汽车和长城汽车则利用新车上市、车企规划曝光等热点信息轮流冲击榜首位置，其中长安汽车在4月利用车展赢得极大关注，成功制造年度关注高峰（见图1）。

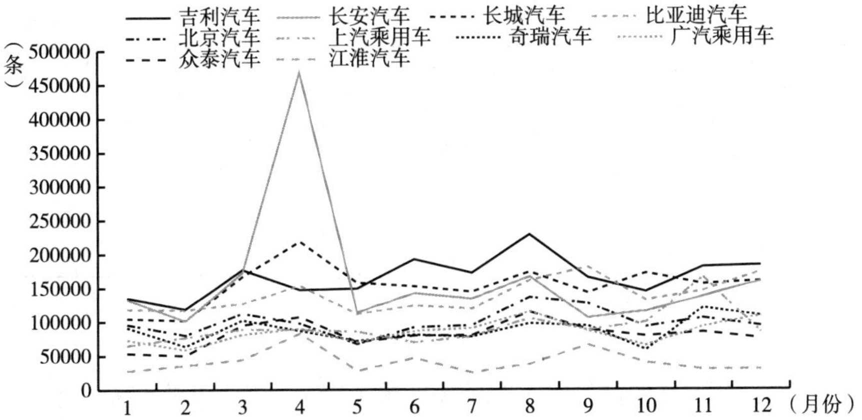

图 1　2017 年中国品牌传统车企传播走势

资料来源：《中国汽车报》中国汽车品牌研究院。

（二）互联网和新兴车企：蔚来汽车“终成正果”，小鹏汽车量产车亮相

2017 年互联网和新兴车企品牌传播量排行榜如表 2 所示。蔚来汽车终于在年底推出了期盼已久的蔚来 ES8，PPT 造车终成现实。同样值得期待的还有橙行智动，“定位纯电动 SUV 小鹏首款量产车正式亮相”，脚踏实地，希望就在眼前。智车优行联合数家创新造车企业，经过数月的商讨之后，拟建立造车联盟共同研发与采购，并计划打造一个共用的电动车平台，此举吸引了大量的关注，而年底广日股份携手智车优行拓展智能汽车产业更为其发展显示了良好的前景。

表 2　2017 年互联网和新兴车企品牌传播量排行榜

2017 年排名	企业名称	2017 年传播量(条)	2016 年排名	名次升降情况
1	乐视汽车	1139991	1	—
2	蔚来汽车	383326	2	—
3	橙行智动	55181	8	↑5
4	百度汽车	41133	3	↓1

续表

2017 年排名	企业名称	2017 年传播量(条)	2016 年排名	名次升降情况
5	智车优行	34474	6	↑1
6	车和家	31552	5	↓1
7	威马汽车	4948	—	—
8	斑马汽车	1289	11	↑3
9	爱车公司	1169	10	↓1

资料来源：《中国汽车报》中国汽车品牌研究院。

从 2017 年互联网和新兴车企传播状况来看，乐视汽车在传播总量上遥遥领先，蔚来汽车排在第 2 位。而在传播变化趋势上，蔚来汽车大有后来居上的趋势，乐视汽车在 7 月受到“贾跃亭退出乐视网专注乐视汽车”消息的影响，成为年度最热关注点（见图 2）。

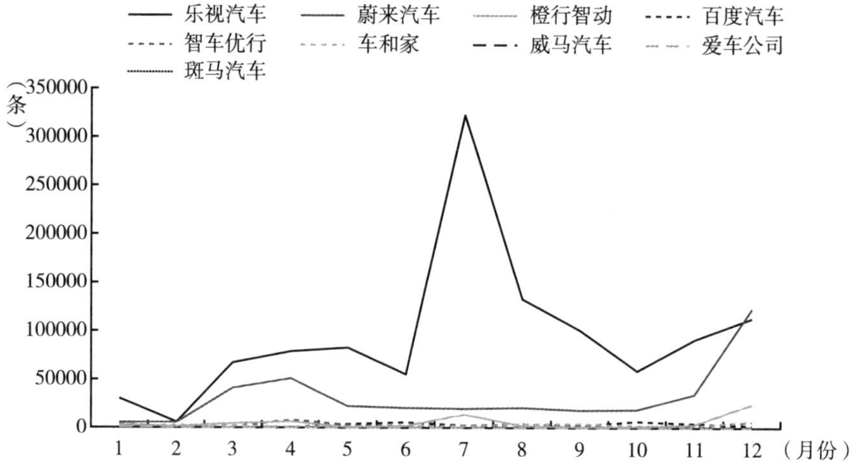

图 2　2017 年互联网和新兴车企传播走势

资料来源：《中国汽车报》中国汽车品牌研究院。

（三）乘用车企业：上汽乘用车上升势头迅猛“互联网 + 纯电”是关键

在 2017 年乘用车企业传播榜中，长安汽车仅次于吉利汽车排名第 2

（见表3）。长安汽车在2017年进行了一系列改革，调整了自身的车型规划和发展方向，新型紧凑型SUV长安CS55上市并取得了成功，年底长安汽车旗下全新中型轿车睿骋CC正式上市，在MPV领域2017年上市了凌轩和欧尚A800系列车型，提升了原有MPV车型的品质与档次。同时，长安汽车10月发布车企计划“长安公布新能源战略，将推33款新能源汽车”，吸引了众多关注，而“打造智能车联网平台，长安正式牵手阿里”更显示了长安汽车抢占未来乘用车市场的雄心壮志。上汽乘用车排名上升迅速，位居第6，新车荣威i6/ei6、荣威RX5互联/纯电动版和全新紧凑型SUV荣威RX3的上市都是大家关注的重要内容，而上汽乘用车不断加速向互联网汽车和新能源纯电动方向发展的方针和规划，则受到了业界的好评与密切关注。

表3　2017年乘用车企业品牌传播量排行榜

2017年排名	企业名称	2017年传播量(条)	2016年排名	名次升降情况
1	吉利汽车	1992397	1	—
2	长安汽车	1799149	2	—
3	长城汽车	1773948	5	↑2
4	比亚迪汽车	1389990	3	↓1
5	北京汽车	1191963	4	↓1
6	上汽乘用车	1090202	12	↑6
7	奇瑞汽车	1043990	6	↓1
8	广汽乘用车	1014065	8	—
9	众泰汽车	973657	7	↓2
10	海马汽车	223056	17	↑7

资料来源：《中国汽车报》中国汽车品牌研究院。

从2017年乘用车车企传播状况来看，吉利汽车总体传播优势较为明显，长城汽车在4月和10月传播量较高，而长安汽车则利用4月车展新车上市和明星助阵的焦点效应，制造了全年的关注高峰（见图3）。

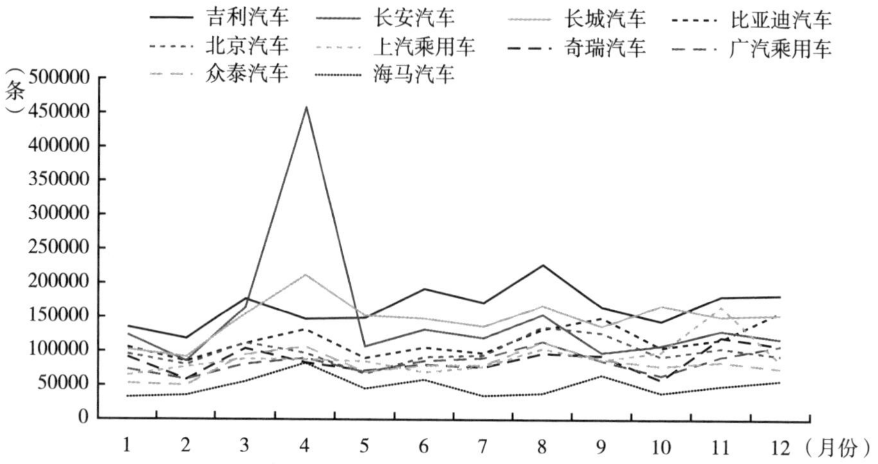

图3　2017年乘用车企业传播走势

资料来源：《中国汽车报》中国汽车品牌研究院。

（四）商用车企业：安凯客车股市关注高，一汽解放转型提升受瞩目

在2017年商用车企业传播榜中，安凯客车排名上升幅度最大，一举占据第2名（见表4）。股市信息“新能源汽车板块热炒，安凯汽车领头”是其关注度提升的重要推动力，而安凯客车利用“一带一路”之机，将客车出口到东南亚和西亚，受到了国外媒体的重点关注。一汽解放2017年排名上升到第7位，重卡年度销量第一彰显了一汽解放的实力，也是关注的重心。而“一汽集团加快推进绿色制造”则显示了一汽解放正加快绿色转型的步伐，同时“一汽解放智能卡车成功完成高速公路实车测试”，让一汽解放在商用车智能应用领域成为各方关注焦点。

表4　2017年商用车企业品牌传播量排行榜

2017年排名	企业名称	2017年传播量（条）	2016年排名	名次升降情况
1	宇通客车	190250	1	—
2	安凯客车	175245	15	↑13
3	比亚迪汽车	160164	2	↓1

续表

2017 年排名	企业名称	2017 年传播量(条)	2016 年排名	名次升降情况
4	中国重汽	109440	3	↓1
5	福田汽车	107189	4	↓1
6	长城汽车	96318	10	↑4
7	一汽解放	92934	11	↑4
8	陕西汽车	88631	9	↑1
9	江铃汽车	86896	8	↓1
10	中通客车	72578	6	↓4

资料来源：《中国汽车报》中国汽车品牌研究院。

从 2017 年商用车车企传播状况来看，宇通客车全年总体占优，安凯客车 9、10 月股市关注度高，比亚迪汽车紧随其后呈关注度逐步提升趋势。其中安凯客车在 9 月受到股市对新能源汽车的关注影响，创造了商用车关注的最高值（见图 4）。

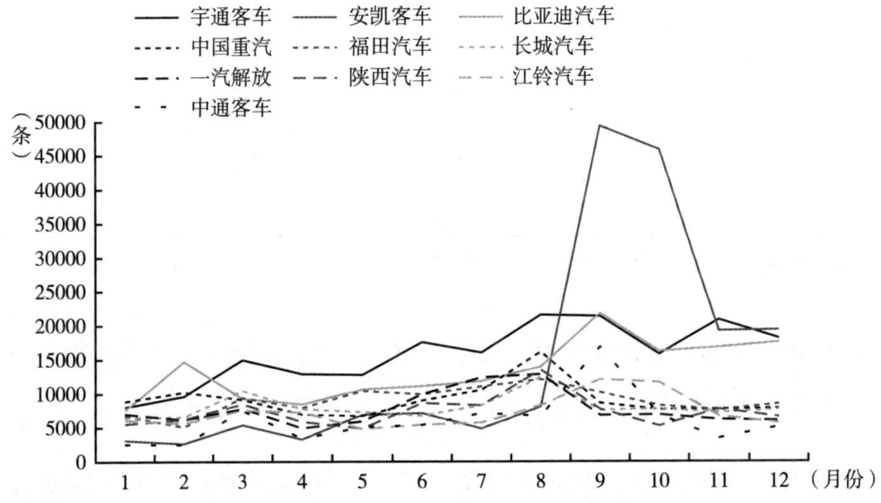

图 4　2017 年商用车企业传播走势

资料来源：《中国汽车报》中国汽车品牌研究院。

（五）客车企业：新能源客车受瞩目，补贴退坡导致车企业绩下滑

在2017年客车企业传播榜中，江淮汽车排名上升，位列第5（见表5）。江淮汽车“牵手大众，江淮商用车板块或将迎来发展新机遇”是其年度关注的热点，而“汽车板块表现抢眼，江淮汽车等6股涨停”的股市消息同样令人振奋，不过“新能源补贴退坡拖累业绩，江淮三季度预亏1.8亿元”消息的曝出则着实令人担忧。亚星客车年度排名第6，“新能源汽车板块热炒，亚星客车冲击涨停板”是股市关注的热点，其财务信息“亚星客车负债率超90%，后补贴时代艰难前行”让人忧心，而“3000余款车型销售叫停，涉及的亚星客车有118款”则是负面关注的焦点。

表5　2017年客车企业品牌传播量排行榜

2017年排名	企业名称	2017年传播量(条)	2016年排名	名次升降情况
1	宇通客车	190250	1	—
2	安凯客车	175245	7	↑5
3	比亚迪汽车	160085	2	↓1
4	中通客车	72479	3	↓1
5	江淮汽车	44335	9	↑4
6	亚星客车	40341	10	↑4
7	福田汽车	28898	5	↓2
8	中国重汽	26479	15	↑7
9	上汽大通	25597	19	↑10
10	申龙客车	15693	18	↑8

资料来源：《中国汽车报》中国汽车品牌研究院。

从2017年客车企业传播状况来看，宇通客车和比亚迪汽车传播表现稳中有升，而安凯客车则受到了新能源汽车股市关注的影响，在9、10月居高不下。

（六）卡车企业：中国重汽稳居第一，长城皮卡霸主地位难撼动

在2017年卡车企业传播榜中，中国重汽表现稳定，排名继续第1（见表6）中国重汽在销量上一直名列前茅，同比增长迅猛，受到各界关注。而“重汽成功研发我国首款氢燃料牵引车”更是受到业界瞩目，中国重汽的各

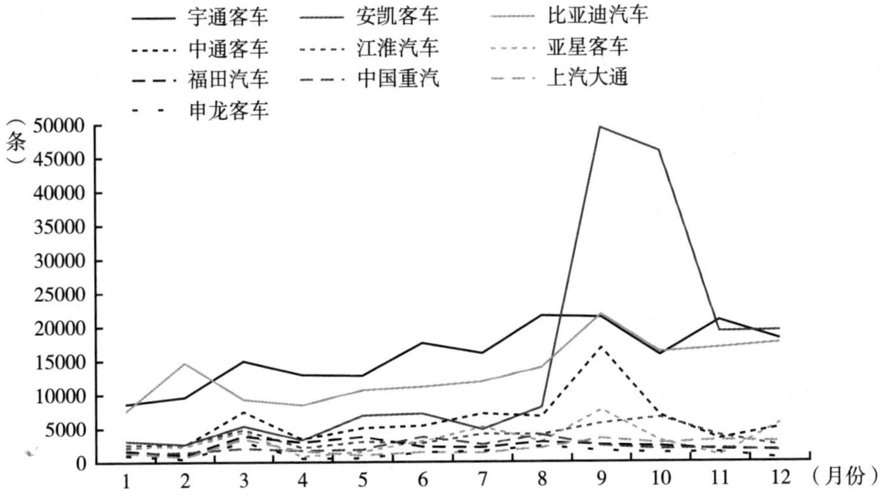

图 5　2017 年客车企业传播走势

资料来源：《中国汽车报》中国汽车品牌研究院。

种活动也是接连不断，从“送温暖”到“品质鉴证之旅”都吸引了大量的关注。长城汽车 2017 年位列第 2。作为连续 20 年国内皮卡销量第一的企业，长城汽车在业界的影响力和关注度有增无减，不断更新的车型吸引了大量的消费者，而随着车型选购多元化以及皮卡解禁的政策利好，长城汽车系列皮卡将受到更广泛的关注，为自己赢得更广阔的发展空间。

表 6　2017 年卡车企业品牌传播量排行榜

2017 年排名	企业名称	2017 年传播量(条)	2016 年排名	名次升降情况
1	中国重汽	98866	1	—
2	长城汽车	96311	6	↑4
3	一汽解放	92458	3	—
4	陕西汽车	88612	2	↓2
5	江铃汽车	59197	4	↓1
6	福田汽车	53550	5	↓1
7	江淮汽车	28137	9	↑2
8	庆铃汽车	24223	11	↑3
9	华菱星马	23024	7	↓2
10	东风商用车	23024	20	↑10

资料来源：《中国汽车报》中国汽车品牌研究院。

从2017年卡车企业传播状况来看，中国重汽、长城汽车、一汽解放、陕西汽车4家企业的传播量排在前列，呈波动性增长。其中中国重汽在8月受到销量增长和研发首款氢燃料牵引车消息的双重推动，登上年内卡车车企关注的最高峰（见图6）。

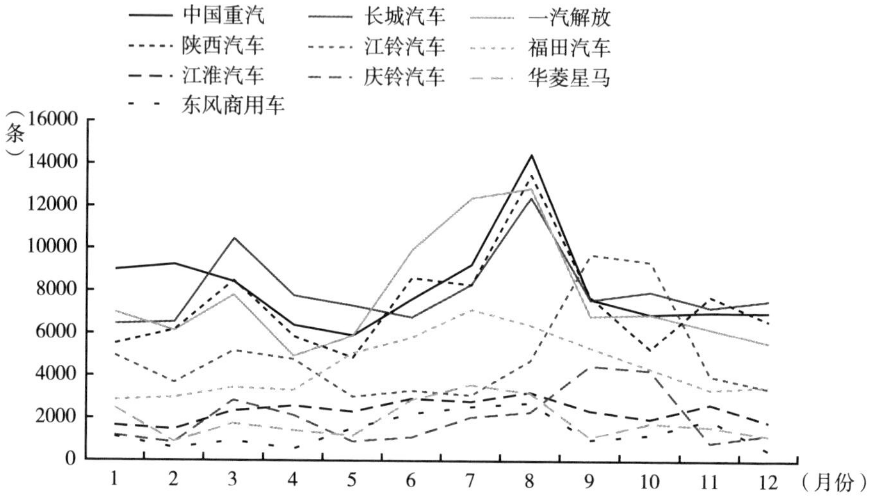

图6 2017年卡车企业传播走势

资料来源：《中国汽车报》中国汽车品牌研究院。

（七）总结

2017年，车企未来布局、中国品牌走向海外、代表性新车上市、新能源汽车发展计划成为各家车企的传播热点，电动新能源汽车是关注焦点，进一步加快国际化进程势在必行。

2017年，中国品牌传统车企排行榜排名相对稳定，乘用车企业排行榜、商用车企业排行榜和客车企业排行榜排名变化较大。

2017年，资讯类信息依旧是传播主力；而在微博平台上，官微、大V、网红发布的热点内容受到了各界关注和积极转发，尤其是微视频带来的焦点效应，使车企传播获益匪浅。

二　2018年中国品牌车企舆情分析

（一）中国品牌传统企业：吉利汽车继续领跑，长城联手宝马引各界关注

在2018年中国品牌传统车企传播榜中，吉利汽车排在榜首（见表7）。其延续2017年“推陈出新”的政策，继续推出一系列新产品升级换代，同时利用现有车型发展新能源汽车型，其高端品牌“领克”又相继推出了领克02、03两款车型，以填补产品线空白，吉利全新BMA架构首款SUV消息的曝光更是一剂“猛药”。这些举措使吉利汽车的销量和品牌形象再次提升。长城汽车位列第2，宝马与长城汽车“联姻”是长城汽车最受瞩目的消息。长城汽车的高端品牌WEY，2018上半年来也取得了不错的市场业绩，在长城汽车总销量中的比例不断上升。同时，长城调整哈弗品牌产品系列，新F系列车型的加入更是提振士气。而比亚迪汽车在2018年也推出了一系列新能源车型，其中全新设计的比亚迪秦Pro及全新一代唐的上市尤为引人注目。比亚迪的MPV车型宋MAX在2018年也取得了很好的市场销售业绩，并且准备推出混动版本，市场口碑不断提升。

表7　2018年中国品牌传统车企传播量排行榜

2018年排名	企业名称	2018年传播量(条)	2017年排名	名次升降情况
1	吉利汽车	2169239	1	—
2	长城汽车	1958633	3	↑1
3	比亚迪汽车	1757895	4	↑1
4	长安汽车	1612692	2	↓2
5	上汽乘用车	1024787	6	↑1
6	北京汽车	1016405	5	↓1
7	广汽乘用车	949720	8	↑1
8	奇瑞汽车	919077	7	↓1
9	众泰汽车	655814	9	—
10	江淮汽车	337840	10	—

资料来源：《中国汽车报》中国汽车品牌研究院。

从2018年中国品牌传统车企的传播状况来看，吉利汽车总体占优，传播变化较平稳（见图7）。长城汽车则因为“长城联手宝马”的热点信息，关注度稳步上升。比亚迪汽车则利用4月车展发布新车成功赢得关注，形成了2018年的关注高峰。2018年下半年各品牌的传播高峰基本集中在11月的广州车展前后。

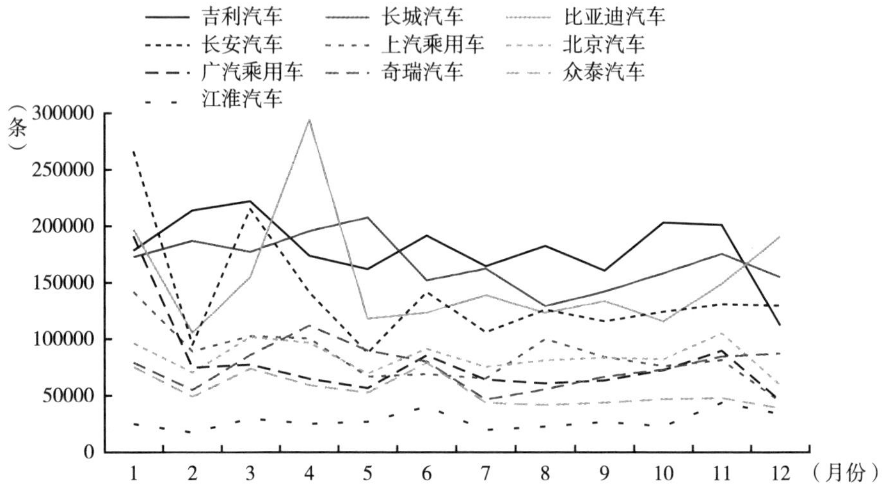

图7　2018年中国品牌传统车企传播走势

资料来源：《中国汽车报》中国汽车品牌研究院。

（二）互联网和新兴车企：蔚来汽车ES8交付引关注，威马汽车后来居上

在2018年互联网和新兴车企传播榜中，蔚来汽车的排名升至首位（见表8）。在北京车展上蔚来汽车吸引了各界的关注，ES8的最终交付意味着理想终成现实，下半年公布的交付数量信息，更是打消了人们心中的疑虑。橙行智动2018年同样动作频频，新车信息“小鹏汽车G3正式亮相，有望于上半年正式上市”是关注的重点，而融资信息“小鹏汽车宣布22亿B轮融资，阿里巴巴、富士康、IDG资本联合领投”则预示着小鹏汽车做大做强将更有“底气”，市场信息“小鹏汽车摘得造车新势力首张新能源汽车专用

号牌”也成为各界关注的热点。威马汽车后来居上，2018 年传播量排名第 4，上升势头明显。威马汽车新年期间发布的“今年将实现量产下线”信息是关注的重点，EX5 车型成为关注的焦点，而“互联世界大会威马代言中国汽车新势力”吸引了业界关注的目光，“威马汽车布局旅游租赁市场，2020 年将投放 1.5 万辆”的消息同样成为关注的热点。然而，EX5 试装车“自燃事件”给威马汽车蒙上了一层阴影。

表 8　2018 年互联网和新兴车企品牌传播量排行榜

2018 年排名	企业名称	2018 年传播量(条)	2017 年排名	名次升降情况
1	蔚来汽车	769872	2	↑1
2	乐视汽车	675202	1	↓1
3	橙行智动	222002	3	—
4	威马汽车	200196	7	↑3
5	智车优行	63413	5	—
6	车和家	63220	6	—
7	百度汽车	24162	4	↓3
8	电咖汽车	20055	无	—
9	华人运通	14933	无	—
10	大乘汽车	8067	无	—

资料来源：《中国汽车报》中国汽车品牌研究院。

从 2018 年互联网和新兴车企传播状况来看，蔚来汽车传播量“一枝独秀”，其 4 月车展新车亮相及 9、10 月交付车辆数据的公布受到了重点关注。威马汽车传播量排在第 2 位，分别在 2 月和 4 月形成了两个传播峰值，一个原因是宣布量产车今年上市，另一个原因是其布局旅游市场。2018 年橙行智动的传播最高峰出现在 8 月，车型亮相及融资成功的消息引发关注。乐视汽车则因为贾跃亭的关系，传播量快速下滑。

（三）乘用车企业：长安按计划加速更新，上汽、广汽加速布局

在 2018 年乘用车企传播榜中，吉利汽车、长城汽车、比亚迪汽车占据前 3 位（见表 9）。长安汽车紧随其后，位居第 4。长安汽车 2018 年根据

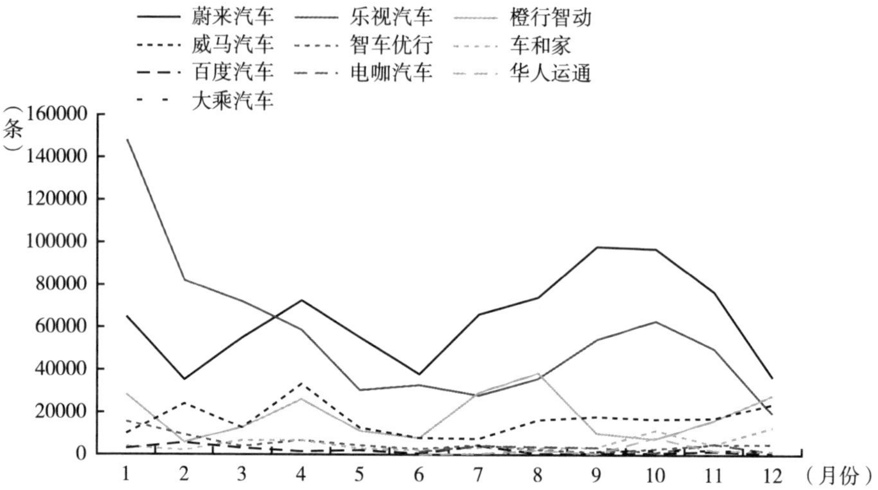

图8　2018年互联网和新兴车企传播走势

资料来源：《中国汽车报》中国汽车品牌研究院。

2017年制定的车型发展计划，接连上市了新中级轿车睿骋CC、换代产品全新一代逸动 & 逸动DT，长安全新一代悦翔也正式亮相，下半年长安推出全新SUV车型CS85，更是让人眼前一亮。上汽乘用车荣威RX8在北京车展期间成功上市发售，引发各方关注；新款纯电SUV车型Marvel X正式发布，将进一步促进荣威品牌销量的增长以及互联网、电气化的新车型布局的形成；而合资自主品牌宝骏旗下的宝骏360和宝骏首款纯电动车宝骏E100的正式上市，同样填补了车型布局中的空白和不足。广汽乘用车自1月以来，陆续上市了新款紧凑型轿车传祺GA4、新款传祺GS4及全新传祺GS5，都受到了广泛关注，发布的新型MPV传祺GM6同样备受瞩目。

表9　2018年乘用车企业品牌传播量排行榜

2018年排名	企业名称	2018年传播量(条)	2017年排名	名次升降情况
1	吉利汽车	2112682	1	—
2	长城汽车	1883193	3	↑1
3	比亚迪汽车	1717895	4	↑1

续表

2018 年排名	企业名称	2018 年传播量(条)	2017 年排名	名次升降情况
4	长安汽车	1531531	2	↓2
5	上汽乘用车	1013163	6	↑1
6	北京汽车	1003712	5	↓1
7	广汽乘用车	923098	8	↑1
8	奇瑞汽车	870352	7	↓1
9	蔚来汽车	759921	11	↑2
10	众泰汽车	613465	9	↓1

资料来源：《中国汽车报》中国汽车品牌研究院。

从2018年乘用车车企传播状况来看，吉利汽车总体传播优势较为明显，上下半年各有一个传播高峰；长城汽车4月传播量最高，之后下滑再缓步回升；比亚迪汽车车展焦点效应明显，出现几个关注高峰，都与新车和新规划信息相对应；长安汽车的传播“一波三折”，波动高峰出现在3月（见图9）。

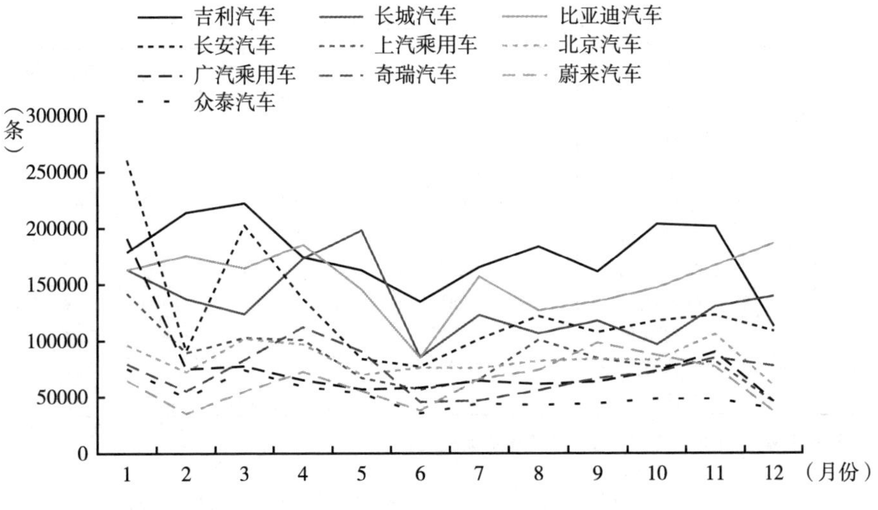

图9　2018年乘用车企业传播走势

资料来源：《中国汽车报》中国汽车品牌研究院。

（四）商用车企业：宇通、比亚迪大力拓展海外市场受瞩目

在2018年商用车企业传播榜中，宇通客车排名第1（见表10）。宇通客车在新能源领域发展氢能源车型受到重视，“氢燃料汽车获政策利好，宇通客车股市受关注”“宇通客车第三代氢燃料客车亮相中国电动百人会”“宇通氢燃料客车运营的郑州首条燃料电池公交线路”就是最好的佐证。比亚迪汽车在2018年排名第2，比亚迪汽车在海外同样动作频频，“比亚迪占英电动大巴50%市场份额”“比亚迪与美国混合动力合作研发氢燃料电池车”“比亚迪打造全美最大纯电动机场大巴车队”“比亚迪获拉美地区最大纯电动卡车订单”引发业界重点关注，而“亮相春晚，比亚迪纯电动双层大巴闪耀港珠澳大桥”被热炒，同时比亚迪在西部建立新能源汽车生产基地等国内布局消息同样值得关注。而安凯客车走出国门的消息“2017年宇通累计海外出口客车8712辆，同比增长22.34%”“拉美和加勒比驻华使节团考察宇通，新能源客车备受青睐”则受到了国内外媒体的重点关注。

表10　2018年商用车企业品牌传播量排行榜

2018年排名	企业名称	2018年传播量(条)	2018年排名	名次升降情况
1	宇通客车	158379	1	—
2	比亚迪汽车	140390	3	↑1
3	安凯客车	102517	2	↓1
4	福田汽车	101553	5	↑1
5	长城汽车	92772	6	↑1
6	中国重汽	82456	4	↓2
7	陕西汽车	81815	8	↑1
8	江铃汽车	71343	9	↑1
9	一汽解放	63934	7	↓2
10	中通客车	45777	10	—

资料来源：《中国汽车报》中国汽车品牌研究院。

从2018年商用车企业传播状况来看，宇通客车全年总体占优，但传播量有逐步下滑的趋势，年初的2017年业绩报告是关注的焦点；比亚迪汽车传播量紧随其后，4月是全年传播最高峰，年末又有所提升，海外市场拓展

信息是其被关注的重心所在；安凯客车传播总量位居第 3，7 月因为补贴信息发布传播量有所回升，但传播量走势一路下滑，值得注意（见图 10）。

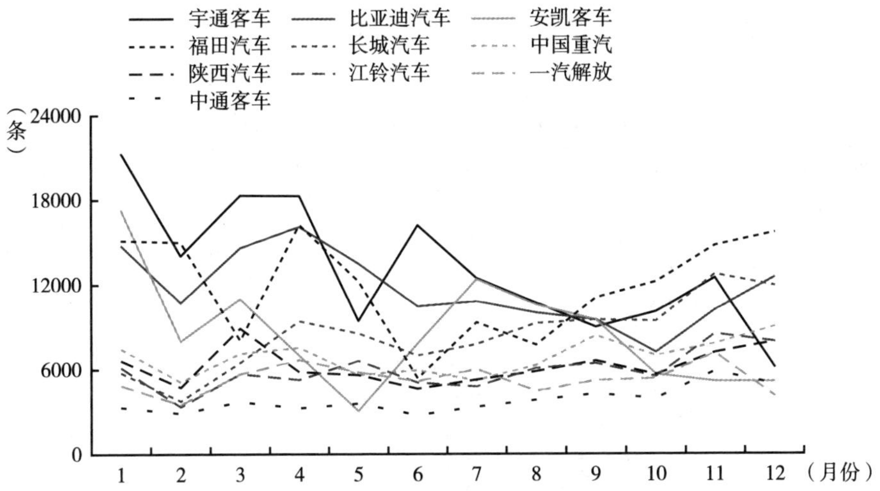

图 10　2018 年商用车企业传播走势

资料来源：《中国汽车报》中国汽车品牌研究院。

（五）客车企业：安凯客车品质优异，福田氢能源客车出众

在 2018 年客车企业传播榜中，宇通客车、比亚迪汽车占据前两位，排名与商用车企业传播榜一致。排在第 3 位的是安凯客车，安凯客车“第六代纯电动客车全球首发，安凯客车惊艳国际交通展”的消息受到较大关注，而“安凯客车高标准完成上合青岛峰会交通保障任务”“高品质护航 2018 世界制造业大会，安凯客车为中国制造代言”“安凯宝斯通 K7 服务中非合作论坛，组成同类车型最大团队”更是对安凯客车品质信任的体现。中通客车位列第 4，年初销量信息“中通客车 2017 年销售量达 2. 14 万辆，大客增 56%”“2017 年度中通客车新能源客车累计产量 8180 台，排名第三”是关注的焦点，然而，“中通客车：补贴政策持续退坡，前三季度净利润预降七成”等业绩下滑信息让人不禁为之担忧。福田汽车排名暂列第 8，其在新

能源客车尤其是氢燃料客车领域上取得一系列成果，“福田欧辉揽获全球首批最大氢燃料公交车订单，助阵 2022 京张绿色冬奥”“福田发力氢能源，欧辉客车挂首张新能源客车牌照”的消息备受瞩目，而“后补贴时代福田汽车押宝氢燃料电池”更是显示了福田今后的发展方向。

表 11　2018 年客车企业品牌传播量排行榜

2018 年排名	企业名称	2018 年传播量(条)	2017 年排名	名次升降情况
1	宇通客车	158219	1	—
2	比亚迪汽车	140046	3	↑1
3	安凯客车	102430	2	↓1
4	中通客车	43728	4	—
5	亚星客车	31165	6	↑1
6	中国重汽	20260	8	↑2
7	上汽大通	19436	9	↑2
8	福田汽车	16287	7	↓1
9	厦门金龙	15090	13	↑4
10	苏州金龙	12969	11	↑1

资料来源：《中国汽车报》中国汽车品牌研究院。

从 2018 年客车企业传播状况来看，宇通客车、比亚迪汽车、安凯客车排在传播总量的前 3 位，传播形势各不相同；中通客车在 3 月有一次传播的高峰，主要是受到新能源客车政策利好影响，关注增加较多，同时公司领导表示要以新能源为核心开启新的创业，该消息更是备受关注；亚星客车同样在 3 月迎来传播量的顶峰，“比亚迪、亚星并列榜首，150 款新能源客车入选 306 批新车公告”关注度较高，股市关注度也是“水涨船高”（见图 11）。

（六）卡车企业：陕汽稳步提升，重汽天津港无人驾驶吸睛

在 2018 年卡车企业传播榜中，陕西汽车排在首位（见表 12）。陕西汽车年初的销量信息“陕重汽 12 年产销增长 10 倍”“2017 年陕重汽销量增长，市占率提升，稳居行业第四位”是关注的重点，海外信息“阿尔及利亚首辆中国品牌汽车组装下线”的关注度也比较高，而车企战略信息“陕汽控股‘走出去’提速，出口重卡目标翻番”更体现了陕汽“走出去”的决心和行动。中国重汽传

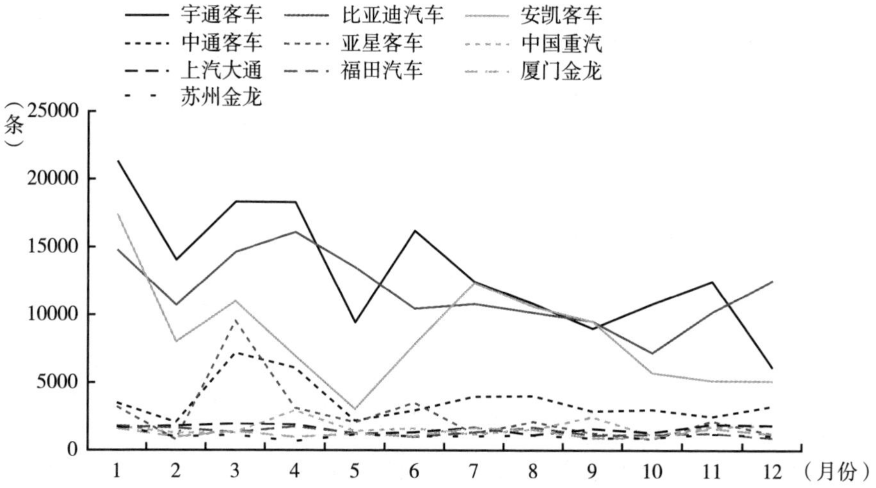

图11　2018 年客车企业传播走势

资料来源：《中国汽车报》中国汽车品牌研究院。

播量排名第 3，下半年“中国重汽和山东重工合并事”是焦点中的焦点，而其“中国重汽集团卡车智能 AI 无人驾驶项目落地天津港”“全球首台无人驾驶电动卡车开启港口试运营”“全球首款！无人驾驶电动卡车试运营 5000 多个小时”系列报道受到各界的关注，“中国重汽积极响应‘一带一路’倡议，服务于施工企业‘走出去’”则显示了中国重汽对“走出去”的重视。一汽解放传播量排名第 5，“一汽解放 2017 年再夺中国重卡销量冠军”体现了一汽在重卡领域的实力与地位，而新车信息“解放第七代卡车 J7 正式下线”才是关注的中心所在，相应的，“中国‘无人化’港口运输车全球首发，实现智能技术新突破”同样受到重点关注，而使用的正是解放 J7 卡车，年底“解放 J7 摘取‘2019 中国年度卡车’大奖”的消息再次受到各界关注。

表 12　2018 年卡车企业品牌传播量排行榜

2018 年排名	企业名称	2018 年传播量(条)	2017 年排名	名次升降情况
1	陕西汽车	81018	4	↑3
2	长城汽车	75357	2	—
3	中国重汽	73498	1	↓2

续表

2018 年排名	企业名称	2018 年传播量(条)	2017 年排名	名次升降情况
4	福田汽车	67703	6	↑2
5	一汽解放	63033	3	↓2
6	江铃汽车	47816	5	↓1
7	江淮汽车	25417	7	—
8	庆铃汽车	20615	8	—
9	华菱星马	13479	9	—
10	东风商用车	11738	10	—

资料来源:《中国汽车报》中国汽车品牌研究院。

从 2018 年卡车企业的传播状况来看,陕西汽车、中国重汽、一汽解放、福田汽车 4 家企业的传播量排在前列,呈波动性增长;陕西汽车在 3 月迎来传播高峰,陕汽的合作信息和重汽的卡车智能 AI 无人驾驶是关注的焦点;中国重汽传播量下半年发力,主要是受到中国重汽和山东重工合并消息的影响;一汽解放在 4 月和 11 月有两个传播顶点,解放 J7 下线及年终获奖是主要关注点;福田汽车则在 4 月和年末出现传播高峰,福田汽车发布新战略、新合作计划受到了各界的关注(见图 12)。

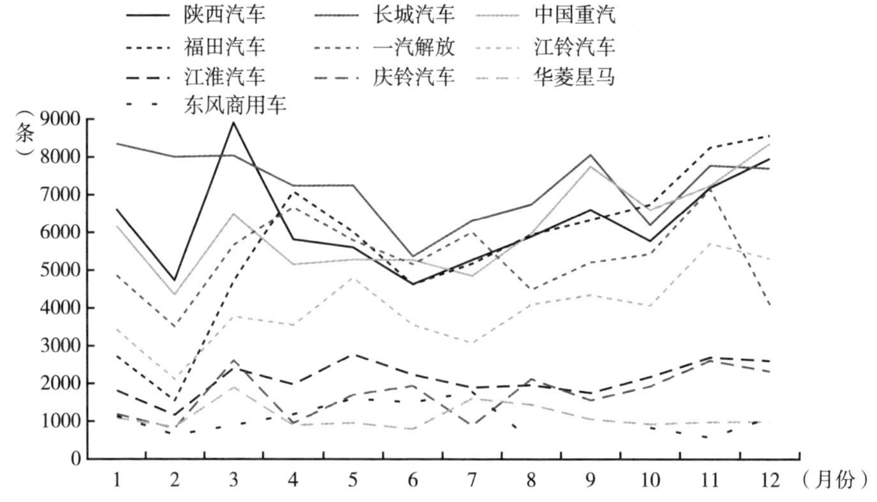

图 12　2018 年卡车企业传播走势

资料来源:《中国汽车报》中国汽车品牌研究院。

（七）总结

2018 年各家车企扩大布局、中国品牌走向海外、新车型换代上市、新能源汽车发展规划成为传播热点，电动车、无人驾驶是关注焦点，车企合资、合作进一步加深，“走出去”开拓国际市场成为车企增长新动力。

在 2018 年各中国品牌车企传播榜中，资讯类信息依旧是传播主力；在微博平台上，利用大 V、“网红”发布的热点活动得到了各界密切关注和积极转发，使车企传播更加灵活、互动性更强。

B.18
中国品牌车企高管2018年舆情分析

孟　莉*

摘　要： 本报告以有数平台全网关注度最高的30位中国自主汽车集团及下属整车子公司董事长、总经理为研究对象，通过多角度舆情数据的整理、挖掘，展示2017～2018年两年间，中国自主品牌汽车企业相关舆论热点及它们与上述人物之间的对应关系，希望能为自主品牌汽车企业把握整体舆论环境，发现品牌传播中的盲点，更有效地提升品牌知名度和美誉度，进而实现品牌升级提供参考。

关键词： 中国品牌车企　高管　舆情

当前，中国品牌汽车企业的发展面临着多重机遇和挑战。从中国品牌自身的角度看，坐稳全球最大新车市场后，中国汽车消费升级已成必然，从中低端市场切入的自主品牌唯有向上突破才能拥有未来；从中国汽车行业的角度看，凭借用移动互联技术和思维打造的新型商业模式，新造车势力快速崛起，向汽车业百余年的传统发起挑战；从中国经济的角度看，在国企改革、体制创新等方面取得新突破已成为实现高质量发展的重要前提。

在本报告期（2017年1月1日至2018年12月31日）内，中国品牌汽车企业在以上3个层面均有所作为，且取得了可见的成效。在这个过程中，企业家和职业经理人发挥了不可替代的重要作用。本报告通过对其中舆论关

---

* 孟莉，《中国汽车报》中国汽车品牌研究院研究员。

注度较高人物的舆情数据进行挖掘、整理和分析，梳理和揭示现阶段中国汽车品牌发展脉络及其存在的问题和挑战，希望为企业更加及时、准确地把握舆论环境，认识外部条件和自身状况提供参考。

一 影响力人物基本情况

如表1所示，本报告研究的影响力人物，是有数平台全网关注度排名前30的国内汽车集团或其下属自主、合资自主整车企业董事长、总经理（含总裁、CEO，下同）。需要说明的是，在报告期内，中国品牌汽车企业高层人事变动比较频繁，本报告只监测特定人物担任相应职务期间的关注度数据，不包括上任前和离任后的关注度。

表1 影响力人物名单（按人物姓氏拼音排序）

人物	任职企业	职务	数据监测时段
安聪慧	吉利汽车	总裁	整个报告期
安进	江淮汽车	董事长	整个报告期
陈安宁	奇瑞汽车	总经理	2017年3月21日至2018年2月9日
陈宏良	北汽股份	总裁	2017年2月17日起
陈虹	上汽集团	董事长	整个报告期
冯兴亚	广汽集团	总经理	整个报告期
金浙勇	众泰汽车	董事长	整个报告期
李斌	蔚来汽车	创始人/董事长	整个报告期
李峰	观致汽车	CEO	2018年2月10日起
李书福	吉利汽车	董事长	整个报告期
刘洪	东风乘用车	总经理	2017年6月5日至2018年7月26日
刘良	观致汽车	CEO	2017年3月21日至2018年2月9日
祁玉民	华晨汽车	董事长	整个报告期
沈晖	威马汽车	创始人/董事长	整个报告期
王传福	比亚迪	董事长	整个报告期
王凤英	长城汽车	总裁	整个报告期
王晓秋	上汽乘用车	总经理	整个报告期
魏建军	长城汽车	董事长	整个报告期
徐和谊	北汽集团	董事长	整个报告期
徐留平	一汽集团	董事长	2017年8月1日起
杨嵩	宝沃汽车	首席运营官/总裁	2018年1月22日至12月28日
尹明善	力帆汽车	董事长	整个报告期

续表

人物	任职企业	职务	数据监测时段
尹同跃	奇瑞集团	董事长	整个报告期
郁俊	广汽乘用车	总经理	整个报告期
曾庆洪	广汽集团	董事长	整个报告期
张宝林	长安汽车	董事长	2017 年 9 月 21 日起
张夕勇	北汽集团	总裁	整个报告期
郑刚	北汽新能源	总经理	整个报告期
朱华荣	长安汽车	总裁	整个报告期
竺延风	东风汽车	董事长	整个报告期

资料来源：《中国汽车报》中国汽车品牌研究院。

这 30 位影响力人物分别任职于 24 家汽车企业（含汽车集团或其下属企业）。据中国汽车工业协会统计，2017 年和 2018 年两年，上述企业（不含两家新造车企业）共销售汽车近 5332 万辆，占同期行业总销量的 93.61%（见图 1）。

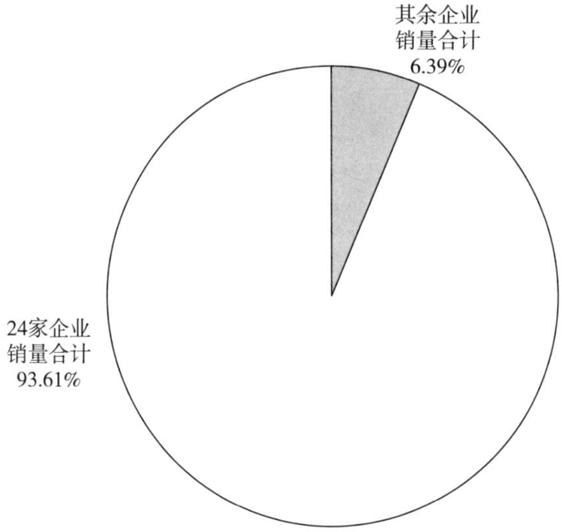

图 1　影响力人物任职企业报告期销量占比

资料来源：《中国汽车报》中国汽车品牌研究院。

如图 2 所示，按照集团划分，在 30 位影响力人物中，5 位来自北汽集团（含下属企业），4 位来自奇瑞集团（含下属企业），3 位来自广汽集团（含下属企业)。此外，吉利汽车、长城汽车、长安企业、上汽集团（含下属企业)、东风汽车（含下属企业）各有2位，一汽集团等8家企业各有1位。

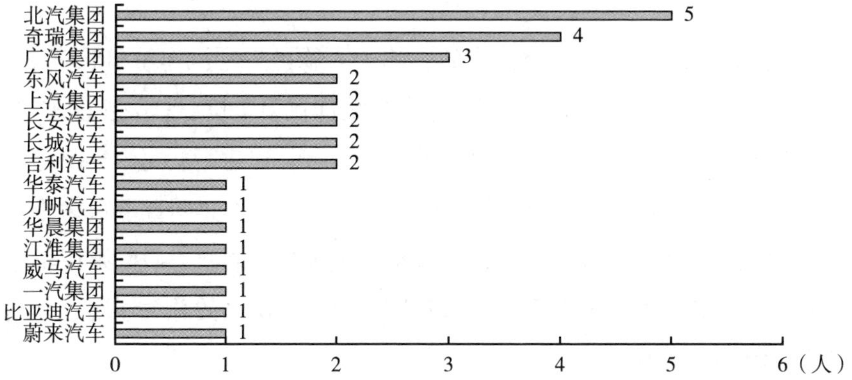

图2　影响力人物任职集团分布

资料来源:《中国汽车报》中国汽车品牌研究院。

如图3所示，在30位影响力人物中，任职于国有控股汽车集团或其整车子公司的共有21人。其中，集团董事长8人，总经理2人，子公司董事长1人，总经理10人。任职于民营汽车企业的共9人，其中董事长7人，总经理2人。

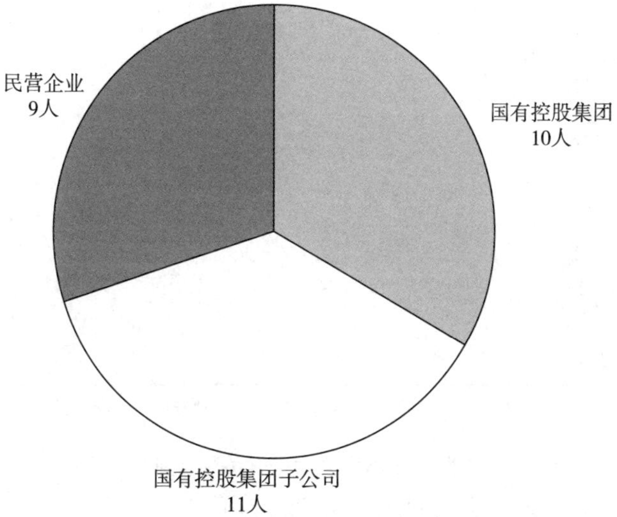

图3　影响力人物任职企业类型分布

资料来源:《中国汽车报》中国汽车品牌研究院。

二　影响力人物关注度

在报告期内，全网关注度最高的影响力人物是吉利汽车董事长李书福，总关注度超过28万条；蔚来汽车创始人李斌排在第2位，总关注度超过23万条；比亚迪汽车董事长王传福、长城汽车董事长魏建军、北汽集团董事长徐和谊分列第3～5位，总关注度均超过10万条；一汽集团董事长徐留平总关注度超过9万条，排在第6位；奇瑞集团董事长尹同跃、广汽乘用车总经理郁俊、吉利汽车总裁安聪慧、广汽集团董事长曾庆洪的总关注度，分别排在第7～10位（见图4）。

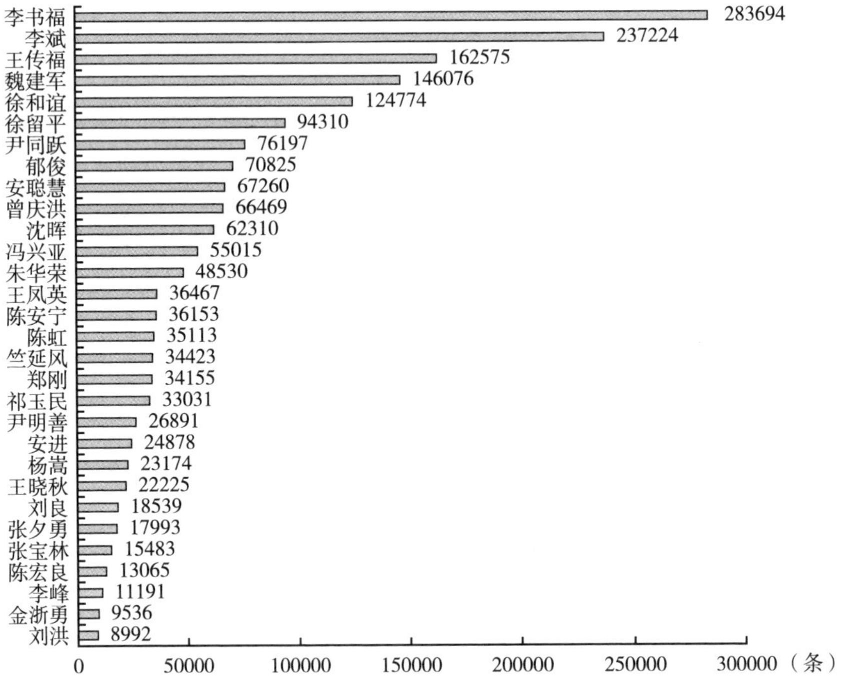

图4　影响力人物全网关注度排行

资料来源：《中国汽车报》中国汽车品牌研究院。

从统计结果看，半数以上（53.33%，共16位）影响力人物的总关注度集中在1万~5万条区间；另有23.33%的人物（共7位），总关注度为5万~10万条；总关注度10万~20万条的共3人，占10%；总关注度超过20万条和不足1万条的各有2人，分别占6.67%（见图5）。

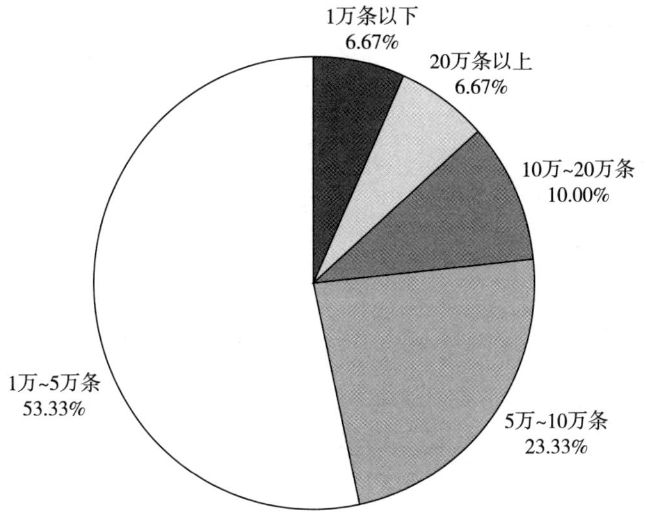

图5　影响力人物全网关注度分布

资料来源：《中国汽车报》中国汽车品牌研究院。

在报告期内，由于影响力人物担任相应职务的实际天数相差较大（最长的730天，覆盖整个报告期，最短的仅325天），和全网总关注度相比，日均关注度为衡量每位影响力人物的受关注程度提供了更准确的视角。比较日均关注度排行和总关注度排行，宝沃汽车总裁杨嵩、观致汽车CEO刘良的排名均上升了8位，分别从第22名和第24名上升到第14名和第16名；观致汽车CEO李峰排名上升5位，从第28名上升到第23名；奇瑞汽车总经理陈安宁、东风乘用车总经理刘洪的排名各上升2位，分别从第15名和第30名上升到第13名和第28名；一汽集团董事长徐留平的排名上升1位，列日均关注度第5名（见图6）。

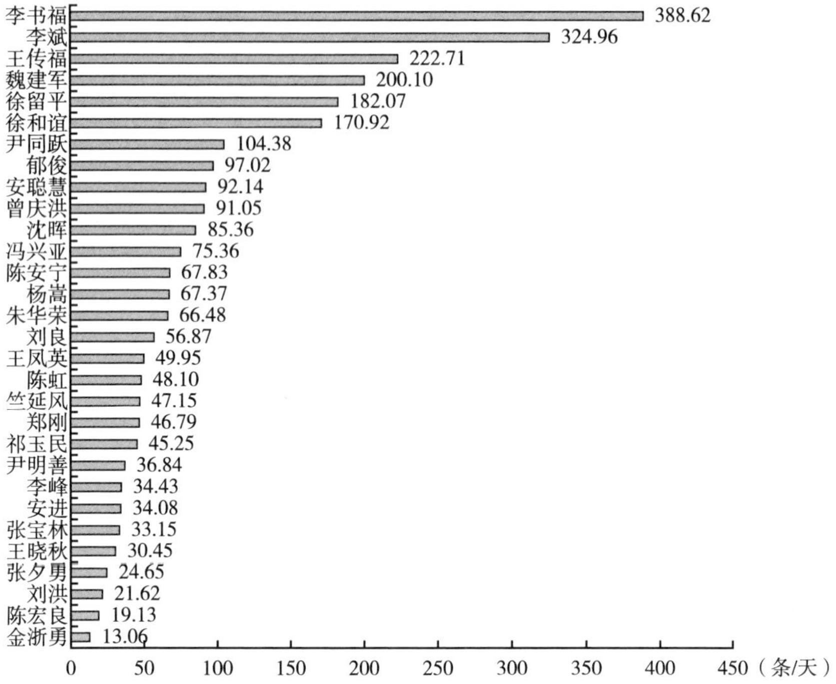

图6 影响力人物日均关注度排行

资料来源：《中国汽车报》中国汽车品牌研究院。

企业关注度影响力指在监测时段内，影响力人物全网关注度在相应企业关注度中的占比，用以衡量影响力人物对任职企业舆论关注度的影响程度。如图7所示，2位新造车企业创始人——威马汽车董事长沈晖、蔚来汽车董事长李斌对企业关注度的影响力均超过20%，领先优势明显，分列前两名。2018年1月上任的宝沃汽车总裁杨嵩紧随其后，对企业关注度的影响力超过10%，排在第3名。同样在2018年初上任的观致汽车CEO李峰表现低调，企业关注度影响力仅排在第7名，甚至低于前任刘良（第4名）。比亚迪汽车董事长王传福对企业关注度的影响力接近9%，排在第5名。

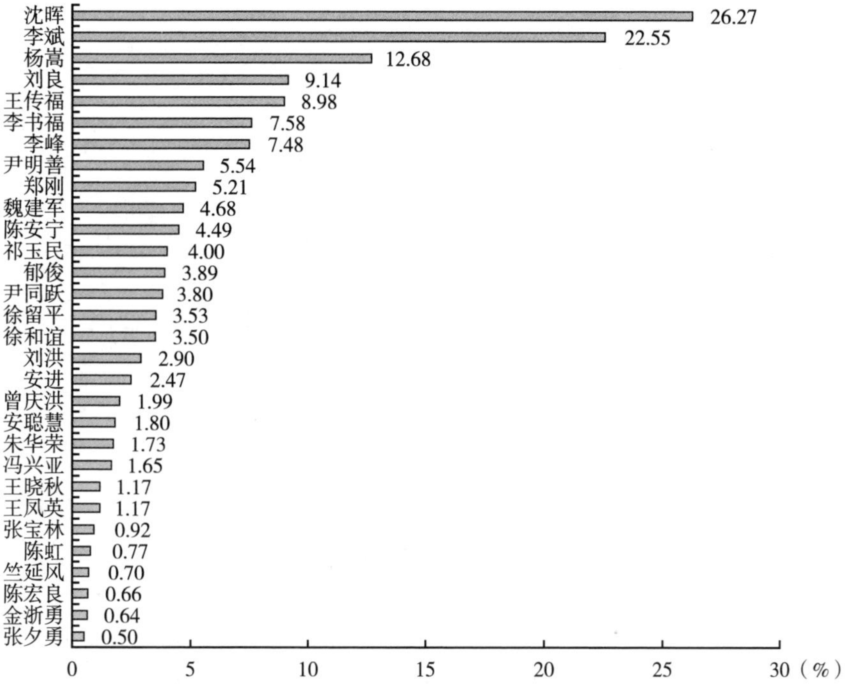

图7 人物关注度企业影响力排行

资料来源：《中国汽车报》中国汽车品牌研究院。

三 影响力人物相关焦点新闻

（一）人物关注度峰值焦点

关注度峰值指影响力人物在监测时段内单日关注度的最高值，往往是由焦点新闻事件带来的。如图8所示，在30位影响力人物中，李书福的关注度峰值最高，超过7000条；李斌的关注度峰值为4619条，排在第2名；徐留平、王传福、魏建军、王凤英、尹明善的关注度峰值都在2000多条，分列第3~7位；徐和谊等10人的关注度峰值为1000~2000条；有15人的关注度峰值不足1000条，最低峰值仅329条。

从时间分布看，出现人物关注度峰值最多的月份是2017年8月，共5

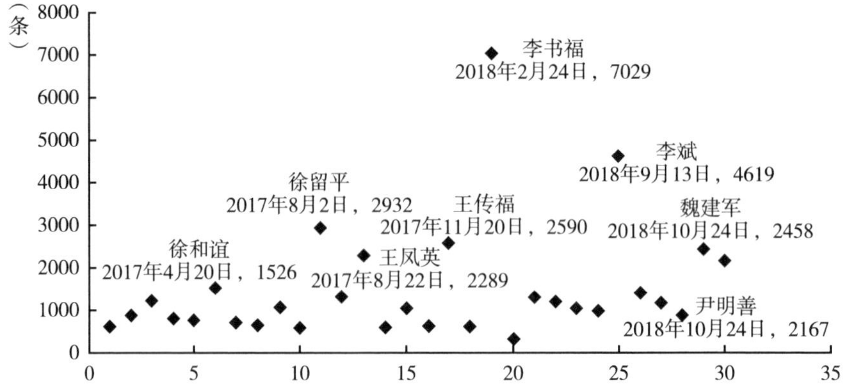

图8　影响力人物日关注度峰值分布

注：图8和图9分别是每位影响力人物峰值的分布，以及全部人物1500条以上关注度日期的分布，其中横轴为峰值日期先后顺序的示意。

资料来源：《中国汽车报》中国汽车品牌研究院。

位；2017年4月和2018年10月，各有4位人物的关注度达到峰值。

按照话题类型划分，绝大多数影响力人物关注度峰值对应的焦点新闻属于单一企业性话题。3位影响力人物的峰值焦点属于跨行业话题：一是魏建军、尹明善入选改革开放40年百名杰出民营企业家；二是全国两会期间，陈虹从高质量发展的角度，谈上汽集团的电动化、智能网联化、共享化和国际化。

李书福超过7000条的日关注度峰值排名第1，出现在2018年2月24日，对应的焦点新闻是吉利入股戴姆勒；排在第2~5位的人物峰值焦点分别是：蔚来汽车在纽交所上市、徐留平出任一汽董事长、王传福表示比亚迪将重组组织架构做百年老店、魏建军入选改革开放40年百名杰出民营企业家（见表2）。

表2　影响力人物关注度峰值对应的焦点新闻

排序	人物	峰值(条)	峰值日期	相关焦点
1	李书福	7029	2018.02.24	吉利入股戴姆勒
2	李斌	4619	2018.09.13	蔚来汽车在纽交所上市
3	徐留平	2932	2017.08.02	徐留平出任一汽集团董事长
4	王传福	2590	2017.11.20	比亚迪将重组组织架构做百年老店

续表

排序	人物	峰值(条)	峰值日期	相关焦点
5	魏建军	2458	2018.10.24	魏建军入选改革开放40年百名杰出民营企业家
6	王凤英	2289	2017.08.22	王凤英表示长城有兴趣收购Jeep
7	尹明善	2167	2018.10.24	尹明善入选改革开放40年百名杰出民营企业家
8	徐和谊	1526	2017.04.20	北汽集团盛装亮相2017上海车展
9	沈晖	1391	2018.09.29	威马量产车EX5规模交付仪式
10	郑刚	1323	2017.08.15	北汽新能源完成B轮增资
11	陈虹	1310	2018.03.06	陈虹谈上汽“新四化”发展方向
12	曾庆洪	1203	2017.03.29	广汽三菱发动机及整车技改开工
13	安聪慧	1188	2018.03.27	领克汽车第二款车型领克02首发
14	尹同跃	1158	2018.10.11	奇瑞艾瑞泽GX和EX同时上市
15	冯兴亚	1054	2017.08.27	传祺GS7和传祺GS3联袂上市
16	郁俊	1047	2017.06.16	参加米其林全球峰会谈广汽新思路
17	杨嵩	1034	2018.05.10	2018宝沃汽车品牌日发布会举行
18	朱华荣	990	2018.08.24	长安汽车发布北斗天枢智能化战略
19	祁玉民	877	2018.10.12	华晨集团与宝马集团延长合资期限
20	陈宏良	859	2017.02.20	陈宏良将出任北汽股份总裁
21	陈安宁	809	2017.04.18	陈安宁出任奇瑞汽车总经理
22	王晓秋	766	2017.04.19	荣威上海车展发布两款i6新车
23	刘良	693	2017.04.21	观致发布超级电动车Model K - EV
24	刘洪	633	2017.06.05	东风人事大调整,刘洪将执掌风神
25	张宝林	621	2017.10.19	长安发布新能源汽车香格里拉计划
26	竺延风	606	2017.12.01	一汽东风长安签订战略合作协议
27	张夕勇	599	2017.01.07	百度与北汽战略合作
28	金浙勇	594	2017.08.22	福特拟与众泰合资筹建电动车公司
29	安进	556	2018.06.19	我国新能源汽车月产销量大增
30	李峰	329	2018.03.05	观致营销年会部署2018年新目标

资料来源:《中国汽车报》中国汽车品牌研究院。

(二)高日关注度焦点新闻

高日关注度焦点新闻，指30位影响力人物1500条以上日关注度所对应的新闻。根据有数平台的数据，在报告期内，全部影响力人物关注度超过1500条的日期共有43天，涉及8位影响力人物。其中，李书福高关注度日最多，达15天；李斌为12天，排在第2位；王传福6天、徐留平5天、魏建军 2 天，分列第 3～5 位；王凤英、尹明善、徐和谊的高关注度日各 1 天（见图 9 和图 10）。

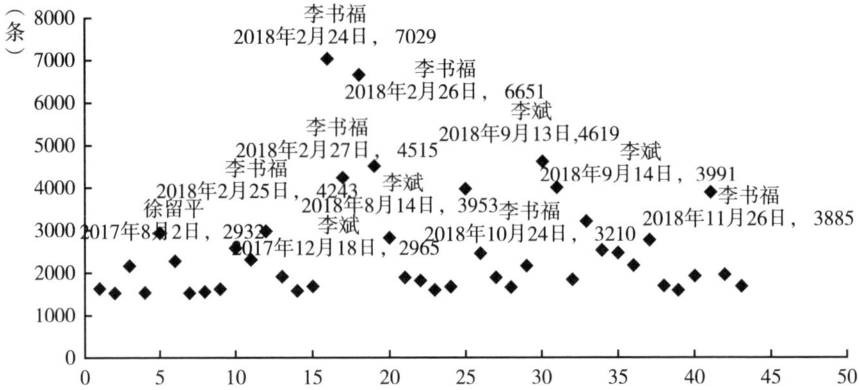

图 9　影响力人物高日关注度时间分布

资料来源：《中国汽车报》中国汽车品牌研究院。

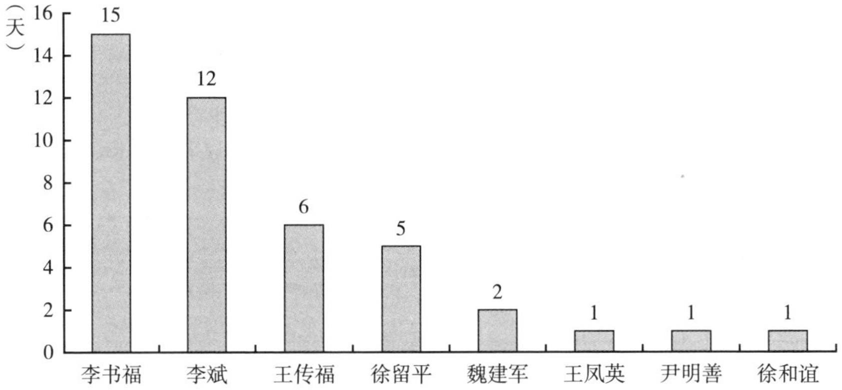

图 10　人物高日关注度天数

资料来源：《中国汽车报》中国汽车品牌研究院。

如表 3 所示，人物日关注度超过 1500 条的共 33 天（其中 2 天有 1 位以上影响力人物的日关注度超过 1500 条），对应的焦点新闻共有 19 条。其中，高日关注度累计达到 3 天或以上的焦点新闻有 4 条，按照时间排序分别是：一汽启动大规模改革（3 天），蔚来 ES8 上市（4 天），吉利参股戴姆勒，成为最大股东（8 天），蔚来汽车在纽交所上市（3 天）。高日关注度累计达到 2 天的焦点新闻有 3 条，分别是：吉利收购宝腾汽车和路特斯，李书福、王传福、魏建军、尹明善入选改革开放 40 年百名杰出民营企业家，李书福入选党中央拟表彰 100 名改革开放杰出贡献对象。

表 3　高日关注度对应的焦点新闻

日期	人物	日关注度（条）	焦点事件
2017.04.18	王传福	1631	比亚迪举办品牌盛典，发布“电动未来”大战略
2017.04.20	徐和谊	1526	北汽集团亮相上海车展
2017.06.23	李书福	2158	吉利收购宝腾汽车和路特斯
2017.06.29		1549	
2017.08.01	徐留平	2932	徐留平出任一汽董事长
2017.08.22	王凤英	2289	王凤英表示长城汽车有兴趣收购 Jeep
2017.09.18	徐留平	1529	一汽启动大规模改革
2017.09.19		1562	
2017.09.22		1604	
2017.11.20	王传福	2590	比亚迪 23 年庆典，王传福表示要做百年老店
2017.12.17	李斌	2304	蔚来 ES8 上市
2017.12.18		2965	
2017.12.19		1911	
2017.12.22		1578	
2018.01.09	徐留平	1678	一汽发布红旗全新品牌定位
2018.02.24	李书福	7029	吉利参股戴姆勒，成为最大股东
2018.02.25		4243	
2018.02.26		6651	
2018.02.27		4515	
2018.02.28		2819	
2018.03.01		1886	
2018.03.02		1815	
2018.03.06		1668	
2018.03.28	王传福	1624	云轨通车后续传播 + 比亚迪 2018 年一季度业绩
2018.09.12	李斌	2172	蔚来汽车在纽交所上市
2018.09.13		4619	
2018.09.14		3991	

续表

日期	人物	日关注度（条）	焦点事件
2018.10.24	李书福	3210	李书福、王传福、魏建军、尹明善入选改革开放40年百名杰出民营企业家
	王传福	2527	
	魏建军	2458	
	尹明善	2167	
2018.10.25	李书福	2744	
	魏建军	1716	
	王传福	1612	
2018.11.23	李斌	1931	李斌入选“中国顶级风险投资人”榜单
2018.11.26	李书福	3885	李书福入选党中央拟表彰100名改革开放杰出贡献对象
2018.11.27		1967	
2018.12.14	李斌	1687	2018蔚来日

资料来源：《中国汽车报》中国汽车品牌研究院。

（三）人物焦点新闻TOP3

如表4所示，综合关注度峰值和高关注度天数，在报告期内，影响力人物关注度最高的3个焦点新闻分别是：吉利参股戴姆勒（李书福），蔚来ES8上市（李斌），一汽启动大规模改革（徐留平）。

表4 焦点新闻TOP3关注度概况

焦点新闻	相关人物	高关注天数(天)	日峰值(条)
吉利参股戴姆勒	李书福	8	7029
蔚来ES8上市	李斌	4	2965
一汽启动大规模改革	徐留平	3	1604

资料来源：《中国汽车报》中国汽车品牌研究院。

1. 人物焦点新闻TOP3关注度走势

在报告期内，与影响力人物相关的新闻中，关注度最高的当属吉利参股戴姆勒并成为最大股东。如图11所示，消息曝出当天（2018年2月24日），李书福的日关注度一举突破7000条，其中超过6600条提到戴姆勒，约占

95%。此后连续3天，李书福日关注度和其中提到戴姆勒的数据均超过4000条。在2018年2月24日至3月6日的11天里，李书福共有8天的日关注度超过1500条，总关注度超过3.3万条，其中超过3万条提到戴姆勒。

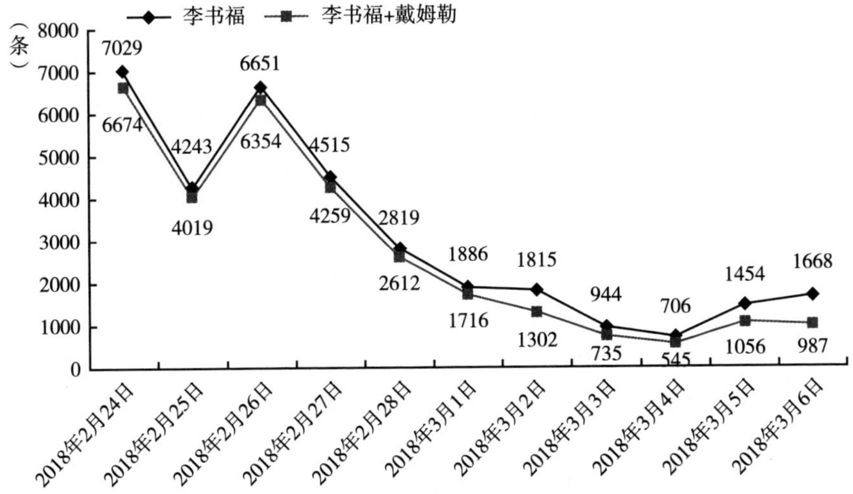

图11　吉利参股戴姆勒关注度走势

资料来源：《中国汽车报》中国汽车品牌研究院。

量产车交付是关系到新造车企业生存的重大考验，因此，2017年12月16日的蔚来ES8上市仪式引起舆论的高度关注。如图12所示，从上市仪式第二天（发布仪式在晚间举行）起，李斌的日关注度连续3天超过1500条，其中2天超过2000条。经过两天的回调，2017年12月22日，李斌的日关注度再次回到1500条以上。2017年12月17～22日，李斌6天的总关注度近1.14万条，其中9483条提到ES8，占83%。

徐留平的关注度峰值出现在2017年8月2日——他出任一汽集团董事长的第二天。然而，综合时间因素后，徐留平相关新闻中关注最高的，却是2017年9月启动的一汽大规模改革。这次改革被称为“一汽史上最剧烈变革”，包含着多个舆论热点，如出售夏利股份、管理层人事调整、一汽技术中心、新红旗H7上市等。如图13所示，2017年9月18日，伴随

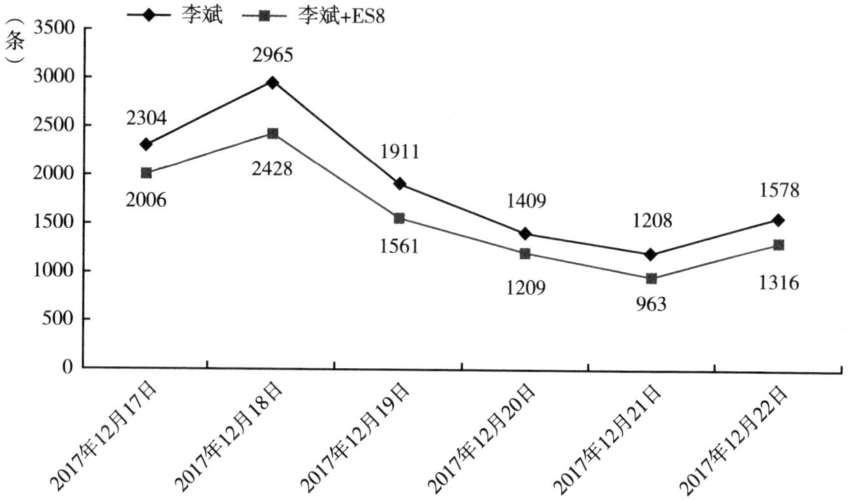

图12　蔚来 ES8 上市关注度走势

资料来源：《中国汽车报》中国汽车品牌研究院。

着格力有意收购夏利、一汽公布人事调整方案的消息，徐留平的日关注度连续两天突破1500条，其中94%与夏利或红旗有关；2017年9月22日，经过两天的“低谷”，徐留平的日关注度升至1604条，与夏利或红旗相关的数据占93%。在这5天中，徐留平的总关注度为6991条，其中与夏利或红旗相关的数据6459条，占92%。

3. 人物焦点新闻TOP3传播渠道

有数后台的舆情资料来源分为9类——资讯、微信、微博、论坛、贴吧、博客、App、问答、视频。这9类传播渠道对上述3个影响力人物的焦点新闻基本都关注了（仅一汽大规模改革在问答中数据为0）。其中，关注度最高的3个传播渠道分别是资讯、微信和App。如图14至图16所示，资讯传播占比最高的是一汽大规模改革（70.37%），微信传播占比最高的是吉利参股戴姆勒（21.82%），App传播占比最高的是蔚来ES8上市（10.57%）。微博在上述3个焦点新闻传播中的占比都不高，排在论坛之后。

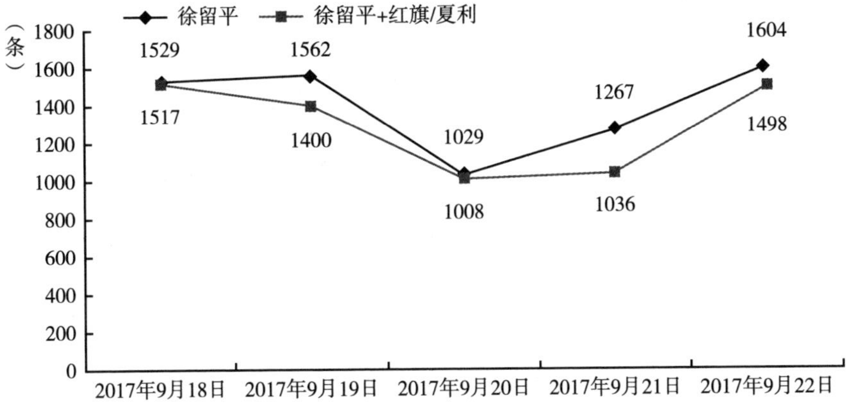

图13　一汽大规模改革关注度走势

资料来源：《中国汽车报》中国汽车品牌研究院。

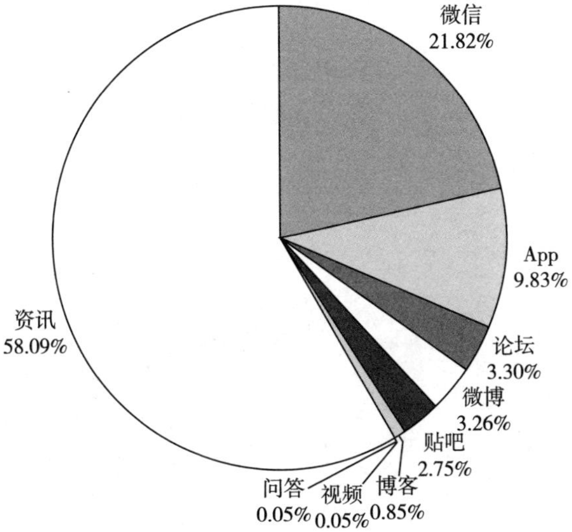

图14　吉利参股戴姆勒传播渠道分布

资料来源：《中国汽车报》中国汽车品牌研究院。

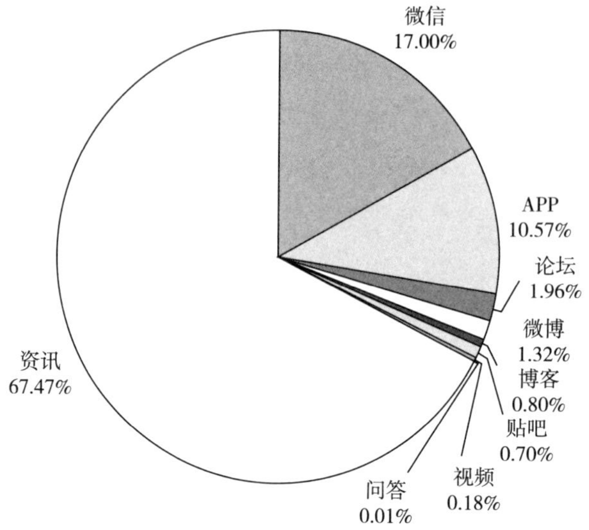

图 15 蔚来 ES8 上市传播渠道分布

资料来源：《中国汽车报》中国汽车品牌研究院。

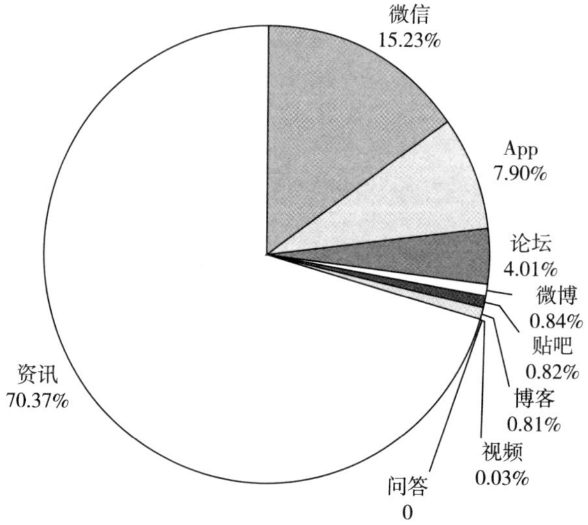

图 16 一汽大规模改革传播渠道分布

资料来源：《中国汽车报》中国汽车品牌研究院。

四　影响力人物相关热门文章

热门文章指有数后台相似文章数排名靠前的文章，反映的是单一文章在一定时间段的舆论关注度。

（一）每人最热文章

如表5所示，对报告期内每位影响力人物相似文章数最高的文章进行排序发现，相似文章数超过1000条的前5篇文章中，3篇的话题范围超出汽车行业。其中，李斌的最热文章聚焦共享单车，魏建军、李书福和尹明善的最热文章聚焦的是他们的富人身份，且李书福和尹明善的最热文章为同一篇。相似文章数超过1000条的另外两篇最热文章——尹同跃和王传福的最热文章，聚焦的都是汽车智能化。

表5　影响力人物每人最热文章排序

文章标题	人物	相似文章数(条)
共享单车靠什么赚钱？看完你就彻底明白了	李　斌	1246
中国各省市首富一览表,注意最后一张是谁	魏建军	1227
奇瑞与百度在美国硅谷签订合作备忘录	尹同跃	1173
中国又扔出一颗重磅炸弹,全世界瞬间炸了！美德看傻眼	王传福	1148
这些中国首富,节约到震惊所有人	李书福	1078
	尹明善	
广汽传祺 GE3 究竟是怎样做到能所不能的	郁　俊	866
广汽智联新能源汽车产业园项目动工	曾庆洪	735
吉利撤回宝腾股权收购提议	安聪慧	651
随“新”所遇,传祺 GS7& 传祺 GS3 耀世登场	冯兴亚	569
致时代前行者,2016 中国汽车年度盛典超越完美	徐和谊	536
华晨中华产品规划曝光(微博)	祁玉民	467
北汽新能源前9月销量增11倍(微博)	郑　刚	443
北汽与百度合作,将打造“人工智能”汽车	张夕勇	419
上汽巨资投产锂电池,新能源汽车目标60万	王晓秋	400
长安/百度携手亮相 CES 展,打造智能汽车	朱华荣	396
观致汽车 CEO 确定,原首席运营官刘良履新	刘　良	389

续表

文章标题	人物	相似文章数(条)
奇瑞步入国际化战略2.0,前4月出口增3成	陈安宁	369
不到半年时间,汽车圈已有哪些高管变动	陈宏良	367
	竺延风	367
主抓SUV和新能源东风风神3新车将上市	刘　洪	363
再接再厉感恩前行夏总三周年内部信	陈　虹	353
三方投资协议签署,曝大众江淮最新进展	安　进	351
威马量产车明年下线,2018年推人工智能	沈　晖	347
一汽/兵装高层调整落定,徐留平掌管一汽	徐留平	307
两会汽车话题聚焦新能源和交通出行	王凤英	273
品质派·World tye众泰上海车展纪	金浙勇	257
长安汽车高层再调整,张宝林任新董事长	张宝林	223
1月车企高管跳槽频繁,涉及多位企业一把手	杨　嵩	195
观致汽车上半年销量超过3万辆,同比大增长412%	李　峰	189

资料来源:《中国汽车报》中国汽车品牌研究院。

如图17所示,对30位影响力人物的最热文章进行话题分类发现,其中:聚焦企业性话题的文章共21篇,占70%;聚焦行业话题和跨行业话题的,分别为5篇(16.67%)和4篇(13.33%)。

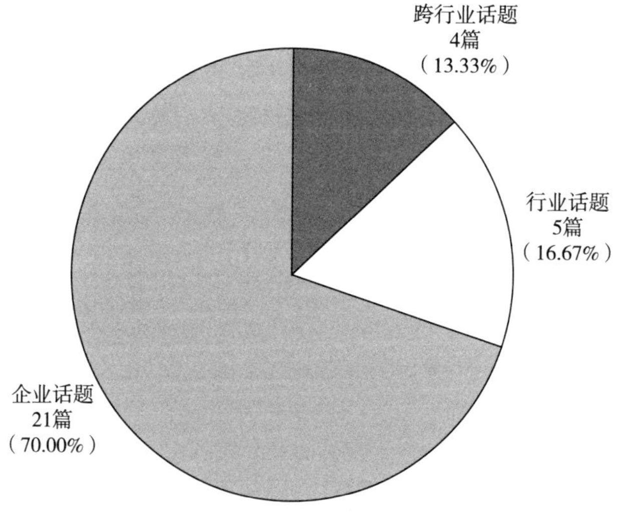

图17　每人最热文章话题类型分布

资料来源:《中国汽车报》中国汽车品牌研究院。

如图 18 所示，对聚焦企业话题的 21 篇做进一步的话题分类，其中：与新能源及智能汽车相关的文章共 7 篇，占 33. 33%；关注其他汽车产品的为 4 篇，约占 20%；关注企业销量和人事变动的各 3 篇，分别占 14. 29%；关注国际化、中外合资、新业态和参展的文章各 1 篇。

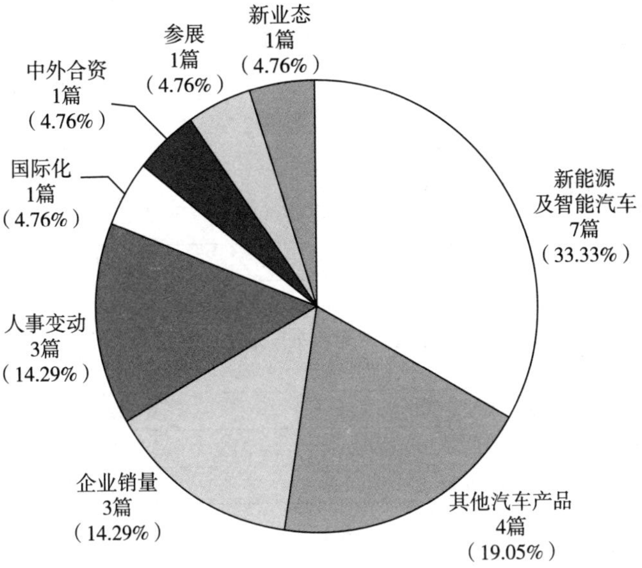

图 18　每人最热文章企业话题分布

资料来源：《中国汽车报》中国汽车品牌研究院。

（二）热门文章 TOP50

如表 6 所示，对影响力人物相关文章按照相似文章数进行排序，排名前 50 的文章共涉及 14 位影响力人物。其中，尹同跃的相关文章最多，共 14 篇；李书福、李斌的相关文章分别为 7 篇、6 篇；王传福、郁俊的相关文章各 5 篇；曾庆洪的相关文章 4 篇；徐和谊、安聪慧的相关文章各 3 篇；魏建军、尹明善、冯兴亚的相关文章各 2 篇；祁玉民、张夕勇、郑刚的相关文章各 1 篇。有 3 篇文章同时提到 1 位以上影响力人物。

如图 19 所示，在热门文章 TOP50 中，聚焦企业话题的共 37 篇，占 74%；

表 6　影响力人物最热门文章 TOP50

文章标题	相关人物	相似文章数(条)
共享单车靠什么赚钱？看完你就彻底明白了	李　斌	1246
中国各省市首富一览表,注意最后一张是谁	魏建军	1227
共享单车靠什么赚钱	李　斌	1219
奇瑞与百度在美国硅谷签订合作备忘录	尹同跃	1173
中国又扔出一颗重磅炸弹,全世界瞬间炸了！美德看傻眼	王传福	1148
这些中国首富,节约到震惊所有人	李书福 尹明善	1078
广汽传祺 GE3 究竟是怎样做到能所不能的	郁　俊	866
阿根廷总统会见奇瑞董事长为何提到它	尹同跃	862
今天,这个浙江农民,要把多少汽车公司逼上绝路	李书福	837
今天,比亚迪扔出一颗重磅炸弹	王传福	814
中国第二家“华为”诞生,正悄悄征服全世界	王传福	811
特斯拉败了,刘强东、马化腾等大佬联手造了一辆汽车！充电十分钟能跑百公里	李　斌	786
习近平:推动共建“一带一路”走深走实造福人民	李书福	778
“一辆蔚来 ES8 和一辆小鹏 G3”的赌注(微博)	李　斌	744
汽智联新能源汽车产业园项目动工	曾庆洪	735
共享单车,靠什么挣钱	李　斌	719
2018 蔚来日,超级锦鲤最后一波！(微博)	李　斌	674
吉利撤回宝腾股权收购提议	安聪慧	651
随“新”所遇,传祺 GS7& 传祺 GS3 耀世登场	冯兴亚	569
吉利 MPV 概念车上海车展全球首发亮相	安聪慧	551
致时代前行者,2016 中国汽车年度盛典超越完美	徐和谊	536
北汽集团 2015 年销量增 3%(微博)	徐和谊	530
怦然心动！全新传祺 GS5 巴黎首秀,预售价 12 万起	曾庆洪	522
阿根廷总统在京会晤奇瑞董事长	尹同跃	497
奇瑞全面赞助阿根廷杯足球赛	尹同跃	495
广汽传祺半年劲销 25 万辆猛增五成,全矩阵领跑中国品牌	郁　俊	488
双核驱动智能进化艾瑞泽 GXEX 联袂上市	尹同跃	483
重磅！改革开放 40 年百名杰出民营企业家名单发布	李书福 魏建军 王传福 尹明善	480
没买车的别着急,中国出行正在巨变	曾庆洪	474

续表

文章标题	相关人物	相似文章数(条)
奇瑞汽车与浦发银行签署战略合作协议	尹同跃	470
华晨中华产品规划曝光(微博)	祁玉民	467
强势产品驱动高速增长,奇瑞2016"品质绽放"	尹同跃	464
广汽传祺参加2018全美汽车经销商大会(NADA),北美经销商反响热烈	郁　俊	462
奇瑞新能源规划曝光(微博)	尹同跃	456
"黑公关"风波的几大教训(1)	李书福	452
奇瑞年会大咖云集,合作伙伴都是国际腕儿	尹同跃	452
公示名单来了！党中央拟表彰100名改革开放杰出贡献对象	李书福	447
广汽传祺高端/新能源齐发力,六款重磅新车闪耀上海车展	曾庆洪 冯兴亚 郁　俊	445
北汽新能源前9月销量增11倍(微博)	郑　刚	443
吉利经销商将达1750家,今年推新SUV/MPV	安聪慧	438
智能化转型助推奇瑞迈向汽车新时代	尹同跃	432
奇瑞"出海"欧洲:打开"全球化"新方式	尹同跃	426
艾瑞泽GX/EX双车上市释放了哪些信息	尹同跃	425
北汽与百度合作,将打造"人工智能"汽车	张夕勇	419
北汽集团建重庆新能源基地,年产能30万辆	徐和谊	418
尹同跃当选安徽省质量品牌促进会会长	尹同跃	418
中国品牌成两会热点奇瑞以品质率先破题	尹同跃	418
唤醒的力量——改革开放40年变迁系列述评经济篇	李书福	415
补贴渐退:"断奶"后的新能源汽车怎么办	王传福	413
广汽传祺将推3款全新车型,北美车展亮相	郁　俊	411

资料来源:《中国汽车报》中国汽车品牌研究院。

聚焦跨行业话题的共10篇，占20%；其余3篇聚焦的是行业话题，占6%。在相似文章数超过1000条的前6篇文章中，4篇聚焦跨行业话题，2篇聚焦企业话题。

如图20所示，在聚焦企业话题的37篇最热门文章中，关注新能源及智能汽车的最多，共11篇，约占30%；关注企业国际化和产品的各8篇，分别占21.62%；关注企业品牌形象的有4篇，约占11%；3篇关注企业销量，占8%；关注企业金融合作、车展和人物的各1篇，分别占2.7%。

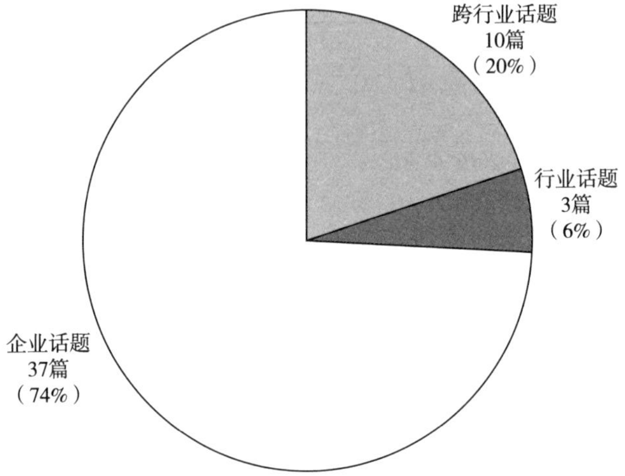

图 19　影响力人物最热门文章 TOP 50 话题分布

资料来源：《中国汽车报》中国汽车品牌研究院。

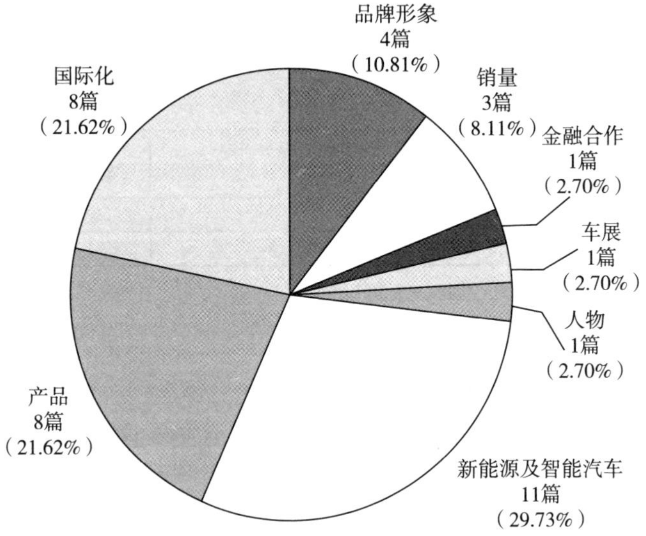

图 20　影响力人物最热门文章 TOP 50 企业话题分布

资料来源：《中国汽车报》中国汽车品牌研究院。

（三）十大热门文章传播渠道

为了弄清楚热门文章的传播渠道，针对相似文章数最高的 10 篇文章（李斌、王传福相似文章数最高的 2 篇文章内容基本一致，均只取其中一篇），在有数后台提取了分渠道的声量数据。如表 7 所示，热门文章集中在微信和资讯两个渠道，微信的作用尤其突出。在 10 篇文章中，8 篇文章的声量主要来自微信，主要声量来自资讯的 2 篇文章都与尹同跃相关。

特别值得一提的是，《广汽传祺 GE3 究竟是怎样做到能所不能的》一文的传播，全部集中在广汽集团、广汽乘用车、广汽传祺及其经销商的微信公众号，没有第三方自媒体参与。

表 7　热门文章最大传播渠道占比

文章标题	最大渠道	占比(%)
共享单车靠什么赚钱？看完你就彻底明白了	微信	84.05
中国各省市首富一览表，注意最后一张是谁	微信	93.91
奇瑞与百度在美国硅谷签订合作备忘录	资讯	90.2
中国又扔出一颗重磅炸弹，全世界瞬间炸了！美德看傻眼	微信	98.07
这些中国首富，节约到震惊所有人	微信	88.80
广汽传祺 GE3 究竟是怎样做到能所不能的	微信	98.34
阿根廷总统会见奇瑞董事长为何提到它	资讯	97
今天，这个浙江农民，要把多少汽车公司逼上绝路	微信	91.13
中国第二家“华为”诞生，正悄悄征服全世界	微信	78.26
特斯拉败了，刘强东、马化腾等大佬联手造了一辆汽车！充电十分钟能跑百公里	微信	92.48

资料来源：《中国汽车报》中国汽车品牌研究院。

五　结论

不论是从总关注度、日均关注度还是企业关注度影响力的角度看，30 位影响力人物在本报告期内的舆论关注度都存在很大差距。

在30位影响力人物中，来自国有汽车集团及其子公司的高管人数占优(21名)，但民营汽车企业高管的舆论关注度更高。总关注度和日均关注度排在前4位的影响力人物，都是民营汽车企业的董事长。在企业关注度影响力排行榜上，前10位中有6位来自民营汽车企业。

从吉利参股戴姆勒、蔚来ES8上市、一汽启动大规模改革3个焦点新闻的传播数据看，有影响力的高管（如上述3个焦点新闻对应的李书福、李斌、徐留平）在企业焦点新闻的传播中占有重要位置。

随着中国汽车市场日趋饱和，企业竞争的重点必然从产品性能、性价比等向品牌的个性偏好、价值取向等转移，企业高层的公众形象也将成为企业品牌形象的重要组成部分。然而，从30位影响力人物的总关注度、日均关注度以及焦点新闻、热门文章等舆情数据看，多数自主品牌汽车企业高层在舆论中的“存在感”严重不足，缺乏鲜明的形象，对涉及行业、企业的重大热点很少公开表达观点，难以在品牌升级中发挥应有作用。

在报告期内，李书福、李斌、魏建军等民营企业家的奋斗史被当作传奇故事在微信大量传播。目前，这类传播基本是正面的，但原创文章不多、猎奇色彩较重、参与媒体众多。如何评估这类传播对品牌的影响并加以引导，是企业传播的新课题。

作为一种新兴社交媒体，微信已迅速超越微博、论坛等，成为舆论传播的主要渠道之一，虽然总传播量还低于资讯，但在打造“爆款”文章方面更具优势。目前，微信用户数已突破10亿人，网络效应必然带来更大的传播能量。

在移动互联时代，所有企业都是媒体。在报告期内，在自有传播渠道的运用方面，广汽传祺做出了有益的尝试。而传播内容的选择、表现形式的创新、自有渠道的运营包括与外部渠道的互动等，还有待在后续的探索和实践中逐渐完善。

B.19

中国品牌汽车2018年海外舆情分析

杜 滟 高瑞峰*

摘 要： 本报告通过监测并收集中国车企在海外的舆情报道，以新闻的“话题关键词”为线索，统计分析主流车企的话题分布，总结概括出车企的舆情大事件。最后通过解读和归纳主流车企的大事件，呈现整个汽车行业中存在的规律、特点或趋势。

从内容架构上，报告整体包含乘用车与商用车两大部分。其中，在乘用车部分，从整体海外舆情、媒体关注度、重点车企舆情以及舆情的情感分析4个维度对乘用车的海外舆情进行解读；在商用车部分，整体上分为传播声量概述和舆情亮点解读两部分。

分析发现，中国乘用车车企在海外呈现品牌与技术双输出的趋势，在未来发展中，或与外企以“抱团”方式合作，且在“一带一路”沿线国家的产品口碑较好。而商用车的市场多集中在发展中国家，未来的市场前景潜力巨大。

关键词： 中国车企 乘用车 商用车 国际影响力 品牌认知

一 前言

在过去的一年半里，中国车企在海外有哪些重大举措？外媒对这些舆情

---

* 杜滟，《人民日报》海外网舆情中心总监；高瑞峰，《人民日报》海外网舆情中心舆情分析师。

大事件是如何报道的？中国车企在海外的品牌认知和影响力如何？

本报告监测时间为2017年1月1日至2018年6月30日，监测对象为中国主要的乘用车与商用车品牌。鉴于本报告中的分析内容更侧重于文本分析，此次数据抽样的方法采用了经验抽样法。对舆情传播量大的车企，抽样比例为10%；传播声量较小的，结合具体的数据，抽样比例为5%或3%。为保证语种覆盖的全面性，同时结合使用了分层抽样法。

在对新闻内容进行分析解读时，本报告借鉴并使用了词频分析法。基于新闻标题、新闻摘要或正文，提取能够反映新闻中心思想的话题关键词，之后对这些关键词出现的频次进行统计、分析，以选出频次最高的词来反映传播的新闻内容，最后对所选数据进行合理解读。在这一过程中，通过数据可视化的方式（云图），展现内容传播的关键点。这一内容分析方法结合了数据统计技术与内容分析解读两方面，便于读者快捷地从整体上把握事件的态势，其分析的逻辑架构可参见图1。

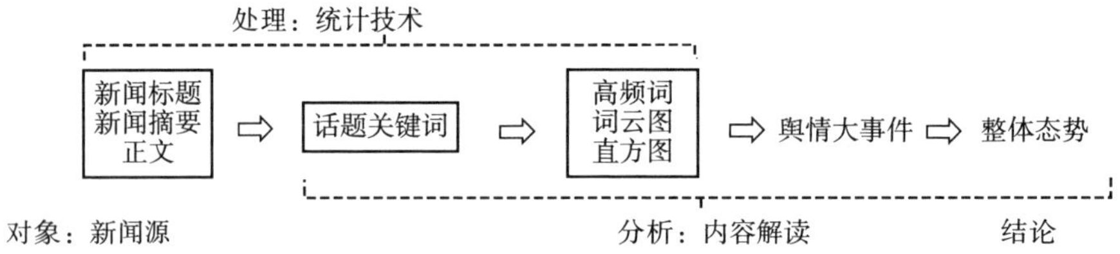

图1　词频分析法逻辑架构

2017年9月27日，工业和信息化部、财政部、商务部、海关总署、质检总局联合公布了《乘用车企业平均燃料消耗量与新能源汽车积分并行管理办法》。此举促成了中国车企与外企在新能源领域“联姻”风潮的兴起，其中江淮大众、长城宝马、众泰福特是这一领域合作的代表。对此现象外媒进行了众多转载和报道。

通过对乘用车企舆情做整体的分析后发现，日本媒体对中国车企的市场表现方面尤为关注，如对公司股价、产品销量等指标报道较多。分地区来看，力帆汽车在俄罗斯市场的销量表现突出，在中国车企中持续夺冠，然而在国内市场销量一般。在国内，吉利汽车取得产品销量和市场口碑双赢后，不断拓展海外市场，从东南亚地区逐渐渗透欧洲地区，发展的重点也从单纯的产品输出转型为品牌形象和产品技术的双输出。

而商用车方面，产品出口的市场主要集中在中亚、南美洲、北美洲南部以及中东等地区。从发展方向来看，一些企业已经摆脱单纯依靠产品出口的方式，转向综合发展的道路上。例如，宇通客车在俄罗斯以及古巴等国建立了零配件仓库，并且提供24 小时售后服务，着力综合打造中国客车在海外的品牌形象。

二 乘用车舆情分析

本报告发现：海外市场拓展步伐加快，品牌、技术呈“双输出”趋势；未来汽车行业，自主车企与外企或以更多“抱团”方式合作；模仿道路终坎坷，越南市场对众泰等车企认可度低；中国车企在“一带一路”沿线国家产品口碑良好。

（一）中国乘用车企业海外舆情整体概况

中国乘用车企业海外舆情整体概况如图 2 和图 3 所示。

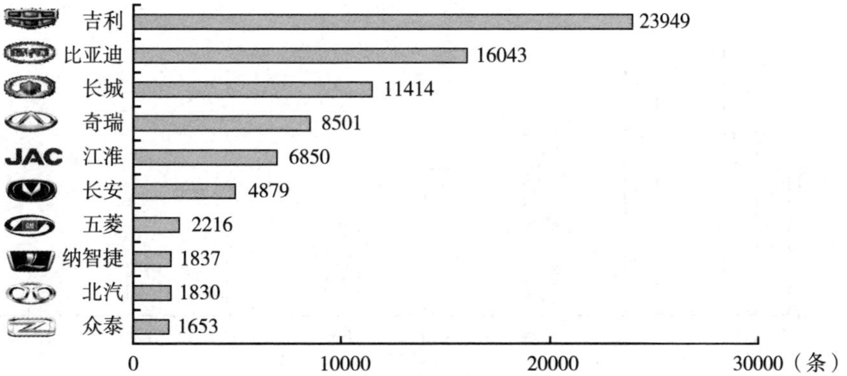

图 2　中国主要乘用车品牌海外舆情传播量分布

资料来源：道琼斯 Factiva 数据库。

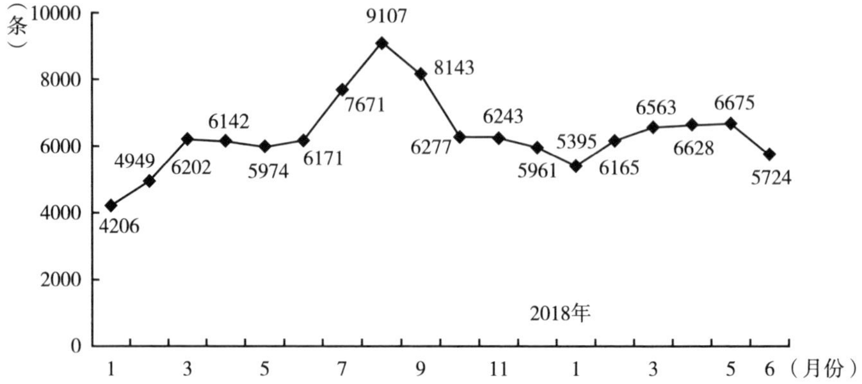

图3　不同时间段中国乘用车企海外舆情传播分布

资料来源：道琼斯 Factiva 数据库。

（二）美国媒体关注度分析

与之前报道相比，虽然关键词“吉利”与“沃尔沃”同时出现的频次仍较多，但是媒体对吉利高端品牌领克（LYNK&CO）的报道相对独立，即吉利汽车不再仅作为“沃尔沃公司”的合作公司出现。这在一定程度上反映出吉利汽车的品牌升级，得到了一些美国媒体的认可。

比亚迪在美国媒体的传播声量中居第2位（见图4），外媒对比亚迪的

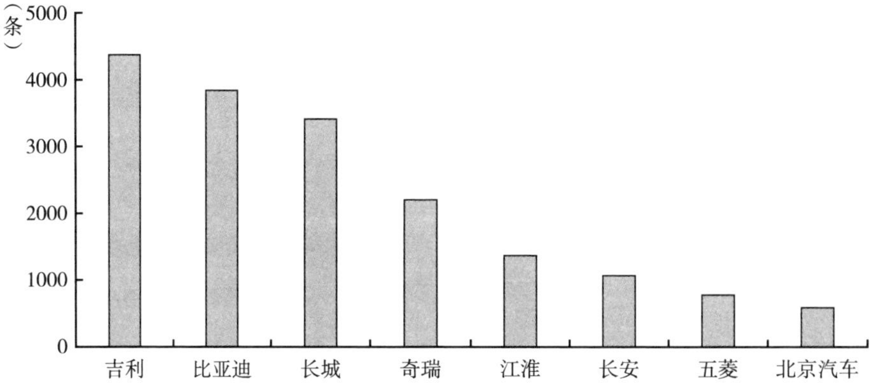

图4　中国品牌乘用车美国媒体关注度 TOP8

资料来源：道琼斯 Factiva 数据库。

认知更多源于电动车领域，如电动巴士、充电电池、单轨项目，成为舆情传播中出现频次较多的话题关键词。

（三）日本媒体关注度分析

通过对各车企报道语种的分布进行分析后发现，日本媒体对中国车企的市场表现有着极高的关注度，媒体报道的内容多数围绕产品的销量数据、股价排名、贸易进出口数据等展开传播。在众多的媒体中，日本株情报部、Traders Direct 对车企的股票情况、财政新闻的报道量较多。中国品牌乘用车日本媒体关注度 Top8 见图 5。

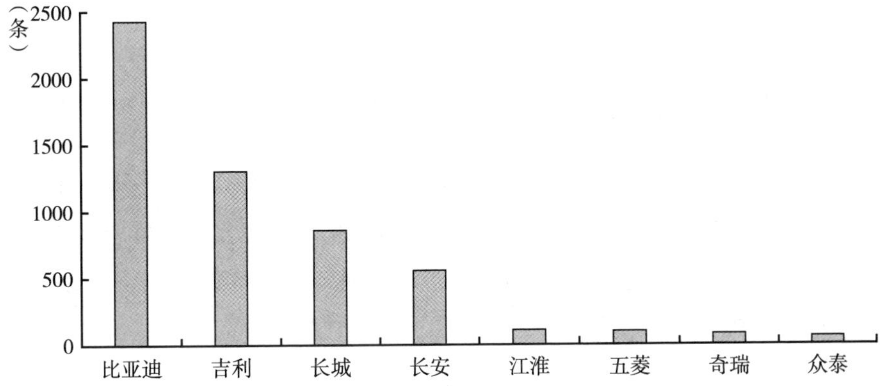

图 5　中国品牌乘用车日本媒体关注度 TOP8

资料来源：道琼斯 Factiva 数据库。

（四）俄罗斯媒体关注度分析

通过对俄罗斯车市新闻的分析发现，中国车企力帆汽车在俄罗斯市场销量常年居于首位，但是从媒体的传播声量看，却不及奇瑞、吉利、长城等企业。对于奇瑞、长城等企业，媒体的报道对象集中在 SUV 车型；对江淮在哈萨克斯坦的乘用车表现，俄罗斯媒体进行了大量报道，且内容多为正面。中国品牌乘用车俄罗斯媒体关注度 TOP8 见图 6。

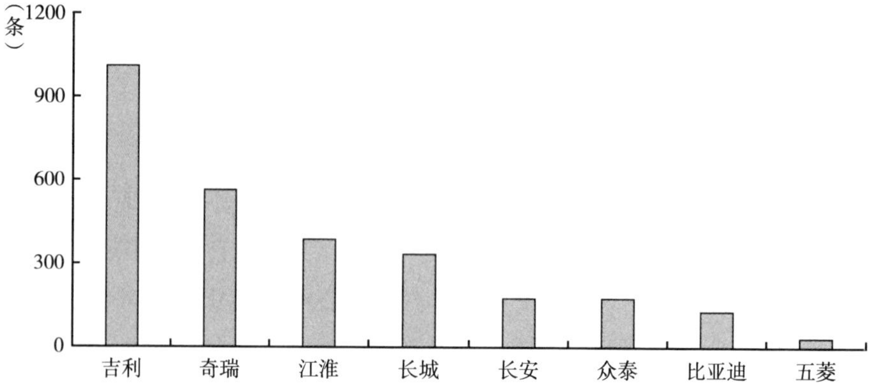

图 6　中国品牌乘用车俄罗斯媒体关注度 TOP8

资料来源：道琼斯 Factiva 数据库。

（五）德国媒体关注度分析

德国媒体对于德国本土的汽车品牌关注度较高，报道内容多集中在企业合作、股份收购等领域，从媒体对大众汽车与江淮成立合资公司、吉利汽车收购戴姆勒股份事件的报道量中可以发现这一特点。中国品牌乘用车德国媒体关注度 TOP8 见图 7。

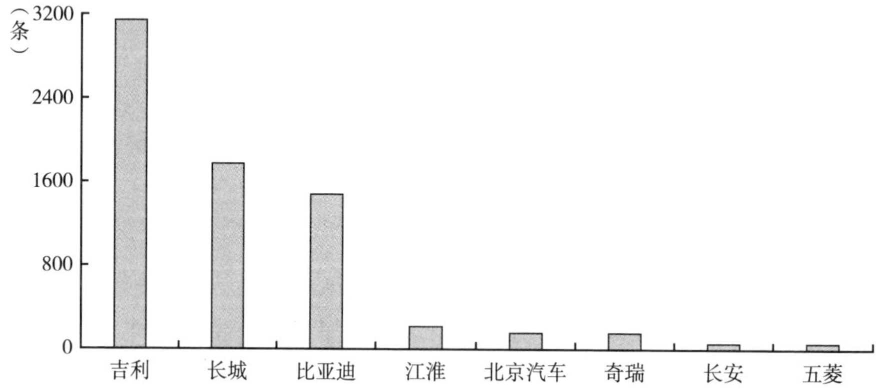

图 7　中国品牌乘用车德国媒体关注度 TOP8

资料来源：道琼斯 Factiva 数据库。

（六）法国媒体关注度分析

从报道内容看，从法国领导人来华访问支持当地车企发展、世界杯期间罗纳尔多成为长城汽车品牌代言人，再到吉利旗下领克品牌发布“欧洲计划”，涉及的方面比较广泛。中国品牌乘用车法国媒体关注度 TOP8 见图 8。

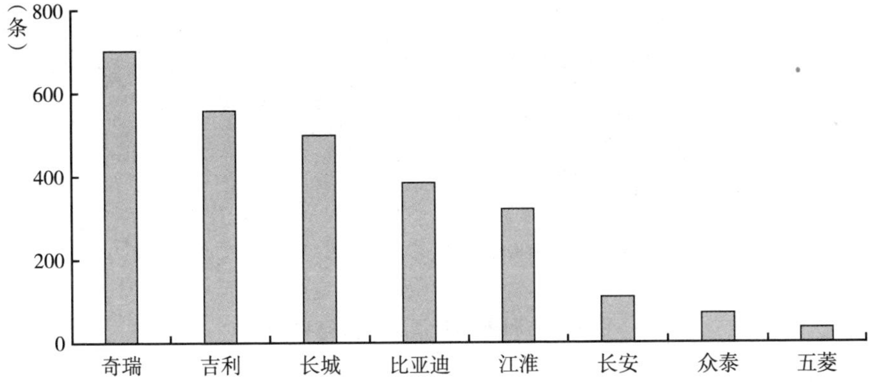

图 8　中国品牌乘用车法国媒体关注度 TOP8

资料来源：道琼斯 Factiva 数据库。

（七）主要车企品牌海外舆情解读

根据车企在海外舆情的传播声量排行，确定对以下 6 家乘用车企业做重点分析，它们分别是吉利汽车、比亚迪汽车、长城汽车、奇瑞汽车、江淮汽车以及长安汽车。

这些车型在海外的传播量占据了中国主流车企的主体。从分析逻辑看，报告先从提取的新闻关键词着手，以话题关键词带动对新闻事件的分析，进一步解读该事件所反映的方向性与规律性的内容。

1. 吉利汽车舆情分析

从车企的舆情传播声量中看出，吉利汽车在海外的传播曝光量居首位。吉利汽车新闻话题关键词云见图 9。

图 9　吉利汽车新闻话题关键词云

资料来源：道琼斯 Factiva 数据库。

从 2017 年到 2018 年 6 月，吉利展开了一系列企业收购、战略合作等活动，为其全球化战略的扩张做了充分准备。

2017 年 6 月 23 日，吉利汽车收购马来西亚 DRB – HICOM 集团旗下宝腾汽车 49.9% 股份。对于吉利在马来西亚市场的发展来说，2018 年的政策环境表现不是很明朗。一方面，马来西亚政府领导表示，不会回购宝腾汽车，保持其独立发展；另一方面，其在考虑与亚洲国家新成立一家新的汽车公司，在贸易政策上加强保护，这对吉利在该市场的产品出口或产生一定影响。

在吉利企业收购的新闻大事件中，关键词“戴姆勒”和“吉利”在很多情形下同时出现。作为戴姆勒现有在华合伙人的北汽控股，这也成为北京汽车的重大舆情事件之一。关于戴姆勒与吉利汽车之间的收购与相互合作，德国媒体报道数量最多（约占 51%）。而报道时间集中在 2018 年 2 月 25 日到 3 月初。

此外，2018 年 3 月 26 日吉利旗下品牌领克正式公布了“欧洲计划”，此举标志着吉利的全球化布局更进一步，吉利将直接在欧美发达市场与世界领先汽车品牌开展竞争。该事件成为外媒传播报道的重点之一。

此前吉利汽车总裁安聪慧表示，2018 年吉利会在海外市场有较大变化，即从简单的贸易转为本地化，做到技术和产品同时输出。

2. 比亚迪汽车舆情分析

通过对比亚迪新闻关键词的提取发现，媒体报道的焦点集中在电动巴士上，而对比亚迪乘用车领域的报道量相对较少。

关于比亚迪的股市，日本株情报部的报道量最多，其次为德国媒体，英文语种的报道量居第 3 位。

作为电动汽车的代表企业，比亚迪在电池领域的传播量同样可观。为了更好地与比亚迪在电动汽车市场展开竞争，上汽通用已经在上海建立电池配件工厂，这也从侧面反映出合资车企越来越重视中国新能源汽车市场的发展。

从比亚迪电动巴士投放国家的分布看，不同发展程度的国家均有涉及。在发达国家如在美国的夏威夷岛开展电动公交示范活动，借此收集乘客的体验数据，以更好地在当地推广电动巴士。同时，比亚迪计划在美国城市阿尔伯克基建立充电站等基础设施。在作为发展中国家的印度，电动公交受到当地消费者的欢迎。新德里政府为实现“最后一英里”项目目标，将与比亚迪合作，改善城市的交通系统环境。

除了在陆上交通的产品投放宣传外，比亚迪在一些国家也参与了空中交通系统（单轨列车）建设。2017 年 8 月，比亚迪与菲律宾伊洛伊洛市签署云轨合作协议。该项目除了改善当地的交通系统环境外，也为当地人口就业提供众多机会。2018 年 5 月，比亚迪又在巴西拿下 6.89 亿美元跨海云轨订单。从“云轨项目”的一系列事件可以发现，比亚迪在海外着力推广云轨，在为当地提供低碳、环保的出行体验的同时，也在推动着全球交通的变革。这与比亚迪以新能源汽车和云轨为重要发展方向的战略是相契合的。

3. 长城汽车舆情分析

从外媒对长城汽车报道的新闻关键词提取发现，“宝马”成为提及频次最多的词语（见图 10）。从汽车行业的发展态势看，新能源汽车呈现越来越受关注的趋势，销量也在不断攀升。

图 10　长城汽车新闻话题关键词云

资料来源：道琼斯 Factiva 数据库。

通过图 11 可以发现，中国新能源汽车市场在近年呈现高增长的发展态势，市场销量从 2015 年的 30 多万辆猛增至 2017 年的 77 多万辆，年增速在 50% 以上。除了市场对新能源汽车表现出强烈需求外，国家开始在 2018 年 4 月 1 日起实行“双积分政策”，并自 2019 年度起实施企业平均燃料消耗量积分核算。对此长城汽车亟须通过一些手段来抵偿，而此次与宝马汽车合作拟生产 Mini 新能源汽车，正是一次双赢的合作机会。同时，宝马汽车在新能源领域的技术积累和市场经验，可以与长城汽车的本土实力形成互补，促使宝马汽车的新能源之路更上一个台阶。

此外，媒体对长城汽车在 2018 年北京车展上提出的电动 SUV 概念

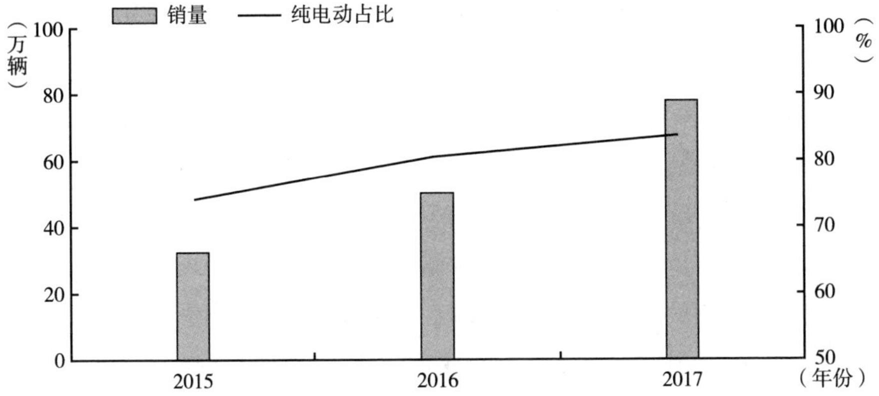

图 11　中国新能源汽车市场销量状况（2015～2017 年）

资料来源：网络整理数据。

车——WEY－X，表示出很高的关注度。“北京车展”“WEY 品牌”“电动车”“WEY－X”等成为新闻传播的高频词。

除了与宝马汽车在新能源汽车领域合作外，对于长城汽车拟收购 Jeep 品牌的事宜，菲亚特克莱斯勒 CEO 表示，“不会向中国车企或任何第三方出售旗下某个品牌”。在投资建厂方面，2017 年 12 月，长城与重庆市永川区人民政府签署协议，这是继保定、徐水和天津后的第 4 个生产基地，对产能提升有重大意义。在海外方面，2019 年长城在俄罗斯图拉州的工厂即将投产。

4. 奇瑞汽车舆情分析

作为 2017 年海外汽车出口量最大的中国车企，奇瑞于 2017 年 11 月 11 日在北京发布了“WWW＋”全球市场战略，同时宣布与巴西最大的汽车制造商和销售商 CAOA 集团达成深度战略合作。这一举措可以看作奇瑞在“WWW＋”战略下整合全球资源、实现合作共赢的有力表现。

奇瑞在进军海外市场过程中，也面临不少问题。在巴西市场，其经销网点偏少，一定程度上影响了产品销量表现。而在产品层面，皮卡 Transcab 在东南亚的表现欠佳，在巴西市场反映出瑞虎 2 发动机噪声大的问题，而品牌定位较高的观致汽车受企业内部管理问题影响，表现不佳。

在重点出口市场俄罗斯，其瑞虎系列产品销量表现突出。除了加入圣彼得堡的经销商中心，奇瑞还签署了新西伯利亚经销商协议，以优化当地的经销商网络，为产品投放和销售做好前端准备。在产品方面，奇瑞将为当地市场引入七座跨界车型瑞虎 8，并对未达到期望销量的瑞虎 2 进行试驾评测分析。

虽然奇瑞在俄罗斯市场取得了不错的销量，但是有俄罗斯媒体认为，中国车企难以成功地进入俄罗斯市场。这主要是由低廉的产品价格与消费者对产品质量的高需求之间的矛盾所导致的，中国车企依靠价格优势进入该市场，但是在品牌推广上不愿承担巨额预算。另外，产品技术研发受到价格限制，由此带来一个恶性循环：中国车企品牌缺乏足够的人气、口碑来巩固自己的市场。

5. 江淮汽车舆情分析

通过分析江淮汽车的关键词云图发现，“大众”“合作”“电动车”“哈萨克斯坦”等关键词出现频次较多（见图 12）。从 2017 年 12 月 22 日成立江淮大众合资公司以来，江淮汽车在新能源汽车发展道路上的步伐明显加快。2018 年 4 月 24 日，合资公司发布了一个全新纯电动品牌 SOL（索尔）。

图 12　江淮汽车新闻话题关键词云

资料来源：道琼斯 Factiva 数据库。

以上举措是江淮汽车在践行创新、协调、绿色、开放、共享发展理念，适应节能环保新需求背景下的典型表现。

在海外市场，俄罗斯媒体对位于“一带一路”重要通道的哈萨克斯坦报道和关注较多。在哈萨克斯坦，江淮汽车多次入选最受欢迎车型 TOP 5，口碑较国内其他中国车企表现突出。

在对大众汽车与江淮汽车合作一事进行报道时，主体更多是大众汽车，即主要介绍大众汽车未来在电动车领域的发展政策、资金投入、新品牌建立等，而与江淮汽车之间成立合资公司则作为附属内容来报道传播。这反映出中国乘用车企业在海外的影响力虽然较之前有了很大提升，但是与欧洲的车企巨头相比仍有一定的差距。

6. 长安汽车舆情分析

2017 年 10 月 19 日，长安新能源战略“香格里拉计划”正式对外公布，该战略标志着长安汽车在新能源领域进入全新阶段。而从海外舆情的大事件报道中，可以发现“新能源汽车”“自动驾驶”“智能汽车”等是企业未来发展的几个焦点。

图 13 以可视化的形式向读者展示了长安汽车在这些领域的重大行动。

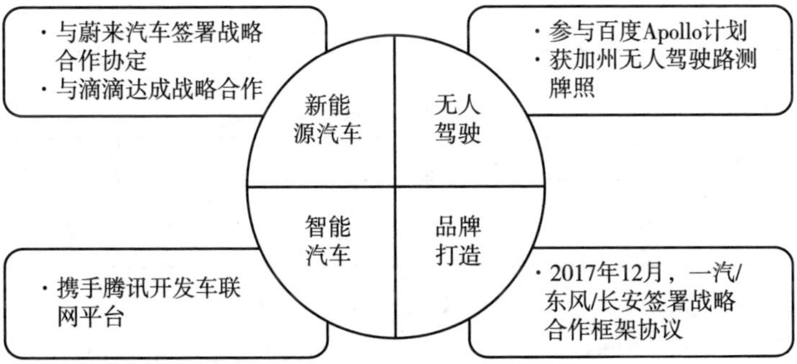

图 13　长安汽车 2017 年重大行动

资料来源：道琼斯 Factiva 数据库。

在“香格里拉计划”中提及，“到 2025 年，长安汽车将全面停止传统意义燃油车的销售”，由此可见，未来新能源汽车必将成为一种趋势。同时，这与国家即将于2019年实施对“企业平均燃料消耗量积分”考核政策是相契合的。

作为长安汽车的合作车企，长安福特、长安PSA、长安铃木等车企市场表现欠佳。长安福特由于产品质量问题实施大规模的官方召回，造成销量下滑；而标致雪铁龙（PSA）旗下的高端品牌DS，则由于产品定位问题以及经销商网点少问题，加上消费者对其豪华品牌的认知度较低，市场表现持续低迷。为摆脱这一困境，一方面，法国高层领导来华访问，助力PSA品牌的发展；另一方面，长安汽车与PSA集团签署战略协议，增资36亿元打造DS这一豪华品牌。

从以上几个中国乘用车企业在海外的舆情传播情况看，吉利汽车在海外的舆情传播无论是在数量方面还是在内容的影响力方面都是很有代表性的（见表1）。从产品口碑角度讲，多数地区的消费者是持肯定态度的。加上中国车企在品牌形象建设、产品售后服务、经销网点布局等方面持续努力，海外消费者与媒体对车企的印象在向好发展。

表1　《财富》部分中国车企500强近4年排名变化

车企	2015年	2016年	2017年	2018年	排名曲线
上汽	60	46	41	36	
东风	109	81	68	65	
北汽	207	160	137	124	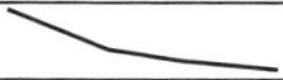
一汽	107	130	125	125	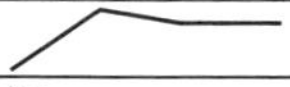
广汽	362	303	238	202	
吉利	477	410	343	267	

注：通过排名变化，可在一定程度上反映其经营状况。
资料来源：网络整理数据。

（八）传播内容调性分析

在监测期间，中国乘用车企业在海外的舆情传播调性以正面和中性内容为主。从汽车行业的整体环境来看，受“双积分政策”影响，国外车企与自主车企“抱团”合作的趋势明显。如宝马汽车与长城汽车、福特汽车与众泰汽车、大众汽车与江淮汽车等，均是在新能源领域合作的典型。此外，2018 年上半年吉利汽车在企业收购方面步伐加快，媒体对其的正面报道也多集中在这一领域。

从图 14 负面话题传播的关键词云分布发现，关于长安福特销量下滑的新闻报道量较多。其负面报道主要集中在两方面：一是由于产品更新慢，对消费者的需求未及时回应，因此销量表现不佳，2018 年上半年销量为 22.8 万辆，同比下降 38.9%；另一方面，长安福特召回近 50 万辆隐患车（其中约 37 万辆蒙迪欧，19 万辆锐界）。

图 14 舆情负面传播的关键词分布

资料来源：道琼斯 Factiva 数据库。

而对于吉利收购戴姆勒股份一事，多数外媒报道内容以正面为主。不过在 2018 年日内瓦车展上，戴姆勒与沃尔沃高管表示，对于吉利汽车提出的“联盟计划”表示质疑，无论是其可行性还是行业逻辑。

在报道时，关键词“戴姆勒”更多出现在北京汽车的车企新闻中，即使戴姆勒与吉利汽车在开展股份收购，戴姆勒也会更多地考虑北汽控股作为合作伙伴的观点和想法。

在所有的乘用车企业中，众泰品牌的负面报道占比最高（见图 15）。虽然负面传播量的基数与其他品牌相比不大，但是其总传播量较小，综合来看负面新闻报道占比是最高的。从内容上看，外媒对其品牌印象使用较多的关键词是“复制模仿”“缺乏质保”“配置丰富”。由此得出，依靠模仿车辆外观，企图通过丰富的汽车配置来吸引消费者的方式是很难得到认可的，产品的创新才是车企可持续发展的良方。

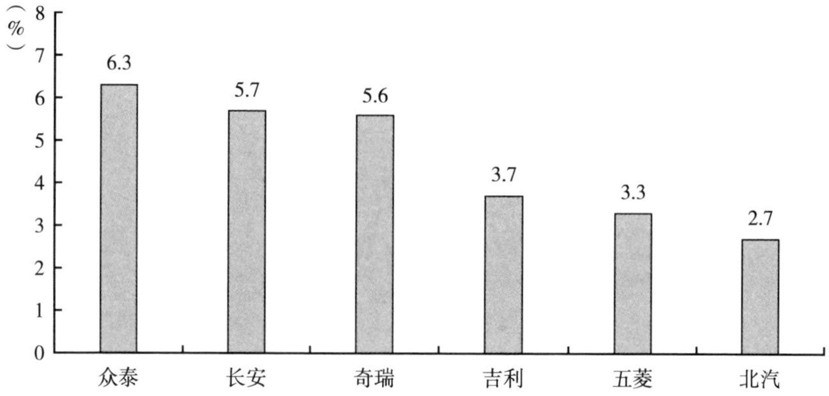

图 15　舆情负面传播占比的车企分布

资料来源：道琼斯 Factiva 数据库。

三　商用车舆情分析

中国商用车企业海外舆情整体概况如图 16 和图 17 所示。

通过使用车企与车型关键词对数据库进行搜索匹配，得出中国商用车在监测时段内的传播声量排行（见图 16）。需要说明的是，车企比亚迪、江淮和江铃同时涉足乘用车与商用车领域，在传播声量方面可能存在交叉重叠，但在解读时只针对商用车领域。

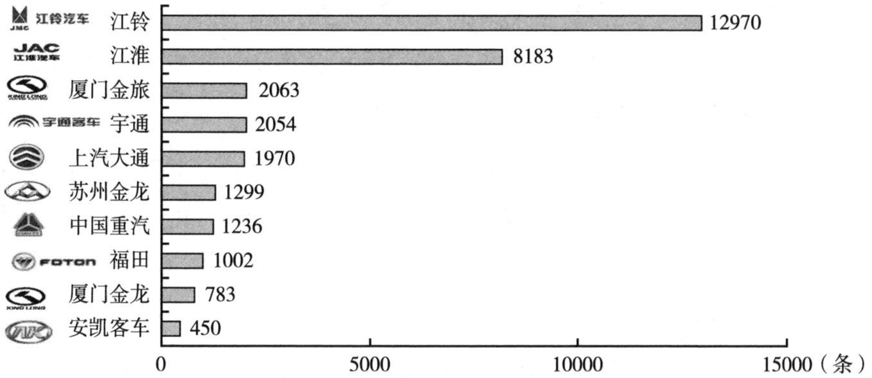

图 16　主要中国商用车企业海外舆情传播量分布

资料来源：道琼斯 Factiva 数据库。

对新闻报道分析发现，不同商用车企业在海外不同地区发展的侧重点有所不同。媒体传播报道的话题主要集中在车辆采购、新车投放、企业战略合作等方面。

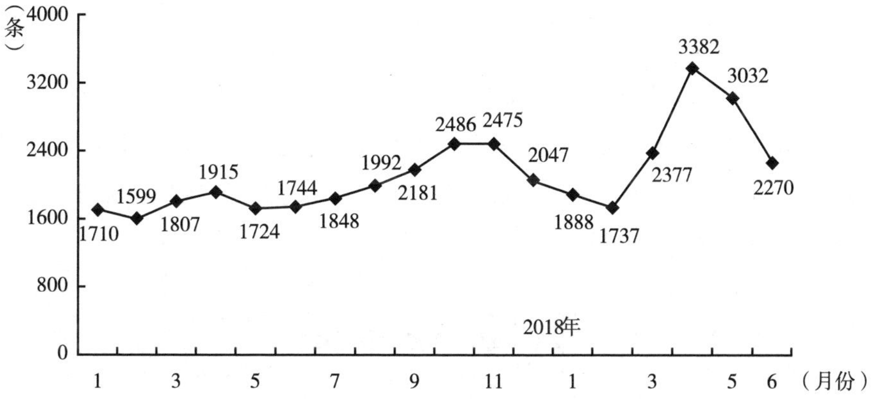

图 17　不同时间段中国商用车企业海外舆情传播分布

资料来源：道琼斯 Factiva 数据库。

从数据发现，江铃汽车的传播内容主要有两点：在华市场表现与车辆采购。其产品市场主要集中在南美洲，如阿根廷、乌拉圭等国。在商用车引进方面，江铃汽车不惜花费重金购买福特两款车型的相关技术，为此支付的费用达2700万美元。而市场表现方面，据日本媒体报道，2017全年以及2018年前两月，江铃汽车在国内的新车销量分别下滑48%和33%。

除了与大众汽车在乘用车领域展开合作外，江淮汽车同样在商用车方面同其他车企展开合作，涉及的多功能车型涵盖厢式货车、厢式卡车以及拖车等。从电动车以及皮卡投放市场分布看，多集中在中亚国家以及南美洲等国。

在2018年世界杯期间，宇通客车通过赞助方式服务世界杯赛事，可谓赚足了眼球。不止在俄罗斯市场，宇通客车在南美洲、中亚地区以及南非均进行了产品投放或投资建厂。其中在南美洲以委内瑞拉为代表，政府通过采购的方式购买宇通巴士，从而改善城市运输线路情况，助力政府提出的“交通系统的康复计划”。在北美洲的古巴，为扩大服务当地消费者的范围，宇通将和当地旅游公司签订新的合同，届时运营车辆的数目将超8000辆。在海外市场，宇通客车通过配件仓库以应对各种车辆问题，同时辅以高质量的救援服务，获得了良好的产品口碑。有外媒称，这家中国车企是世界上主要的公交车生产商之一。

上汽大通的皮卡业务集中在中东地区，其中大通T60在巴林王国进行了新品发布，其强大的越野性能得到了当地消费者的认可。在2018年初，大通汽车宣布开始在欧洲交付零排放电动货车EV80，起初用于快递业务，随后会推广到更多的欧洲国家。

四　舆情亮点解读

在对中国车企舆情进行整体把握后，可以发现在以下领域，消费者对中国车企及产品的认知表现明显，它们是：众泰汽车在越南、俄罗斯的市场表现，比亚迪“云轨”项目，宇通汽车产品投放对当地交通系统的改善，车辆试驾体验，产品碰撞测试成绩。中国品牌乘用车企业海外舆情口碑典型案例见表2。

表 2 中国品牌乘用车企业海外舆情口碑典型案例

品牌	标题	话题领域	国家/地区	具体内容
江　淮	哈萨克斯坦最受欢迎乘用车品牌 TOP10	产品认可度	中亚	江淮排名第五位
众　泰	尝试失败，中国车企不放弃进入越南市场	产品形象	越南	价廉，品质遭质疑
长　城	中国汽车荣获新车碰撞测试五星成绩	产品安全	澳大利亚	哈弗 H2 最高安全级
吉　利	吉利领克志在年轻群体中掀起新浪潮	产品设计	中国	肯定领克的产品设计
比亚迪	比亚迪进入印度市场，喜忧参半	行业竞争	印度	对当地车企造成威胁

资料来源：道琼斯 Factiva 数据库。

在对中国车企海外舆情进行分析时发现，海外不同市场对中国车企的进入表现出不同的态度。整体来看，当地的汽车消费者和政府对中国车企持肯定和欢迎的态度。一方面，中国车企参与当地交通系统的改善，如比亚迪的“云轨”项目；另一方面，本地的汽车公司会对中国车企的进入表示担忧，甚至持排斥的态度。比亚迪在印度政府的“印度制造”项目中竞标成功，曾被质疑获得中国政府的补贴与资金支持。

在产品口碑方面，呈现“几家欢喜几家忧”的情形。通过自主研发，学习和借鉴优秀产品的车企，终获消费者与经销商的肯定。其中，吉利领克的车型设计受到欢迎，以及长城哈弗 H2 在澳大利亚碰撞测试中获五星成绩就是典型例子。在越南市场，当地消费者对已进入的中国车企的印象是价格便宜、设计漂亮，但是调查显示产品销量并不多。对于中国车企在越南市场未来的发展前景，一些专家学者表示担忧。

五　海外舆情总结

从中国车企在海外的发展看，有很多车企开始尝试从早期的产品输出，转型为品牌形象的塑造。其中比较典型的是吉利汽车、宇通客车及比亚迪汽车。这些车企或创立定位较高的豪华品牌，或在提供优质产品的同时辅以周到的售后服务，或依靠成熟的交通项目（如比亚迪的“云轨”项目），赢得了当地消费者的口碑。

而在商用车领域，尤其是客车市场，中国车企的出口地区多集中在不发达国家，覆盖中亚、南美洲、非洲等地域。在这些地区，前期更多的是以车辆采购方式进入当地市场，车辆应用的场景多集中在旅游景点、城市公交系统。从媒体报道的对象看，对城市公交、皮卡、轻卡等车型的报道介绍居多，而对专用车、挂车、卸货车等重型商用车的报道较少。据全球领先的媒体情报公司 CISION 研究报道，截至 2022 年，由于全球人口不断增加（尤其是在城市地区），交通需求也在上涨，全球公交车市场规模的年复合增长率预计将达 7.7%。这一背景为中国客车企业在海外市场的进一步扩张提供了理论上的支持。

在海外市场的布局方面，“一带一路”合作倡议为中国车企在当地服务范围的拓展、市场份额的增加提供了有力的政策背景，同时这些地区对中国车企的产品有较好的口碑。

而在新能源领域，中国车企和外企呈现“联姻”风潮，以双赢的方式解决各自面临的难题。由此推断，在宏观政策的影响下，车企为了维护自己的市场利益，在其他领域同样会以合作的方式互通有无，从而实现利益的最大化。就目前汽车行业的发展趋势看，中国车企可以也有能力借助新能源汽车的发展，实现在国内市场甚至在海外市场竞争中的“弯道超车”。

案 例 篇

The Case

B.20 有光荣传统的北汽集团

林 扬*

摘 要： 本报告以北汽集团的历史发展为背景，通过介绍北汽自主最新主力车型，展示北汽近年来在产品提升、品牌建设等方面的成就。同时，对大北汽自主品牌车型和多品牌发展进行有效的梳理，对北汽的技术储备和人才优势进行了归纳总结，对北汽中国品牌的定位、格局进行了理性展望。在北汽集团内部，中国品牌车型和企业相对较多。从品牌建设和品牌营销方面看，北汽股份是北汽自主方面做得比较好的，品牌建设对销量的贡献凸显。北汽集团今后的产品战略是：通过中国品牌乘用车的发展，打造北汽集团的核心竞争力，实现自主掌控和可持续发展。

* 林扬，《中国汽车报》社。

关键词： 北汽 SUV 新能源

北京汽车集团有限公司成立于1958年，总部位于北京，拥有员工13万人，是中国汽车行业的骨干企业、世界500强企业，旗下中国品牌车企主要有北汽股份、北汽昌河、北汽新能源、北汽福田和北汽银翔等。

一 北汽集团的发展历程

北汽集团起源于北京汽车制造厂，1958年，第一汽车附件厂更名为北京汽车制造厂并开始试制汽车产品，从此北汽走上了整车生产之路。

北京汽车先后试制和生产了井冈山轿车、北京牌高级轿车、东方红轿车、BJ750轿车、BJ752轿车、B210C轻型越野车、BJ212轻型越野车等整车产品。其中一些产品适应了市场的需要，受到用户的欢迎，成为国内汽车工业的重点产品。如BJ212轻型越野车，对中国汽车工业的发展产生了重要影响，也奠定了北京汽车在全国汽车工业中的地位。

从1958年北京汽车制造厂建厂投产“井冈山”牌小轿车开始，北京汽车的工业发展逐渐提速。北汽实现产销汽车第一个100万辆，历时35年；实现第二个100万辆，历时8年；而完成第三个100万辆，只用了3年多。北京汽车工业是一个加速发展的过程，到如今，北京汽车在整个汽车行业中占据重要地位。

创立于2009年的北京新能源汽车股份有限公司是我国首家独立运营、首个获得新能源汽车生产资质、首家进行混合所有制改革、首批试点国有企业员工持股改革的新能源汽车企业。2014年至2018年5月，北汽新能源累计销量23.21万辆，2017年销售整车10.32万辆，连续5年蝉联新能源乘用车全国销量第一。

2009年12月14日，北京汽车完成了对瑞典萨博汽车公司相关知识产权的收购工作。萨博技术为此后北汽自主品牌车型的发展打下了高起点的基础，也让北汽自主车型的快速开发成为可能。

2010 年成立的北汽股份集中了北汽集团的优质资源，目前北汽股份旗下自主品牌有绅宝、北京（BJ）和威旺，轿车及 SUV 主力车型集中在绅宝和北京品牌，产品涵盖紧凑型轿车、小型 SUV、紧凑型 SUV、强力越野 SUV 等多个领域。

二　北汽中国品牌格局

一段时间以来，北汽集团内部以缔造全球知名品牌为品牌愿景，以稳重、有责任、敢于开拓、具有国际化视野的成熟商业领袖形象为品牌形象，以“传承历史，凝聚力量，创新未来”为品牌内涵，以“行有道，达天下”为品牌理念，全力提升品牌运营能力。在北汽集团内，构建合理的集团品牌架构，形成一个相对完整、相互协调、相互支撑的品牌体系，是北汽集团的总体战略目标。而在统一的集团品牌架构下，着力打造中国品牌，则是集团品牌战略的重点。

相对于国内其他汽车集团来说，北汽集团基地布局广、车型系列多，因此北汽集团内部的品牌梳理显得尤为重要。近年来北汽产品在市场上表现不凡，北汽旗下各中国品牌定位逐渐被广大消费者所认识。

作为中国品牌的主力，隶属于北汽股份的北汽绅宝和北京（BJ）牌车型有更加鲜明的特点。北汽绅宝以时下流行的城市型 SUV 为主，辅以最主流的紧凑型轿车；而北京品牌是专业越野品牌，旗下主力车型以追求硬派越野为鲜明特征，同时以硬朗的形象向城市 SUV 领域渗透。目前北汽股份车型以 SUV 为绝对主力，如绅宝和北京品牌下的主力车型中，SUV 的占比达到 86%。北汽股份紧紧抓住了国内 SUV 市场这一热点，该市场不但近年来增长迅猛，而且中国品牌车型占据主流地位。

作为新能源汽车领域的明星企业，北汽新能源已拥有 BJEV 和 ARCFOX 两大产品品牌，EC、EV、EX、EU、ES 和 EH 六大系列数十款产品。其中，EC 系列 2017 年销售 77628 辆，在北汽新能源汽车总销量中占 75%，是绝对的主力。北汽新能源的产品全部为纯电动汽车，符合当今国内新能源汽车发展的潮流。产品类型上相对完整，只是当今比较流行的 SUV 新能源产品还相对较少。

三　北汽集团中国品牌主力车型

（一）承载式车身 SUV 产品

在 SUV 领域，采用承载式车身的都市化 SUV 是主流产品，销量非常大。2017 年，中国市场销量前 10 的 SUV 车型都属于城市 SUV 范畴。北汽股份旗下的绅宝和北京品牌也抓住国内 SUV 市场的流行趋势，大力推进城市 SUV 的发展。其中绅宝品牌以城市 SUV 为主，而主打硬派越野车的北京品牌则利用本身优势，推出了更个性化的城市 SUV 车型。

1. 绅宝 X25

绅宝 X25 基于绅宝 D20 的技术平台，并进行了强化和改进。采用 X 形的前保险杠，梯形进气格栅，上格栅中间有单横幅的镀铬装饰，突出了中间的北汽标志。发动机盖上有两条隆起的折线，视觉效果凸显硬朗。前大灯棱角分明，雾灯位置较高。尾部饱满、层次分明，黑色包围与后雾灯巧妙接合，加上银色护板的衬托，具有一定运动范儿。车侧的两条腰线，看上去凌厉、富有动感。

绅宝 X25 内饰采用悬浮式中央显示屏、碳纤维面板纹理、钢琴烤漆面板等，空调出风口包含了北汽绅宝的标志。绅宝 X25 长、宽、高尺寸分别为 4110、1750、1583 毫米，轴距 2519 毫米。与竞争对手相比，绅宝 X25 车身尺寸略大，轴距方面优势明显，有不错的车内空间感。

绅宝 X25 搭载的 Smart call 手机智能互联系统功能强大，可分别支持苹果与安卓系统，界面清晰、反应灵敏，可以将 7 英寸液晶显示屏转化为多用途的屏幕。

2. 绅宝 X35

绅宝 X35 的外观造型呈现硬朗、阳刚之美。高亮前格栅、天使翼 LED 日间行车灯、豹肩式轮包线、狮爪型尾灯，充分彰显其硬朗的气质。悬浮式中控显示屏、钢琴式多媒体控制按键、方向盘钢琴烤漆装饰、飞机喷气口式空调出风口等内饰，使其品质感与档次感不输一些合资产品。

绅宝 X35 配备了博世 9.1 版本 ESP、博世智能上坡辅助系统，并搭载了智能换挡提醒，即使是新手用起来也很顺手。绅宝 X35 拥有同级较长的 2570 毫米轴距，以及同级中突出的车身尺寸。安全配置上，还装备了智能泊车辅助系统、6 个安全气囊、胎压监测等装置。

3. 绅宝 X55

绅宝 X55 在设计之初即运用了国际化的视角，整车造型由意大利知名公司设计，采用了生物仿真设计理念，双腰线等元素融合了阳刚风范与时尚灵动。内饰方面，应用了搪塑、钢琴烤漆、碳纤维等元素。安全方面，继承了萨博的驯鹿角安全车身，高强度钢使用比例达 68%，配备了博世 9.1 的 ESP 安全系统。

绅宝 X55 配备了 1.5T + CVT 的动力组合，有怠速启停系统。底盘采用前麦弗逊、后多连杆独立悬挂系统，集成了萨博的后轮随动转向。绅宝 X55 采用了水溶性胶和热熔胶替代传统胶水，环保内饰水准较高。除此之外，绅宝 X55 怠速噪声只有 36.8 分贝，整车静音水平出色。

4. 北京(BJ)20

北京（BJ）20 是北京品牌旗下首款都市型 SUV，专门为“向往情怀、忠于自己、认真生活、挑战创新”的年轻人量身打造。它的诞生，可以使“越野世家”这块招牌闪耀出新辉煌。

北京（BJ）20 的外形突破了普通城市 SUV 圆润、饱满的审美习惯。北京（BJ）20 采用“五孔进气格栅 + 圆大灯”的标志性前脸，线条刚硬的“方壳子”设计融入时尚元素。它拥有经典的“212”式圆形前大灯、越野型前后轮眉、整体贯穿式腰线、独立专属日间行车灯、宽大稳重的前保险杠、银色“狼牙”下护板、硬朗的铝合金行李架、18 英寸双色运动轮毂、三段式宽大厚重的尾门有镀铬“BEIJING”标识、与前护板呼应的后护板、双侧合金独立排气管等。这些让北京（BJ）20在都市SUV里显得与众不同，增强了它的强悍气息。

北京（BJ）20车身的高强度钢比例达到了57%，车身稳定系统采用博世9.1。安全方面的其他装备还包括胎压监测、360度全景影像、并线辅助等。除基本型外，全部标配电子驻车和电子手刹，车内更整洁的同时保障了行驶的便利与安全。

（二）非承载式车身SUV产品

从1961年推出B210C开始，北京汽车一直是国内越野车的主要生产者和开发者，为我国军队建设和越野文化的发展做出了贡献。经典车型BJ212系列长盛不衰，累计生产超过100万辆，是多少代国人心目中的越野“神车”。50多年来，北京汽车一直没有远离越野车和越野文化，越野世家的名头当之无愧。

2013年12月28日，北京汽车旗下首款时尚硬派越野车——北京（BJ）40在中国国家游泳馆“水立方”正式上市。2016年4月23日，北京（BJ）80和北京（BJ）40L以及2016款北京（BJ）40在北京司马台长城脚下的古北水镇上市发布。北京（BJ）40系列车型是北京（BJ）汽车的主力产品，而北京（BJ）80系列车型则是“军转民”军民融合的产品代表，它们共同给北京（BJ）品牌定下了硬派越野的基调。

1. 北京(BJ)40系列

北京（BJ）40造型方方正正，呈现很硬朗的风格。2016款车型在前格栅部位进行了升级，采用了较大面积的镀铬装饰。车侧有粗壮的轮眉、裸露的车门铰接链、双色车身。备胎放在尾门上，整个车的线条就是平、直、粗。车内风格也是方正硬朗，仪表盘采用双炮筒设计，7英寸中央显示屏足够大，中控操作按键区域简洁。北京（BJ）40有两个车门，北京（BJ）40L是四个车门，北京（BJ）40L比北京（BJ）40轴距长280毫米，后排空间增加，也方便了后排乘客的进出。同时，四门版变身五座车型，比两门版的四座增加了乘员容量。

北京（BJ）40系列有两款发动机，分别是2.0升和2.3升涡轮增压发动机。2.0升发动机的最大功率和扭矩是204马力和280牛·米，2.3升发动机最大功率和扭矩是250马力和350牛·米。变速器有5速手动和6速自动两种，还有两驱和四驱之分。北京（BJ）40系列车身骨架结实，通过能力强。

北京（BJ）40是一辆充满个性的车，车顶、前风挡和车门等处都可拆洗，让人有不一样的驾乘体验。其价格区间并不算低，体现了个性化价值，同时这个价位上类似车型很少。北京（BJ）40采用分时四驱系统，有坚固的底盘，接近角和离去角都比较大，一般越野路段不必担心。

2. 北京(BJ)80

北京（BJ）80作为硬派越野旗舰，传承了越野世家军工品质品牌核心DNA，在血统上与北汽出品的中国军车勇士血脉相连，是“军车使用，民用拓展”的典范，填补了国产中高端专业越野车型的空白。

北京（BJ）80外观延续BJ212经典DNA，融入“长城”五孔家族脸谱，以直线和棱角造型组合，前后保险杠、轮眉、后视镜等造型饱满外凸，流露出浓郁硬派越野范儿。

车内拥有8英寸中央显示屏、主驾座椅、自动空调、带6向电动调节/加热/记忆的真皮座椅、一键启动等舒适配置，采用博世第九代ESP系统、倒车雷达、陡坡缓降、泊车辅助等安全辅助系统。

动力方面，有搭载2.3T汽油机的手动、自动版动力组合，以及2.8T柴油机与6MT的匹配。北京（BJ）80在高性能越野方面追求极致不妥协，专业的越野底盘和经典的四驱系统是这款高端越野车的标配。其分时四驱系统，采用2H（两驱高速）、4H（高速四驱）、4L（低速四驱）三个档位，其中4L模式可以将扭矩放大2.48倍，提升了低速时的通过性。

（三）新能源汽车产品

EC180是北汽新能源汽车的主力车型，2017年，其销量占北汽新能源总销量的75%。同时，EC180也是国内新能源汽车的销售主力，长期占据新能源汽车销售排行榜的前列。

与以往北汽新能源纯电动车型是基于同款汽油车型改造而来不同，EC180是北汽新能源首款全面正向研发的纯电动车型。该车采用了全新的设计语言，前大灯与下部进气口形成了一张略显呆萌的“脸”，而封闭式的上部“进气格栅”以及蓝色的北汽LOGO则表明了其电动车的身份。双色车身设计搭配黑色的轮眉、小包围以及车顶行李架，营造出些许跨界风格。EC180的侧面车身短小紧凑，双色铝合金轮圈也带来了一些时尚感。尾部线条丰富，尾灯形状采用多边形设计。EC180的长、宽、高分别是3675、1630、1518毫米，轴距为2360毫米。

EC180搭载了一台最大功率41马力、峰值扭矩140牛·米的电动机，电力来自一套容量为20.3千瓦时的电池组。EC180最大续航里程为180公里，工况法续航里程156公里，最高时速超过100公里。

四 大北汽中国品牌建设的得与失

在北汽集团内部，中国品牌车型和企业相对较多。一方面，众多车型壮大了北汽自主品牌的声势，创造了北汽中国品牌阵容强大、地域分布广的格局；另一方面，北汽中国品牌过于同质化、产品定位比较重叠、价格区间过于集中等问题也暴露出来。

品牌太过纷杂，是人们对北汽旗下自主品牌的普遍看法。目前北汽集团旗下的自主品牌有绅宝、北京、威旺、福田、北汽新能源、昌河、幻速等，其生产者又分为北汽股份、北汽福田、北汽新能源、北汽昌河、北汽银翔等几个厂家。除了北汽新能源和北京品牌外，其余品牌下的车型大部分比较雷同，车型定位不够清晰、车型档次也不能完全拉开，且大部分车型处在10万元以下级别，品牌定位相对较低。总体上，众多在低位打拼的品牌并没有提升北汽自主品牌的地位，反倒让人们感到北汽自主品牌体系过于复杂。

同时，没有高端品牌也对北汽自主造成了不利影响。在中国品牌车企普遍推出高端品牌以抗衡合资产品的今天，北汽中国品牌众多但缺乏高端的做法显得有点与众不同。本来，BJ80 凭借 30 万元左右的售价、独特的车型定位，有希望带动北京品牌向上走，但较低的销量使得其对品牌的支撑作用有限。另外，在萨博基础上的绅宝也曾定位于中高端，但由于营销方面的因素及产品进化方面的问题，绅宝目前也很难在品牌提升方面有更大的作为。我们认为，北汽集团自主品牌建设今后应该朝着整合低端、建设中端、开创高端的方向努力，争取在品牌影响力方面赶上其他著名的中国品牌车企。

不过，在品牌营销方面，北汽自主近期有非常好的案例。2017 年创造票房新纪录的电影《战狼 2》中使用了北汽股份的北京（BJ）40，让北京（BJ）40 成为舆论焦点，有力地提升了北京（BJ）40 的知名度。在电影中，北京（BJ）40 硬朗的表现和超强的越野能力与中国军人的硬汉形象相得益彰。可以说，借助《战狼 2》，北京（BJ）40 和北汽股份得到了一次很好的品牌营销。从各界舆情的走势上可以看出，从《战狼 2》上映的 2017 年 7 月 27 日开始，北京（BJ）40 在舆情声量方面明显走出一波上攻曲线，在影片上映的 12～15 天后达到高潮，随后长时间保持在高位。

另外，在庆祝香港回归 20 周年和建军 90 周年的阅兵仪式上，北京（BJ）80 的改装车作为检阅用车，再次彰显了其在国内的尊贵地位，同时也让它的关注度瞬间放大。从网络搜索的舆情关注走势可以看出，2017 年 7 月 1 日和 8 月 1 日两个时间节点前后，北京（BJ）80 的关注度有明显的上升，最高点大约是平时关注量的 2.5 倍。更可喜的是，两次阅兵亮相的累加作用，让舆情声量在 8 月 11 日左右又迎来一波爆发，显示北京（BJ）80 的后续话题十分充分。

从品牌建设和品牌营销方面看，北汽股份是北汽自主方面做得比较好的，品牌建设对销量的贡献凸显。

五　北汽集团的技术储备和人才优势

北汽集团能否成为世界级企业，关键看自主。北汽集团以汽车研究总院为核心，建设门类较齐全的各种研究室和试验室，形成了自己的研发体系。

以收购萨博为契机，通过整合全球技术资源，逐步形成自主研发能力。通过收购萨博的知识产权，北汽集团获得了先进的发动机、变速箱、底盘等汽车核心动力总成和零部件的制造技术，在发展自主高端轿车方面具备了技术基础。

通过多年的发展，中国品牌车企不断壮大，车型研发也逐渐融入国际元素。目前，大部分中国品牌车企拥有海外研发基地。北汽集团在海外研发基地建设上处于领先地位，通过网罗各地优秀研发人员，跟踪欧、美、日先进技术，迅速增强产品设计研发水平，提升企业的国际竞争力。北汽集团在意大利都灵、德国亚琛和德累斯顿、西班牙巴塞罗那、美国硅谷和底特律、日本东京等地有建成和待建的研发基地。其中，位于都灵的北汽研究院意大利都灵造型办公室主要为北汽自主品牌新车提供前端设计、造型和样车制造服务；亚琛研发中心致力于增程式电动汽车动力系统研发；中德汽车轻量化技术联合研发中心位于德累斯顿；巴塞罗那研发中心的方向是高性能车型；底特律研发中心负责电驱动系统；硅谷研发中心侧重于整车控制和智能网联。可以说，未来汽车研发的主要方向，北汽集团都有布局，形成了良好的有纵深和多样化的技术储备。

北汽集团积极展开同各类数字化科技公司的合作，研发未来汽车新技术。如与百度深入合作，推出搭载百度车联网解决方案的车型，双方合作的具备 L3 级别的自动驾驶原型车即将上路测试。除此之外，北汽集团还与博世、华为等公司合作，同时计划收购或者参股同自动驾驶相关的高精度激光雷达、三维多摄像头探测等方面具备先进技术的初创企业，打造智能化核心技术 DNA。

在北汽集团董事长徐和谊看来，支撑汽车行业的技术路线变革有三个发展阶段：一是传统能源阶段；二是新能源时代；三是智能化汽车。对于这三个阶段的技术变革，北汽抓住了第二阶段的机遇，积累了一定的先发优势。对于智能化汽车，北汽也充分意识到提早布局的重要性，并且把技术储备提升到全车系，不仅是高端车，也包括普通车；不仅是乘用车，也涉及商用车。在汽车智能化阶段，协同创新变得更加重要，北京不但是优秀汽车人才聚集地，也是其他像互联网人才、人工智能人才等各种英才的聚集地，这有利于各学科协调发展，创建面向未来的新型汽车产业，这点对北汽集团的后续发展十分重要，也是北汽集团后续发展的潜力保障。

由于地处首都的地理优势，北汽集团在网罗优秀汽车人才方面具有得天独厚的优势。北京作为正在崛起大国的首都，一直以来对各界优秀人才呈开放态势，全国乃至全世界人才都被吸引而来，为北汽集团吸纳最优秀的人才创造了条件。北汽集团树立“以人为本、尊重知识、尊重劳动、尊重人才、尊重创造”的理念，围绕自主创新和结构调整的重点，创新体制机制，完善相应制度，营造良好氛围，大力开发利用国内、国际人才资源，构筑能够支撑北汽跨越式发展的人才高地。

六　未来研发助推器——北汽德奔

2015 年，北汽德奔的建立，让北京汽车的技术储备更上一层楼。北汽德奔是北京北汽德奔汽车技术中心有限公司的简称，该公司由北汽股份和 MBtech 合资建立，北汽股份占有 51% 的控股权。自成立以来，北汽德奔已经成为北汽自主高端整车平台、研发体系搭建不可或缺的“助推器”。

北汽德奔的外方合作伙伴 MBtech 是闻名德国汽车界的“最强大脑”之一，在高端车型研发领域资历深厚，由戴姆勒汽车于 1995 年投资成立，2012 年欧洲领先的工程设计与科技咨询集团法国 AKKA Technologies 收购其 65% 股份，现在已是欧洲最大的汽车工程和咨询服务公司之一。作为戴姆勒汽车研发领域的重要“智库”，MBtech 一直为梅赛德斯 - 奔驰提供技术支持。

北汽德奔是“专供”自主品牌的合资技术中心，自成立起便全面专注于北汽股份高端产品研发，是北汽股份未来最重要、代表最高水平的技术科研“心脏”。北汽德奔并非从零起步，而是拥有奔驰一流的技术资产作为基石。通过对奔驰平台的消化、吸收和应用，北汽德奔正协助北汽自主搭建起完整的研发体系、整车平台，从而实现完全正向研发和平台化开发。有了全新的高端产品做保证，北汽高端中国品牌的建设也会变得顺理成章。

未来，北汽德奔除了在整车研发、动力总成、轻量化、业务咨询等方面为北汽中国品牌提供支持，还会在安全及自动驾驶、智能网联、低碳环保等领域为北汽集团提供帮助。在北汽德奔的业务架构中，新技术的研究与应用占据了重要的地位。新技术方面既包括车身轻量化、动力驱动方式的演进，也包括逐渐成为前沿焦点的自动驾驶、智能照明等方面。对此，北汽德奔提出推动中国品牌实现产业“四化”升级——低碳化、智能化、轻量化、电动化。对于中国品牌而言，想要后来居上，这“四化”显得尤为重要，更需要在这方面进行前瞻性探索。

七　北汽集团未来中国品牌新产品的定位、格局

在北汽中国品牌乘用车领域，一开始是基于收购的萨博技术三大平台展开产品研发，进而升级成北汽自己的 M - trix 平台。可以说 M - trix 平台源于萨博又高于萨博，北汽 M - trix 平台可以衍生出包括 A 级车、B 级车、C 级车、MPV 和 CUV 等车系。北汽德奔成立后，北汽自主乘用车的底蕴更深厚了，技术平台的选择更加宽泛，新车产品线的扩展更加充分。从北汽集团的产品规划可以看出，未来北汽集团将会弥补产品线短板，均衡产品布局。

北汽集团今后的产品战略是：通过中国品牌乘用车的发展，打造北汽集团的核心竞争力，实现自主掌控和可持续发展。北汽集团会进一步发挥萨博和奔驰平台的潜力，全方位改善和提升各级各类汽车的驾乘感受，提升效率，进一步降低排放量和油耗。通过平台化战略，进一步完善车型体系，最大限度地满足消费需求。未来，北汽集团会在进一步完善传统汽车产业布局的前提下，全方位发力新能源汽车和汽车智能化，保持新能源汽车在全国乃至全球的领先地位，同时力争在智能化汽车的全球竞争中尽快脱颖而出。

全球汽车业的发展正在进入一个以汽车“四化”为契机重新抢占制高点的关键时刻，北汽集团未来的产品定位也与这“四化”息息相关。北汽集团已公布了以“Nova - PLS”命名的智能汽车发展战略，打造三大技术平台，分四个阶段实现产品化应用，目标是实现在智能驾驶、智能网联、智能座舱“三维一体”全方位智能化战略体系上的领先。

B.21

福田汽车：打造智能网联的高端化商用车品牌

刘晓烨*

摘　要： 本报告以福田汽车（商用车部分）的发展为研究对象。福田汽车从一穷二白起步，在20余年中发展为自主品牌商用车的中流砥柱。作为我国商用车行业中较年轻的企业，它的创新举措总能在行业中独树一帜。福田汽车起家时的“百家法人齐上阵”，可以用今天的时髦词“众筹”来比喻；进入21世纪又率先提出“打造具有互联网特质汽车公司”的新战略；合资引进技术的同时坚守自身品牌。通过对其质量控制、网联化建设、产品布局、品牌宣传等多方面内容的梳理，探究福田汽车在品牌向上之路上展现出的竞争力。

关键词： 福田汽车　商用车　智能网联　高端化　品牌宣传

商用车是生产资料，与乘用车消费品的属性有着鲜明的差异，因而除了业内人士，外界对商用车产品与品牌的了解相对较少。自主商用车企业如何进行品牌建设，树立品牌价值？北汽福田汽车股份有限公司（以下简称“福田汽车”）是一个很好的例子。

* 刘晓烨，《中国汽车报》社。

一　从“草根”到“精英”，完成品牌形象转变

福田汽车成立于1996年，20余年来经历了从“百家法人造福田”到成为“中国轻卡引领者”，从“踏足重卡领域”到“跻身行业前列”，再到建设“完整的商用车全系发展体系”。在这期间，福田汽车还与全球商用车巨头戴姆勒以50∶50的出资比例成立合资公司，它不但保留了自己的品牌，还将这一品牌培养成自主高端商用车的佼佼者。

如今，福田汽车已经形成了整车制造、核心零部件、汽车金融、车联网为一体的汽车生态体系。其中，整车业务包含五大业务单元、15个产品品牌，成为覆盖从微卡到重卡、从微客到大客，以及重型机械的品种最全、规模最大的商用车企业。不仅如此，福田汽车还是多项商用车行业标准的制定者，并参与了一半以上行业标准的制定，在安全、排放、油耗等国家重大标准制定中发挥重要作用。截至2017年末，福田汽车累计产销已达800万辆。

2017年11月，美国总统特朗普访华首日，在国务院副总理汪洋与美国商务部部长罗斯的共同见证下，北汽福田汽车股份有限公司总经理巩月琼与美国迪捷集团（简称“TDG”）总裁兼CEO Paul Doherty在人民大会堂签署《智慧城市交通解决方案备忘录》。需要强调的是，这是特朗普就任美国总统后首次访华签下的唯一涉及中国汽车企业的合作大单。双方将在城市公共交通体系的创新、设计、生产以及面向未来构建“智慧城市解决方案”等领域进行合作，着力于共同推动全球智慧城市的交通解决方案，助力全球智慧城市发展进程。

作为中美两国首个关于“智慧交通+智慧城市”的签约项目，福田汽车携手迪捷集团成为中美两国企业在新时期寻求合作“突破”的表率，也为全球智慧城市及智慧交通建设贡献了“中国方案”。面向未来，福田汽车注重将“硬实力”与“软实力”相结合，以期实现智慧城市交通体系的“电动化、网联化、智能化、共享化”发展。

2018年6月20日，第十五届世界品牌大会暨2018年中国500最具价值

品牌发布会在北京举行。本次会议现场揭晓了“中国500最具价值品牌”榜单，其中，福田汽车以1328.67亿元位居商用车行业第一、汽车行业第四，连续14年领跑商用车行业。

可以说，至此，福田汽车已经完成了从“草根”到“精英”的品牌形象转变。

二 打造高端品质，重视研发投入

鉴于生产资料的属性，商用车品牌只有真正打动终端用户的心，才能产生市场经济效益，而产品品质是赢得信任的基石。

成立20余年来，福田汽车在质量管控体系方面走过了几个不同的阶段。刚开始，福田汽车质量管理采用的是相对粗放的检验，“检验控制”为这一阶段的主要质量管理手段。2000年以后，福田汽车逐步搭建起检验级质量体系，使“总部+工厂”的两级质量管理体系逐步得到落实，进一步健全了质量目标与绩效体系。2010年后，福田汽车加快质量管理体系建设的步伐，结合福田汽车转型的需要，建立“保证级质量体系”，搭建“总部+事业本部+工厂”的三级质量管理体系，对各层级、多标准质量体系进行整合，统一管理，形成以项目主导、职能支持的产品创造质量管理模式。近年来，福田汽车逐渐向国际级汽车企业转型。在此过程中，它借鉴国际先进经验，在管理方面形成了一套具有福田汽车特色的精益运营管理体系FOS，并在实践中持续完善。在产品制造方面，福田汽车搭建了精益制造体系FPS，按照不接收、不制造、不传递缺陷这一核心原则，建立了操作工自检、质量门专检、过程产品审核、产品审核四环质量控制体系，推进工厂精益制造体系的持续提升。凭借严格的质量管理，福田汽车在2014年荣获国家质量管理创新奖，2015年成为中国出口质量安全示范企业。

不仅在产品生产前和产品生产过程中，而且在产品销售之后，福田汽车依然延续其“勇攀质量高峰”的理念。以福田汽车旗下的欧辉客车为例，它在2016年、2017年、2018年连续举办“品质发现之旅”活动，通过产品展示体验、运营经验交流、技术探讨、理念宣贯等多种形式，积极推动城市公共交通领域掀起品质升级的思潮与行动，助推中国道路交通在绿色、科技、品质方面的升级。

在对品质不断提高的过程中，福田汽车的市场情况也在发生着变化。2010年前，福田汽车中高端产品在市场的销量占比大约为17%。它从2010年开始进行产品的升级换代，到2016年，福田汽车中高端产品占市场总销量的64%，到2017年，福田汽车中高端产品的销量占比达到78%。预计2020年这一比例将提升至93%，同时低端产品逐渐退出市场。

福田一直注重科技投入，现阶段福田研发费用每年都超过40亿元，占销售额的5%以上，这个投入量不仅在商用车行业里是比较高的，而且高于整个汽车行业3%的平均水平。目前，福田汽车已经逐步搭建以北京为全球研发中心、以德国为电子电气及未来技术研发中心、以日本为乘用车研发先导的全球研发体系。

如今，在传统能源商用车领域，福田汽车采用康明斯发动机，车辆油耗和排放量都比较低。同时，在其他能源领域，天然气、混合动力、纯电动、氢燃料、太阳能等多种能源商用车也在发展中。无论是传统能源还是其他能源，福田始终坚持“世界标准，中高端产品”的理念。未来，福田汽车致力于通过结构调整、产品升级、中度资产经营、合理布局核心部件等途径，力争到2025年成为商用车世界领导者，并实现中高端产品在销量、利润上的双重领先。

三　彰显年轻优势，搭建智能网联架构

相较于一些军工出身的老牌商用车企业来说，20多岁的福田无疑是个年轻的企业。令人欣慰的是，在品牌建设的道路上，福田充分发挥了它年轻的优势。

第一，年轻意味着包袱少，能够采用更为灵活的机制体制。例如，其成立时那个早已被业界传为佳话的“百家法人造福田”之举。第二，年轻也

代表富有创造力的团队更易凸显，如今“70后”的核心经营团队已经正式将福田带入发展的新时代，而以“80后”“90后”为主的知识型人才储备也在有序推进。第三，年轻意味着敢想敢做，福田汽车放眼全球，整合优势资源，打造了自己的“黄金产业链”和“超级卡车联盟”。

汽车的智能化发展是大势所趋，早在2014年，福田汽车就提出了“打造具有互联网特质汽车公司”的新战略观。在车联网与智能产品、智能工厂、智能管理相结合的“一网三智能”顶层架构下，逐一开展具体的工作。

（一）智能工厂

福田汽车十分重视智能制造系统的建立，到目前为止，在此方面的投入超过了200亿元。

以北京福田戴姆勒汽车工厂为例，它以智能制造体系为核心，拥有先进的设备、标准的流程、精密的工艺以及严格的制造管理与控制体系，实现了从大规模自动化生产向批量定制的转型。例如，其中的智能焊装线采用全球领先的KUKA自动化点焊系统，自动化线体网络覆盖率达100%，核心设备开放率为66%，设备互联互通率达74%。这既满足了自动化需要，也为设备层网络和车间管理级网络的建立打下坚实基础，确保产品质量可靠。同时，工厂内还导入戴姆勒针对卡车研发制造专门开发的“TOS+”系统，推动精益管理，实现整车制造和运营水平的全面升级。另外，福田汽车还斥资5亿元，以欧洲标准建立了中国首个“超级卡车”产品验证中心，力求为用户提供更高品质的运输装备。

福田汽车在智能制造领域的探索与实践有目共睹，获得了国家的认可与肯定。2017年9月，福田汽车入选国家工信部“基于工业互联网的商用车智能制造试点示范”项目。

（二）智能互联

福田汽车以车联网、大数据及云平台为基础，建立以客户为中心的智能化、网联化的生态系统，致力于为客户提供全生命周期的智能管理与智能服务，确保TCO（全生命周期成本）最低。例如，福田汽车创新应用的“super – fleet智能车队管理系统”，通过“互联网 +”提供车辆日常运营中油耗分析、路线优化、远程诊断与维修等服务，构建全业务流程管理的自动运营体系，帮助物流企业经营者解决运营成本、运输安全、车队管理等难题，实现车队管理数字化、驾驶安全管理可视化、油耗与磨损监控可视化等智能服务，为用户提供更高效、更便捷、更省心的车队管理解决方案，提供智能网联增值服务。

为更好地提供智能网联服务，福田汽车寻求与合作伙伴共建、共享、共赢。2018年8月17日，福田汽车与货车帮在北京签署战略合作框架协议。根据协议内容，双方将在未来建立长期稳定的战略合作伙伴关系，并在产品、市场、金融等方面展开多维度的深入合作，同时实现双方信息与资源的共享，探索共建汽车产业新形势下的解决方案。也就是说，双方将携手打造围绕“新车电商、产品定制、车后市场、二手车、金融定制、车货匹配”等一站式全周期智慧物流解决方案，实现厂家、平台、用户生态共赢。同样在8月，福田汽车还携手平安集团共同打造“区块链 + 汽车供应链金融”解决方案，并推出汽车供应链金融交易平台——福金 All – Link 系统。

可以看出，福田汽车致力于用高科技手段，通过整合商用车大数据，与各个合作伙伴共同研究打造个性化的数据产品，为用户提供高效的服务及增值产品。例如，福田汽车的自建电商平台“福田车 e 购”，在2017年实现引流60.1万条，福田汽车能够以这个平台为入口，利用数据和流量进行车辆智能化管理，并提供综合解决方案。

（三）无人驾驶

以智能网联为特质的福田汽车，对新兴科技趋势的反应较为迅速。2016年10月，福田汽车与百度签署车联网与无人驾驶汽车合作协议。2018年4月，福田汽车获得国内首张商用车自动驾驶路测牌照。同年5月，福田汽车的图雅诺和欧马可自动驾驶产品于4月27日在北京顺义奥林匹克水上公园园区道路上进行了自动驾驶示范运营。

接下来的2018年7月，福田汽车集团与紫光集团签署了全面战略合作框架协议。双方将围绕智能网联汽车端到端解决方案、特定场景、智能网联汽车小镇展开合作，构建政、产、学、研、用的创新协作平台，推动车规级芯片和智能网联汽车产业云的整体解决方案在福田汽车的应用、量产，推动学术界与产业界的人才合作，共同致力智能网联汽车产业的发展。

福田汽车总经理巩月琼曾说："用户有很多个性化需求，我们不可能面面俱到，所以我们是开放式的，跟大家一起合作，发挥福田汽车的入口优势，这是开放模式的核心。"

四　战略互补，建立合资公司

在品牌向上的过程中，与许多车企一样，福田汽车也采用了合资引入技术的方式，同时又保留了自己的特点。

康明斯是福田汽车全球重要的合作伙伴。2007年，双方组建了北京福田康明斯发动机有限公司，主要生产轻型、重型智能高效、节能环保发动机，包括ISF轻中型产品以及目前最新的X12平台产品。双方合作10年来，累计产销轻型、重型发动机近100万台，满足了市场及用户对高端发动机产品的需求，对社会节能减排、引领物流行业优化升级起到了积极的促进作用。

2012年，福田汽车与戴姆勒携手，合资成立北京福田戴姆勒汽车有限公司，合资股比是50∶50。此前国内汽车行业的合资公司，先期都是以引入国外企业的产品为主，后期是以打造合资公司的新品牌或合资双方的双品牌模式为主，而福田与戴姆勒的合资公司是以福田自己的品牌——欧曼单品牌进行运作，生产福田欧曼的中重卡产品以及戴姆勒的重卡发动机。可以说，福田汽车开创了中国汽车企业合资新模式，这是由于福田汽车在商用车领域本身有着较好的基础、较强的能力，有自己的技术与品牌，这是福田汽车能够与外方谈判的底气。合资企业生产的欧曼产品，可以通过戴姆勒的销售体系进行海外销售，同时，国产的戴姆勒重卡发动机会装配到欧曼重卡上，提升欧曼重卡在中国及其他新兴市场的竞争力，实现合资双方在国内、国外两个市场的互补和利益分享。这种模式打破了改革开放40年来跨国汽车公司在中国仅设立组装工厂的旧有模式，开了中外合作双方以中国为运营中心，发挥各自优势，共同打造中国汽车企业自主品牌的先河。

采埃孚一直是福田汽车变速器的核心供应商。随着福田汽车的迅速发展，产品向中高端升级，对产品性能方面的要求不断提高，2017年，福田汽车与采埃孚进行了更为紧密深度的战略合作，打破了以往传统的批量采购模式，成立了合资公司。从福田汽车动力系统定制化入手，针对变速器研发设计、制造生产等环节与福田整车进行适应性、一体化匹配，从而在节能环保、可靠性、耐久性等方面实现突破性升级，降低用户使用成本的同时，实现产品品质的大幅度提升。

五　传统燃料与新能源均坚持绿色环保

（一）传统燃料车辆紧跟国家排放升级的政策

2017年10月，由中国国家发改委和美国能源部举办的第八届中美能效论坛在美国科罗拉多州丹佛召开，来自中美两国政府机构、研究机构和企业共200多名代表出席了论坛。中美能效论坛是落实中美战略与经济对话成果及中美能源和环境十年合作框架下能效行动计划的具体举措，论坛每年一次，由两国轮流举办，是中美能效合作的重要平台。

在论坛举办期间，中方代表企业福田汽车与美国康明斯公司签署了《绿色动力与智能卡车合作开发项目备忘录》，所签约的项目列入此次论坛的成果。此项目旨在通过对整车与动力系统的匹配与优化、关键节能技术的分析和研究，采用新技术，满足“国六B”排放法规，降低整车油耗和提升运输效率。福田汽车与康明斯将充分利用双方技术和资源优势，借助已经成功合作达十年之久的业务平台，基于康明斯下一代“国六B”阶段绿色动力X10/12/13L产品平台，完成集动力系统与整车集成方面的优化，打造引领中国市场发展趋势的绿色动力智能卡车。

在传统燃料领域，福田汽车总能以前瞻性的战略眼光和快速的响应能力，率先完成各地环保加严、排放升级的特殊要求。例如，此前深圳要求自2018年1月1日起，在本市上牌的货车必须是安装DPF（颗粒物捕集器）的“国五”及以上排放标准车型。当许多企业陷入“无车可卖”的境地时，福田欧马可却能率先供应安装DPF的中轻卡车型，成为深圳市场占有率领先的品牌之一。再往前的2017年，《北京市促进高排放老旧柴油货运车淘汰方案》实施，大批货车用户面临车辆淘汰和更新换代。当如何选择一辆既符合国家法规又能给用户带来价值的车辆成为摆在用户面前的问题时，福田欧马可率先在北京启动“国三”置换行动。另外，为帮助用户解决资金上的后顾之忧，福田欧马可还在北京市政府的补贴外，额外提供购车补贴政策及一站式换购金融服务。

（二）新能源汽车辆快速发展，氢燃料率先推出

福田汽车从2003年开始启动新能源汽车的研发，到如今，已经在新能源商用车领域形成了全系列布局，产品覆盖微卡、轻卡、皮卡、中卡、小VAN、大中VAN和6~18米客车，是我国新能源汽车产业化较早、产品线较完善的企业。目前，福田汽车在新能源领域拥有200多项专利，新能源客车的销量规模已经超过1.5万辆，在全国及海外市场都有不错的表现。

在氢燃料客车方面，福田汽车的研究走在行业前列。早在2006年，福田汽车就与清华大学、亿华通联合承接了国家“863”计划节能与新能源汽车重点项目中氢燃料电池客车的研发。2008年，福田欧辉第一代氢燃料电池客车服务于北京奥运会；2014年生产的第二代12米氢燃料电池、低地板公交车，目前仍在为公众出行服务；紧接着，福田欧辉研发了第三代8.5米、10.5米氢燃料电池客车，并凭借优异的性能，于2016年创下全球最大批量氢燃料电池客车订单，成为业内第一家实现氢燃料电池客车产业化、商业化的企业。

六　保持现有优势，大力开拓海外市场

目前在海外，福田汽车在20多个国家设有KD工厂，覆盖全球110个营销市场和服务网络。

尽管近几年海外市场情况不太乐观，中国商用车出口总量一直在下降，但在2014～2016年国内商用车出口年均下滑10%的背景下，福田汽车仍保持海外市场连续3年逆势增长态势，年均增长8%以上。到2017年末，福田汽车连续6年保持国内商用车出口第一。2017年，福田汽车的海外销量占总销量的12%。

福田汽车计划在“十三五”期间抓住“一带一路”倡议的机遇，以“CBU＋KD模式＋产业化”模式，提高国际化率，计划到2020年基本完成全球化布局，国际化率达到20%。同时出口产品也实现从低端向高端转型，预计2020年中高端产品销量占比达83%，其中，中重卡业务中高端比例达85%，轻卡、皮卡、VAN等板块全部切换为中高端产品。

七　注重品牌宣传，形式多样方法新颖

俗话说“光说不练假把式，光练不说傻把式，能说能练好把式”，品牌宣传是企业树立形象、扩大知名度不可或缺的举措。

福田汽车的品牌宣传在商用车行业中颇有代表性。除了常规宣传手段，如举办卡车赛、论坛，参加车展、评选等之外，它还会结合当时的社会热点，采用各种新颖的宣传方式。例如，如今人们用智能手机聊天时常常要发表情，福田汽车上架了以自身产品为主体的表情包，让每一位手机用户都有了解到福田产品的可能。2017年，电视剧《人民的名义》热播，福田欧辉出品的客车安全须知片——《安全的名义》在北京798艺术中心举行首映礼，成为中国客车行业首部客车安全须知片。

以往很多商用车企业拍摄过微电影，而福田投资拍摄真正的电影。2018

年5月，电影《超级队长》在北京正式开机，它主要讲述了一次疫苗运输突遭意外，围绕这个危急事件，各方展开力量解决的故事。电影《超级队长》首次将目光聚焦在物流行业，除了精英人才的商业斡旋，也将展现特殊人群"卡车司机"的生活状态。作为中国首部公路物流电影，影片将尽展当代智慧物流新风貌，体现中国物流行业的飞速发展。

2018年8月，福田汽车联合卡车兄弟俱乐部、《中国汽车报》社举办了中国卡车司机2018年夏季关爱活动，为卡车司机提供免费体检等生活服务。这一直接面向卡车司机的活动在京港澳湖北孝感服务区、荣乌高速雄县服务区、唐津高速唐山服务区以及京港澳河南原阳服务区同期进行，体现出福田汽车品质可信赖、对社会负责的品牌特点。

八　承担社会责任，开展公益行动

过去20多年来，福田汽车集团在社会公益事业累计付出已达上亿元。尤其在丰富公益表现形式上积极探索，多角度、多层面关注不同社会阶层，广泛涉猎经济、民生、人文等领域，在更高格局上展现公益的温暖与厚重。

早在2006年，福田汽车就携手中国医药卫生事业发展基金会推进"流动医院"项目的发展，在一定程度上解决了农村及偏远地区因落后和贫困而看病难的问题。截至目前，福田汽车已经先后推出多款满足不同使用需求的医疗救护用车，医疗用车捐献累计百余辆，惠及贵州、青海、山西等多个地区。还有，自2014年启动"七彩书屋"公益活动，以福田轻型商用车为载体，为贫困地区学校、打工子弟学校等的孩子送去书籍与知识，在北京、昆明、长春、西藏等地开展了多场"七彩书屋"捐赠活动。四年时间内，福田汽车已经建立了50多个"七彩书屋"，捐赠书籍量高达30万册，持续为近6万个贫困家庭的孩子们送去温暖与关怀。

在"精准扶贫"思想提出之后，福田汽车又将"精准扶贫"作为其社会公益的重要方向之一。巩月琼表示，福田汽车未来还将继续在社会公益上进行投入，并向精准化、互联化、品牌化的方向发展。

九　展望未来，还有挑战须应对

需要注意的是，品牌转化具有一定的风险及不确定性。具体来说，品牌创立后，在其成长的过程中，由于市场情况不断变化、用户需求不断提高、技术迅速变革等因素，企业的品牌资本可能扩大也可能缩小，甚至某一品牌会在竞争中退出市场，品牌的成长因此存在一定风险。巩月琼也表示，没有行业、企业是绝对安全的，欧、美、日汽车巨头也是如此，变革、颠覆才是未来的主题。他说："你是否思考未来决定了你是否安全，思危则居安，思安则居危。"

福田汽车的目标是到2025年，成为世界商用车领导者。未来在这一道路上，还有几大挑战需要应对。其一，在造车新势力对汽车产业造成冲击的情况下，汽车产业正在被重构，福田汽车如何应对这一挑战？其二，伴随着汽车产业变革，不仅乘用车，商用车的商业模式也在变化，福田汽车如何创新求变？其三，在国际形势风云变幻的今天，如何把握海外市场机遇？其四，在竞争日趋白热化的商用车市场，如何保持较好的盈利能力？这些都是福田汽车在今后的品牌向上之路上需要认真对待的问题。

B.22

航盛：从机会成功走向战略成功

姚福泰*

摘　要： 本报告以航盛开创者和掌舵者杨洪的个人经历为线索，探讨了汽车电子企业航盛的成功之道。创业前期，航盛依靠机会获得成功。在此基础上，以战略性改制激发企业活力，体制机制创新是航盛突破障碍、实现发展的必由之路。高效机制+坚实基础+资本支持=更高的成功率。同时，航盛以高投入开发战略提升创新能力。航盛致力于成为中国的博世，成为世界级汽车零部件企业。

关键词： 航盛　汽车电子　逆势升腾

2017年，深圳市航盛电子股份有限公司（以下简称航盛）营业收入达45.67亿元，同比增长10.91%，远远超过全国汽车销量同比3.04%的增长率。其中，航盛二级公司营业收入同比增长25.9%，利润增长率高达50.03%。

航盛是2017年2887.89万辆全国汽车销量中600多万辆汽车的电子供应商，在全国汽车电子市场的占有率超过20%。

中国汽车销量转入低速平稳增长期，航盛营业收入却逆势而上，实现两位数高速增长。经过深入调查研究发现：航盛在2017年逆势升腾，并非一朝一夕之功，而是从机会成功到战略成功的表现。

* 姚福泰，《中国汽车报》社。

一 创业前期依靠机会获得成功

探寻航盛的成功之道，不得不探访一个人。这个人就是从航盛创始以来一直担任航盛第一把手的航盛现任总裁杨洪。

杨洪是航盛的开创者、掌舵者、决策者和领航者，是航盛的灵魂人物。没有杨洪，就没有今天的航盛。没有航盛的成功，就没有杨洪今天作为汽车电子行业领军人物的显赫名声。

杨洪的职业生涯发端于陕西省南部北依秦岭山脉、南屏巴山浅麓的012基地。012基地是三线建设时期第三机械工业部（后改为航空工业部）在汉中地区建立的军品生产基地，主要产品有军用运输机、空对空导弹等。

1990年，27岁的杨洪已经是陕南航空大学团委书记、电子系副主任。当时，学校在35岁以下的中层干部中公开招募人员，派往深圳管理一家电子企业，杨洪被确定为最佳人选。

杨洪被委任为地处深圳宝安西乡的这家电子企业的副总经理，临时住在深圳市上海宾馆。当时的深圳，从西乡到上海宾馆，没有深南大道，只有一条土路，中巴单程得跑3个小时，晴天一身灰，雨天一身泥。

1993年，在这家电子企业调整领导班子之后，杨洪来到深圳南航电子工业总公司担任副总经理。南航音响厂也在那一年筹建，仅有20多位员工，注册资本仅有238万元，年产量仅有5000台音响，产值不过百万元，实际上只是一家有一条生产线的作坊式汽车音响企业，几乎是从零起步。

在创建第一年，南航音响厂就陷入内外交困的境地：经营状况很差，出现产品质量问题，失去客户信任，严重亏损；供应商停止供货，机器停止运转，骨干成员跑了一大半。

在南航音响厂濒临倒闭的严峻时刻，杨洪临危受命，担任南航音响厂厂长，所做的第一件事就是理顺汽车音响产品线。

没有汽车音响产品图纸，杨洪就带领技术队伍，凭着多年积累的技术经验，拆开线路板，从实物反推，一点一点地描绘线路图，做出样品调试成功之后，走访供应商，用事实和各种分析报告说服供应商放宽讨债和供货的条件并答应及时供货。

在生产出合格汽车音响产品之后，杨洪又带领销售人员，马不停蹄地跑到东风、长安、昌河和汉江等汽车企业洽谈配套业务，就像寻找救命稻草一样。

当时，条件很艰苦，杨洪等人出差只能坐火车硬座，有时甚至买站票，一路站过去。

有一次，杨洪带着南航音响厂副厂长赶往昌河汽车公司洽谈汽车音响配套业务，下午五六点从深圳长途汽车站登上汽车，次日早上3时许抵达南昌。如果马上住进招待所，就要多付半天房费。杨洪对副厂长说："现在，工厂正在扭亏。我们在外面等到早上6时多再住进招待所，就能够节约半天房费。"副厂长同意了。那时正值严冬季节，寒风刺骨，他们硬是在招待所门外聊天等天亮。

其实，在就任南航音响厂厂长之初，杨洪并不知道能否把南航音响厂搞好。半年后，他提出工厂不能再叫南航音响厂了。1993年12月6日，航盛注册取代了南航音响厂。杨洪改南航音响厂为航盛的意思是"南航要昌盛"。

航盛开始重新建立生产线和质量保障体系。1993年，杨洪起早贪黑，几乎每天工作18~20个小时。

"只许成功，不许失败。"杨洪憋着这样一股劲，不计个人得失，就像消防队队长一样。供应商、生产线、开发部门、质量体系、市场……哪里出现"火情"，他就赶往哪里"灭火"。过了半年多，各方面才理顺，客户才对航盛产品有了信心。

1994年，航盛盈利100多万元。这两年是杨洪人生最困难的一个阶段。他由此深深体会到了创业的艰辛。

2000年以前，国内还没有"汽车电子"这个概念，航盛只知道制造汽车音响，一直从事来料加工，向海内外市场销售产品。

随着劳动力成本越来越高，来料加工收入和支出根本无法持平。内销侧重产品加工，从原材料采购、产品开发生产到销售，都由航盛一手操办，销量少，但产值高，有利润空间。出口量多，但利润少。内销和出口的销售收入比例为6:4。

创业前期，航盛只是抓住一两个市场热点，赚了一些快钱。那只是机会式成功，还远没有形成航盛的核心能力。

二　以战略性改制激发航盛活力

航盛创业第一个十年，最大的成果是体制和机制创新。因此，航盛得以生存下来。

直至1993年，航盛都是中航工业集团设立在深圳的“窗口企业”。

1999年前，航盛一直是纯国有企业，利润全给母公司，银行贷款很困难。随着市场迅速扩大，航盛流动资金告急。杨洪及时如实向上级领导汇报了这个情况。开明的上级领导当即拍板，同意航盛大胆创新，鼓励航盛吸纳社会资本，从国有企业改制成有限责任公司。

航盛随即从1999年开始学习实施中兴通讯股份有限公司的股权激励计划，转变经营机制，鼓动内部员工持股，完成第一次增资扩股改制，注册资本增加至1210万元。当时，这是对制约国有企业发展的经营机制障碍的重大突破。现在，国内许多国有汽车零部件企业仍然需要这样的突破。

2001年6月8日，航盛整体改制，从有限公司变成股份有限公司，注册资本增加至3380万元。

突破资本瓶颈的航盛获得新生，进入扩张时代。

2000年，航盛吸纳深圳市高新投集团有限公司入股，并收购了深圳市高新投集团旗下专营外销业务的中宝华公司，吸收其开发生产及外销的全部有用资源。

2003年，航盛投资1亿元，在东北重组了吉林宏宇。吉林宏宇虽小，却能够独家为奥迪A6提供音响。航盛收购这家企业，完成了在一汽周边的汽车零部件配套市场战略布局。当前，航盛已经在北京、深圳、柳州、武汉、江西吉安和德国柏林等地建立了14家子公司。

战略性改制，激发了航盛的活力，进而促使航盛产生了敢打敢拼的野心：

要做中国名牌企业，更要做世界名牌企业，敢于和国际汽车电子公司叫板。

野心勃勃的航盛与一家跨国汽车电子公司三次狭路相逢，进行了三次短兵相接。

2001 年，风神汽车有限公司酝酿推出蓝鸟二代全新车型，要求与之合作已久的跨国汽车电子公司开发新型激光唱机（CD）。这家跨国汽车电子公司却以时间紧、难度大为由，按兵不动。谈判一度搁浅。就在这个时候，航盛凭借改制的灵活性，迅速为风神二代供应新型 CD，正式进入风神配套体系。

2002 年，在与这家跨国汽车电子公司竞标蓝鸟三代 CD 供应商资格的过程中，航盛再次凭借改制的灵活性大获全胜。

2004 年，在与这家跨国汽车电子公司竞标一汽大众汽车音响供应商资格的过程中，航盛第三次凭借改制的灵活性胜出。

早在创业初期，航盛就拥有国有企业的国家配置资源优势，却在参与市场竞争中感受到一些束缚。国有企业的商业性体现在对国有资产的管理。军工、航空、航天等领域的国有企业经营管理着公共服务资源。在具有国家战略意义的领域，国有企业的经营模式是非常正确的，其他领域就另当别论了。

作为市场竞争非常充分的全球化产业，汽车零部件产业的技术和人才资源都需要全球化配置。汽车零部件产业体制、机制改革，必须以市场为导向，以企业为市场主体，才能保证企业充分参与市场竞争。

国有股权保证企业具有国家信用特征，民间股权更有市场意识。这样的混合所有制让企业更容易获得供应链支持。因此，航盛早在创业之初就确定了以体制、机制创新促进技术创新、管理创新和营销创新的战略。

当前，经济体制改革是全面深化改革的重点，核心问题是处理好政府和市场的关系，让市场在资源配置中起决定性作用，更好地发挥政府的作用。

国家应该进一步掌握军工、航天、航空等领域的企业发展大权，同时，应当大力推动市场在资源配置中起决定性作用的汽车零部件等大众消费品行业的市场化发展，应该进一步减少国有股在汽车零部件企业股份中的比例。

汽车零部件企业应该可以选择民间资本控股或国有资本少量持股或完全

民营化的发展模式。

在汽车市场上，长城、吉利等国内自主汽车企业突飞猛进，同样得益于民营企业灵活的体制、机制优势。

综上所述，企业体制与机制的选择标准是企业所处行业的市场竞争程度。在以满足大众消费需求为根本宗旨的市场化充分竞争行业，企业必须具备相应的市场化体制与机制。

改制后的航盛由几家国有企业相对控股，也有管理层和民间人士的股份。这样的体制、机制比纯国有企业灵活，却仍然有严重缺陷。如果航盛兼并或收购某一家企业或设立新公司，就会遭遇比民营企业慢得多的审批流程。

对处在高竞争性高科技行业的航盛来说，反应速度和灵活性至关重要。

如何能在体制、机制上寻求突破，以适应日益激烈的市场竞争？这是航盛面对的最主要的问题。如果这个问题解决了，航盛就能在今后的创新发展过程中打通资本市场，建立更高效的战略实施机制。

高效机制 + 坚实基础 + 资本支持 = 更高的成功概率。

航盛正在设法进一步突破体制、机制障碍。

三　以高投入开发战略提升创新能力

近年来，航盛坚持加大技术创新投入，将技术创新投入在销售收入中所占比例从 3% 提升至 10% 。

在汽车产业界，很多一流企业技术创新投入在销售收入中所占比例仅为 3% ~5% 。显然，航盛的这个“10%”是很高的，也是许多企业都做不到的。这么高的技术创新投入，必然对企业的运营和利润有不小的影响，很容易招致股东反对。

在这方面，杨洪确实很纠结。

汽车电子市场竞争犹如长跑赛，赛的是耐力。如果企业不在技术创新方面加大投入，就不能建成技术创新体系，就没有耐力，也就没有未来的辉煌。

企业直接用金钱买不来先进技术。企业获取先进技术，必须持续不断地投入，培育强大的技术创新团队，建立规范的技术创新体系，长期积累。

经过激烈的思想斗争，杨洪坚定了加大技术创新投入的信念。他多次与股东沟通，说服了他们。

在创业第一个10年里，航盛的生产规模不是很大，盈利能力却并不弱。在创业第二个10年里，航盛的生产规模扩大了很多，盈利却没有增长那么多。其原因就是航盛为提升技术创新能力加大了软件设备购置、基础设施建设和开发团队培育等方面的投资。这样，航盛赚的钱没有缴纳的税多，缴纳的税没有技术开发投入多。

杨洪逐渐感到企业仅靠来料加工没有前途。1999年，他前往日本、韩国考察汽车工业归来，深受启发，特别推崇韩国现代汽车公司的全球化志向和技术革新、尊重员工个人的企业文化，产生了航盛科技创新、产业升级的紧迫感，随即把航盛技术开发部转化为汽车电子研发中心。这个研发中心在2001年通过深圳市企业技术中心认证，在2007年成为国内汽车电子行业唯一的国家认定企业技术中心。

随着持续技术创新高投入，航盛不断健全技术创新体系，在2010年成立国内汽车电子行业第一个博士后科研工作站，获得2011年度深圳市市长质量奖和广东省政府质量奖。同时，航盛主导产品不断升级，出现高端化与多功能整合的趋势：车载信息娱乐系统向车联网升级，控制电子系统向自动驾驶系统发展，新能源汽车三电控制系统（电池管理系统、电机控制系统和整车控制系统）不断优化升级。

航盛技术创新的底气越来越足，国内外越来越多的客户选择航盛为供应商。依靠技术能力赚钱，标志着航盛从机会成功到战略成功的转变。

航盛对技术创新重要性的认识经历了一个过程。

每年，航盛都会参加整车企业供应商大会，听取整车企业对零部件企业技术创新体系、研究开发能力和未来产品的要求。

在竞标车载信息娱乐系统供应商资格时，航盛的竞争对手基本上是世界级强势企业。客户首先要求供应商具备技术创新体系和研发能力，然后才考虑成本问题。因此，任何企业都不能仅靠成本优势中标。

既然客户对供应商技术创新有这么高的要求，那么，供应商就要加大技术创新投入，加强技术积累。这样的供应商才能被客户认可。航盛在发展过程中逐渐产生了这样的认识。

质量源自技术。在某种程度上，产品质量就是技术含量。企业产品质量高低和技术实力强弱成正比。航盛一直强调质量的重要性，全部工作都以质量为核心。航盛源自以高可靠性、高质量为基本要求的航空工业，汽车产业刚好也有类似要求。因此，航盛重视质量，是有历史传承的。

随着中国汽车技术不断进步，车内芯片、总线越来越多，控制技术与通信技术结合得越来越紧密。因此，汽车电子制造成本在整车制造成本中所占比例越来越高：20 年前，汽车电子产品以音响为主，这个比例仅为 3% 左右；10 年前，汽车电子演变为音响、导航和 BCM（车身控制模块）等产品的总和，这个比例大约是 10%；当前，中档汽车上这个比例为 20% ~30%，奔驰、宝马等高端豪华汽车上这个比例是 50% ~60%。这些比例只是传统汽车上的。因为纯电动汽车“三电”（电机、电池和电控）是汽车电子的一部分，所以，汽车电子制造成本在纯电动汽车制造成本中所占比例更高。智能网联汽车控制系统、传感系统和一些核心算法都将成为汽车电子的重要组成部分，尤其需要大量技术开发投入。总之，汽车电子产业的发展空间会越来越大，需要的技术开发投资也会越来越多。这样的新情况把航盛坚持技术创新的做法衬托得更有远见性。

10 年前，国内汽车零部件行业基本上还处在国产化时代，以仿制为主，根据样件做出相似的产品就可以了。近年来，这种情况发生了根本变化，国内汽车零部件行业已经进入和整车行业同步开发的时代。这就要求汽车零部件企业必须具备正向开发能力。现在，主要的零部件企业都在建设自己的技术中心，快速提升自主技术创新能力。充分认识到技术创新重要性的航盛正在为适应这种新形势脚踏实地地进行技术创新。

航盛的技术创新，还表现在企业信息化能力提升方面。2017 年，航盛对 PPM（百万个产品中的不良品率）信息系统和仓库管理系统（WMS）进行升级，加强对企业经营管理信息流的控制，强化企业内部资源整合优化，提高了企业的反应速度和决策的执行效率。

已经在深圳、上海、武汉、成都和德国柏林建成研发中心的航盛将在法国、美国、日本等国家设立研发机构。因此，航盛技术人才总人数将从1000人增加至1500人。

四　航盛的追求永无止境

1999年，杨洪参加全国联考，考上清华大学工商管理硕士（简称MBA）班，在职学习了3年。这个时期，航盛转型升级正需要战略。随着学习的深入，他开始构思世界级航盛、国际化航盛的愿景和规划。那时，航盛已经制定出年销售收入10亿元的计划。这在国际上连一家小企业都不如。他觉得航盛应该不断创新发展。在清华大学MBA毕业之后，他意识到航盛必须做强做大。

2002年6月，中航二集团将其编制内的杨洪派到中央党校地厅级班学习了半年。杨洪在中央党校的同班同学都是各部委的司长和各地级市的书记、市长，讲课的老师多是省部级领导，上课讲的都是世界性问题。当时，他就在继续思考航盛的发展问题。虽然航盛当年的销售收入只有四五亿元，但是，他产生了将航盛年销售收入上升至100亿元的构想。

2004~2006年，杨洪在中国人民大学工商管理博士（简称DBA）班学习，认识到企业文化建设的重要性。小企业之间的竞争实质上是总经理之间的竞争，有相当规模的企业之间的竞争是团队之间的竞争，大型企业之间的竞争是文化竞争。这是杨洪在中国人民大学DBA班学习最深刻的体会。

中国人民大学教授讲课，以实际案例解析企业发展模式创新问题。杨洪听了课，就开始从战略和资源的角度考虑航盛怎么实现年销售收入100亿元的问题。

上述三段求学经历，让杨洪的航盛梦越做越大。

2008年，经杨洪提议，航盛确立“332·118”中长期发展战略。

航盛“332·118”战略具体内容如下：通过三个创新（模式创新、技术创新、管理创新），实现三个转变（从速度型向速度效益型转变、从规模型向规模实力型转变、从经营型向经营管理型转变），提升两种能力（研发能力和管理能力）；2025年，将实现100亿元年销售收入、1000万多台套产销量、8%以上净利润率。

"332·118"战略实施之后，航盛"航船"找准航路，开始开辟国际航线，在国际海域乘风破浪，参与世界汽车电子产业链分工和竞争。

就在航盛实施"332·118"战略的过程中，一家跨国汽车电子公司向杨洪表示以30倍航盛原始投资的价格收购航盛。如果航盛被以这个价格出售，那么，航盛管理层的人就会一夜暴富。其实，这是跨国公司不让中国出现强大竞争对手以维持其市场垄断利益的图谋。杨洪没有同意这家跨国汽车电子公司的收购愿望，因为他要以航盛这个自主品牌充当民族汽车电子产业的脊梁。

从那时起，杨洪非常警惕跨国公司的战略企图，多次拒绝跨国公司对航盛的恶意收购。

当前，航盛为国内汽车销量前20家企业中的18家供应配套产品，占有国内汽车电子市场25%的份额。大众、日产、福特和标致雪铁龙集团（PSA）等国际知名汽车制造商都是航盛的客户。

国外优秀汽车零部件企业起步早，一直进行正向开发。中国汽车零部件企业起步晚，在发展初期只能进行仿制。近年来，国内外整车企业对正向同步开发的要求不断提高，航盛等国内优秀汽车零部件企业努力建立正向开发体系，形成了与整车企业同步开发的能力。这是近年来中国汽车零部件行业最大的变化。杨洪相信，中国汽车零部件产业沿着正向开发这条路走下去，再坚持若干年，会大有作为。

国际汽车零部件市场竞争是一场持久战。航盛要向国际强手学习，与国际强手合作，和国际强手共同进步，同时还要和国际强手过招，和国际强手展开竞争。

规模已经足够大的中国汽车产业必须依赖零部件企业做强。随着中国汽车技术法规不断升级，越来越多的跨国汽车零部件公司开始把先进技术投放到中国，施加给中国汽车零部件企业的竞争压力越来越大。

当前，中国 90% 的高端汽车电子市场都被跨国公司垄断。实际上，航盛等中国优秀汽车电子企业并非不能开发生产高端汽车电子产品，只是缺少整车企业支持。因此，国家应该搞好顶层设计，积极引导自主整车企业和自主零部件企业紧密合作，大力培育中国自主优秀零部件企业。值得庆幸的是，国内部分整车企业已经认识到自主开发生产核心零部件的重要性，选择国内自主优秀零部件企业作为战略合作伙伴，避免关键零部件供应受制于跨国公司。

追求永无止境的航盛也承认中国汽车零部件产业还不强。

中国汽车零部件产业还不强，既有主观原因，又有客观原因。主观上，国内汽车零部件企业技术开发投资不够；客观上，国内零部件企业与整车企业的配套合作不够，还没有足够的互信。

10 年前，航盛实现 10 亿元年产值，有人就认为航盛已经成功了，杨洪却不以为然。现在，即使航盛实现年销售收入 100 亿元，杨洪也不会觉得成功。这是航盛追求永无止境的表现。

杨洪有一种强烈的社会责任感和使命感。首先，他要确保航盛能够持续健康发展；其次，他力求航盛在国内汽车工业低速平稳高质量发展阶段与上下游企业互利共存；最后，他主动承担起以航盛促进国内汽车电子产业自主发展的重任。

杨洪以博世为标杆，要把航盛打造成为中国的博世。

1886 年，年仅 25 岁的罗伯特 · 博世先生在斯图加特创办了博世公司。如今，博世早已发展成为世界第一大汽车技术供应商，推动了德国乃至世界汽车工业的发展。

罗伯特 · 博世基金会在 1964 年成立，传承了博世公司创始人罗伯特 · 博世先生为社会谋福利的博爱精神，将所有红利全部用于公益事业。

坚持不懈地进行科技创新、追求卓越、精益求精、以人为本和以保护环境为己任，都是博世成功的奥秘。

博世的企业文化深深地感染了杨洪，也感染了航盛。杨洪立志成为像罗伯特·博世那样受人尊敬的企业家，航盛要变成像博世那样受人尊敬的企业。

过去，中国汽车产业需要“耐得住寂寞 20 年”。今后，中国汽车产业特别是中国汽车零部件产业仍然需要这份忍耐与坚持。坚持，常常是成功的代名词。再过 20 年，中国一定会出现一批世界级汽车零部件企业，航盛很可能就在其中。

附　　录

The Appendix

B.23

2017年及2018年中国品牌车型销量

表1　2017年及2018年中国品牌轿车销量

单位：台

品牌	车型	2017年中国品牌轿车销量	2018年中国品牌轿车销量
吉利	汇总	615007	600574
	金刚	36726	16960
	远景	145005	143851
	熊猫	1084	—
	TX4	888	—
	帝豪	264432	246933
	博瑞	42760	44299
	帝豪GL	124112	148531
上汽通用五菱	汇总	220003	157855
	宝骏630	4393	6192
	宝骏乐驰	4	—
	宝骏310	215606	151663

续表

品牌	车型	2017 年中国品牌轿车销量	2018 年中国品牌轿车销量
奇瑞	汇总	219884	161169
	旗云 2	472	—
	新 QQ	31337	37632
	奇瑞 A3	1936	—
	风云	24762	7414
	奇瑞 E5	3920	240
	艾瑞泽 7	3613	355
	奇瑞 E3	11308	10925
	艾瑞泽 3	301	—
	凯翼 C3	5505	151
	艾瑞泽 5	136730	104452
长安汽车	汇总	189709	190014
	奔奔	30887	15992
	悦翔 V3	15415	8359
	悦翔 V7	43360	2315
	CX20	170	—
	逸动	92573	125717
	睿骋	1864	466
	睿骋 CC	5440	29735
	第三代悦翔	—	7430
比亚迪	汇总	151416	51242
	F3	124003	47573
	F0	10767	793
	G6	2776	—
	速锐	13358	2876
	G5	512	—
上汽荣威	汇总	133007	111355
	荣威 550	2455	—
	荣威 950	3760	3248
	荣威 i6	63770	73902
	荣威 350	13058	1144
	荣威 360	49964	33061

续表

品牌	车型	2017 年中国品牌轿车销量	2018 年中国品牌轿车销量
华晨中华	汇总	74873	36407
	骏捷	10727	5637
	H530	19776	2201
	H230	11750	8078
	H330	21391	13794
	H220	4970	3600
	中华豚	116	—
	H3	6143	3097
东风乘用车	汇总	43246	27381
	风神 S30	445	—
	风神 H30	29472	21744
	风神 A60	7535	4007
	风神 A30	1903	319
	风神 A9	1534	257
	风神 L60	2357	1054
广汽传祺	汇总	38808	55904
	传祺 GA5	869	—
	传祺 GA3	8207	2548
	传祺 GA6	25032	12975
	传祺 GA8	4700	4115
	传祺 GA4	—	36266
一汽轿车	汇总	35247	44228
	奔腾 B30	17111	12172
	奔腾 B50	11569	4692
	奔腾 B70	1976	849
	奔腾 B90	25	—
	红旗 H5	—	22960
	红旗 H7	4566	3555
众泰	汇总	34822	12377
	江南	1122	299
	Z300	17071	7327
	Z100	1407	610
	Z500	5963	1861
	Z700	9259	2280

续表

品牌	车型	2017 年中国品牌轿车销量	2018 年中国品牌轿车销量
启辰	汇总	33862	64873
	启辰 R30	5	—
	启辰 R50	12361	1
	启辰 D50	3665	—
	启辰 D60	17831	64872
北汽自主	汇总	31303	55707
	D20	9283	683
	D70	62	6329
	D50	21784	48695
	D80	170	—
	绅宝 CC	4	—
海马轿车	汇总	29623	7362
	M3	19055	6405
	M6	10568	957
昌河	汇总	17847	23129
	北斗星	17532	10521
	北斗星 II 代	183	3316
	昌河 A6	132	9292
力帆	汇总	15424	7364
	力帆 520	2	13
	力帆 620	4772	4007
	力帆 320	6121	—
	力帆 330	—	1110
	力帆 720	28	37
	力帆 530	473	465
	力帆 820	4028	1732
华泰	汇总	15282	12848
	路盛 E70	142	3202
	路盛 E80	15282	9646
天津一汽	汇总	12993	12861
	夏利	5949	2
	威志 V2/V5	3528	1120
	骏派 A70	3516	392
	骏派 A50	—	8511
	骏派 CX65	—	2836

续表

品牌	车型	2017 年中国品牌轿车销量	2018 年中国品牌轿车销量
东风柳汽	汇总	12485	7008
	景逸 S50	12485	7008
一汽海马	汇总	12329	4798
	福美来	11731	4419
	福美来专车版	598	379
长城	汇总	12033	5976
	C30	12033	5976
江淮	汇总	6746	3165
	和悦	2850	—
	和悦 A30	2608	2986
	和悦 A60	1288	179
观致	汇总	2524	15839
	观致 3	2524	15839

资料来源：《中国汽车工业产销快讯》第 229 期、《中国汽车工业产销快讯》第 241 期。

表 2　2017 年及 2018 年中国品牌 SUV 销量

单位：台

品牌	车型	2017 年中国品牌 SUV 销量	2018 年中国品牌 SUV 销量
长城	汇总	851855	766062
	哈弗 H5	16333	7705
	哈弗 H6	506418	452552
	哈弗 H8	7698	1114
	哈弗 H2	215100	106120
	哈弗 H1	18785	5938
	哈弗 H9	13855	14635
	哈弗 H7	38193	21391
	哈弗 M6	35473	73018
	哈弗 H4	—	43017
	哈弗 F5	—	23463
	哈弗 F7	—	17109

续表

品牌	车型	2017 年中国品牌 SUV 销量	2018 年中国品牌 SUV 销量
长安	汇总	645809	562947
	CS35	151622	131417
	CS75	240095	140066
	CS15	61650	31249
	CX70	91852	80241
	CS95	20912	6804
	CS55	79678	165102
	CS85	—	183
	V302	—	7885
吉利	汇总	626985	746766
	博越	286885	255695
	帝豪 GS	150584	157638
	远景 SUV	127042	113309
	远景 X1	20476	11911
	远景 X3	31233	116944
	远景 S1	10765	67908
	缤越	—	23361
上汽通用五菱	汇总	514004	477727
	宝骏 560	150055	—
	宝骏 510	363949	361403
	宝骏 530	—	116324
广汽乘用车	汇总	467466	437667
	传祺 GS5 速博	1419	14598
	传祺 GS4	337330	246636
	传祺 GS8	102214	61773
	传祺 GS7	8262	25350
	传祺 GS3	18241	89310
上汽荣威	汇总	251968	287258
	荣威 W5	9	—
	荣威 RX5	237374	220064
	荣威 RX3	14585	53938
	荣威 RX8	—	13256

续表

品牌	车型	2017 年中国品牌 SUV 销量	2018 年中国品牌 SUV 销量
众泰	汇总	245107	211317
	T600	73651	30418
	大迈 X5	24884	8606
	SR7	15838	9050
	SR9	23442	11918
	大迈 X7	25748	12043
	T700	58961	37828
	T300	22583	43665
	君马 S70	—	12815
	T500	—	36268
	君马 Seek 5	—	8706
东风小康	汇总	189518	179793
	风光 580	176309	110975
	风光 S560	13209	60101
	风光 ix5	—	8689
	风光 F517	—	28
奇瑞	汇总	188837	244063
	瑞虎 3	80894	84736
	瑞虎 3X	3562	10329
	瑞虎 5	41608	70701
	瑞虎 7	62773	27744
	瑞虎 8	—	50553
北汽银翔	汇总	151456	129040
	幻速 S2/S3	94382	55391
	幻速 S6	23246	2607
	幻速 S5	27695	37040
	幻速 S7	6133	34002
东南	汇总	143780	78579
	DX7	40414	17089
	DX3	103366	61490

续表

品牌	车型	2017 年中国品牌 SUV 销量	2018 年中国品牌 SUV 销量
北汽自主	汇总	139968	87696
	BJ20	19714	10444
	B40	20298	24458
	B80	6569	8213
	绅宝 X25	26717	18353
	绅宝 X55	6475	42
	绅宝 X35	43773	25883
	绅宝 X65	653	303
	威旺 S50	15769	—
东风柳汽	汇总	123051	59159
	景逸 X3	38648	—
	景逸 X5	58770	44807
	景逸 SX6	26377	—
	景逸 X6	8256	14352
长丰猎豹	汇总	122542	62683
	CS10	80351	16559
	Q6	7082	3756
	CS9	35109	32857
	迈途	—	9511
江淮	汇总	120697	74901
	瑞风 S7	15270	6787
	瑞风 S5	25517	17635
	瑞风 S3	54402	34470
	瑞风 S2	25508	13527
	瑞风 S2 mini	—	909
	瑞风 S4	—	1573
比亚迪	汇总	113834	72647
	S7	23710	860
	宋	66610	40693
	元	23514	6162
	唐	—	24932

续表

品牌	车型	2017 年中国品牌 SUV 销量	2018 年中国品牌 SUV 销量
华泰	汇总	105496	76158
	圣达菲	105496	76158
启辰	汇总	98162	62427
	启辰 T70	52640	36765
	启辰 T90	45522	22936
	启辰 T60	—	2726
魏派	汇总	86427	136099
	VV7	52769	54671
	VV5	33658	62968
	VV6	—	18460
一汽轿车	汇总	85430	69780
	奔腾 X80	10266	4446
	奔腾 X40	75164	57039
	奔腾 T77	—	8295
东风乘用车	汇总	79080	59141
	风神 AX7	38885	45829
	风神 AX3	12315	2440
	风神 AX5	14969	4545
	风神 AX4	12911	6327
江铃	汇总	71159	25692
	驭胜	29151	6892
	陆风	42008	18800
海马汽车	汇总	63067	23514
	海马 S5	63067	23514
中国一汽	汇总	62290	36248
	森雅 R7	62290	22718
	森雅 R9	—	13530
斯威	汇总	54973	35800
	斯威 X7	54973	29797
	斯威 X3	—	6003
开瑞	汇总	54587	27113
	开瑞 K60	54587	27113

续表

品牌	车型	2017 年中国品牌 SUV 销量	2018 年中国品牌 SUV 销量
华晨中华	汇总	40943	42050
	V5	1272	1060
	S30	6286	534
	S35	—	317
	V3	23374	12185
	S70	7145	673
	F60	2866	—
	V6	—	14611
	V7	—	12670
力帆	汇总	37333	20592
	X60	13475	2895
	X50	6625	1232
	X80	1370	1485
	迈威	15863	9116
	X70	—	5864
凯翼	汇总	37226	17910
	凯翼 X3	24919	8333
	凯翼 V3	6530	1150
	凯翼 X5	5777	8427
比速	汇总	36866	24917
	比速 T3	11920	3525
	比速 T5	24946	21392
野马	汇总	34548	8845
	T70	34548	6809
	T80	—	2036
一汽海马	汇总	21318	17529
	骑士	18797	13809
	S5H	2521	3720
昌河	汇总	19313	22096
	Q25	5660	1528
	Q35	13653	11011
	Q7	—	9557

续表

品牌	车型	2017 年中国品牌 SUV 销量	2018 年中国品牌 SUV 销量
天津一汽	汇总	14081	5930
	骏派 D60	14081	5163
	骏派 D80	—	767
观致	汇总	12435	46206
	观致 3 SUV	709	166
	观致 5 SUV	11726	46040
潍柴	汇总	8053	6047
	英致 G3	4926	2717
	英致 G5	3127	3330
领克	汇总	6012	111156
	领克 01	6012	89405
	领克 02	—	21751
上汽大通	汇总	5005	6114
	大通 D90	5005	6114
广东福迪	汇总	2502	1414
	揽福	2502	1414
北汽福田	汇总	1827	1289
	萨瓦纳	1827	1289
北汽有限	汇总	1056	3377
	路霸	1	—
	勇士	1023	3374
	域胜 007	32	3

资料来源：《中国汽车工业产销快讯》第 229 期、《中国汽车工业产销快讯》第 241 期。

表 3　2017 年及 2018 年中国品牌 MPV 销量

单位：台

品牌	车型	2017 年中国品牌 MPV 销量	2018 年中国品牌 MPV 销量
上汽通用五菱	汇总	812850	694145
	五菱宏光	537003	476537
	五菱征程	5050	2
	宝骏 730	270797	111507
	宝骏 360	—	106099

续表

品牌	车型	2017 年中国品牌 MPV 销量	2018 年中国品牌 MPV 销量
长安	汇总	227649	105408
	欧诺	86490	56035
	欧力威	5258	2917
	欧尚	66689	22773
	欧尚 A800	40984	15353
	凌轩	28228	7895
	科尚	—	435
北汽银翔	汇总	106182	29043
	幻速 H2	29285	6935
	幻速 H3	72637	20180
	幻速 H6	2128	546
	幻速 H5	2132	1382
东风柳汽	汇总	85842	62269
	菱智	79177	62269
	S500	6665	—
东风小康	汇总	81633	37135
	风光 330	54153	30646
	风光 370	27480	6489
江淮	汇总	66468	55783
	江淮瑞风 M2	188	—
	江淮瑞风 M3	40187	30746
	江淮瑞风 M4	19912	14146
	江淮瑞风 M5	5690	2250
	江淮瑞风 M6	340	91
	江淮瑞风 R3	151	8550
北汽威旺	汇总	60658	12125
	威旺 M20	2583	6453
	威旺 M30	29083	—
	威旺 M50	28992	5672
华晨金杯	汇总	58862	32884
	阁瑞斯	20159	19503
	华颂 7	4091	1069
	金杯 750	30042	10379
	金杯 F50	4570	1933

续表

品牌	车型	2017 年中国品牌 MPV 销量	2018 年中国品牌 MPV 销量
奇瑞	汇总	37642	21144
	威麟 V5	131	—
	凯瑞优雅二代	316	153
	K50	37195	20991
昌河	汇总	37239	24581
	昌河 M50	24529	15479
	昌河 M70	12710	5526
	昌河 M60	—	3576
比亚迪	汇总	30770	141068
	M6	380	—
	宋 MAX	30390	141068
上汽大通	汇总	27019	24857
	大通 G10	27019	24541
	大通 G50	—	316
北汽福田	汇总	22307	14707
	蒙派克	7702	7756
	伽途 ix	14605	6951
力帆	汇总	19189	2377
	乐途	1063	331
	轩朗	18126	2046
潍柴汽车	汇总	15494	7677
	英致 737	4979	2937
	英致 727	10515	4740
东风启辰	汇总	11178	4768
	启辰 M50V	11178	4768
比速	汇总	10379	403
	M3	10379	403
一汽海马	汇总	8184	2636
	普力马	100	—
	福美来 7 座	8084	2636
新龙马	汇总	2972	2262
	EX80	2972	2262

续表

品牌	车型	2017 年中国品牌 MPV 销量	2018 年中国品牌 MPV 销量
广汽乘用车	汇总	550	32745
	传祺 GM8	550	30769
	传祺 GM6	—	1976
野马	汇总	—	5399
	斯派卡	—	5399

资料来源：《中国汽车工业产销快讯》第 229 期、《中国汽车工业产销快讯》第 241 期。

表 4　2017 年及 2018 年中国品牌新能源汽车销量

单位：台

品牌	车型	2017 年中国品牌新能源汽车销量	2018 年中国品牌新能源汽车销量
比亚迪	汇总	108956	227152
	E6	10215	6508
	秦(PHEV)	20738	47425
	E5	23601	46213
	秦 EV	4886	10527
	唐(PHEV)	14592	37146
	宋 DM	30911	39318
	宋 BEV	4013	4316
	元 BEV	—	35699
北汽自主	汇总	101054	150352
	D20 电动	5415	—
	D50 电动	13163	28504
	D80 电动	103	—
	EC180	77628	91954
	LITE	503	565
	EV300	—	506
	EX260	—	767
	EX360	—	14237
	绅宝 X25(BEV)	4242	13306
	绅宝智行	—	513

续表

品牌	车型	2017 年中国品牌新能源汽车销量	2018 年中国品牌新能源汽车销量
知豆	汇总	42484	15336
	知豆 D1	25	—
	知豆 D2	42342	14880
	知豆 D3	117	456
众泰	汇总	36979	31573
	云 100	11205	6501
	众泰 Z500(BEV)	770	133
	云 TTEV	2537	802
	芝麻 E30	5716	4842
	E200	16751	18865
	T300(BEV)	—	430
奇瑞	汇总	30308	65894
	新 QQEV	9925	29020
	小蚂蚁(BEV)	18554	17947
	艾瑞泽 7(PHEV)	182	—
	艾瑞泽 5(BEV)	1647	3411
	微电动	—	1355
	瑞虎	—	50
	开瑞 K60(BEV)	—	3782
	瑞虎 3X(BEV)	—	10329
江铃	汇总	30101	44422
	E100	15825	10551
	E200	12118	32513
	E160	2158	1358
长安	汇总	29677	35968
	奔奔 BEV	12923	10970
	奔奔迷你 BEV	8124	1797
	逸动 BEV	3383	5255
	逸动 PHEV	0	769
	尼欧Ⅱ	—	1043
	欧力威(BEV)	5010	2917
	欧尚(BEV)	—	6706
	CS75(PHEV)	—	1947

续表

品牌	车型	2017 年中国品牌新能源汽车销量	2018 年中国品牌新能源汽车销量
	CS15(BEV)	237	4564
江淮	汇总	28261	50864
	江淮 IEV4	3135	1
	江淮 IEVA50	291	2049
	江淮 IEV6E	24198	43155
	江淮 IEV7	—	119
	江淮 IEV7S	637	5540
吉利	汇总	24866	54343
	帝豪 EV	23324	31426
	帝豪 PHEV	1542	362
	博瑞 GE(PHEV)	—	10474
	帝豪 GL(PHEV)	—	67
	帝豪 GSE	—	7484
	领克 01(PHEV)	—	4530
上汽荣威	汇总	44236	92789
	荣威 550(PHEV)	2455	—
	荣威 950(PHEV)	2910	2807
	荣威 i6(PHEV)	8925	33347
	荣威 Ei5(BEV)	—	26008
	荣威 RX5(BEV)	10436	4497
	荣威 RX5(PHEV)	19510	22711
	荣威 MARVEL X	—	3419
华泰汽车	汇总	11826	49535
	路盛 S1Iev360	—	1738
	华泰 EV160	11397	29938
	新圣达菲 EV	429	16370
	圣达菲 2XEV360	—	1489
上汽通用五菱	汇总	11446	25888
	宝骏 E100	11446	25888
东风股份	汇总	7832	19226
	俊风(BEV)	7832	19226

续表

品牌	车型	2017 年中国品牌新能源汽车销量	2018 年中国品牌新能源汽车销量
昌河汽车	汇总	7600	—
	北斗星(BEV)	7600	—
力帆	汇总	6110	5813
	力帆 330 电动	6110	842
	力帆 620	—	3773
	力帆 820	—	1198
海马汽车	汇总	5971	10492
	M3(BEV)	167	353
	爱尚电动	5804	10139
东风乘用车	汇总	2692	8197
	E30 电动	131	—
	E70 电动	2561	8197
广汽传祺	汇总	2556	20045
	传祺 GA3 PHEV	794	256
	传祺 GE3	1762	8852
	传祺 GS4(BEV)	—	15
	传祺 GS4(PHEV)	—	10922
野马	汇总	2102	4880
	T70(BEV)	2102	—
	E32(BEV)	—	1831
	E70(BEV)	—	3049
长丰猎豹	汇总	733	2483
	C9(BEV)	523	2444
	C5(BEV)	210	39
东南	汇总	—	2725
	DX3(BEV)	—	2725
长城	汇总	—	1730
	长城 C30(BEV)	—	1730
魏派	汇总	—	3732
	P8(BEV)	—	3732

资料来源：《中国汽车工业产销快讯》第 229 期、《中国汽车工业产销快讯》第 241 期。

Abstract

"Blue book of Chinese automobile brands" is a comprehensive series report on the development of Chinese automobile brands. " China automobile brand development report (2018) is a Chinese newspaper, China automotive technology research center, Bosch (China) company team, organization of China brand research institute, China automotive technology research center data center a number of researchers, senior media industry professionals, as well as the relevant personnel in the study of Chinese car brands, through large data monitoring, the related research in the field of writing together, form accurately and comprehensively discusses the authority of China automobile brand development present situation and the trend report.

The book is divided into 6 parts: general report, market report, brand report, public opinion report, case report and Appendix. The general report summarizes the development status, achievements and shortcomings of Chinese brand cars and parts, and looks forward to the future of Chinese car brands.

This paper analyzes the position and function of Chinese automobile brands in the market from the general pattern of passenger cars, commercial vehicles and parts, as well as the performance of segment market. At the same time, this paper discusses how Chinese automobile brands stand out in the new energy field from three aspects: market, policy and technological route. There are also the impact of emerging technologies and emerging companies on the Chinese market.

Brand chapter discusses overseas brands and equity acquisitions of Chinese enterprises, and analyzes the impact of these acquisitions on Chinese automobile brands themselves. At the same time, through big data analysis, we systematically sorted out and judged the competitiveness of Chinese brands, Chinese brand consumers and Chinese brand premium capacity. In recent years, the new car manufacturers have been systematically sorted out and analyzed, and their prospects have been expressed.

From the perspective of brand communication quantity, brand awareness and brand satisfaction of Chinese brands, this paper summarizes the brand communication and reputation feedback of Chinese brands in various market segments, and analyzes the gains and losses of brand construction. In terms of the performance of automobile companies and their executives, we also analyzed the public opinion big data to see their promotion of brand construction. In addition, the book also analyzes the public opinion performance of Chinese brands in overseas markets, including not only passenger cars, but also commercial vehicles.

Three typical enterprises in the field of passenger cars, commercial vehicles and parts are selected in this case. First, the brand development process since the enterprise was born was sorted out, then the brand development mode and current brand competitiveness were analyzed, and finally the advantages and disadvantages of the enterprise brand development as well as the opportunities and challenges faced were summarized.

Book published 2017 – 2018 China automobile brand development of detailed data, including the amount of brand communication, brand awareness, brand loyalty and brand competitiveness, forecasts the development trend of China automobile brand in the future, using big data presents a unique set of evaluation system of Chinese brands, and a lot of beneficial to the development of Chinese automobile brand. This book can provide references for automobile enterprises, automobile consumers, automobile practitioners and automobile management departments at all levels to study Chinese automobile brands.

In this book, due to the different usage habits of different authors, different data sources are cited, so it is possible that some of the same projects may have different data. However, as long as the data sources are reasonable and the data trends are the same, the overall conclusions will converge.

Keywords: Chinese Auto Parts Brand Building; Brand Competitiveness; Big Data

Contents

I General Report

Abstract: This newspaper has defined the concept of the Chinese passenger car brand, which focuses on the development of the national passenger car brand in 2017, and highlights the importance and significance of brand construction. At the same time, the Chinese passenger car brand development is determined by the Chinese passenger car brand, and the Chinese passenger car brand has been analyzed deeply in the problem of brand construction. This paper also puts forward the prospect and Suggestions for the overall development of the Chinese passenger car brand and become a world-class brand. In the commercial vehicle, the market presents the following characteristics: (1) increase in growth of 13 percent; (2) the sales increase of more than 500% increased, and there was a rapid increase. (3) the momentum of the truck was better than the bus. And the expansion of auto parts industry in China is obviously fast in the vehicle market, the parts chain trend is complete, and the national government has supported it strongly. This newspaper has analyzed the five industries trends facing the current facing of the industry, the industrial structure and the enterprise profitability, and analyzed the development direction of the specific development.

Keywords: Passenger Cars; Commercial Vehicles; Components; Brand Building

Ⅱ The Market

B. 2 2018 Market Pattern of Chinese Brand Passenger Cars

Lin Yang / 019

Abstract: Based on the performance of SUV, sedan and MPV of Chinese brands in the market, this report expounds the market pattern of passenger vehicles of Chinese brands through data analysis. In terms of emerging markets, special attention has been paid to the development of new energy vehicles of Chinese brands and the emergence of new forces. In terms of traditional market, the recent high-end development of Chinese brand SUVs is summarized, analyzed and summarized. During the first half of 2017 -2018, Chinese brands of passenger vehicles formed a pattern of strength in SUV field, weakness in sedan field and relatively weak influence in MPV field despite their high share. At the same time, Chinese brand passenger vehicles are unique in the field of new energy vehicles, and the new force, although the thunder is very large, but the rain on the market is still small.

Keywords: Chinese Brand; SUV; New Energy Vehicles

B. 3 2018 Market Pattern of Chinese Brand Commercial Vehicles

Yao Huifa / 036

Abstract: This report introduces the performance and pattern of Chinese brand commercial vehicles in the market by two major types of goods vehicles (heavy goods vehicles, medium goods vehicles, light goods vehicles) and passenger cars. In 2017, China's commercial vehicle market experienced a leap development, among which, the truck sector showed an overall outbreak, with the heavy truck passing the million mark, and the sales volume increased by more than 52% year on year. However, the passenger car market in China has been declining, except for large passenger cars. Although the passenger car market is relatively weak on the whole, there are still a number of enterprises with outstanding performance in different fields, among which new energy passenger cars, unmanned passenger cars and overseas export of passenger cars are still commendable. From the perspective of commercial vehicles in China, commercial vehicles in China have shown strong momentum in terms of brand image, product quality, technological level and research and development technology.

Keywords: Chinese Commercial Vehicle; Market Share; Sales Volume; Intelligent Passenger; Car Segment

B. 4 2018 Market Pattern of Chinese Brand Auto Parts

Liu Honglong / 045

Abstract: Auto parts enterprises are the foundation for the development of big auto manufacturing countries. In the past, Chinese auto parts enterprises engaged in technology, product manufacturing and development. In terms of market segmentation, some local component suppliers have developed into internationally well-known enterprises through merger and acquisition integration and long-term accumulation, but the fluctuation of market supply and demand also has a great impact on some specific fields. Local enterprises need to strive to improve profitability while expanding in scale. This report makes a case study of seven major parts market segments and lists the revenue of the industry representative enterprises in recent years.

Keywords: Auto Parts; Business Income; Segment Market

B. 5 Why Chinese Brands Stand Out in the New Energy Sector

Lin Xin, *Zhang Jian* / 056

Abstract: Air pollution has become a worldwide concern. As an effective solution to this problem, new energy vehicles are attracting people's attention. It can be seen that China is taking action on the new energy industry and has achieved initial success. This paper USES three-dimensional models of technology, market and policy to find out the reasons for the rapid growth of Chinese brand new energy vehicles in new product sales and technology promotion. Three reasons for the rise of China's new energy industry are concluded on the basis of the analysis of policies, technologies and markets. Second, forward-looking policies; And the government can change its role in the development of new energy industry.

Keywords: New Energy Vehicle; Technology-Market-Policy Three-Dimensional Model; Management Policy; Economic Policy

Abstract: In recent years, with the development of artificial intelligence, communication, materials, chemistry and other technologies, the automobile industry is facing a new round of reform. The further integration of many industries and the automobile industry has brought about the development of new energy, intelligent network connection, lightweight and other emerging technologies, thus giving birth to a number of emerging enterprises in related fields in China.

This chapter will start from the fields of new energy, intelligent network connection and lightweight, and discuss a new round of industrial reform brought about by new technology and domestic emerging enterprises.

Keywords: New Energy Vehicle; Intelligent; Auto Network Connection; Lightweight Technology

Ⅲ The Brand

B. 7 Chinese Brands Have Entered a New Phase of Acquiring Overseas Brands and Equity

Shi Yunyun / 080

Abstract: Since the acquisition of ssangyong by saic in 2004, Chinese auto companies have officially embarked on the road of overseas acquisition. Over the years, the Chinese auto industry has experienced ups and downs in acquiring overseas brands and equity and gained experience and lessons. Now it has entered a new stage of development.

In the new stage, the overseas acquisition of Chinese automobile companies presents three characteristics: the overseas acquisition of Chinese automobile companies shows an upward trend in terms of both quantity and amount. China is becoming a new force in cross-border acquisition of global automobile industry. Compared with the past, Chinese auto companies are more rational and pragmatic in the process of overseas acquisition, and no longer blindly pursue brand influence. The direction of m&a is more clear, more purposeful and more long-term. Among the many Chinese enterprises that are seeking for gold overseas, private enterprises and component enterprises have become the main force.

Looking forward to the future, although the international investment environment will be more complex, and more unpredictable, but China's enterprises overseas acquisitions passion rather than cooling, the quantity and quality also will continue to rise, in order to ensure more road of the Chinese car companies overseas, this paper puts forward three Suggestions: first, establish a scientific and comprehensive international strategy layout system; Secondly, in the process of overseas acquisition, it is necessary to establish the awareness of global enterprises and international management ability. Third, given the strong foundation and strength of Chinese auto enterprises, it is advisable to consider extending from the simple acquisition to seeking deeper technical cooperation and technology transfer.

Keywords: Overseas Acquisition; Global Awareness; International Management; Win-win Cooperation

Abstract: This report, which is based on the Internet industry and whole market data, from the brand activity, brand reputation and market performance and brand loyalty evaluation of brand competitiveness, set up comprehensive evaluation index system of China's passenger car brand competitiveness, and thus the market mainstream Chinese passenger car brand competitiveness ranking in 2018. This report strictly defines the definition of brand activity, brand reputation, market performance and brand loyalty, analyzes the influencing factors of the four aspects in detail, and presents the performance, ranking order and specific performance values of Chinese automobile brands in the four aspects in the form of charts and other charts. Through the comprehensive analysis of the ranking of four aspects, this paper points out the competitiveness of Chinese automobile brands in the market.

Keywords: Brand Competitiveness; Loyalty; Market Performance; Activity

Abstract: The Chinese passenger car market has now returned to rationality. Car quality, intelligence technology and driving experience becoming more important to consumers. This paper studies the behavior of consumers buying cars from the aspects of purchasing new cars, replacing old cars and buying used cars. With research, data analysis and other methods, detailed analysis of

Chinese brand consumer behavior preferences from price, vehicle type, brand, model, color and location factors and so on. Post −90s consumers pay more attention to the intelligence and personalization configuration of models. And the upgrade trend of replacement of used cars is obvious. There is a strong correlation between the amount of car purchases and the degree of regional economic development.

Keywords: Chinese Brand; Consumer; Preference Analysis; Geographical Distribution; Population Characteristics

B. 10 Gradually Improve the Brand Premium Ability

Abstract: This thesis briefly describes the definition and origin of automobile brand premium, then it carries a detailed review about each stage of the China automobile brand premium elevating process: from the year of 2005 till now, China automobile brand has experienced three stages of cars' manufacturing, including both success and setbacks. After 10 years of hard development, China's auto brands not only improves the ability in car manufacturing, at the same time, the ability of brand premium has been continuously upgrading and breakthrough, and a number of excellent leadership enterprises come into being. With the 《Made in China 2025》 putting forward, the strength of China's auto brands will continue to enhance, the premium ability of China's auto brand will be further improved.

Keywords: Brand Premium; China Automobile Brand; The Ability in Car Manufacturing; Made in China 2025.

Abstract: Taking the four times wave of building cars as the historical background, the new car-making forces has risen again since 2015. The article analyzed the emerging Chinese passenger car brands from the historical background, development status and future prospects. The national new energy policy and "Internet +" strategy promoted emerging brands to choose new Energy and SUV as entry points. According to the background of the founders, the new car-making forces were divided into three categories. At the stage, the emerging brands were different due to different financing capabilities, production qualifications and strategic layouts, but all had huge delivery pressure. From future development, huge and sustained operating cost has brought certain resistance to emerging brands, the advance must be long and winding.

Keywords: The New Car-making Forces; Category; Difference; Delivery Pressure

Ⅳ The Public Opinion

Abstract: This report sorts out the communication quantity and tonality distribution of Chinese automobile brands in 2017 and january-june 2018, analyzes the communication status of Chinese automobile brands, summarizes the trend of public opinion communication of Chinese automobile brands in 2017 and january-june 2018, and shows the development characteristics of public opinion communication trend of Chinese automobile brands. The list shows the proportion of positive and negative public opinion voice and public opinion communication of the whole brand. Among them, the volume of public opinion reflects the intensity of brand communication, and reflects the degree of brand attention. The proportion of positive and negative public opinion communication is related to the brand reputation. The higher the proportion of positive, the better the brand reputation. If the negative proportion is higher, it indicates that the voice of dissatisfaction to every aspect of the brand is more prominent during the monitoring period.

Keywords: Independent Brand; Dissemination; Spread Trend; Tonal Distribution

Abstract: This section mainly describes the brand awareness, brand emotion and brand satisfaction of Chinese brand cars in 2017 and january-june 2018. In the hope of a more comprehensive display of the brand activities and results of Chinese brand cars in 2017 and January to June 2018. This report shows the top 50 models of Chinese brand cars in the two time periods of 2017 and the first half of 2018 in a tabular manner, so that people can get a detailed understanding of the attentions of Chinese brand cars in the two time periods, and analyze the models at the top of the communication list through specific examples. The satisfaction ranking of the top 30 models and specific analysis of the typical models among them can achieve high satisfaction.

Keywords: Autonomous Brand Cars; Attention; Overall Satisfaction

Abstract: This report has collected the data of attention, brand emotion and comprehensive satisfaction of SUV models of Chinese brands in 2017 and january-june 2018, summarized and calculated the comprehensive satisfaction of the top 30 SUV models of Chinese brands, and conducted an overall analysis of attention and comprehensive satisfaction of SUV models of Chinese brands. The conclusion is that the communication mode of Chinese brand SUV brand communication is basically the same in 2017 and the first half of 2018, with Great Wall haval H6 as the leader, followed by geely borui and gac trumpchi GS4. It can be seen from the comprehensive satisfaction of SUV models of Chinese brands in 2017 and january-june 2018 that the overall satisfaction of SUV models of Chinese brands shows a downward trend and the rising trend of new models.

Keywords: Autonomous Brand SUV; Attention; Overall Satisfaction

Abstract: This section mainly elaborates the brand awareness, brand emotion overview and brand satisfaction of Chinese brand MPV in 2017 and january-june 2018. In the hope of more comprehensive display of the brand activities and effects of Chinese brand MPV in 2017 and january-june 2018. The overall brand communication of Chinese brand MPV is relatively balanced in 2017 and the first half of 2018. The communication of wuling hongguang, baojun 730, chang 'an auchan A800 and trumchi GM8 have different highlights. Over the same period, the brand satisfaction of MPV models of Chinese brands has gradually changed, and the brand reputation of the models is "from one to another". Chinese brand MPV models entered a new growth and change stage in 2017, and developed towards improving configuration, changing Appearance and enhancing comfort based on the original models.

Keywords: Autonomous Brand MPV; Attention; Overall Satisfaction

Abstract: This report compiled in 2017 and 2018 – June 1 Chinese brand new energy vehicles awareness, brand emotion and comprehensive satisfaction data, summarize and calculate the Chinese brand new energy vehicles is obtained attention before 20 comprehensive satisfaction situation, attention to a China brand new energy car model and the status of the comprehensive satisfaction are overall analyzed. Compared with other models, the brand communication of new energy vehicles is more flexible and rich in content. However, the overall satisfaction of new energy vehicles of Chinese brands changes due to the unstable performance, and the overall satisfaction declines to a certain extent with the increase in use. New energy models of Chinese brands should maintain and gradually improve the quality of models, and then promote the improvement of brand reputation. In order to maintain the sustainable improvement of reputation, it needs to be further strengthened. At the same time, Chinese brand new energy models have increased the publicity in the interactive media channels, and made unremitting efforts to establish a good model and brand reputation, improve their satisfaction and win over consumers and the market.

Keywords: Autonomous Brand New Energy Vehicles; Attention; Overall Satisfaction

Abstract: This report sorts out the communication rankings and ranking distribution changes of Chinese brand car enterprises in different categories in 2017 and january-june 2018, analyzes the communication status of typical Chinese brand car enterprises in different categories, and summarizes the public opinion communication hotspots of typical Chinese brand car enterprises in different categories in 2017 and january-june 2018. In 2017, the future layout of auto enterprises, Chinese brands going overseas, the listing of representative new cars and the development plan of new energy vehicles have become the communication hot spot of various auto enterprises. Electric new energy vehicles are the focus of attention. From January to June, 2018, the layout of various automobile enterprises, Chinese brands going overseas, new model upgrading and listing, and new energy vehicle development plan become the communication hot· spot. Electric vehicles and unmanned vehicles are the focus of attention. The joint venture and cooperation of automobile enterprises are further deepened, and they go out to explore the new power of growth of automobile enterprises in the international market.

Keywords: Independent Brand Enterprise; Communication; Ranking; Hot Spot of Communication

Abstract: this report by several platforms so most popular 30 Chinese independent automobile group and subordinate subsidiary company chairman and general manager for vehicle as the research object, through the multiple perspectives of public opinion data sorting, digging, show on January 1, 2017 – June 30, 2018, the Chinese independent brand automobile enterprises hot spots and their relevant public opinion and the corresponding relationship between the characters, hopes to independent brand automobile enterprises to grasp the whole public opinion environment, found in the brand communication blind spots, more effectively promote brand awareness and reputation, to provide the reference for implementing brand upgrade.

Keywords: Independent Brand Enterprise; Senior Executives; Public Opinion

Abstract: Through monitoring and collecting Chinese auto enterprises' overseas public opinion reports, this report takes "topic keywords" of the news as the clue, makes statistical analysis of the topic distribution of mainstream auto enterprises, and summarizes the major public opinion events of auto enterprises. In the end, through the interpretation and induction of major events of mainstream auto enterprises, the rules, characteristics or trends of the entire auto industry are presented.

In terms of content structure, the overall report includes passenger cars and commercial vehicles. Passenger cars interpret the overseas public opinion of passenger cars from the four dimensions of overall overseas public opinion, media attention, public opinion of key vehicle enterprises and sentiment analysis of public opinion. While the commercial vehicle module is divided into two parts, namely, the overview of transmission volume and the interpretation of public opinion highlights.

It is found that Chinese passenger car enterprises are showing a trend of double output of brand and "technology" abroad. In the future development, with foreign companies or in the form of "group" cooperation; And in the "generation along" countries along the good reputation of products. While the commercial vehicle market is mostly concentrated in developing countries, and the market prospect potential is huge in the future.

Keywords: Chinese Auto Enterprises; Passenger Vehicles; Commercial Vehicles; International Influence; Brand Recognition

V The Case

B. 20 Baic Group with Glorious Tradition *Lin Yang* / 281

Abstract: Based on the historical development of baic group, this report shows the achievements of Beijing auto in product promotion and brand building in recent years by introducing the latest main auto models of baic. At the same time, the self-owned models and multi-brand development of baic has been effectively sorted out, the technical reserves and talent advantages of baic have been summarized, and the positioning and pattern of baic Chinese brands have been rationally prospected. Within baic group, there are relatively many Chinese brand models and enterprises. In terms of brand construction and brand marketing, baic shares have done a good job in self-determination, and the contribution of brand construction to sales is prominent. The product strategy of baic group in the future is to build the core competitiveness of baic group through the development of Chinese brand passenger vehicles and realize self-control and sustainable development.

Keywords: Baic; SUV; New Energy

B. 21 Foton: To Build a High-end Commercial Vehicle Brand of Intelligent Network *Liu Xiaoye* / 293

Abstract: This report takes the development of futian automobile (commercial vehicle part) as the research object. In the past 20 years, foton has developed into a mainstay of its own brand of commercial vehicles. As a relatively young enterprise in China's commercial vehicle industry, its innovative measures can always stand out in the industry. When fukuda started his career, "a hundred legal persons went into business", which can be used today's buzzword "crowdfunding" as a metaphor. In the new century, the new strategy of "building a car company with Internet characteristics" was first proposed. The joint venture introduces technology while sticking to its own brand. Through the analysis of its quality control, network construction, product layout, brand publicity and other aspects, this paper explores the competitiveness of foton automobile in its brand development.

Keywords: Futian; Commercial Vehicles; Intelligent Network; High-end; Brand Publicity

Abstract: To find out how hang seng succeeded, you have to ask one person. The man is Yang hong, the current President of hang seng, who has been its chief executive since its founding.

Yang hong is the initiator, the helmsman, the decision maker and the leader of hangsheng. Without Yang hong, there would be no today's hangsheng. Without the success of hang seng, there would be no such thing as Yang hong's illustrious reputation as a leading figure in the automotive electronics industry today.

Efficient mechanism + solid foundation + capital support = higher probability of success.

Relying on technical ability to make money marks the transformation of hangsheng from opportunity success to strategic success.

Bosch's corporate culture has deeply infected Yang hong, as well as hang sheng. Yang hong aspires to be a respected entrepreneur like Robert Bosch. Hang seng wants to become a respected enterprise like Bosch.

The entrepreneur who pursues the enterprise profit maximization as the fundamental task really should have the dream and the sentiment.

In the past, China's car industry needed to "endure 20 years of loneliness". In the future, China's auto industry, especially China's auto parts industry, still needs patience and persistence. Persistence is often synonymous with success. In the next 20 years, China is sure to see a number of world-class auto parts companies. Hang seng may well be among them.

Keywords: Hangsheng; Automobile Electronics; Uptrend

Ⅵ The Appendix

权威报告·一手数据·特色资源

皮书数据库

ANNUAL REPORT(YEARBOOK) DATABASE

当代中国经济与社会发展高端智库平台

所获荣誉

- 2016年，入选“‘十三五’国家重点电子出版物出版规划骨干工程”
- 2015年，荣获“搜索中国正能量 点赞2015”“创新中国科技创新奖”
- 2013年，荣获“中国出版政府奖·网络出版物奖”提名奖
- 连续多年荣获中国数字出版博览会“数字出版·优秀品牌”奖

成为会员

通过网址www.pishu.com.cn访问皮书数据库网站或下载皮书数据库APP，进行手机号码验证或邮箱验证即可成为皮书数据库会员。

会员福利

- 已注册用户购书后可免费获赠100元皮书数据库充值卡。刮开充值卡涂层获取充值密码，登录并进入“会员中心”—“在线充值”—“充值卡充值”，充值成功即可购买和查看数据库内容。
- 会员福利最终解释权归社会科学文献出版社所有。

社会科学文献出版社 SOCIAL SCIENCES ACADEMIC PRESS (CHINA) 皮书系列

卡号：453961399271

密码：

数据库服务热线：400-008-6695
数据库服务QQ：2475522410
数据库服务邮箱：database@ssap.cn
图书销售热线：010-59367070/7028
图书服务QQ：1265056568
图书服务邮箱：duzhe@ssap.cn

S 基本子库
UB DATABASE

中国社会发展数据库（下设 12 个子库）

全面整合国内外中国社会发展研究成果，汇聚独家统计数据、深度分析报告，涉及社会、人口、政治、教育、法律等 12 个领域，为了解中国社会发展动态、跟踪社会核心热点、分析社会发展趋势提供一站式资源搜索和数据分析与挖掘服务。

中国经济发展数据库（下设 12 个子库）

基于“皮书系列”中涉及中国经济发展的研究资料构建，内容涵盖宏观经济、农业经济、工业经济、产业经济等 12 个重点经济领域，为实时掌控经济运行态势、把握经济发展规律、洞察经济形势、进行经济决策提供参考和依据。

中国行业发展数据库（下设 17 个子库）

以中国国民经济行业分类为依据，覆盖金融业、旅游、医疗卫生、交通运输、能源矿产等 100 多个行业，跟踪分析国民经济相关行业市场运行状况和政策导向，汇集行业发展前沿资讯，为投资、从业及各种经济决策提供理论基础和实践指导。

中国区域发展数据库（下设 6 个子库）

对中国特定区域内的经济、社会、文化等领域现状与发展情况进行深度分析和预测，研究层级至县及县以下行政区，涉及地区、区域经济体、城市、农村等不同维度。为地方经济社会宏观态势研究、发展经验研究、案例分析提供数据服务。

中国文化传媒数据库（下设 18 个子库）

汇聚文化传媒领域专家观点、热点资讯，梳理国内外中国文化发展相关学术研究成果、一手统计数据，涵盖文化产业、新闻传播、电影娱乐、文学艺术、群众文化等 18 个重点研究领域。为文化传媒研究提供相关数据、研究报告和综合分析服务。

世界经济与国际关系数据库（下设 6 个子库）

立足“皮书系列”世界经济、国际关系相关学术资源，整合世界经济、国际政治、世界文化与科技、全球性问题、国际组织与国际法、区域研究 6 大领域研究成果，为世界经济与国际关系研究提供全方位数据分析，为决策和形势研判提供参考。

法律声明